本书系国家社科基金重大项目"阳明后学文献整理与研究"（批准号：15ZDB009）、浙江省社会科学院"中国哲学史"重点学科资助项目的阶段性成果。

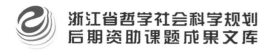

浙江省哲学社会科学规划
后期资助课题成果文库

黄绾道学思想研究

Huangwan Daoxue Sixiang Yanjiu

张宏敏 著

中国社会科学出版社

图书在版编目（CIP）数据

黄绾道学思想研究／张宏敏著.—北京：中国社会科学出版社，2017.10（2018.8 重印）
（浙江省哲学社会科学规划后期资助课题成果文库）
ISBN 978 - 7 - 5203 - 0221 - 0

Ⅰ.①黄…　Ⅱ.①张…　Ⅲ.黄绾（1480—1554）－哲学思想－研究　Ⅳ.①B248.6

中国版本图书馆 CIP 数据核字（2017）第 086609 号

出 版 人	赵剑英
责任编辑	宫京蕾
特约编辑	刘京臣
责任校对	刘　娟
责任印制	李寡寡

出　　版	中国社会科学出版社
社　　址	北京鼓楼西大街甲 158 号
邮　　编	100720
网　　址	http：//www.csspw.cn
发 行 部	010 - 84083685
门 市 部	010 - 84029450
经　　销	新华书店及其他书店

印刷装订	北京君升印刷有限公司
版　　次	2017 年 10 月第 1 版
印　　次	2018 年 8 月第 2 次印刷

开　　本	710×1000　1/16
印　　张	26.5
插　　页	2
字　　数	450 千字
定　　价	108.00 元

凡购买中国社会科学出版社图书，如有质量问题请与本社营销中心联系调换
电话：010 - 84083683

谨以本书纪念

明朝礼部尚书黄公久庵先生（1480—1554）

明清之际思想的整体走向是反省宋明理学，这是学界所公认的。这一时期反省宋明理学的实质，是如何重建后宋明理学时代的思想世界。

——陈卫平

明末以来，由于儒者痛感水间林下空谈心性之无补于世道，这才觉悟到儒学之体决不能限于"良知之独体"，而必须回向经典，重求内圣外王之整体。

——余英时

17 世纪后的中国思想界——或者说清代思想界——有两个显著特征：一是务实，一是好古。这两个特征，在阳明学派中都已经孕育着了。

——嵇文甫

黄绾一生，治学三变，早年初师谢铎，学宗程朱；后转师王阳明，笃信王学；晚年，偏离王学，又转向实学。他的思想的变化，是明代学术思想演变过程的一个缩影。

——葛荣晋

序

《黄绾道学思想研究》这部学术著作，是张宏敏副研究员在其博士论文基础上修改而成的，内容是对明代中期阳明学者黄绾的个案研究。张宏敏在硕士研究生期间，师从阳明学研究名家吴光先生，且一直致力于阳明学者的文献整理和思想研究。在攻读博士学位之前以及攻读博士期间，就已经发表了不少论文，出版了不少文献整理和研究性的著作。这在我所带过的博士生中是少有的。他留给我的印象，是有志于学术研究，并且有明确的方向，即以阳明学为研究对象，学习刻苦认真，注重文献考释，著述勤奋不辍。记得由于他在博士生期间表现比较突出，获得过首届研究生国家奖学金。

黄绾之所以被阳明学界所关注，是因为他是《阳明先生行状》的执笔者，他与王阳明之间还有儿女亲家的一层关系，黄宗羲在《明儒学案》中把他列入"浙中王门"。关于黄绾的研究，应该说已经有不少成果，比如侯外庐、容肇祖等学术大家就有相关的研究成果。这对于写作以黄绾为对象的阳明学者个案研究的博士论文来说，是有一定难度的。如前所说，张宏敏在读博士之前，已有较好的学术基础，尤其善于蒐集文献和爬梳人物经历以及与此相联系的思想轨迹。因此，我指导其论文的总原则，就是充分发挥其自身之长，同时要注意思考黄绾的思想在明代乃至明清之际哲学史上的意义，以避免个案研究中常会出现的毛病，即孤立地研究某个人。应该说，张宏敏的研究成果体现了这样的要求，我以为，在以下几方面有值得肯定的学术价值：

一、把黄绾的研究建立在比较完整的文献基础上。黄绾遗稿据说有数百卷之多，但大多"以海寇残毁散逸"。存世的五种文献，只有《明道编》较为常见，中华书局1959年就出版了点校本。因此，以往研究成果大多以《明道编》为主要文献基础。这显然对于全面分析黄绾的思想是有较大缺陷的。有鉴于此，张宏敏花费了很多功夫，对海内外黄绾的存世文献，展开了查访、裒辑，最终编校整理完成了 50 余万字的《黄绾集》（上海古籍出版社 2014 年出版）。这其中付出的精力是巨大的。比如，所依据的明代嘉靖刻本《石龙集》是收藏于台湾的两个图书馆，明代万历刻本的《久庵先生文选》则收藏于日本尊经阁文库。《黄绾集》还收录了散见于明人文集如《王阳明全集》《明儒学案》，地方志如《台州府志》《黄岩县志》《太平县志》，家乘史料如《洞山黄氏宗谱》《桃溪谢氏宗谱》等之中的黄绾佚文。可以说，对于黄绾的研究，张宏敏做到了对其文献的竭泽而渔。

二、把黄绾的思想分析与其前后左右思想家的影响结合起来。黄绾所处的时代，一方面阳明学取代朱子理学成为主流思潮，另一方面阳明学开始出现分化。这就决定了黄绾的思想演进既受朱子理学影响，又从服膺阳明学而走向批评阳明心学的某些流弊。这就是张宏敏在本书中所论述的黄绾从理学到心学再到经学的思想演变历程。然而，张宏敏的独特研究主要不在于描述了黄绾如此这般的思想嬗变轨迹，而是在于将这样的思想转变轨迹与其受到的前后左右思想家的影响联系起来。就是说，把黄绾思想的发展，落实于具体受到哪些思想元素影响的细节辨析之中。这方面的工作是以往黄绾研究中所缺乏的。比如，关注台州朱子学与黄绾早年思想的关系、考察黄绾与湛若水的信函来往及其相关交游、分析黄绾与王廷相的论道切磋、推断叶适对于黄绾"道统"新论的影响等等。人们常说，细节决定成败。可以说，正是揭橥了黄绾所受到的前后左右的思想家影响的细节，黄绾文本上的话语才有了生动的思想背景，从而显示出黄绾思想的独特之处。

三、把黄绾思想的演变作为明清之际思想转型的先导。黄绾生活在明代中期，就整个中国哲学史来说，一般都把这个时期归入宋明理学阶段，而把明清之际作为宋明理学之后的另外一个阶段。然而，思想的发展有着内在的逻辑。明清之际思想的整体走向是反省宋明理学，而用以号召的旗帜是"六经责我开生面"这类的回归原始儒家经典。从宋明理学到回归经典，这样的转变不是一夜之间突然发生的，而是自明代中期以来就已经有了某种迹象。侯外庐主编的《中国思想通史》将黄绾作为"反道学"人物，其实是点出了他与明清之际批判理学的关联。张宏敏在此基础上进一步阐述了黄绾思想有着从宋明理学走向回归经典的先导性的典范意义。

他把黄绾的思想发展以经学作为归宿，正是此意。明清之际思想家的代表是王夫之、黄宗羲、顾炎武。他们的共同点有三：一是力主回归儒家经典，二是批判理学近禅，三是以经世致用、实证考据批判理学空疏。张宏敏的研究正是从这三方面论证了黄绾思想对于明清之际学术转型的先导意义。

当然，这涉及到如何认识明清之际学术思想的性质问题。张宏敏的这部著作对此不可能有所展开。因此，我在这里就此略作申论。相对于传统和近代，明清之际哲学的特殊性在哪里？明清之际思想的主潮，无疑是反省宋明理学。学术界对此的评判有早期启蒙说、有批判总结说等等。我认为更确切地说，这一时期反省宋明理学的实质，是如何重建后宋明理学时代的思想世界。王夫之、黄宗羲、顾炎武之所以成为明清之际思想家的代表，就在于他们提出了比较明确的重建宋明理学之后的思想世界的蓝图，他们的蓝图大体上分为信仰价值层面和知识思维层面。

王夫之以"六经责我开生面"为重建思想世界的宗旨。"别开生面"，显然是要在反省宋明理学的基础上"别创"思想新世界。对于宋明理学，他"希张横渠之正学"，修正程朱，反对陆王；而这是与反对佛教相联系的，辟陆王为其近于佛老，修正程朱亦因其有些地方还沾染佛老。只有横渠"无丝毫沾染"。由此而进行的思想世界的重建，体现在信仰价值领域，王夫之继承了张载的气本论，"言心言性，言天言理，俱必在气上说"。因此，在天道观上，王夫之用气本论辨析理气（道器）、有无（动静）等问题，以把握"实有"即真实的存在为圣贤学问。在人道观上，王夫之发扬了张载的"知礼成性变化气质之道"，以"成性"说反对宋明理学的"复性"说，强调"性日生而日成"，在"继善成性"之"继"字上努力，就是"作圣之功"。在知识思维系统，王夫之"希张横渠之正学"而开六经之生面，主要有两个方面：一是摈弃宋明理学的"废实学，崇空疏"的学风，注重六经的实证研究，如《国史·儒林传》所说，其言《易》《诗》《尚书》，都是"言必征实，义必切理"；二是推进张载借《周易》而阐发的"变化之理须存乎辞"的辩证思维，将《周易》"微言以明道"的辩证思维归结为"一阴一阳之谓道"。

黄宗羲"以六经为根柢"来重建思想世界。他认为晚明的整个"学问之事"即思想世界处于没有统一根柢的碎片化状态："夫一儒也，裂而为文苑、为儒林、为理学、为心学"；这就使得思想世界丧失了支撑世道人心的功能，于是发生"天崩地解"之巨变。这不仅指社会变动，更是指思想世界的轰然倒塌。因此，黄宗羲以重建倒塌的思想世界为使命："儒者之学，经纬天地。"这样的重建对于宋明理学和佛学的取舍是：认同"圣人之学，心学也"，但又力图弥补其空疏之弊；鄙视逃避现实、沦为"道学之乡愿"的程朱派理学家；视佛教为"邪论"，而破除之。以如此取舍为基础的重建，反映在信仰价值层面，以天道观而言，既说"盈天地皆心也"，又说："盈天地间皆气也"，还说："心即理也"，"心即气也。"这是以气作为沟通心与物、心与理的中介，实际上是综合心本论、气本论、理本论而重建世界统一原理。"心即气"表现在人道观上，主要是修正王学末流割裂功夫和本体的弊病，强调"功夫所至，即其本体"，以还阳明心学"致良知"之"致"为"行"的本色。与"心即气"、"功夫即本体"相应，黄宗羲在知识思维层面，主张以史学充实理学，补救王学的空疏，这既是为了改变知识领域"自科举之学盛，而史学遂废"的局面，也是对王阳明"《春秋》亦经，五经亦史"说的深化。由于强调"言性命者必究于史"，因而黄宗羲以"一本而万殊"历史主义为其思维方式的独特标志，即对作为"心之万殊"的各学派进行"分源别派"式的历史考察，从而把握一以贯之的学脉，"发明一本之所在"。这体现了历史与逻辑相统一的思维方式。

顾炎武对于思想世界的重建，同样以伸张经学、拒斥佛学和反省宋明理学为主旨，他说："古之所谓理学，经学也"；"今之所谓理学，禅学也，不取之五经，而但资之语录。"认为被类似禅学的理学所笼罩的整个思想世界，概而言之，就是"以明心见性之空言，代修己治人之实学"。对此，顾炎武竭力予以"拨乱反正"。所谓的"明心见性之空言"，主要是指向陆王心学的，但也包含着对程朱派理学家的批评。他以"修己治人之实学"来重建思想世界，在信仰价值领域，其天道观以为"盈天地之间者气也"，"气之盛者为神"；而"理"是气之流行的秩序，"理具于吾心而验于事物"。这样的天道观是在朱熹"心具众理而应万事"的基础上，进一步朝向了"验于事物"即以下学为上达的进路。在人道观上，提出"行己有耻"，这不仅要在"辞受""取与"之间有所不为，而且要有天下兴亡的责任感，"耻匹夫匹妇有不被其泽"；"士不先言耻，则为无本之人"。可见，"行己有耻"就是对为人之本的重建。在知识思维领域，修己治人之实学落实在"博学于文"，"非好古而多闻，则为空虚之学"。顾炎武主张以文字训诂治经学，由此开创了此后称之为"朴学"的知识世界。与此相应，建立了以考核证据为中心的思维方式，把朱熹"格物致知"的问学之方，进一步朝着实证化方向发展了。

以上所论是极为简略的，意在说明如果从作为后理学时代的明清之际来回顾明代中期黄绾等思想家的学术体系，也许更能把握两者之间的脉络。这也意味着中晚明时期阳明后学的研究，还有很大的空间。

华东师范大学哲学系　陈卫平

2017 年夏，于沪上

目　　录

引　言

一　黄绾其人其事之概述

黄绾，字宗贤，号石龙，又号久庵山人、久庵居士、石龙山人等，后世学者称久庵先生、久翁先生。明浙江布政司台州府黄岩县（今浙江省台州市黄岩区北城街道新宅村）人。生于明宪宗成化十年二月十一日（公元1480年3月31日），卒于明世宗嘉靖三十三年九月初四日（公元1554年9月30日），享年七十五岁。

作为政治家与社会活动家的黄绾，一生历经明成化、弘治、正德、嘉靖四朝。为官二十余载，先后四次出仕、又四次请归，穿梭往返于南北两京（京师、南都），历任后军都督府都事、南京都察院经历司经历、南京工部营缮司员外郎、南京刑部员外郎、《明伦大典》纂修官、光禄寺少卿、大理寺左少卿、詹事府少詹事兼翰林院侍讲学士、詹事府詹事、南京礼部右侍郎、礼部左侍郎、礼部尚书兼翰林院学士等官职。任南京都察院经历之时，因积极参与了嘉靖三年的"大礼议"活动并与张璁、桂萼、席书、黄宗明、方献夫等一起支持嘉靖帝，极力主张"继统而不继嗣"；任礼部左侍郎之时，作为钦差，成功抚勘了"大同兵变"；因而受到嘉靖帝的赏识与信任，黄绾官至礼部尚书兼翰林院学士即可为证。

作为思想家、哲学家、文学家的黄绾，一生学富五车，"志在天下"，以立志学"圣人之学"以"明道"为己任。青年时期师从浙南台州理学名家谢铎而"克苦"用功于程朱理学；中年时期与王阳明，湛若水等心学大家结盟共学，曾一度服膺于阳明先生的"致良知"之教，并创办"石龙书院"而致力于在浙南一代传播弘扬阳明学，阳明殁后，多次上疏为阳明争取"名分"、撰写了《阳明先生行状》、辑刊过阳明存世文献，还嫁女于阳明哲嗣王正亿并抚养之长大成人；晚年因出使安南未果而"落职闲住"于黄岩老家，遂隐居翠屏山，以读书、著书、讲学终老，并又能自觉地开展对宋明诸儒学术思想的批判，从而提出了具有复古倾向与自家理论特色的"艮止、执中之学"，堪称中晚明时期阳明学阵营内部具有自觉批判意识、主动修正阳明心学之"先驱者"。

黄绾"好古深思，闳览博物"，一生著述宏富：经学著作有《易经原古》《书经原古》《诗经原古》《礼经原古》《春秋原古》《四书原古》《中庸古今注》《庙制考议》；政论著作有《思古堂笔记》《知罪录》《石龙奏议》《云中奏稿》《边事奏稿》《边事疏稿》；哲学、文学著作有《困蒙稿》《恐负卷》《石龙集》《久庵先生文选》《明道编》（《久庵日录》）；家乘编纂有《洞黄黄氏世德录》《家训》；此外，参修过《明伦大典》、编理了《阳明先生存稿》《桃溪类稿》《宋杜清献公集》等。

黄绾遗稿尽管号数百卷，惜大多"以海寇残毁散逸"而不存。我们今天阅览黄绾的著作文献并解读其学术思想，必须从黄绾存世文献五种即《石龙集》二十八卷、《久庵先生文选》十六卷、《知罪录》三卷、《久庵日录》（《明道编》）六卷、《家训》一卷，及散见于明清学者诗文集（诸如《王阳明全集》《明儒学案》《名臣经济录》）、家乘（《洞黄黄氏宗谱》）、地方志（如《光绪太平续志》《光绪乐清县志》《雍正浙江通志》）中与黄绾相关的文献入手。①

二　黄绾生活时代之场景

明代中叶的朱明皇朝，尽管已"承平百余年"，但是因"海内虚耗""世道渐降"而"日趋凋弊"②，以致"生民日困"③，天灾人祸连绵不绝、

---

①　2008—2016 年间，笔者倾尽全力，展开了对海内外有关黄绾存世著作文献的查访、裒辑工作，最终编校整理完成了 50 余万字的《黄绾集》（2014 年 12 月由上海古籍出版社作为《阳明后学文献丛书》之一种出版）。同时还编著了《黄绾道年谱简编》（其中附有黄绾佚著《家训》），2017 年 1 月由上海古籍出版社作为《台州文化研究丛书》之一种出版。

②　（明）黄绾：《石龙集》卷十三，台湾"中研院"历史语言所傅斯年图书馆藏明嘉靖年间刻本（下引版本同；拙著关于文献典籍的征引，首次征引注明著者生活朝代、著者姓名、文献名称、版本馆藏地或出版地、出版单位、出版时间等，再次征引则不予标识），第 10 页；《黄绾集》，第 223 页。

③　《石龙集》卷十一，第 9 页；《黄绾集》，第 191 页。（明）黄绾：《明道编》卷一："人才日衰、世道日降，生民卒不得蒙至治之泽。"（刘厚祜、张岂之标点：《明道编》，中华书局1959 年版，第 9 页）

社会危机频频发生："水旱频仍，灾变屡出，民穷财竭，怨咨载路，盗贼方炽，边报复急，若常密迩。"①拙著主人公黄绾就有文指出："甲子（弘治十七年，1504）之旱，仅两直隶、浙江、山东数处，饥殍盈道，流民充斥，焚室庐、杀妻子，群相抢掠，晓晓怨呼。"②可谓实况。

对于明代中叶之时局，黄绾在嘉靖八年（1529）十月所成《沥忠乞休疏》中，也有详细描述："我（明）朝自太祖、太宗创业以来，守文继体，百有余年。以迄成化、弘治之间，文恬武嬉，日极豫泰，朝廷始不亲政。故当时大臣始事援结习，调停按资格，守寻常为事。至弘治末年，复有挟术徂诈，援结内外，以植私与。孝宗虽极发愤，尝于煖阁屏去左右，亲问刘大夏，欲内外澹汰以澄宿弊，竟为阴谋中沮。虽尝考察外官，仅循故事而非初议之本意，卒至正德间酿成逆瑾奸谀之祸。甚者当时孝宗之崩，虽云用药之误，天下尚有遗恨而不敢言者，又岂独大夏得祸最惨而已哉！究其弊，虽不止于一端；推其源要，不过'私'之一字。内而宫廷上下非私不言，左右前后非私不进，外而公卿以及列士守令以及胥徒无往而非私意之所在，横流充塞，日新月盛，无有已时，以至国计日非、纲纪渐隳、风俗渐坏、生民困苦、边备废弛。……今幸（嘉靖帝）天生睿智，默启渊衷，以为今日中兴之明哲，仰前圣以思齐，念祖宗而奋发，可谓志得其道矣。奈何蠹习已久、浸渍日深，不可猝变，故前此尤有不可胜言者。"③这里，黄绾对明代中期即成化、弘治、正德年间及嘉靖初年的"政治上层建筑"进行了说明。

进而言之，明代中后期的统治阶级内部争斗加剧，以武宗正德一朝为例，先有宦官刘瑾专权，后有佞臣钱宁、江彬乱政，还有藩王朱宸濠叛

---

① 《石龙集》卷十六，第 3 页；《黄绾集》，第 314 页。

② 《石龙集》卷十六，第 12 页；《黄绾集》，第 321 页。

③ （明）黄绾：《久庵先生文选》卷十四，日本尊经阁文库藏明万历年间刻本，第 15—16 页；《黄绾集》，第 613 页。黄绾《星变陈言疏》又云："我朝自太祖皇帝创业以来，守文继体，百有余年。以迄成化、弘治之间，文恬武嬉，日极豫泰，朝廷始不亲政，故当时台寮始事援结，内交阉宦，外植私与，命官用人，一视其好恶为贤否，靡然成风，皆为当然。孝宗末年，虽极发愤，尝于暖阁屏去左右，亲问刘大夏，欲内外沙汰以澄宿弊，竟为阴谋中沮，卒至正德酿成逆瑾之祸，以致大夏得祸独惨，岂不痛哉！蠹习既深，颓风未殄……以至国计日非，纲纪日坏，生民困苦，边备废弛，有不可以爬梳救药者。"（《久庵先生文选》卷十五，第 7 页；《黄绾集》，第 629—630 页）关于黄绾家乡台州一带的民俗风情，还可以参阅叶良佩《台州风俗记》文（载叶良佩《海峰堂前稿》卷十，日本内阁文库藏明嘉靖年间刻本，第 1—4 页）。

乱，各地农民起义更是彼伏此起。黄绾有论："目今天下之势，迹虽未形，机则已露。辟之人身，外貌虽壮、衣冠虽好，五脏受伤，四肢百骸，无有不病。"①宫廷内部、廷臣之间，尔虞我诈、相互倾轧，比如嘉靖初年的"大礼议"活动所引发的权臣更替最为明显，并导致"奸宄充斥，民日无聊，四土之政或弛而鲜举"②。还有，黑暗腐朽的阉宦党祸，时有发生，明武宗一朝的刘瑾专权、江彬乱政就是例证。

统治阶级与被统治阶级之间的阶级矛盾也较为突出，"海内旱潦常半，官疲于征敛，民困于追求，鬻妻卖子，流散四出，虽有年谷之登，常不免饥寒之苦。赋役日急一日，前日之所谓富民今已退为穷民，前日之所谓穷民今已委于沟壑"③，阶级的对立与矛盾的加剧，必然导致"盗起四方"。此外，民族矛盾日益激化，少数民族聚集地的暴乱运动也时有发生。

还有，威胁朱明皇朝统治的"边患"日益加剧，"国门之外，盗贼时时窃发，聚众劫掠，白日杀人"④，"边鄙日促、边事日隳"⑤。东南沿海，倭贼活动猖獗；西北边陲，蒙人蠢蠢欲动。以黄绾《上西涯先生论时务书》为例，正德二年（1507），"有海寇漳州人者，不知姓名，驾大船数十艘，聚党几万人，僭拟旗号，出没温州、福建沿海境上，招诱奸民，不时劫掠。前年（弘治十八年，1505）于温州，杀金乡卫指挥一人、军士数百人；又前年（弘治十七年，1504）杀黄华巡检司巡检一人、弓兵数十人"⑥。总之，"内本空虚、外变将摇"的内忧外患之时局，致使明朝国势在嘉靖一朝呈由强转衰之迹象，《明史》编纂者曾评论嘉靖一朝："纷纭多故，将疲于边，贼讧于内""崇尚道教，享祀弗经，营建繁兴，府藏告匮，百余年富庶治平之业，因以渐替。"⑦诚哉，斯言！

对于明代中叶各种社会危机诸如阶级矛盾、民族矛盾乃至统治阶级内部矛盾频繁发生的深层次原因，作为思想家的黄绾指出："今日海内虚

---

① 《石龙集》卷十六，第19页；《黄绾集》，第327页。

② 《石龙集》卷十二，第2页；《黄绾集》，第199—200页。

③ 《石龙集》卷十六，第9页；《黄绾集》，第319页。

④ 《石龙集》卷十六，第12页；《黄绾集》，第321页。

⑤ 《石龙集》卷十二，第8页；《黄绾集》，第205页。

⑥ 《石龙集》卷十六，第12—13页；《黄绾集》，第321页。

⑦ （清）张廷玉等撰：《明史》（简体字本），中华书局2000年版，第166页。

耗，大小俱蔽，实由学术不明、心术不正"① 所导致。详而言之，即当时作为官方主流意识形态的程朱理学因为"时制"所束缚，日益僵化并呈禁锢之势，"士习日颓，人怀利其身图，苟刻躐名以为贤，苟且自便以为得，滔滔皆是"②，"学术不明、士习颓靡，功利之私沦入骨髓，得失之患迷漫见闻，君亲之念特依彷之似，生民之虑皆假借之名，害政蠹纪，同波滔滔而卒莫底极"③。官方科举制度的强力推行，使"学术"功利化倾向日益严重。更为严重的是，在社会各阶层尤其是在士大夫之间，"义利、王霸、理欲之辩"的伦理价值取向日趋模糊，功利之说横行，致使儒家信仰危机加剧，"交征于利，相习成风，人心秽浊，恬不知怪"④。在"真儒"黄绾看来，若要拯救当世各种社会危机、祛除功利之习气，唯有"明学术、正心术而已"。

社会意识依赖于社会存在、反映社会存在。与朱明皇朝时局的动荡不安一致，作为封建国家主流意识形态的程朱理学，其"性即理"的立论主张在明代中期，也受到了"心即理"即心学思潮的巨大冲击。尤其是明代最著名的思想家、哲学家王阳明所开创的姚江心学，在明代中后期的思想界产生了巨大影响，"若夫姚江之学，嘉、隆以来，几遍天下矣"⑤，"阳明先生之学，风行天下"⑥。明季学者高攀龙就有论："自嘉靖以来，天下之学出于二。出于一，宗朱子也；出于二，王文成公之学行也。"⑦随之而来的阳明后学"讲学运动"，更是活跃于南北两都与大江南北，浙中王门学者以王龙溪最具代表性，徐阶在《龙溪王先生传》中提道："（王龙溪）自两都及吴、楚、闽、越皆有讲舍，江浙为尤盛。会常数百人，公为宗盟。"⑧《明儒学案》卷十二《浙中王门学案二·郎中王龙溪先生畿》称："先生林下四十余年，无日不讲学，自两都及吴、楚、闽、

---

① 《明道编》卷四，第45页。

② 《石龙集》卷十三，第15页；《黄绾集》，第228页。

③ 《石龙集》卷十三，第10页；《黄绾集》，第223—224页。

④ 《石龙集》卷十六，第10页；《黄绾集》，第319页。

⑤ （清）邵廷采著，祝鸿杰点校：《思复堂文集》，浙江古籍出版社2010年版，第15页。

⑥ （明清之际）黄宗羲著，沈善洪主编、吴光执行主编：《黄宗羲全集》第7册《明儒学案》卷三十二《泰州学案》，浙江古籍出版社2005年版，第820页。

⑦ （明）高攀龙：《高子遗书》卷九《王文成公年谱序》，《文渊阁四库全书》本。

⑧ （明）王畿著，吴震编校整理：《王畿集》，凤凰出版社2007年版，第826页。

越、江、浙皆有讲舍，莫不以先生为宗盟。年八十，犹周流不倦。"① 佛禅虚无主义盛行，对"圣人之学"冲击不断，阳明后学"禅学化倾向"也较为明显。与此同时，阳明先生殁后，其"致良知"之教的弊端也不断显现，"明代最后一位大儒"刘宗周对良知学的弊端有过尖锐批评，为今之学人竞相引用："今天下争言良知矣，及其弊也，猖狂者参之以情识，而一是皆良；超洁者荡之以玄虚，而夷良于贼，亦用知者之过也。"②"超洁者荡之以玄虚"就是对以王龙溪为代表的"虚无派"的评判，因为王龙溪"借以通佛氏之玄览，使阳明之旨复晦"；"猖狂者参之以情识"则是对泰州学派的批评。《明史》卷二百八十二《儒林传一》记道："姚江（王阳明）之学，别立宗旨，显与朱子背驰，门徒遍天下，流传逾百年，其教大行，其弊滋甚。"③ 我们知道，任何一种哲学理论形态要想长葆青春活力，必须与时俱进，即随着社会历史发展的进程而主动进行调整与变革，以适应时代的发展。

其实，在阳明学内部已有学者自觉地对良知学的弊端进行批判性修正，而从明代中叶开始、一直持续至明季清初的"阳明学修正运动"，亦自此拉开了帷幕。拙著主人公黄绾，就是阳明学内部自觉抵制并修正阳明学弊端的"先驱"。晚年赋闲家居之时的黄绾，以先秦儒家经典文本为依据，重构儒家"道统"谱系，一方面，对以程朱为代表的宋儒之学提出了质疑；另一方面，又对以"今日君子""今日朋友"即以王阳明、湛若水为代表的"良知"之学、"体认天理"之说予以"不得已"的批判，最终提出了以《周易》之"艮止"、《尚书》之"执中"范畴为"道体"的颇具经学特色的道学思想（拙著第三章详论）。

三　黄绾学术称谓之楷定

在明确了黄绾和明代中叶时代场景之后，有必要对拙著标题"黄绾道学思想研究"，何以使用"道学"概念来指称黄绾的学术思想？以及黄绾"道学"的理论内涵是什么？初步予以说明（拙著第五章第一节再加以阐释）。

---

① 《黄宗羲全集》第 7 册，第 269 页。

② （明）刘宗周著，吴光主编：《刘宗周全集》第 2 册，浙江古籍出版社 2007 年版，第 278 页。

③ （清）张廷玉等撰：《明史》（简体字本），中华书局 2000 年版，第 4827 页。

如所周知，目前中国哲学、思想史学界对于宋明儒学的称谓，有曰"新儒学"（比如张君劢等①）、有云"道学"（比如冯友兰等②）、有称"理学"（比如侯外庐、邱汉生、张岂之等③）。三种称谓之"名"虽有别，然所指之"实"即宋明儒学家的学术思想则同。问题在于，"新儒学"之称，容易使人想到"20世纪新儒学"之名；"理学"之称，容易让人念及与"心学""气学"等并称的"程朱理学"，从而引起混淆，"不容易分别道学中的程朱和陆王两派的同异"；而只有"道学"这一概念才能在外延上，"概括理学和心学"④。

拙著对于明儒黄绾学术思想之楷定则以"道学"（包括"道统""道体"）一词称谓之。对黄绾"道学"范畴内涵、外延的界定主要结合宋儒论著"道学"之语，并参阅、采纳先贤时俊诸如冯友兰、余英时、姜广辉、蔡方鹿先生的已有研究成果与学术观点，而折中使用之。

冯友兰先生指出："道学是关于人的学问，它所要讲的是人在宇宙中的地位，人和自然的关系，个人和社会的关系，个人发展的前途和目的。这一类的问题，都是人类精神生活中的比较带根本性和普遍性的问题。"在认定"道学之名源于韩愈的'道统'说"后，冯先生还援引宋儒文献关于"道学"一词的出处，指出："道学这个名称，是宋朝本来就有的，修《宋史》的人不过是采用当时流行的名称作《道学传》"；"道学"这个名称，至晚在南宋就已经流行，"这是没有问题的"⑤。

---

① 张君劢：《新儒家思想史》，台北弘文馆出版社1986年版；中国人民大学出版社2006年版。

② 冯友兰：《略论道学的特点、名称和性质》，《社会科学战线》1982年第3期，又载《三松堂全集》（第十三卷），河南人民出版社2001年版，第331—348页。

③ 侯外庐等主编：《宋明理学史》，人民出版社1984年、1987年版。

④ 冯友兰：《略论道学的特点、名称和性质》，《社会科学战线》1982年第3期。冯友兰先生先是于1981年10月在浙江杭州召开的"全国宋明理学讨论会"上宣读了此文，见《论宋明理学：宋明理学讨论会论文集》，浙江人民出版社1983年版，第14—36页。

⑤ 同上。冯友兰《儒学发展的新阶段——道学》一文（载《文史知识》1988年第6期）还指出，道学的发展经历的两个阶段：前期道学从二程开始，程颢、程颐兄弟二人创立了道学，也分别创立了道学的两派，心学和理学。张载以"气"为本体，可以称为"气学"；朱熹以理、气并称，可以说是集大成者。这一时期的道学可称为宋道学，后期的道学可称为明道学。陆王以心学批判程颐、朱熹的理学，王夫之以气学为主，批判地吸收了理学和心学，对整个道学做了总结，他是后期道学的集大成者，也是全部道学的集大成者。相关论述还见氏著《中国哲学史新编》（第五册）第四十九章"通论道学"。

姜广辉先生有文认为：宋儒用"道统"心传来界说"道学"，形成了道学流派（包括程朱理学和陆王心学）。① "道统"是指儒学的真精神、真血脉。"道学"与"道统"一词有关联，"道学"标榜"道统"，那个时候"学统四起"，没有宗主，所以要强调"道统"；把自家说成是"道学"，是"学术的正统"；汉、晋、唐之学因是"杂学"就都被排斥了，佛、老之学是"异学"也被排斥了，记诵、词章之学是"俗学"被排斥了，功利之学是"杂霸"也被排斥了。② 此外，中国哲学史家张岱年先生还以为宋明儒学家所谓"道统"，就是真理的传统。

余英时先生在评论现代哲学史家研究宋代儒学之时，多以欧洲哲学系统为"去取标准"，其研究必然集中在道学家关于形而上的"道体"的种种辩论，"道体"是"道学"的最抽象的一端，而"道学"则是整个宋代儒学中最具创新的部分。哲学史家关于"道体"的现代诠释，就宋代儒学的全体而言，至少已经历了"两度抽离"的过程：首先是将"道学"从"儒学"中抽离出来，其次是将"道体"从"道学"中抽离出来。③

蔡方鹿先生的研究认为："道统"思想的产生早于"道学"，所谓"道统"，简言之，指圣人之道传授的系统及论述此系统的理论；所谓"道学"，最初的含义也是指论述圣人之道及其传授的学问，到后来内涵日益丰富，外延更加广泛，以致成为一代学术思潮的称谓；从广义的"道学"，即以"道"为学、以传儒家圣人之道为宗旨、论述"道"的发展演变的学术思潮的角度讲，"道学"和广义的"理学"含义相当，它包含了狭义的"理学"（程朱）、"心学"（陆王）和"气学"（张载）等各个不同的道学流派。"道"是沟通"道统"与"道学"的基本要素，在以"道"为内涵的前提下，统不离学，学不离统，道统侧重于形式，道学侧

---

① 姜广辉：《宋代道学定名缘起》，载《中国哲学》第 15 辑，岳麓书社 1992 年版，第 240—246 页。氏著对"道学"观念的来龙去脉、"道学"与"理学"的关联有详细解读。

② 姜广辉等：《"道学""理学"概念的使用》，载《中国思想史研究通讯》（第四辑），2007 年，第 8—10 页。

③ 余英时：《朱熹的历史世界》（上），生活·读书·新知三联书店 2004 年版，第 8—9 页。尽管余英时先生在《朱熹的历史世界》一书中关于哲学史家研究"道学""道体"的"二度抽离"法，是就批评意义上使用的，但是笔者所从事的学术研究方向是中国哲学史，故而仍旧从"哲学史"专业角度来研究明儒黄绾的道学思想。

重于内容。①

　　黄绾作为明代儒者，一生学术思想历经"三变"（下文即论及），早年崇奉程朱理学、中年归依阳明心学、晚年服膺经学元典。故而拙著以为，指称处于不断"演变"即发展之中的黄绾儒学思想，以"道学"之名来界定，显得更为科学、合理一些。毕竟，青年黄绾即因"志于求道"②而放弃科举，中年黄绾"欲学以全夫性之道"而与王阳明、湛若水"订三人终身共学之盟"③；王廷相撰《石龙集·序》又以"明道"一词厘定黄绾之学，而黄绾晚年读书笔记——《久庵日录》的汇编又以"明道编"定名，其"生圹自铭"文亦以"履道听命"为人生圭臬：故而以"道学"一词称谓拙著主人公——黄绾的学术思想，也符合黄绾本人的意图。

　　提及"道学"二字，研究中国哲学、思想史的学人，自然会联想到元人脱脱主持编修的《宋史·道学传》。《宋史·道学传》文对"道学"称谓之界定云："'道学'之名，古无是也。三代盛时，天子以是道为政教，大臣百官有司以是道为职业，党、庠、术、序师弟子以是道为讲习，四方百姓日用是道而不知。是故盈覆载之间，无一民一物不被是道之泽，以遂其性。于斯时也，道学之名，何自而立哉。"进而确立了自文王→周公→孔子→曾子→子思→孟子（孟子殁而无传），再至北宋五子（周、二程、张、邵）得"圣贤不传之学"而赓接、衍续孔孟之"道"；迄宋室南渡，朱熹得程氏正传；此外，邵雍高明英悟，程氏实推重之，故置张载之后；张栻之学亦出程氏，既见朱熹，相与博约又大进。其他程、朱门人，考其原委，各以类从，故作《道学传》。④简言之，在《宋史·道学传》编纂者看来，宋儒之学（程朱之学）度越汉唐诸子而上接孟氏，实系上古三代以降儒家道统之"合法"传承人。

　　一般以为，儒家意义上"道学"一词，宋儒首先使用，大意谓"孟子殁而千载无真儒，于是乎'道学'之名始专矣"①。宋儒程颐有"自予兄弟倡明道学，世方惊异"②"儒者得以道学辅人主""智足以知其道学"③"道学不及传之书"④"忧道学之寡助"⑤云云。张载《张子全书》有"朝廷以道学、政术为二事，此正自古之可忧者"⑥的记载。应该指出，程颐、张载关于"道学"的用语并非指称一个儒家学派，主要内涵是"儒家的道德学问"。

当代中国哲学、思想史学界关于"宋代道学"的指称，意谓周敦颐、程颢、程颐、张载、朱熹的濂、洛、关、闽之学。姜广辉先生率先有文指出：宋明理学意义上的"道学"概念，其发明权应该归于北宋的王开祖⑦。日本学者也指出：与二程同时代的永嘉学者王开祖把孟子以来的绝学称为"道学"，并表达了继承他（按：孟子）的强烈意志⑧："自孟子以来，道学不明。我欲述尧舜之道，论文武之治，杜淫邪之路，辟皇极之门。"⑨此处的"道学"云云则有了学派的意蕴。此后，周敦颐、二程、张载、邵雍等儒者及其门人弟子就形成了一个志于专门探究"真正的'道'的学问"的学术团体即学派。稍后，朱熹又有了关于"道统"的论述（下文第三章第二节论述），并成为宋代道学的集大成者。

此外，需要说明的是，"道学"一词还可以用来指称"道家或道教的学说"⑩。《隋书·经籍志三》："盖公能言黄老，文帝宗之。自是相传，道学众矣。"唐宋之时，"道学"还可以用来指称以培养道教徒为目的的专

---

① （明）顾应祥：《静虚斋惜阴录》，《四库全书存目丛书》子部第84册，齐鲁书社1997年版，第387页。顾应祥所指称的宋儒道学"以躬行实践为主，未尝从事乎讲论也"（前揭书，同页）。

② （宋）程颢、程颐：《二程集》，中华书局1981年版，第643页。

③ 《二程集》，第602页。

④ 同上书，第603页。

⑤ 同上书，第644页

⑥ （宋）张载著，章锡琛点校：《张载集》，中华书局1978年版，第349页。

⑦ 姜广辉：《宋代道学定名缘起》，载《中国哲学》第15辑，第240—246页。

⑧ ［日本］土田健次郎：《道学的形成》，上海古籍出版社2010年版，第14页。

⑨ （宋）王开祖：《儒志编》，转引自《宋元学案》卷六，《黄宗羲全集》第3册，第318页。

⑩ 清代学者毛奇龄《西河集》（《文渊阁四库全书》本）卷一二二《辨圣学非道学》："道学者，虽曰以道为学，即道家（按：鬻子、老子等）之学也。"

门学府即"道教的学校"。《大宋宣和遗事》"前集"曰："闰月，置道学。诏州县学兼养道流，增置士名，自元士至志士，凡十三品。"因为拙著主人公黄绾系一位尊崇孔孟之道的儒学家，故而拙著标题称"黄绾道学思想"云云，应该不会引起读者的误读。

总而言之，黄绾作为一位经世致用型的传统儒者，以"志在天下"为己任，游走于"学术"与"政治"之间，以"明道""稽政"为自己毕生的志业追求，在明代中后期的政治、学术场景之中，成功扮演了一个"穷则独善其身，达则兼济天下"的传统士大夫角色。"明道""稽政""志在天下"①，也正是诠释黄绾道学思想要义的三个"关键词"。黄绾在晚年所著经学代表作《四书五经原古》、所成读书笔记《明道编》中，通过对孔孟经学元典的重新解读、诠释，以及对宋明诸儒学说的"排斥""批判"，阐发了以"艮止、执中"为核心范畴（"道体"）的"道学"思想体系，自认为"艮止执中之学"才是"当时""学术的正统"，代表了"当时""真理的传统"。故而，黄绾的"道学"思想还包括了对汉、晋、唐以来"杂学"的排斥，佛、老"异学"的排斥，记诵、词章"俗学"的排斥，功利"杂霸"之学的排斥（详见正文第三章第三、四节论述）。

四　黄绾思想进展之导入

有学者指出：明代中后期阳明学者（包括王阳明本人）的思想演进大都有"三变"的普遍规律。对于王阳明（1472—1529）为学、为道之经历，其门生、后学概括为"学凡三变""教亦有三变"。比如钱德洪《刻文录叙说》："先生之学凡三变，其为教也亦三变：少之时，驰骋于辞章；已而出入二氏；继乃居夷处困，豁然有得于圣贤之旨：是三变而至道也。居贵阳时，首与学者为'知行合一'之说；自滁阳后，多教学者静坐；江右以来，始单提'致良知'三字，直指本体，令学者言下有悟：是教亦三变也。"② 黄宗羲《明儒学案》谓王阳明龙场前后各有"三变"：龙场前的"三变"是词章之学、朱子之学、佛老之学，"其学凡三变而始

① （明）王廷相：《石龙集·序》，载《石龙集》（嘉靖年间刻本）卷首；《黄绾集》，第716页。

② （明）钱德洪著，钱明编校整理：《钱德洪语录诗文辑佚》，载《徐爱·钱德洪·董澐集》，凤凰出版社2007年版，第185页。

得其门”；龙场后的“三变”是默坐澄心、致良知、晚年化境，即“学成之后又有此三变也。①”

浙中王门学者董澐（1457—1534）为学有“三变”，始专于诗，晚志于道（心学），终入于佛，“学三变归于空”②；叶良佩（1491—1570③）少年攻文学词章之学，中年治经世济民之学，晚年专养心修身之学（心学），亦“学凡三变而近于道”④。泰州学派主将王艮（1483—1541）也有“学凡三变”的经历，其哲嗣王东涯《上昭阳太师李石翁书》云：“先君（按：指王艮）之学有三变焉：其始也，……其中也，见阳明翁，而学犹纯粹，觉往持循之过力也，契良知之传，功夫易简，不犯做手，而乐夫天然率性之妙，当处受用，通古今于一息，著《乐学歌》。其晚也，……”⑤江右王门学者罗洪先（1504—1564）一生为学亦“三变”，早年服膺于王龙溪的“现成良知说”，中期转向聂豹的“归寂说”，晚期以“收摄保聚说”而自成一家之言。⑥

而拙著主人公即一生笃志于古圣先贤之学的黄绾，也不例外，其学术思想（“道学”）的演进也经历了“三变”，从理学到心学、再到经学，即早年崇奉宋儒之学（侧重程朱理学），中年归依阳明心学，晚年返归经典而创建“艮止、执中之学”。更值得关注的一个学术现象是，我们通过对于黄绾道学思想之进展的梳理、解读，可以得出黄绾“思想的变化，是明代学术思想演变过程的一个缩影”的结论。这也是拙著的一大“亮点”与“看点”。

---

① （明清之际）黄宗羲：《明儒学案》卷十《姚江学案》，《黄宗羲全集》第 7 册，第 201 页。关于黄宗羲的论见可参阅刘述先《论王阳明的最后定见》，载《中国文哲研究集刊》（第 11 期），1997 年。此外，关于“王学的三变”，还可以参考钱穆先生的《阳明学述要》，九州出版社 2010 年版，第 46—56 页。

② （明）许相卿：《云村集》卷十三《董先生墓志铭》，《文渊阁四库全书》本。

③ 目前，360 综合搜索、百度、谷歌、搜狗、有道等中文网络搜索引擎，对叶良佩的生卒年均未有明确标识，皆称："约公元 1538 年在世"，"生卒年均不详，明世宗嘉靖十七年前后在世"。拙著对叶良佩生卒年代的引用，出自于《镜川叶氏宗谱·文献录》（民国十四年，1925）所载秦鸣雷所撰《海峰叶公墓志铭》文，其称叶良佩生于弘治辛亥年九月十四日，卒于隆庆庚午年二月二十九日。

④ （明）叶良佩：《海峰堂前稿》卷十二，日本内阁文库藏嘉靖刻本，第 8—9 页。

⑤ （明）王襞：《东厓先生遗集》卷上，《四库全书存目丛书》集部第 146 册。王艮"学凡三变"的学术经历详见吴震《泰州学派研究》，中国人民大学出版社 2009 年版，第 62—70 页。

⑥ ［日本］福田殖：《罗念庵的"学三变"与"三游记"》，《浙江学刊》1989 年第 4 期。

第一章

"有志圣学，求之紫阳、濂、洛、象山之书"

——早年崇奉宋儒之学

对于青年黄绾在明弘治八年（1495，时年 16 岁）至正德四年（1509，时年 30 岁）间的求学场景，明代学者有论："先生（按：黄绾）少负巨人志，不断断为博士呫哔习，曰：'余其以一时尚，而易百世业耶？'筑室紫霄峰下，遡圣贤授受之要，究当世得失之林，铭座右以孔孟伊周为法，居十五年。"①

黄绾早年即崇奉宋儒之学，先后从学于外祖父鲍恩（？—1488）、祖父黄孔昭（1428—1491）以及乡贤陈石峰（？—1527）、谢铎（1435—1510）等，刻苦研读家藏及访得的宋代儒学家著作，并能对宋儒倡导的修道功夫予以实践。对此，黄绾本人亦有云："予少尝有志圣学，求之紫阳、濂、洛、象山之书，日事静坐。"② 弘治十三、十四年间（1500—1501），青年黄绾在京师省亲游学之时，由业师谢铎及其父黄俌（1450—1506）举荐，又师从一代大儒张元祯（1437—1506）、李东阳（1447—1516）研习朱子之理学。与此同时，黄绾已经开始接触广东江门陈献章（1428—1500）之心学，并于弘治十四年师从了"得白沙之传"的林光（1439—1519），并投其门下，接受教导③；此外，还就教于陈献章的另一

---

① （明）汤聘尹：《久庵先生文选序》，载《久庵先生文选》卷首，日本国尊经阁文库藏明万历年间刻本；《黄绾集》，第 724 页。

② （明）黄绾：《阳明先生行状》，载《王阳明全集》（新编本），浙江古籍出版社 2010 年版，第 1428 页。

③ 《石龙集》卷十五《谢林南川书》《寄南川书》，第 9—11 页；《黄绾集》，第 305—307 页。

高弟潘辰（？—1519）①。这为黄绾日后与江门心学传人——湛若水的定交共学、体证斯"道"，埋下了伏笔。

第一节　"理学名家"朱熹及台州朱子学的熏陶

检索"朱熹年谱"，我们可以知道：南宋"一代理学名家"朱熹（1130—1200）生前曾数次驻足于浙南台州，或寻师访友、或巡历赈荒，并通过收徒讲学的方式促成、助推了程朱理学在台州的传播与弘扬，故而有"晦翁传道江南，而台特盛"云云。

一　朱熹在台州的学术活动与台州朱子学派的形成

宋高宗绍兴二十一年（1151）七月，青年朱熹至台州黄岩灵石山寻访药寮居士谢伋②，有诗作《题谢少卿药园》（二首）记之："谢公种药地，窈窕青山阿。青山固不群，花药亦婆娑。一掇召冲气，三掇散沈疴。先生澹无事，端居味天和。老木百年姿，对立方嵯峨。持此借日夕，不乐复如何！小儒忝师训，迷谬失其方。一为狂痼病，望道空茫茫。颇闻东山园，艺术缘高冈。瘖聋百不治，效在一探囊。再拜药园翁，何以起膏肓？"③谢伋（？—1165），字景思，原籍河南上蔡，参知政事谢克家（？—1134）之子、上蔡先生谢良佐④之从孙，曾任太常寺少卿。绍兴初年，谢克家因得罪权臣秦桧而辞官，并隐居于浙南台州黄岩三童岙，其子谢伋侍从之；谢克家卒后，谢伋于灵石山开辟药园，自号"药寮居士"。谢伋作为理学大家谢良佐的后人，"小儒"朱熹自然仰慕之，并乐于向这位"谢公"请益，故有绍兴二十一年的黄岩问学之行。

宋孝宗乾道九年（1173）五月，"有旨特改（朱熹为）礼部左宣教

---

① 《石龙集》卷十五《寄潘南屏书》，第14—15页；《黄绾集》，第310页。

② 束景南：《朱熹年谱长编》，华东师范大学出版社2001年版，第144—146页。

③ （南宋）朱熹著，朱杰人等主编：《朱子全书》第20册，上海古籍出版社、安徽古籍出版社2003年版，第226页。

④ 谢良佐（1050—1103），字显道，河南上蔡人，人称"上蔡先生"或"谢上蔡"。北宋理学家，师从程颢、程颐，与游酢、吕大临、杨时号称"程门四先生"。著《论语说》行于世。黄宗羲等编《宋元学案·上蔡学案》有云："程门高弟，予窃以上蔡第一。"论者还以为"谢良佐创立了上蔡学派，是心学的奠基人、湖湘学派的鼻祖，在程朱理学的发展史上起到了桥梁作用"。

郎，主管台州崇道观。（朱熹）再辞"①。淳熙二年（1175），朱熹听闻台州寒门学子鲍士光（1155—1232）理学造诣精微，特至亭旁上鲍（今属浙江省台州市三门县）拜会，并与之谈学论道。淳熙八年（1181）九月，朱熹改除提举两浙东路常平茶盐公事。② 逾年（1182）七月，朱熹因赈荒事宜，于二十一日入台州天台县、宁海县巡历；二十三日入台州城，奏台州免纳丁绢，"台州诸县连年灾伤，细民重困，若不优加存恤，必见流移"③；还六上奏状，劾前知台州唐仲友在任时不公不法。④ 今《晦庵先生朱文公文集》收录有《按知台州唐仲友第一状》（七月十九日）、《第二状》（七月二十三日）、《第三状》（七月二十七日）、《第四状》（八月八日）、《第五状》（八月十日）、《第六状》（九月四日）⑤，在这些奏状中，朱熹依据在台州一带所搜集到的"确凿"证据，检举唐仲友犯有促限催税、违法扰民、贪污淫虐、伪造官会、结党作恶等罪行。是年八月，为兴修水利事，朱熹上疏拨钱黄岩县，请修水闸，十八日，离台州巡历⑥；嗣后，又巡历至仙居县，访湖山居士吴芾。⑦ 朱熹的此次台州赈荒之行，历时近一月，其中为黄岩县兴修水利一事用心颇多，其《奏巡历至台州奉行事件状》中提及分拨一万贯钱给黄岩县兴修水利（六闸），并有"水利修，则黄岩无水旱之灾；黄岩熟，则台州无饥馑之苦"云云。⑧ 对于朱熹

---

① 束景南：《朱熹年谱长编》，第 489 页。

② 同上书，第 709 页。

③ 朱杰人等主编：《朱子全书》第 20 册，第 811 页。

④ 束景南：《朱熹年谱长编》，第 734 页。

⑤ 朱杰人等主编：《朱子全书》第 20 册，第 825、827、829、834、857、862 页。宋明以降，朱熹按劾唐仲友及陈亮在朱熹与唐仲友交恶一事中扮演的角色话题即系学界"一大公案"，聚讼不已。元明之际台州学人朱伯贤就以为朱熹弹劾唐仲友即由陈亮而起，有云"同父与仲友不相能，乃设诡计，若为歆艳性学者。朱子遂信之。行部过其家，乘间为飞言中仲友"。对此，明清之际大思想家黄宗羲则予以反驳，以为："此甚不然。无论同父立身自有本末，观其与朱子往复之书，毫发不肯苟同，曾有伪为歆艳之事！"此外，黄宗羲对于小说家所传"唐仲友眷官妓严蕊奴"的附会之说亦予以辩驳："'不是爱风尘，似被前缘误。花开花落自有时，总赖东君主。去也终须去，住也如何住。若得山花插满头，莫问奴归处。' 此仲友亲戚高宣教撰词也，在仲友踰滥严蕊之时。小说乃云：'拘严蕊锻炼仲友之狱，蕊抵死不招。将释放之，蕊作此词以谢。' 好事者之附会也！"（见《黄宗羲全集》第 11 册，第 503—504 页）

⑥ 束景南：《朱熹年谱长编》，第 740、742 页。

⑦ 同上书，第 743 页。

⑧ 朱杰人等主编：《朱子全书》第 20 册，第 814 页。

在黄岩兴修水利、积粟备荒一事，《明万历太平县志》《清光绪黄岩县志》"职官"之"留绩"栏下均有记载。而在淳熙十年（1183）正月，宋廷又差朱熹主管台州崇道观。①

　　浙东南一带，黄岩山水之胜，可谓出类拔萃。《光绪黄岩县志》卷二《地理·叙山》云："越中之山虽以会稽为望，然括苍最巨。自括苍东行，北为天台、南为雁宕，而皆会于黄岩、尽于海。故行家言'黄岩山自括苍、永宁山自天台、委羽山自雁宕'。盖不虚也。"② 正是因为浙东三名山之胜皆会于台州黄岩（拙著主人公黄绾的家乡），朱熹在黄岩一带的名山大川之中留下了不少游览足迹。比如黄岩县东三里有山名曰"九峰山"，一块岩石之上即刻有"紫阜"二字，相传为朱子遗迹。③ 黄岩县西北四十五里有山曰"瑞岩"，朱熹曾数次与友人至瑞岩山游玩而流连忘返，且留有诗作："踏破千林黄叶堆，林间台阁郁崔嵬。谷泉喷薄秋逾响，山翠空濛昼不开。一壑只今藏胜概，三生畴昔记曾来。解衣正作流连记，未墟山灵便却回。"此外还有《又入瑞岩道间得四绝句》《又伏读赵清献公瑞岩留题感叹之余追次元韵》《又伏读二刘公瑞岩留题感事兴怀至于陨涕追次元韵偶成二篇》等诗歌传世。④ 黄岩县西北有翠屏山（黄绾晚年家居地），朱熹亦曾偕友人游历；翠屏山侧有"六潭山"，朱熹尝于此著书，名为"小樊川"，题曰"溪山第一"。⑤ 在黄岩沙埠有一天然巨石，留有朱熹大书"天然石"三字。⑥ 下面，我们要着重考察一下朱熹在黄岩一带的学术活动。

　　朱熹在台州一带的"弘道行文"之举，蔚成台州朱子学派。据《宋元学案》记载，台州籍的朱熹门生，有天台潘时举，仙居吴梅卿，临海林恪，黄岩赵师夏、赵师渊、杜煜、杜知仁等人，他们为朱子理学在台州一

---

① 束景南：《朱熹年谱长编》，第 759 页。

② （清）陈宝善、孙熹等修《光绪黄岩县志》（《中国地方志集成·浙江府县志辑 51》），上海书店 1993 年版，第 44 页。

③ 《光绪黄岩县志》，第 45 页。

④ 同上书，第 56 页。

⑤ 《雍正浙江通志》卷十六《山川八·台州府·黄岩县》，《文渊阁四库全书》本。

⑥ 《光绪黄岩县志》，第 63 页。

带的传播、弘扬而尽心尽力。①《嘉靖太平县志》称："吾台之学自徐八行倡先，已而紫阳朱夫子来寓台，由是临海石子重氏、黄岩杜良仲氏兄弟以及赵几道氏以及伯和、叔和氏咸受业于其门，而濂洛之波弥漫诸邑，后又再传而杜清献公范遂以相业显，戴少监良斋亦以著述显，皆君子之遗泽也。猗欤盛哉！"②

兹举黄岩"二赵""二杜"为例述之：赵师夏曾参与朱子发起的编修《礼书》（《仪礼经传通解》）事宜，并著《跋〈延平问答〉》文，其中追记了朱熹师事李侗之事。至于赵师渊，朱熹甚爱之，曾把三女朱巳许以师渊；师渊亦下聘币，可惜朱巳早逝，朱熹悲痛不已，所作《女巳埋铭》有"赵聘人，奄然逝。哀汝生，婉而慧"句为证③；缘此之故，朱熹暮年之际即在宋宁宗庆元五年（1199），毅然嘱托身在黄岩的高足赵师渊修补、整顿《资治通鉴纲目》一书，以成"佳事"，前后有八通书函相商整顿事宜，诸如次第、体例等。书函之中，朱熹对师渊的功劳评价颇高："《通鉴纲目》，以眼疾不能细看，但观数处，已颇详尽。""某（按：朱熹）衰朽殊甚，次第只了得礼书，已无余力，此事全赖几道（按：赵师渊）为结裹了却。"④ 据此，足以说明朱熹对爱徒的信任。杜煜、杜知仁兄弟等师从朱熹十余年以后，著书立说、广收门徒，创立了以宗朱子学为特色的"南湖学派"，可谓台州朱子学一大亮点。《宋元学案》卷六十六《南湖学案》记：朱熹尝谓"其（按：杜煜）论'敬'字功夫甚善，论气禀有偏，而理之统体未尝有异，亦为得之"⑤，可见杜煜已得朱子学之真传。杜知仁以"《六经》《语》《孟》考论一时诸先生风旨，至紫阳之

---

① 关于台州学术源流，读者可以参阅明代学者金贲亨《台学源流》，今有《台州丛书乙集》整理本（上海古籍出版社 2013 年版）。

② （明）叶良佩纂修：《嘉靖太平县志》卷六《人物志上·儒林》。叶良佩《七先生传》文末赞语亦有云："吾台之学自徐八行倡先，已而紫阳朱夫子来寓台。由是，临海则有石子重氏、潘子善式，仙居则有郭磊卿氏，黄岩则有杜良仲氏、赵几道氏、林伯和氏诸昆仲以及应仁仲氏，咸受业于朱子之门，而濂洛之波澜漫诸邑。"（《海峰堂前稿》卷十六，第 38 页）黄绾业师谢铎也有"我台之学，考亭是师"的论断（谢铎《正学先生像赞》，转引自《方孝孺集》卷首，浙江古籍出版社 2013 年版）。

③ 朱杰人等主编：《朱子全书》第 25 册，第 4276 页。

④ 朱杰人等主编：《朱子全书》第 11 册，第 3498 页。

⑤ 《黄宗羲全集》第 5 册，第 546 页。

书，则拱而曰：'道在是矣！穷理求仁，吾知所止'"①。在朱子学旗帜的
导引之下，黄岩不少青年才俊竞相加入到传播朱子学的队伍之中，以"究
心理学""讲明道学"为志业，车瑾、杜范、丘渐、车似庆、车似度、车
倬、车景山、车安行、车若水、黄超然、蔡梦说、胡常、戴良齐、方仪、
潘希宗等黄岩学者，皆是其中翘楚。②

二　朱熹及台州朱子学对黄绾的熏陶

拙著主人公黄绾对黄岩先贤赵师渊协助乃师朱熹修补《资治通鉴纲
目》以及朱熹有八通书信与赵师渊相商"整顿"事宜这段史实，是谙熟
于心的。嘉靖三年（1524），黄绾作为"继统派"成员参与了"大礼议"
活动，与张璁、桂萼、席书、方献夫、黄宗贤等力主嘉靖帝"继统不继
嗣"，从而与杨廷和等"继嗣派"展开了针锋相对的"学术论战"：先是
围绕"定陶、濮王"之事论辩，接着围绕"《纲目》汉尊悼考"之论争
执。"继嗣派""搜索出"理学巨擘朱熹《资治通鉴纲目》中对"汉尊悼
考"之小注，为"继嗣说"寻找法理依据。黄绾《寄王定斋书》则有论：
"（《纲目》）成于敝乡赵讷斋（赵师渊），朱子晚年欲改而未成，只以朱
子与讷斋数书观之，可知。"③黄绾在所上《大礼第三疏》中明确指出：
《纲目》系朱熹晚年未成之书，"惟《凡例》其所自定，他皆令门人赵几
道（赵师渊）编纂，草稿未及删正而朱熹卒。今但以其所与赵几道诸书
及《年谱》考之可见"；进而指出"汉尊悼考"论说系赵师渊掇摘《汉
史》旧文、擅自删减而成，且多有误笔，比如"以范祖禹之言误作范
镇"。简言之，"《纲目》汉尊悼考""非朱熹特书"，即"未经朱熹之
笔"④。故而，"继嗣派"所称"《纲目》汉尊悼考"之论据，不足为信；
其观点，不攻自破。易言之，黄绾对朱熹与赵师渊师生合编《资治通鉴纲
目》这件史事，既谙熟于心，又能详加考论。此外，黄绾在《与王东瀛
论〈礼经〉书》中还提及朱熹著《仪礼经传》，欲成一家之典，后经朱子

---

① 《黄宗羲全集》第5册，第547页。

② 有学者据《宋元学案》《明儒学案》《台学源流》推算统计"台州朱学"第一代学者有
16人、第二代5人、第三代25人、第四代9人、第五代11人。见林家骊《谢铎及茶陵诗派》，
中华书局2008年版，第132页。

③ 《石龙集》卷十八，第11页；《黄绾集》，第353页。

④ 《久庵先生文选》卷十三，第9页；《黄绾集》，第584页。

门人黄幹传之台州学者戴大监诸事。① 这也从一个侧面说明了朱子学对宋明台州学脉的深远影响。

黄绾在早年求学之时,尽管与台州朱子学一系的乡先贤们在时间上相隔达三百余年,然而在学术活动空间(台州黄岩一带)上却完全吻合,从而使黄绾对他们的生平事迹、道德文章能如数家珍般道出。比如,杜范曾在黄岩灵岩石室读书,黄绾就曾多次瞻仰此地,有七言绝句诗作《灵岩石室宋杜丞相范曾此读书》一首以歌颂杜范克苦求学的可贵品质:"天开石室如虚阁,丞相曾闻此下帏。岁久烟霞迷薜荔,寒江一道送斜晖。"② 无独有偶,黄绾业师即下文提到的"一代理学大家"谢铎也曾在游灵岩之时拜谒过杜范读书处并赋《游灵岩谒杜清献公读书处(今名杜家村)》诗作一首。③ 嘉靖元年(1522)左右,黄绾还集中实地考察、拜谒过杜范、车若水、黄超然等台州朱子学先驱的墓地,成《谒杜清献公墓》(有引)《谒车玉峰墓》《谒黄寿云墓》等诗篇。④ 又据黄绾诗文交代,杜范之墓在黄岩县城西黄土领之麓。弘治年间,邑尹黄印谒选京师之时,谢铎、黄俌(黄绾之父,下文介绍)议兴文献书院,特嘱黄印奏举此事;嗣后,朝廷下诏:于杜范墓旁立祠,春秋享祀。而杜范之墓在杜范祠东数十步远,前有小金峰为案。黄绾拜谒之时,杜范墓地已经荒废久矣;目睹此状,感慨万千,遂赋诗文曰:"荒丘异代犹成梦,英魂千秋尚未沉。斜日空山迟我拜,寂寥天地一悲吟。"⑤ 此外,黄绾在拜谒车若水之墓时,对车氏有"南渡儒流几布袍,先生心迹最称高"的评价,敬仰之情,溢于言表。

上文已及,朱熹当年巡历台州之时,曾至黄岩县北十里的翠屏山游览,有诗句称赞翠屏山秀美风景:"黄岩秀气在江北,江北秀气在翠

---

① 《石龙集》卷十五,第4—5页;《黄绾集》,第301页。

② 《石龙集》卷七,第4页;《黄绾集》,第108页。《光绪黄岩县志》载,此诗摩崖石刻尚在灵岩洞右石壁上。末署"石龙"二字,今存。2008年9月27日,笔者在黄绾后裔帮助之下,于浙江省台州市黄岩区新宅村后翠屏山灵岩洞访得此诗之摩崖石刻。2011年5月,笔者又与雁荡山黄宗羲纪念馆馆长黄洪兴先生实地勘察之。

③ (明)谢铎著,林家骊点校:《谢铎集》,中华书局2002年版,第266页。

④ 《石龙集》卷七,第7—8页;《黄绾集》,第112—113页。

⑤ 《石龙集》卷七,第7页;《黄绾集》,第113页。

屏。"① 黄绾晚年放弃黄岩县城居所而在翠屏山创建新居的原因之一，可能就是被朱熹所歌颂的"江北秀气"所迷恋。黄绾翠屏新居附近有朱子与门人讲学道场——"樊川书院"，《万历黄岩县志》载："樊川书院，在江北，去县五里，宋文公朱子与南湖、方山二杜公讲学之地。旁有擘翠亭，亦文公所建。"叶良佩《续杜清献公门铭》（有序）云："吾乡杜清献公读书樊川，得朱子再传之学。"② 又据笔者实地考察，黄绾于正德八年（1513）至正德十六年（1521）隐居紫霄山读书之时所创石龙书院，很可能就是在樊川书院基址上拓建而有，"书院基"今尚存。

正德二年（1507）秋，时任台州知府徐鹏举上疏礼部："宋儒朱熹仕于浙东，讲明道学，修举荒政，浚河筑堤，民享灌溉。台人德之，立祠以祀，但祀典不出于朝廷，岁远则废。乞令有司拨人役护视祠宇，岁供祭品，每春秋祭，主以本府正官，庶报功之典可久而台人之愿亦伸矣。"礼部议覆，正德皇帝下诏，曰："朱熹有功斯道，遗爱在台，固宜有祠。其如（徐）鹏举所奏行之。"③ 借此，我们还可以推断，徐鹏举上疏祭祀朱熹之事，时尚在太平（今温岭）、黄岩一带讲学的谢铎、黄绾师徒应该知晓，并且是全力支持的。

以上所述，便是台州朱子学对青年黄绾的熏陶。耳濡目染，自然使黄绾很快走进朱子的"思想世界"。

第二节　"读书种子"方孝孺的人格导引

方孝孺（1357—1402），浙江台州宁海人（宁海今归宁波市管辖），字希直，一字希古，号逊志。曾以"逊志"为书斋名，蜀献王朱椿（1371—1423）替他易名"正学"，后世学者遂称曰"正学先生"。师从金华学者宋濂（1310—1381），研读孔孟程朱之学，终成明初一代大臣、著名儒者、文学家与思想家。如所周知，"靖难之役"，方孝孺拒为篡位的燕王朱棣（1360—1424）草拟即位诏书，孤忠赴难，被诛十族。后世学者视方孝孺为"忠节奇儒"，他所笃信的程朱理学亦成为其"灵魂的

---

① 《光绪黄岩县志》，第 57 页。
② 《海峰堂前稿》卷九，第 4 页。
③ 《明武宗实录》卷二十八"正德二年秋七月乙卯"条。

主导"。

一　黄孔昭、黄绾与《逊志先生文集》

因为方孝孺系台州先贤，黄绾的祖父黄孔昭、授业恩师谢铎极力推崇方孝孺的独立人格与理学精神，他们二人在成化十六年（1480）共同编选刊刻了方孝孺的传世著作文集即《逊志先生文集》三十卷、拾遗八卷，共录文一千二百篇。黄绾《先祖文毅公行状》有云："方逊志先生遗文散逸，匿藏民家，公（黄孔昭）为会稡梓传。"① 黄孔昭作《〈方逊志斋集〉序》，以为方孝孺之学："虽浩瀚如江海、运动如日月、变化如鬼神，而其所言，无一不出乎日用彝伦之常。盖皆愚夫愚妇之所能知能行，而天地圣人之所不能外。呜呼！先生之学，固孔子、孟子之学也。"② 谢铎有《书〈逊志先生文集〉后》③，对裒辑刊刻之缘由、经过有解读。

四十年后，即在正德十五年（1520），黄绾好友应良（1480—1549）、赵渊（1483—1537），对乡前辈学者黄孔昭、谢铎先前裒辑的《逊志斋集》再加删订，成二十四卷（文二十二卷、诗二卷）本。时任台州太守顾璘（1476—1545）刊刻于郡斋，因黄绾系黄孔昭之孙、谢铎之门生，故而应邀有《题重刊〈逊志斋集〉后》跋文之作，对乡贤方孝孺的道德文章再加称颂："吾乡方先生者，其志大、其行方、其节廉、其辞宏、其气昌，蔚乎君子之言也！所著有《周礼考次》《武王戒书》《基命录》《宋史要言》《逊志斋集》，将以饬治，不幸罹变殉义，死而弗传，晦已百年。先司空（黄孔昭）与谢文肃公（谢铎）搜校其集而刻之。索于山螯水澨，不无残错讹伪。又四十年，太守顾公以吾友应南洲、赵竹江二子再加删订，刻于郡斋。一代彝伦之矩，非徒空言，要皆允蹈而足征，若斯时斯人之不遇其命也，噫！"④ 由此，可见黄绾对一代乡贤方孝孺的推崇与敬仰。

附带一笔，今人编校整理有《浙江文丛》本《方孝孺集》（浙江古籍出版社2013年版），其择用版本之源即是谢铎、黄孔昭、顾璘等人的明

---

　① 《石龙集》卷二十三，第16页；《黄绾集》，第452页。

　② 转引自《洞山黄氏宗谱》"诗文"卷一，民国乙卯年重修本，第21页。又见张常明编注《逊志斋外集》，上海古籍出版社2009年版，第3页。

　③ 《谢铎集》，第722页。

　④ 《石龙集》卷二十一，第6页；《黄绾集》，第411页。顾璘《书重刻〈逊志斋集〉后》文，见《逊志斋外集》，第173页。

刻本。

此外，黄孔昭生前还收藏有方孝孺传世的若干墨迹①，黄孔昭去世之后，诸墨宝尽归黄绾收藏，其中有一束《与礼斋》，系方孝孺兄长方孝闻（1351—1393）先生手笔。后世学者多推重、歌颂方孝孺的道德文章，但对其长兄方孝闻的生平事迹却知之甚少，"世之知其弟者，果未知其兄欤"；而方孝孺却有"某所以粗通斯道为荐绅之后者，非特父师之教，亦吾兄训饬诱掖之功也"云云。缘此之故，黄绾在《题方孝闻先生手简》文中②，据《修史私录》而对方孝闻的事迹、成就予以摘录，以俟论世者之有征。

二　黄绾对方孝孺的推崇

正德二年（1507），家居黄岩、为父守丧的黄绾在与储巏（1457—1513）的一封书信即《寄储柴墟先生书》（三首之一）中提到自己早年笃志古圣贤之学时，即以"乡先哲方正学"为典范："（黄）绾无似，谬辱将借，以乡先哲方正学为拟。夫正学文章大节，炳炳天地，虽当代伟人犹不敢望后尘，况不肖哉！"③储巏复函成《与黄绾秀才》书，其中对黄绾自拟方孝孺之论予以褒扬，并对青年黄绾"攻古文词""以古人期之"的志业予以认可："承惠长书并见《谢李二先生书》，快读数过，为之悚叹无已。曩固奇足下，及今益奇。正学之拟，自度益非诳也。今世才敏之士甚多，但为时文所拘，格卑气弱，养成一种□④熟衰飒气习，以致行己苟官，皆无足观。独足下超然，攻古文词。迈往之气、特立之操，间见诸楮墨间，此巏所以敛衽起敬，直以古人期之，非凿空逐影、妄谀后辈以自要誉也。勉旃勉旃，宗贤乎！端有望于子矣。"⑤对此，仙居阳明学者李一瀚（1505—1567）所成《礼部尚书兼翰林院学士黄公绾行状》亦有论：

---

① 《石龙集》卷二十一，第1页；《黄绾集》，第405页。

② 《石龙集》卷二十一，第1—2页；《黄绾集》，第405—406页。此文又见于黄宗羲编《明文海》卷二百九十九《序》九十《杂序》，《文渊阁四库全书》第1456册，上海古籍出版社1987年版，第409页。

③ 《石龙集》卷十五，第11—12页；《黄绾集》，第307页。

④ 《柴墟文集》原文此字漫漶，不可辨识。

⑤ （明）储巏：《柴墟文集》卷十四，山东大学图书馆藏明嘉靖四年刻本，第22页。

"储公巏、乔公宇、张公元祯，咸以台之先哲方正学者称之（黄绾）。"①
据此可知，"理学名臣"方孝孺的人格魅力，就是少年黄绾"为人、为
学、为道"的榜样与楷模。

值得一提的是，"靖难之役"与方孝孺同殉难的台州先贤还有静学先
生王叔英（？—1402）。对于先贤王叔英，黄绾亦十分敬重之。方孝孺被
召之后，王叔英有《贻正学（方孝孺）书》："子房于高帝，察可行而言，
故高帝用之，时受其利，虽亲如樊、吕，信如陵、勃，任如萧何，不得间
此，子房能用其才也。贾生于文帝，不察而易言，且言之太过，故绛灌之
属得短之，此贾生不能用其才也。"②黄绾读后，"流涕久之"，称其"识
虑深远"。因王叔英偕方孝孺"殉义以死"，黄绾厥有《静学先生传》③，
还有评论："先生（王叔英）与（方）正学生当兴运，怀经纶之志，卒皆
无成，殉义以死。及太孙聪明好古，笃信儒术，志欲以周官致治，竟失天
下而遁死，果天命然乎，人事然乎？余（黄绾）于是益感君臣相遇之难，
又益信祖法之未可以轻议也。"④

方孝孺、王叔英这些以"殉义"而践行理学真精神的前辈大家，对
于少年黄绾对程朱理学的"接受"多多少少是有影响的。

第三节 "世敦儒术"的浙南洞黄黄氏之家学

拙著主人公黄绾家族即浙南台州洞黄黄氏家族，在有明嘉靖一朝获得

---

① （明）焦竑辑：《国朝献征录》卷三十四，明万历年间刻本，第11页。

② 转引自《石龙集》卷二十二，第6页；《黄绾集》，第426页。

③ 《石龙集》卷二十二，第6—8页；《黄绾集》，第425—427页。又见于黄宗羲《明文海》
卷四百一《传》十五"忠烈"，《文渊阁四库全书》第1457册，第635—636页。《石龙集·静学
先生传》与《久庵先生文选·静学先生传》文有异，黄岩籍的清末名士王舟瑶（1858—1925）
就以为："《久庵文选》卷十一所载颇多异文，较此为胜，盖先生改定之作。此系初稿。"《嘉庆
太平县志》卷十七《艺文》录有清黄岩学者石中玉《跋黄久庵书〈静学先生传〉后》，石中玉通
过勘校《静学文集》文，对黄绾《静学先生传》失实之处予以商榷。同时，《嘉庆太平县志》卷
十七《艺文》又录清陈应辰《书〈静学先生传〉后》，其据方孝孺《逊志斋集》等文本核查王叔
英生平事迹，认为黄绾《静学先生传》中"母嫁陈"系误记。鉴于此，笔者建议当代学人在征引
《石龙集·静学先生传》文时，当慎重焉。

④ 《石龙集》卷二十二，第7—8页；《黄绾集》，第427页。

了"江左诗书旧第、台南理学名家"的敕赠。① 这是因为浙南洞黄黄氏传至黄彦俊、黄孔昭、黄俌，作为书香门第，是以耕读传家并世代仕宦的。

黄绾《先府君（黄俌）行状》有云，洞黄黄氏自初祖刘绪至黄俌，凡十七世。黄绾《贞七叔墓志铭》记："洞黄自唐末至今几七百年，世以读书耕稼为业。"② 又有文载："世修儒业，（浙南洞黄）黄氏之庆，实深于此。"③

一 "世敦儒术"的浙南洞黄黄氏

洞山黄氏先祖之黄石，中南宋嘉定十年（1217）进士，官至著作郎，与朱熹门生黄勉斋、孙竹湖友，故而亦私淑朱熹之学。④ 黄绾晚年所编《家训·师友》载："吾大间十二族祖七六府君邕州教授清湘先生讳石，实与考亭门人同族黄勉斋幹、孙竹湖应时为友，相与淬励，以究朱学。家居创楼，藏书数千卷，以事检阅，孙竹湖为之题匾曰'步云楼'。友人林晓庵昉为之记。"⑤ 于此可见，黄绾先祖与朱子学的深厚渊源。

黄氏先祖黄柯读书之所，名曰"黄氏读书堂"，宋代永嘉学派集大成者叶适（1150—1223）曾有诗句"古人读书地，妙理出穷间"⑥ 称颂之。洞山黄氏自初祖黄绪传至十六世黄孔昭，"世敦儒术，或仕或隐，皆巨人长者"⑦。黄孔昭之父、黄绾曾祖父黄彦俊，名愉，以字行，系明宣德正统元年（1436）进士，任兵部主事，居职有政声，大臣屡欲论荐，彦俊力辞，卒赠工部右侍郎。黄绾《先祖文毅公行状》文有称："讳（黄）彦俊，以进士起家，为职方主事，才德节行，为时推重，与松坞（黄绾高祖黄尚斌）并赠南京工部右侍郎。"⑧ 黄绾祖父黄孔昭少年立志问学、刻苦

① 《洞山黄氏宗谱》卷一，民国乙卯年重修本；又载《嘉庆太平县志》卷十四《古迹志·第宅》文。

② 《石龙集》卷二十三，第22页；《黄绾集》，第484页。

③ 《石龙集》卷二十三，第18页；《黄绾集》，第453页。

④ 同上。

⑤ （明）黄绾：《家训·师友》，载《洞山黄氏宗谱》卷一，民国乙卯年重修本。

⑥ 《嘉靖太平县志》卷十四《古迹志·园林》。

⑦ 《石龙集》卷二十三，第7页；《黄绾集》，第444页。

⑧ 《石龙集》卷二十三，第7页；《黄绾集》，第444页。对于黄彦俊生平事迹，黄绾有《曾祖职方府君碑阴记》（载《石龙集》卷十四下，第4—5页；《黄绾集》，第282—283页）。

读书之始，辄以古贤哲自期。值得关注的是，黄孔昭慕古好学之心，至老仍不倦，"闻天下有名籍古典，必重直置之，虽多费不吝"①。黄孔昭之子、黄绾之父黄俌（1450—1506），字汝珍，号方麓，中成化十七年（1477）辛丑科二甲进士②，官至吏部文选郎中。嘉靖中，赠詹事府詹事兼翰林院侍讲学士。黄俌中进士之后，台州太平即建有"世科坊"，亦称"奕世天官坊"，彰洞黄黄彦俊、黄孔昭、黄俌一家三代皆中进士之荣耀。③

经过黄彦俊、黄孔昭、黄俌祖、父、子三代的辛勤积累，黄氏家藏理学著作甚富。黄俌晚年弃官之后，为使子孙后代有优裕的读书条件，曾在黄岩城家中扩建藏书楼，名之曰"业书楼"。黄绾在《谢陈御史招应举书》（成文于弘治十一年，是年黄绾19岁）中有"一日读家书"云云，而所言之"家书"即宋代理学家张载、王安石的诗文集。这从一个侧面说明台州洞黄黄家作为"书香世家"是藏有不少理学家著作的，而作为"读书种子"的黄绾自然要涉猎、拜读之。

黄绾祖父黄孔昭系一代理学家。《明孝宗实录》卷五十二"弘治四年六月壬寅"条记："（黄）孔昭为人处事多深刻。始不就科举，本欲取时名，后虽就科举，人惟识其初名，而知其事者则疑焉。孔昭重欲掩其自出意，则假道学之名自引高，与张元祯、谢铎、李钊等互相标榜，以钓虚名。旻止闻其名，即改吏部。及为文选郎中，则其家暴富，人颇议焉。因同类更相推重以道学之名，故人多为所欺。然所学，不过记诵词章、助应对以饰外耳！其于正心诚意之学，叩之懵然也。方成化中，每早朝入掖门，当缙绅丛聚之中，必与铎辈论诗文，或又评程朱当时事故，声大言，欲闻于人，刺刺不休，如是者十余年。"虽然《明孝宗实录》对黄孔昭多做负面评论，称黄孔昭"假道学之名""以道学之名"与谢铎"评程朱当时事故"，但这从另一个侧面说明了黄孔昭对程朱理学（"道学"）是有一定理论功底与学术造诣的。此外，黄孔昭与道友谢铎时常就理学话语进行切磋，黄孔昭曾有书信与谢铎，切磋程朱"主事存敬"之说；谢铎覆函，

---

① 《石龙集》卷二十三，第16页；《黄绾集》，第451—452页。

② 多洛肯：《明代浙江进士研究》，上海古籍出版社2004年版，第250页。

③ 《嘉靖太平县志》卷二《地舆下》："世科坊，一曰'奕世天官坊'，为进士黄彦俊、文选郎中黄孔昭、黄俌建。"

并有诗作《六月二十八日晚得黄通政世显主事存敬书感而有述》①。黄绾祖父黄孔昭的"理学"造诣及其行止操品，必然对少年黄绾产生过潜移默化的影响；而黄孔昭的榜样力量与人格魅力，对黄绾的影响则是至深至远，黄绾《先祖文毅公碑阴记》称黄孔昭弱冠读书之时"与谢文肃公共几砚，毅然以古人为志"②。毋庸讳言，中、晚年黄绾"复古"学风的转变，多多少少受到了黄孔昭（包括谢铎）的熏染。

二　黄绾习举业之时对程朱理学的"受用"

蒙元仁宗皇庆二年（1313）复科举，诏定以朱熹《四书章句集注》试士子，朱学遂定为科场程式必考选题。明太祖洪武二年（1369），科举之式定以朱熹"传注为宗"。《明史·选举》："科目者，沿唐宋之旧而稍变其试士之法，专取四子书及《易》《书》《诗》《春秋》《礼记》五经命题试士。"③

黄彦俊、黄孔昭、黄俌祖、父、子三代均系进士出身，即通过科举程式而跻身士林官场。明代科举考试选用经学教材，多为程朱所注疏，易言之，黄氏祖、父、子对程朱理学亦必十分谙熟，如此方可通过科举考试而中进士。作为"书香门第"的黄孔昭、黄俌包括黄绾祖父鲍恩，自然会在少年黄绾接受启蒙教育之时，以程朱理学"灌输"之。而在弘治八年至十一年间（1495—1498），即黄绾习举业之时，对作为官方主流意识形态的程朱理学，更是无条件地全盘"接纳、受用"。

应该指出，少年黄绾习举业之时，亦曾严格按照宋儒程朱的"存天理、灭人欲"的功夫路数，予以"修道"实践，但收效甚微。黄绾晚年所成《明道编》有记：

> 予少年天资颇美，外祖简庵公教之亦有方。至八岁，外祖谢世，先祖文毅公、先君选部公，皆在仕途。母舅为予延师。所延前后一二人，皆市井浮薄之徒，及引学生，亦多市井浮薄子弟。予时虽知愧耻，然性质之美者，不觉亦为之坏，久而方觉其非，悔恨发愤，闭户

---

① 《谢铎集》，第 149 页。

② 《石龙集》卷十四下，第 5—7 页；《黄绾集》，第 283 页。

③ （清）张廷玉等编：《明史》，中华书局 1974 年版，第 1693 页。

书室，以至终夜不寐，终日不食，罚跪自击，无所不至。又以册刻"天理、人欲"四字，分两行。发一念由天理，以红笔点之；发一念由人欲，以黑笔点之。至十日一数之，以视红黑多寡为工程。又以绳系手臂，又为木牌，书当戒之言藏袖中，常检之以自警。如此数年，仅免过咎，然亦不能无猎心之萌。由此，益知气习移人之易，人心克己之难。①

弘治十一年（1498）秋，黄绾"偶感张横渠论荫袭语，遂弃举业"，自是，便以圣贤自期，揭座右铭曰："穷师孔孟，达法伊周。""读书紫霄山中历十年（1499—1509），勤苦自励。"② 黄绾放弃程朱理学中教条式的科举程式之作，并不是说黄绾对宋代理学家的著作完全束之高阁、置之不理，相反，仍然从中汲取"古圣先贤"的营养、基因，以求"为学、为道"的统一。比如，在正德六年（1511）左右，黄绾与王阳明、湛若水这两位日后成为"心学大家"的学者定交，并成为彼此信任的良师益友；王、湛二人极力主张时人通过"六经四子"之言，"求诸己以求其心"。其实，程朱理学倡导的"居敬"以求"天理"即"居敬以涵其心，即心以究其理，循理以尽其性"的功夫路径，黄绾是熟记于心的："予闻圣学以敬为要，敬者，天命之所流行也，一息不敬则天命于此间矣，间则不久，不久则不熟，不熟则不得为圣贤。故欲学为圣贤者，必居敬以涵其心，即心以究其理，循理以尽其性，勉之不息，毙而后已。"③ 这足以说明，程朱理学对青年黄绾的影响，是不言而喻的。无怪乎，黄绾在《答邵思抑书》中有云："仆于朱（按：朱熹）书曾极力探讨，几已十年，虽只字之微，必咀嚼数四，至今批抹之本、编纂之册，皆可验也。"④

---

① 《明道编》，第23页。

② 佚名：《姚江渊源录·黄绾传》，转引自王棻：《台学统》卷四十三《性理之学》三十二，民国七年（1918）吴兴刘氏嘉业堂刻本，第4页。

③ 《石龙集》卷十一，第10页；《黄绾集》，第191—192页。

④ 《石龙集》卷十七，第5页；《黄绾集》，第323页。又见黄宗羲编《明文海》卷一百六十五《书》十七"讲学"，《文渊阁四库全书》第1454册，第720页。

第四节　"理学名臣"谢铎的言传身教

谢铎（1435—1510），字鸣治，号方石，浙江台州太平（今温岭市）人，学者称方石先生。明英宗天顺八年（1464）进士，改庶吉士，授编修。孝宗弘治三年（1490），擢南京国子监祭酒；翌年，谢病归。家居近十年，后复出，擢礼部左侍郎管国子监祭酒事。著有《伊洛渊源续录》《伊洛遗音》《续真西山读书记乙集》《四子择言》《元史本末》《宰辅沿革》《国朝名臣事略》《尊乡录》《赤城新志》《祭礼仪注》及《桃溪集》（《桃溪杂稿》《桃溪净稿》《桃溪类稿》）等。其中前四种系谢铎为赓续程朱儒学道统而编撰的理学著作，谢铎作为一代"理学名臣"的学术地位，借此确立。谢铎又有《朱子衍祠记》，文中对朱熹在台州一带的学术活动有介绍。

下面，我们对谢铎与程朱理学的学术渊源以及黄绾一家三代与谢铎之间的交往逸事，略作考究。

一　谢铎的理学代表作

（一）《伊洛渊源续录》

如所周知，朱熹于乾道九年（1173）七月至十一月间草编了《伊洛渊源录》一书①，凡十四卷，主要记载宋代理学家周敦颐、程颢、程颐、邵雍、张载及其门人弟子共四十六人的言行事迹。以"理学传人"自居的谢铎，以表彰朱学、承续道统之传为己任，在明成化十六年（1480）续编《伊洛渊源录》而有《伊洛渊源续录》。其《伊洛渊源续录·前序》言及"续录"意图："先生（朱熹）既没，其遗言绪论散见《六经》、四子者，固已家传而人诵矣。独其授受源委，与夫出处履历之详，穷乡下邑之士，或所未究，则无以尽见其全体大用之学。铎（按：谢铎）僭不自量，于是窃取先生之意，具录勉斋所撰《行状》，与其师友之间凡有预闻于斯道者，定为《续录》六卷，以见先生继往开来之功，于是为大，而是《录》之不可不续也。"② 此外，谢铎还有

<hr />

① 朱杰人等主编：《朱子全书》第12册，第917—1113页。

② （明）谢铎：《伊洛渊源续录》，载《四库全书存目丛书》史部第88册。本段引文见《谢铎集》，第478页。

《题〈伊洛渊源续录〉后》①，依循金华学者宋濂之言，对南宋朱子学在婺源（金华）与台州两地的传授学谱予以绍述。

清四库馆臣对谢铎《伊洛渊源续录》的评价是："盖继朱子《伊洛渊源录》而作，以朱子为宗主。始于罗从彦、李侗，朱子之学所自来也；佐以张栻、吕祖谦，朱子友也；自黄幹而下，终于何基、王柏，皆传朱子之学者也。然所载张栻等七人，则全录《宋史·道学传》；吕祖谦等七人，则全录《宋史·儒林传》；李侗等六人，略采行状、志铭、遗事。其辅广一人，则但载姓名里居，仅数十字而止，尤为疏略。"② 从中，我们可以探知《伊洛渊源续录》的基本框架与谋篇布局，即以朱熹为宗主，以朱学为正传，以金华朱子学、台州朱子学为主干，考镜其授受源流。谢铎《伊洛渊源续录》完成之后，立即引起后世学者的重视，明嘉靖、崇祯年间就有高贲亨、杨墀、方大镇等学者将朱子《伊洛渊源录》与谢铎《伊洛渊源续录》汇辑、合刻刊行之。③

（二）《伊洛遗音》

《伊洛遗音》系谢铎在研读程朱理学著作过程之中，萃录其诗作一百五十七首而编成的"道学之诗"集。

今《谢铎集》卷七十七有《〈伊洛遗音〉引》文，对成书经过有交代："予尝读伊洛诸书，见其精神奥博，茫无涯涘，因取其诗，日读之而涵泳焉，得百五十七首，萃而录之，曰《伊洛遗音》。"④ 言中之义，谢铎希望后世儒者通过《伊洛遗音》来辅助洞悉"伊洛之学"，因为伊洛之"诗"即"道学之诗"亦系其"道学"体系的有机组成部分。

（三）《续真西山读书记乙集》

南宋大儒真德秀（1178—1235）作为继朱熹之后的理学正宗传人，著有理学经典名著《大学衍义》，探析"格物致知""诚意正心""修身齐家"之要义。明成化年间岭南学者丘浚（1421—1495）以为真氏《大学衍义》尚遗"治、平二条"，遂采六经诸史百家之文、增加按语以抒发己见，补其所缺及"诚意正心之要"，厥成《大学衍义补》。谢铎在拜读

---

① 《谢铎集》，第761—762页。

② （清）纪昀等总纂：《钦定四库全书总目》（整理本），中华书局1997年版，第848页。

③ 朱杰人等主编：《朱子全书》第12册，第1120—1122页。

④ 《谢铎集》，第753页。

这两部著作后，有《读〈大学衍义补〉》文，认为《衍义补》搀入《大学》条目中，系不当之举，因其"视西山《衍义》则不免屋下架屋"①。

除《大学衍义》外，真德秀还著有《西山读书记》甲、乙、丙、丁四集，谢铎亦认真拜读之。其中《读书记》乙集专记历代相业，自虞夏讫于汉唐，"以正己、格君、谋国、用人四事，考其是非优劣，上下数千载间治乱之几俱在"，真德秀作为一代儒臣的经邦济世之志，从中可见。但是，真德秀所录"相业"仅至唐季，而对有宋一代之"相业"则未予辑录，谢铎拟竟真氏未尽之志，"间取宋一代相业有合于公（真德秀）所考评者，录其一二，以附汉唐之后"②，遂成《续真西山读书记乙集》。

总之，谢铎受朱熹（及其后学）的影响是多方面的，比如，谢铎编《国朝名臣事略》即可能受朱熹《八朝名臣录》编纂意图的启发。谢铎在成化年间被旨校朱熹、赵师渊纂修的《通鉴纲目》，指陈历代得失，曾为疏数千言以进，"宋神宗好《通鉴》、理宗好《纲目》，徒知留意其书，不能推之政治"，因论时政之失。③而谢铎在晚年受命"润色"《历代通鉴纲目纲要》，则足见谢铎在明成化、弘治年间作为一代"理学名臣"的学术声望与政治地位。

二　黄绾一家三代与谢铎的交往

谢铎与黄孔昭、黄俌、黄绾一家祖、父、子三代皆有交往，可谓"世契尤笃"。

（一）谢铎与黄孔昭

据黄绾《谢文肃公行状》载：谢铎在"将冠，游邑校"之时便与黄孔昭结交，"大父（黄孔昭）树立，坚特罕比，独与先生（谢铎）砥砺，慨然以古人自期"④。黄孔昭于英宗天顺四年（1460）中进士，先谢铎四年；在踏上仕途之后，无论在京师为官，还是在南都从政，黄孔昭与谢铎均志趣相投，交往甚多，这从《谢铎集》（《桃溪集》）所收录的数十首诗歌唱和中即可见一斑。⑤应黄孔昭之请，谢铎为黄孔昭《重修洞黄黄氏族

---

① 《谢铎集》，第759—760页。

② 同上书，第732页。

③ 《石龙集》卷二十三，第1页；《黄绾集》，第439页。

④ 同上。

⑤ 林家骊：《谢铎及茶陵诗派》，第43页。

谱》写"序"，还为黄孔昭诗文集《定轩存稿》作过"序"，为黄孔昭祖父黄礼遐作"传"成《松坞黄公传》。黄孔昭病卒于南都官邸之后，谢铎一日之间三次前往吊唁，并全力协助黄俌处理黄孔昭丧葬后事；又应黄俌之请，亲撰黄孔昭墓志铭文即《南京工部侍郎黄公墓志铭》。此外，黄孔昭与谢铎还系儿女亲家，谢铎长女聘黄孔昭次子黄侹，惜二人俱夭。①

（二）谢铎与黄俌

谢铎与黄缩父黄俌之间交往也很频繁。黄俌在少年求学之时，即游学于谢铎门下。黄缩《先府君行状》称"（黄俌）稍长，游执友克庵陈公，宝庆、方石二谢公之门"②。今学者编《谢铎集》之中有诗歌《赠别进士黄汝修》《次黄汝修写怀韵》《闻黄汝修选郎致仕有感》《次黄汝修病中述怀韵》《闻黄汝修武选将到》《与黄汝修选部》（三首）等。黄俌病逝，谢铎亦协助黄缩处理后事，并应黄缩之请，撰《吏部黄郎中墓志铭》。

（三）谢铎与黄缩的师生情

正是基于谢铎与黄孔昭、黄俌父子之间的特殊关系，黄缩在年少之时即得以师从"理学名臣"谢铎，研读程朱理学著作。黄缩早年之时，无论是家居黄岩、抑或侍父于京师官邸之时，亲炙谢铎、研读理学著作，自然是名正言顺、水到渠成。黄缩《谢文肃公行状》有云："（黄）缩窃惟早岁受业，受知先生（按：谢铎）特深，世契尤笃。"③ 而谢铎对少年求学时期的黄缩更是垂爱有加④，故能以所学、所悟程朱理学之要义，悉数传授于黄缩这位"读书种子"。谢铎诗文集《桃溪集》有诗作《赠黄宗贤并序》《次黄宗贤元日书怀韵》《赠黄宗贤侍父南归二首并序》《赠黄生宗贤二首》；此外尚有《复黄生宗贤》书信六通。谢铎病逝之后，黄缩有《哭方石先生次涯翁韵》（二首）⑤、亲作《谢文肃公行状》，若干年之后还为谢铎迁葬。黄缩晚年在整理谢铎诗文集定稿本《桃溪类稿》时，所作"序"文有云："弘治季年，缩省先君（黄俌）于选部，见先生（谢

---

① 《石龙集》卷二十二，第6页；《黄缩集》，第443页。

② 《石龙集》卷二十三，第18页；《黄缩集》，第454页。

③ 《石龙集》卷二十三，第6页；《黄缩集》，第443页。又载《谢铎集》，第852页。

④ 对于黄缩正式师从谢铎的确切时间，笔者目前无法证实，但是《石龙集》（卷六，第11页）录有黄缩早年五言绝句诗作一首，即《见方石先生》："平生慕远游，夜梦周八极。灵氛穆无言，惟问谢安石。"可能系黄缩正式拜师时所作，但其具体成文时间难以考订。

⑤ 《石龙集》卷五，第2页；《黄缩集》，第65—66页。

铎）于国子，先生则语绾曰：'吾之所著初录之曰《杂稿》，再录之曰《净稿》，三录之曰《类稿》，皆西涯（李东阳）公所点窜也，今以《类稿》为定本。吾身后，可以《类稿》刻之。后有续稿，但可择一二以附之。'"① 在此，谢铎敢以著作传世之任嘱托于二十多岁的青年黄绾，足以说明谢铎对后生小子黄绾的器重与信任。故而，我们称黄绾为谢铎理学思想唯一的"衣钵传人"，当不为过。

另据黄绾晚年读书笔记《久庵日录》记载，谢铎在教诲少年黄绾如何研读程朱理学著作之时，曾借用黄幹训诫何基之语劝勉黄绾："必有真实心地，克苦用功而后可。"② 嗣后，黄绾便以此二言作为终生"为学、为道"之信条，厥有成就。总之，作为谢铎理学思想的崇拜者、传承人，青年黄绾自然认可业师的学术主张，故而对程朱理学的"道统"地位也唯以谢铎的言行而马首是瞻，不加质疑。即便是青年黄绾在主动放弃科举之后，仍在谢铎的悉心指教之下，"稍识道理之方"，"辄以圣贤为必可学而至"，于是在书桌座椅之上置一木牌，书曰："穷师孔孟，达法伊周。"椅背又书曰："勤敏自强，研精抑气。"且朝夕观警。如是，黄绾经过三四年的"克苦用功"，仍旧学不加进、行不加检，"求之愈深，愈知其不易"。再加上黄绾本人性格耿直，不能谐俗以求欢悦，时常忧思太过、私心忧惧、不能自安，以致形神憔悴，辄成一疾，只得在闲时"习静以理血气"③。而产生如是种种烦恼之时，谢铎适在京师任礼部右侍郎并掌国子监祭酒事，师徒二人已数年未有沟通；为摆脱烦恼以求精进，黄绾特修书一封以求助于业师谢铎，成《寄方石先生书》，有"惟望痛斯世之寂寥、闵斯人之难遇，不以天之厚我者终我而已。俯赐一言，引阘茸于尘埃之中，使上有以继绝学，下有以开来世"云云。④ 嗣后不久（弘治十五年，1502），黄绾便侍父进京⑤，乃得以在业师谢铎闲暇之时与之朝夕相处，

---

① 转引自林家骊《谢铎及茶陵诗派》，第 626 页。

② 《明道编》卷二："予（黄绾）少年请教于方石先生，先生以黄勉斋教何北山之言示予，曰：'必有真实心地，克苦功夫而后可。'予由此益励真实心地，益加克苦功夫，乃有所得。此二言者，实不可忘也。"（《明道编》，第 23 页）

③ 按：青年黄绾"克苦用功"理学而患疾的求学模式与王阳明早年"格竹"而生病情景相仿，这也为日后二人结交、共证"圣人之学"埋下了伏笔。

④ 《石龙集》卷十五，第 3—4 页；《黄绾集》，第 300—301 页。

⑤ 拙著《黄绾生平学术编年》，第 24 页。

继续问学，以求"明道"。此时的黄绾，对儒家古圣贤"为人为己"之学所涉"君子小人之辨"亦有较为深刻的体察："其谓'为己'，自动静语默以至取舍去就，自执册操觚以至莅官临民，皆求不失吾性以立吾诚而已。使有毫发为人，即非君子之学，不可入尧舜之道矣。"① 谢铎对于青年黄绾此论，多有赞赏。

正德四年（1509）冬，黄绾在为父守丧三年毕后，以母命强之出仕；在征得业师谢铎许可之后，赴京候缺待选，从而开启了长达数十年的以求"明道"与"稽政"相统一的"学政合一"之路。据黄绾《读方石先生书有感·引言》所述：黄绾离家进京之际，有书函与乃师告别，并咨询"事君匡时"的为官从政之道，谢铎复函："夫事君匡时，莫大于学真儒，虽千言万语，不过如此而已。然忠、孝、廉、节，亦皆其中事，舍此无余事矣。惟神明扶祐以见于行，则天下之福也。"谢铎书函到达之时，恰值深夜，黄绾连忙起床、烧灯拜读，受益匪浅，然"恨不能面语"以致"梦寐中颇有说话"②。不料逾年（1510）之夏，黄绾于京邸闻业师辞世讣告，而此通书函，竟成谢铎对爱徒的绝笔教诲。正德七年（1512）冬，黄绾抱病归家山居，偶检故箧，无意之中发现谢铎此通书信，再次拜读，"为之泫然"，有七言绝句两首："数字真堪见赤心，幽明莫语只悲吟。还思先帝蒲轮日，但恨浮云咫尺阴。忆昔鱼缄捧诵时，此心应有鬼神知。于今抱病空山暮，愁对寒云血泪滋。"③ 诗词之中，谢铎、黄绾师生二人基于"道学"的共同价值取向，亦昭然若揭。

第五节 "学宗自然" 的江门心学对黄绾的影响④

陈献章（1428—1500），字公甫，号石斋，晚号石翁，别号碧玉老人、玉台居士、江门渔父、南海樵夫、黄云老人等，广东新会白沙里人，

---

① 《石龙集》卷十五《答王东瀛〈论学〉书》，第5—6页；《黄绾集》，第302页。

② 《石龙集》卷七，第1页；《黄绾集》，第107页。

③ 《石龙集》卷七，第2页；《黄绾集》，第107页。

④ 笔者按：本章副标题题曰："（黄绾）早年崇奉宋儒之学"，本节所论明代中前期历史人物陈献章并其门人林光、潘辰，严格意义上讲，不属于"宋儒"范畴，但是陈献章江门心学发明的所谓"在静坐中养出端倪"的修养方法仍不脱程朱道学"涵养须用敬"的道德功夫实践。故而本章第五节暂且以"宋儒之学"之"名"来指称江门心学之"实"。

学者称白沙先生，举正统十二年（1447）广东乡试，翌年（1448）会试中乙榜，入国子监读书。后从吴与弼讲学，居半载归乡，读书穷日夜而不辍。筑阳春台，静坐其中，数年无户外迹。久之，复游太学。祭酒邢让（1427—1471）试和杨时《此日不再得》诗一篇，惊曰："龟山不如也。"扬言于朝，以为"真儒复出"。又归，而门人益进。嗣后，布政使彭韶、都御史朱英交荐，召至京，令就试吏部，辞疾不赴，疏乞终养，授翰林院检讨而归。自后，屡荐不起。弘治十三年（1500）二月十日卒，年七十有三。①

黄宗羲《明儒学案》卷五《白沙学案上》有《文恭陈白沙先生献章传》，评论陈献章之学："以虚为基本，以静为门户，以四方上下、往古来今、穿纽凑合为匡郭，以日用常行分殊为功用，以勿忘勿助之间为体认之则，以未尝致力而应用不遗为实得。"并且以为陈献章对明代儒学贡献颇多，与王阳明一道，系明代心学之巨擘："有明儒者不失其矩矱者亦多有之，而作圣之功，至先生（陈献章）而始明，至文成（王阳明）而始大。向使先生与文成不作，则濂洛之精蕴，同之者固推见其至隐，异之者亦疏通其流别，未能如今日也。""有明之学，至白沙始入精微，其吃紧功夫，全在涵养，喜怒未发而非空，万感交集而不动，至阳明而后大。两先生之学，最为相近。"②

黄绾虽未与江门心学先驱陈献章有直接接触，但是黄绾对陈献章其人其学是有一定了解的。据笔者检录文献所得，黄绾间接了解陈献章其人其学的一条途径，系其业师谢铎。谢铎在京师任职期间，曾与陈献章同朝为官，并有直接接触。谢铎少年之时与叔父谢省（1420—1493）、谢绩（生卒年不详）共学，谢绩早卒，谢铎辑其遗稿《王城山人诗集》而刊刻之，转呈陈献章一册。陈献章读毕，大加赞叹，并题诗书后："不见山中人，

---

① 《明史》（简体字本）卷二百八十三《列传》第一百七十一《儒林二·陈献章传》，第4853—4854页。当前学术界关于陈献章生平学行研究的最新成果，有黄明同教授的《岭南心学：从陈献章到湛若水》（上海辞书出版社2015年版）、黎业明教授的《陈献章年谱》（上海古籍出版社2015年版）。

② （明清之际）黄宗羲著，王维和、张宏敏编校：《〈明儒学案〉〈宋元学案〉黄宗羲案语汇辑》，杭州出版社2012年版，第14—15页。

溪上步明月。"谢铎得知，叹曰："乔松着根，干先挛空。"① 谢铎、陈献章二人对谢绩的英年早逝，均表遗憾。此外，今《谢铎集》收录有谢铎《登严子陵钓台次陈公甫韵》（三首）《读〈陈献章净稿〉有感》（二首）等。弘治十三年二月陈献章病逝，谢铎在同年八月有诗作《云津书院次陈献章韵》以悼之："斯人今不作，坠绪已难寻。糟粕空遗味，精微谁究心。天高元有籁，弦绝可无音。珍重云津学，休传绣谱针。"② 黄绾系谢铎高足，谢铎必定向黄绾介绍过陈献章其人其学。

黄绾于弘治十五、十六年间在京师游学之时，曾先后师从陈献章的两位高足林光、潘辰，并希望能够绍述、传承陈献章江门心学。此外，黄绾在隐居紫霄山之时，曾为陈献章及其门生所作诗歌集《心贺》作"序"（下文详论）。简言之，黄绾在弘治十五年（1502）至正德十六年（1521）这段时间中有私淑陈献章之意。日后，黄绾结交王阳明，并与陈献章另一高足湛若水（1466—1560）交好，共学论道。③ 拙著在此，专设篇幅论述黄绾与陈献章江门心学之间的学术渊源；从一定意义上讲，这也为明代中后期姚江心学与江门心学的先期互动，提供了一个案例与范本。

一 黄绾师从林光

林光（1439—1519），字缉熙，号南川，晚年更号南翁，广东东莞人。成化元年（1465）举人。五年（1469），会试入京，见陈献章于神乐观，语大契合，遂师事之。此次会试，陈、林二人均落第，从归江门，筑室深山，往来问学达二十年。二十年（1484），从母命，复赴京会试，中乙榜，任浙江平湖教谕。弘治六年（1493）十月，秩满还家。八年（1495）三月，升山东兖州府儒学教授，后丁忧归。服阕，补严州府儒学教授。十四年（1501），升国子监博士。十七年（1504）任满，奏乞致仕，不允。翌年（1505），传任襄王府左长史。正德八年（1513），疏乞致仕。正德十四年（1519）卒。著有《晦翁学验》（今不存世）、《南川

---

① 《嘉靖太平县志》卷七《人物志下·谢绩》："其门人文肃公谢铎辑其遗稿曰《王城山人诗集》刊焉。"李东阳又有《〈王城山人诗集〉序》文。

② 《谢铎集》，第383页。

③ 详见拙著第二章第二节"黄绾与湛若水"专论。

冰蘖集》①。

有论者以为："陈献章弟子百余人中，以他（林光）和湛若水最著名。"林光亦有言"闻道者在自得耳，读尽天下书，说尽天下理，无自得入头处，终是闲也"，乃师陈献章赞"（林光）所见甚是超脱，甚是完全，盖自李大厓（按：李承箕②）而外，无有过之者"③。林光卒后，湛若水作《祭林南川文》以追忆从学于业师陈献章之情景而痛悼之："呜呼！道丧千载，支离析分。我师石翁，再还浑沦。亦周无欲，本体自然。我始扣关，吁嗟以言。此学不讲，寥寥卅年。我疑进问，子长东所。并称高弟，语何不可。曰李诗癖，曰张高话。南川之去，无问学者。继得榄山，论学一书。卓见道体，理一分殊。乃既定交，敬谒茶庐。神往义契，十年之余，读师答简，剂量锱铢。分殊之说，无穷功夫。小子狂简，作诗扩义。谓一与万，如身之臂。合为一体，二之不是。每思与公，上下其议。我居于樵，公已长逝。徒负幽冥，抱此至意。远不临吊，病莫执绋。敬奠一觞，告此衷一。尚飨！"④ 此外，明清之际学者屈大均（1630—1696）著《广东新语》有云："白沙之门，见道清澈，尤以林先生光为最。光，字缉熙，东莞人。所上白沙书，得力过于甘泉，可直接白沙学脉。弟子传当首缉熙。白沙尝语人云：'从吾游而能见此道践履者，维缉熙耳！'甘泉亦云：'白沙夫子，崛起南方，溯濂洛以达于洙泗，当是时得门而入者，南川一人。'南川者，缉熙也。"⑤ 近代学者刘成禺（1876—1953）《世载堂杂忆》下《岭南学派述略》有论："白沙粤中弟子，首推东莞林光缉熙。林氏之学，期于自得，服膺孟子'勿忘勿助'之说，白沙最称之。"⑥

黄绾在弘治十六年（1503）左右，侍父游学于京师期间，因敬慕岭南陈献章的道德文章，在业师谢铎、乃父黄俌的引荐之下，师从了时任国

---

① （明）林光撰，罗邦柱点校：《南川冰蘖全集》（《岭南丛书》本），中国文史出版社 2004年版。

② 李承箕（1452—1505）师从陈献章之事，可参阅《明儒学案》卷五《白沙学案上·孝廉李大厓先生承箕》，《黄宗羲全集》第 7 册，第 98—99 页。

③ 转引自《明儒学案》卷六《白沙学案下·长史林缉熙先生光》，《黄宗羲全集》第 7 册，第 112 页。

④ 转引自黎业明：《湛若水年谱》，上海古籍出版社 2009 年版，第 68—69 页。

⑤ 转引自俞樟华：《王学编年》，吉林大学出版社 2010 年版，第 111 页。

⑥ 转引自俞樟华：《王学编年》，第 111 页。

子监博士的林光。而对于林光"得白沙之传"之事，黄绾亦闻之久矣，有"数年相闻不得相见、相望不得相即"之言云云。黄绾与林光初次相见，便执弟子礼，且相谈甚欢，而长者林光对后进黄绾更是垂爱有加，"许之以有志，教之以圣贤所当务"。嗣后，黄绾有《谢林南川书》，对自己拜师经过予以追记：

> 绾久闻执事得白沙之传，自髫龀已知趋向，踪迹东西，无由瞻晤，每怀缺然。去年视家尊来京师，知执事犹在大学博士之列，窃喜数年相闻不得相见、相望不得相即者，今必获所愿矣。岂意未完之躯易为疾病，缠绵舍馆，至昨方能出拜门下。辱不以不肖为不足与，又许之以有志，教之以圣贤所当务。如此高谊，皆今世所未闻，在古或有之者也。绾何幸获遇之哉！出而思之，数日憱然，愈不自安。盖执事所以待绾者非常人，而绾实以常人自处；执事所以望绾者千百，而绾实无一二焉。昔夫子，圣人也，尚以"德之不修、学之不讲、闻义不能徙、不善不能改"为己忧。今绾视圣人，不啻下之万万，而又不忧其所可忧，反自怠自逸如此，不惟有负于知爱，而亦深有负于所生。况光阴迅速，将渐老而无成，可不惧哉！虽然，今欲学者，亦非有甚高难行之事，亦惟求尽其性分之良，以明圣人之道于千载之下，使之沛然复行于当时云耳！绾有志，未度其力，惟执事不以其狂妄为嫌，有以与之。《诗》曰："翩彼飞鸮，集于泮林，食我桑黮，怀我好音。"飞鸮尚然，况于人哉！苟得集执事之泮林、食执事之桑黮，必当怀执事以好音矣。[①]

弘治十八年（1505），黄绾侍父离开京师已一年有余，隐居紫霄山中，杜门兀坐读书，继续用功于"六经四子之道"。然而限于学力，黄绾对"圣道"体知、参悟之所得，实在有限。但是，黄绾对陈献章江门心学经由林光所传承之"道"，依旧充满信心。于是乎，黄绾有书函与业师林光，再次恳请林光以江门白沙之"道"相传："别忽一载，音耗不闻，如坐井中。乡邦朋游，号为有志，不过讲习举业，将钩声名、媒利禄而已。回视身心，不知为何物，于是使人益念斯世之孤，益痛斯道之绝，欲

---

① 《石龙集》卷十五，第9—10页；《黄绾集》，第305—306页。

就其人而问之，不可得也。昔者陈默堂贻书罗豫章曰：'圣道甚微，能于后生中得一个半个可与闻于此，庶几传者愈广，吾道不孤。'豫章着意询访，得李延平以授之，而后斯道大明。绾虽不肖，不自量力，窃尝有志于斯道，但不知执事所以得于白沙者何如？倘不吝教，斯道之幸，当何如也！"① 这里，我们隐隐约约可以梳理出一个"陈献章→林光→黄绾"的江门道学传承谱系。

二　黄绾问学于潘辰

潘辰（？—1519），浙江景宁人，字时用，号南屏，学者称南屏先生。弘治六年（1493），以荐由儒士擢授翰林待诏，后掌典籍事。预修《会典》成，进五经博士。正德中，升为编修，官至太常少卿，后致仕。《明史》卷一百五十二、《国朝献徵录》卷二十二有"传"。《明武宗实录》卷之一百八十一"正德十四年十二月乙卯"条下有"传"："潘辰，浙江景宁县人，侨居京师，幼习儒业，屡举不第。弘治初，府尹唐珣、给事中王纶、夏昂荐其才可用，授翰林院待诏。寻以大学士徐溥等荐，入内阁诰敕房供事。历升典籍、博士、编修、少卿。辰本布衣，刻苦问学而持身驯谨无过失，年且至，人故怜而荐之。又与大学士李东阳有连姻，常相与倡和，名益重。与人无忤，见者皆称其贤，居诰敕房最久，属草之际，士大夫有以赆礼相遗者，辰一无所取。卒，特与祭葬。"

潘辰亦系陈献章高足。在弘治十六年（1503）左右，黄绾侍父京师期间，曾承蒙时供职翰林的潘辰提携，黄绾得以借览"观中秘书"。黄绾结识潘辰，系业师谢铎、父黄俌所引荐。今《谢铎集》卷八十三中录有谢铎《复潘南屏》二书，检录书函内容，可知谢、潘二人关系密切，谢铎称潘辰为"古所谓知己者"②。正德三年（1508）左右，时家居黄岩为父守丧的黄绾有《寄潘南屏书》，就"友道"一事向潘辰请益："绾不敢自方古人（孟子论尚友），然视友道之衰有如今日，能无感乎？闻执事尝讲于白沙之门，化于寡妻，能知科举为外物，非深有得者，能如尔乎？故敢以此问于左右，惟执事察而进之。"③ 借此，我们可以得

---

① 《石龙集》卷十五，第10页；《黄绾集》，第306—307页。

② 《谢铎集》，第832页。

③ 《石龙集》卷十五，第14—15页；《黄绾集》，第310页。

知：黄绾因敬慕潘辰业师陈献章，从而希望潘辰就"友道"一事予以点拨。

三 黄绾为陈献章及其门人所作诗歌集《心贺》撰"序"

正德八年至十六年间（1513—1521），即隐居紫霄山之时，黄绾曾为陈献章及其门生所作诗歌集——《心贺》撰"序"，成《心贺序》：

柯丈尹阳江，封太傅张世杰墓于赤坎，祠而考之。白沙先生与其徒为赓歌，命曰《心贺》。曰"此风何可长，此恨何由申"，其伤夷狄之变乎？又曰"临事诚已疏，哀歌竟云云"，惜其时尚可为乎？①

宋亡，其臣文信国、陆丞相与太傅呼创残，掬辒遗，触险蠖，播长涛，当蛟虎之吻，载踣载奋，厘社稷之难，其为忠也至矣！然尊孺子奉妇人制命，奸臣自搤其吭，掣忠良之肘，不正名揭义，求宗英深图远举，坐失事机，其为智也何如！自伯颜入国，郡路奔降，无一策以收之，童子知其不就，潜栖如麾缯、如婴白可也，虑不出此，卒沉溟澥，悲哉！矧元既得志，胡官吏师暴其民，颠倒先王之礼物，赃淫不戒，兵疲海上，令毁冠裳，阖户悲号，非其时也。迟之元主既薨，伯颜已死，匹夫假赵孤尝响应，况天下信之！如三君子扶帝胄、伸大义以出也。虽然，决肝胆、竭贞臣之节，其心落落，要与秋霜烈日争辉洁；掀宇宙、泣鬼神，以视虏庭北面，谁可少哉！此所以深慨于昔者而重贺之于今也。

柯丈，名昌，字廷言。②

---

① 按：此处引文、包括下文着重号，均系笔者添加。

② 《石龙集》卷十一，第12—13页；《黄绾集》，第194—195页。应该说明，黄绾为《心贺》作序之时，此时陈献章已经谢世久矣（陈献章卒于弘治十三年二月）。至于黄绾《〈心贺〉序》成文之因待考，但值得关注的信息有二：一是下文所提阳江县令柯昌系浙江黄岩人，黄绾对柯昌这位乡前辈事迹必定熟谙。二是下文所提嘉靖初任台州太守的罗侨与王阳明相识，"宸濠反，王守仁起兵吉安，（罗）侨首赴义"；罗侨于明世宗即位后即出任台州太守，可能对王阳明的台州好友黄绾有些许了解。正德十六年秋，罗侨接替顾璘任台州太守之后即邀时家居黄岩的黄绾共登郡城之云峰，也就显得顺理成章，黄绾有诗作《罗太守邀登云峰》（《石龙集》卷五，第5页；《黄绾集》，第69页）为凭。

检录史料，可以得知：柯昌（生卒年待考），字廷言，号确庵，浙江台州黄岩人。通经笃学，领明成化十三年（1477）乡荐，授阳江知县，身先礼教，爱民勤政。时贤陈献章、湛若水等均以"循良"称之。著有《确庵稿》等。

弘治十二年（1499），时任阳江知县的柯昌为表彰"宋末三杰"的英勇事迹，封筑张世杰之墓，并于墓前修建祠堂。事成之后，柯昌即派人前往江门谒见岭南名士陈献章，请其为祠堂撰写记文，陈献章因"病倦"而无法即刻成文，乃有《答阳江柯明府书》：

> 顷者有胡秀才来谒白沙，能道执事志行之美。章多病少出，于执事无一日之雅，闻秀才言，为之动容起敬，已置执事于东南十郡内贤守宰之列。所谓生而民爱戴之，死而民俎豆之，以此期待阳江，而注仰之久矣。蒙辱手教，承已表识张大傅墓，又于墓前构祠祀之，与厓山同。幸甚，幸甚。以今观之，执事所作，皆风化首事，寻常只是簿书俗吏取办于目前耳，何尝望见阳江脚板耶？祠记，某当作。昔闻秀才言执事表墓建祠，某已心许执事矣，顾今拙病未能脱体，少延岁月，为之未晚也。病倦，不能具大状。使回，聊此复，余不一一。①

嘉靖初，任台州太守的罗侨（1461—1534）② 有《张太傅祠记》文（成文于嘉靖二年［1523］十一月），其中对台州黄岩人柯昌修墓构祠、请记陈献章一事有记载："阳江有张太傅世杰墓，在潮居里之赤坎村，去阳江七十里许，密迩平章港。宋南渡祥兴二年（1279），太傅既溺去，诸将函骨葬于此。后二百年，为明弘治己未（1499），知县黄岩柯昌，始大封厥墓，又于墓前构祠。请记于陈白沙先生，诺而未果。……"③

张太傅"祠记"文虽未成，但是陈献章有五言古诗《寄贺柯明府》，此即黄绾《心贺序》文之中陈献章所作之诗文：

---

① （明）陈献章著，孙通海点校：《陈献章集》，中华书局 1987 年版，第 210—211 页。

② 对于罗侨的生平事迹，《明儒学案》卷四十六《诸儒学案上四》有传（《黄宗羲全集》第 8 册，第 404 页）、《明史》卷一百八十九亦有"本传"（简体字本，第 3336—3337 页），可参阅。

③ 转引自陈晓：《张世杰墓考》，文载"网易博文"http://chentvtvtv.blog.163.com。

夷狄犯中国，妻妾凌夫君。此风何可长，此恨何由申？仲尼忧万世，作经因感麟。往者宋元间，适逢大运屯。仰天泣者谁，屈指张陆文。临事诚已疏，哀歌竟云云。一正天地纲，我祖圣以神。缺典谁表章，厓山莽荆榛。寥寥二百年，大忠起江濆。慈元庙继作，烂映厓山云。近者阳江尹，一念何精勤！作祠比厓山，两庙存三仁。大封赤坎墓，昭昭惬众闻。深悲鱼腹冷，一跃海门春。厓海风波隔，阳江面目新。自然声气应，坐使风俗淳。短卷心先贺，神交梦每亲。琢词告万世，老病敢辞君？①

诗成之后，陈献章还把《寄贺柯明府》之诗，分送与自己的门生，请他们就柯昌封筑张世杰墓、修建祠堂一事赋诗；最后汇为一帙，取陈献章诗"短卷心先贺"句之"心、贺"二字为题名，曰《心贺》。

据笔者分析，促成黄绾为陈献章及其门人诗集——《心贺》作"序"的动机，可能就是此时的黄绾，在林光、潘辰这二位得陈献章之传的业师的指教之下，已经对江门心学之"道"有所证悟。这，也为黄绾日后与得江门心学之真传的湛若水之交往打下了铺垫。②无怪乎，黄绾在正德五年冬与陈门高足湛甘泉接触之后即定笃交，对此，黄绾《祭湛太夫人文》有云："圣学辍流，几二千祀。至宋诸子，决之而弗汧；我明白沙，放之而未浃。及……甘泉和阳明王子，乃穷厥源，将溃于海。虽绾不肖，亦与闻此。"③这里，黄绾对陈献章在明代儒学史上的"开端"地位亦予以表彰。

总结本章行文，我们可以确认，黄绾早年崇奉宋儒之学（以程朱理学为主）的主要原因是基于以下几点："一代理学名家"朱熹及台州朱子学

---

① 《陈献章集》，第308—309页。

② 吊诡的是，黄绾在中年与王阳明交游之后，对陈献章"静坐中养出端倪"之说展开了批判，以为"静坐"功夫非圣贤"极则功夫"，而"笃志于道""允执厥中"方是"万世为学之要诀也"，"近世如白沙诸公之学，恐皆非圣门宗旨"（《寄阳明先生书》[四首之三]，见《石龙集》卷十七，第13页；《黄绾集》，第339页）。与此同时，黄绾开始对湛若水"以静默为事"的为学路数亦产生质疑，以为"无欲方是真静。若欲无欲，苟非勇猛锻炼、直前担当，何能便得私欲尽净、天理纯全？此处若不极论，恐终为病"（同上）。

③ 《石龙集》卷二十七，第4页；《黄绾集》，第553页。

的影响、"读书种子"方孝孺的人格导引、"浙南理学名家"即洞黄黄氏家学的"耳濡目染"、"一代理学名臣"谢铎的言传身教，再加上少年黄绾习举业之时对理学的涉猎，这些"顺缘"自然使青少年时期的黄绾，成为程朱理学的忠实信仰者。

第二章

"慎独而致吾之良知"

——中年归依阳明良知学

拙著对"中年黄绾"之界定，特指黄绾在正德四年（1509，时年30岁）首次出仕任后军都督府都事，至嘉靖十八年（1539，时年60岁）因罢官而赋闲居家①这段时期。在这三十年间，黄绾的思想转变颇多：先是扬弃青年时代的程朱理学信仰，转而接受王阳明、湛若水的心学，并又对王阳明的良知学进行了发展，提出了"慎独以致良知"的心学命题，突出强调了良知学的"独知"义，继而又在晚年时期（下章详论）对"致良知"之教产生了怀疑并予以批判。

对于中年黄绾道学思想的演进，本章主要围绕黄绾与王阳明之间的交游、论学主线，即闻阳明讲学而结交为友、闻"致良知"之教而执贽称弟子，同时兼及黄绾与部分王门弟子的交往，来详细梳理黄绾对"致良知"之教（"心学"）的向往、接受、发展之全过程。同时，承续第一章

---

① 拙著对"中年黄绾"时间截止点的界定，并非严格意义上的，一方面考虑到黄绾的生理年龄，恰在六十岁之时罢官，正式结束了仕宦生涯；另一方面，也考虑到黄绾对阳明良知学所作之批判，主要是针对王畿对阳明晚年"四句教"所发挥的"四无说"及其佛禅虚无主义倾向而言。嘉靖十四年（1535）左右，黄绾在《赠王汝中序》（《石龙集》卷十三，第17—19页；《黄绾集》，第230—232页）文中已经意识到王畿对乃师良知学的解读有"缘佛入儒（心学）"之倾向，故而借此重申"道心、人心一也，以一心而精之一之，此万古道统之真传也"，圣人之道与佛禅之学的本体、功夫迥异，"夫独知之有知觉乃为良知，知之而思，乃为圣功之本，此乃圣学宗旨之至要"。再有，黄绾在丁母忧期间（嘉靖十四至十七年间），对古本《大学》《中庸》详加研读，其《与人论学书》（三首）（《石龙集》卷二十，第16—22页；《黄绾集》，第391—396页）的思想主旨，足以表明黄绾已经完成了对阳明良知独知说、程朱格物致知论的扬弃性"批判"，而转向了"回归经典"、重建"道统"以发明"艮止执中"为纲之经学的新尝试。总之，考虑到"嘉靖十八年"之于黄绾，系一特殊年份，拙著便以是年作为"中年黄绾"学术思想的截止点。

第五节主题即"江门心学对黄绾的影响"，继续论述黄绾与江门心学传人——湛甘泉之间的学术交游（本章第二节），以及中年黄绾对陈献章岭南心学"扬弃"之过程。

第一节　黄绾与王阳明

王阳明于明成化八年（1472）生于浙江绍兴府余姚县①，黄绾于成化十六年（1480）生于浙江台州府黄岩县，王阳明长黄绾八岁。从自然地理分野意义上讲，黄岩、余姚同属浙东地区。

对于黄绾与王阳明之间的学术交往，我们可以通过存见于《王文成公全书》（《王阳明全集》）、《石龙集》中关于二人之间的唱和诗歌、往来书函，佐以《阳明先生年谱》《阳明先生行状》《明史》《明世宗实录》等予以检录、盘点、解读。

在考察黄、王二人学术交游之前，我们有必要对其二人父辈的交往，略加铺陈。

黄绾之父黄俌于成化十七年（1481）三月中辛丑科二甲进士②，嗣后授兵部职方司主事。而该科状元为王华③，即王阳明的父亲，授翰林院编修职。黄俌与王华同属浙江籍，又同年中进士，且同在京师任职，故而二人彼此交好。黄绾《实翁先生寿序》云："公（王华）蚤以文章第状元，出入青闼，为讲官，位卿长，获天子眷宠，为士雅望。……绾先选部（黄

---

① 为避免行文重复，拙著此处对于王阳明的生平仕宦、学术成就，不做详细考察。目前海内外学术界关于王阳明传记的权威读本，尚无定论。笔者建议读者诸君以黄绾《阳明先生行状》（载《王阳明全集》）为基础文献，进而阅读钱德洪等编撰的《阳明先生年谱》以及当代学人的一些传记，诸如浙江阳明学研究专家吴光先生的《吾心自有光明月：王阳明的生平事功与思想学说简介》（载《王阳明全集》［简体版］卷首，上海古籍出版社 2012 年版）、董平先生的《王阳明的生活世界》（中国人民大学出版社 2009 年版）等；此外，海外学者冈田武彦的《王阳明大传》（《冈田武彦全集》卷 1 至卷 5，中文版由重庆出版社于 2015 年出版）、秦家懿的《王阳明》（简体字本，生活·读书·新知三联书店 2011 年版）也值得一读。又及：浙江大学古籍研究所束景南教授编修《王阳明年谱长编》（上海古籍出版社 2017 年版），籍此撰著《王阳明大传》，值得期待！

② 多洛肯：《明代浙江进士研究》，上海古籍出版社 2004 年版，第 250 页。

③ 王华（1446—1522），字德辉，号实庵，晚号海日翁，人称龙山先生。成化十七年（1481）中状元后，授翰林院编修。官至南京吏部尚书。著有《诸书杂录》二十卷、《龙山稿》十五卷等（详参钱明：《儒学正脉——王守仁传》，浙江人民出版社 2006 年版，第 12—13 页）。

备），公同年而好。公子守仁，绾则从而赖其成，即所谓得圣人之学者。"① 黄绾《阳明先生行状》有黄岩黄家"与公（王阳明）有通家之旧"② 云云。黄备与王华的结交，为黄绾日后与王阳明之间确立"亦友亦师"的关系，也为黄绾在王阳明离世之后为保护其哲嗣王正亿而将小女黄姆许配之埋下了"伏笔"。总之，在黄绾与王阳明尚未正式谋面之前，台州黄家与绍兴王家已有"通家之好"。③

行文至此，我们也有必要说明一下，黄绾与王阳明之间确立的是一种"先友后师、亦师亦友"的关系。浙中王门高足钱德洪在答江右王门学者罗洪先《论年谱书》（四）中提道："黄久庵宗贤见师于京师，友也；再闻师学于越，师也，非友也，遂退执弟子礼。"④ 根据钱氏之说，拙著把黄绾与王阳明之间的学术交游，分为前后两个时期。

一 黄绾闻阳明讲学而结交为友（正德五年至嘉靖元年，1510—1522）

（一）黄绾与王阳明结识的中间人——储罐

黄绾结识王阳明主要是由"好推引知名士"之称的储罐所引荐。

储罐（1457—1513），字静夫，号柴墟，江苏泰州人。据《明史》"本传"称：储罐九岁能属文。成化十九年（1483）乡试，明年（1484）会试，皆第一。授南京考功主事，久之进郎中，再调北部，考注臧否，一出至公。擢太仆少卿，进本寺卿。正德二年（1507），改左佥都御史，总督南京粮储。召为户部右侍郎，寻转左，督仓场，所至宿弊尽厘。正德五年（1510）春，因愤刘瑾，引疾求去；同年秋，瑾败，以故官召，辞不赴。后起南京户部左侍郎，就改吏部，卒官。罐体貌清羸，若不胜衣；淳

---

① 《石龙集》卷十一，第11—12页；《黄绾集》，第193—194页。

② （明）黄绾：《阳明先生行状》，转引自《王阳明全集》（新编本），第1428页。

③ 笔者目前没有掌握黄绾少年时代的恩师谢铎与王阳明有直接交往的相关文献，但是谢铎与王阳明之父王华有交情。《谢铎集》之中有《〈重庆堂诗〉序》文，适王华母岑氏寿辰，在朝公卿士大夫"因匾其所居曰'重庆堂'，皆为诗以咏叹之"，诗歌汇为一帙，由谢铎作"序"即《〈重庆堂诗〉序》。既然谢铎与王华有交往，再加上阳明在少年时代多次寓居于王华京师官邸，可以推断：谢铎是应该知道王华之子王阳明的。

④ 转引自《王阳明全集》（新编本），第1387页。

行清修，介然自守。工诗文。好推引知名士，辟远非类，不恶而严。① 著
有《柴墟文集》十五卷。②

　　黄绾与储巏的相识，当在黄绾侍父于京师之时（弘治十六、十七年
间），时储巏系太仆寺少卿，黄俌任吏部文选郎中，而储巏、黄俌二人业
已结交为友。黄俌在公退、返官邸之后，多以储巏之言论教诲黄绾兄弟，
黄绾有言："向者先君（黄俌）居铨司，每公退，辄述执事（储巏）言以
不肖（黄绾）兄弟。"③ 正德二年（1507）时任太仆寺卿的储巏④委托还
任官吏刘大尹吊奠已于前一年（正德元年，1506）辞世于台州黄岩的好
友黄俌。为示感激，黄绾寄书函一封即《寄储柴墟先生书》（三首之
一）⑤，并恳求储巏利用职务之便矜恤黄俌父子。

　　是年（正德二年），储巏由太仆寺卿升为都察院右佥都御史，时在黄
岩的黄绾从邸报上得知此讯，又有书函一种即《寄储柴墟先生书》（三首
之二），建言前辈学人储巏"于无事之时，广求天下之才，如宋陈古灵之
用意，收其名、定其价、荐之于朝、布满庶位，以待有用之日，使朝廷享
荐贤之用，天下获荐贤之福"⑥，并附录有近作《寄西涯先生书》，恭请储
巏指教。嗣后，储巏复函《与黄绾秀才》书，对黄绾所及"求天下之才"
之建言予以认可："所论时事在引拔人才，最为至论"，并且对后学黄绾
寄予厚望，建议黄绾日后亲炙时贤士大夫蔡清⑦、王阳明辈：

　　　　承惠长书并见谢、李二先生书，快读数过，为之悚叹无已。曩固
　　　奇足下，及今益奇。……独足下超然，攻古文词。迈往之气、特立之
　　　操，间见诸楮墨间，此巏所以敛祍起敬，直以古人期之，非凿空逐

---

　　① 《明史》（简体字本），第4909—4910页。

　　② 《四库全书存目丛书》集部第42册影印收录有山东大学图书馆藏《柴墟文集》十五卷，
系明嘉靖四年刻本。

　　③ 《石龙集》卷十五，第11页；《黄绾集》，第308页。

　　④ 《明武宗实录》卷七"弘治十八年十一月甲辰"："升太仆寺少卿储巏为本司卿。"

　　⑤ 《石龙集》卷十五，第11—12页；《黄绾集》，第307—308页。

　　⑥ 《石龙集》卷十五，第12—13页；《黄绾集》，第308—309页。

　　⑦ 蔡清（1453—1508），字介夫，别号虚斋，福建晋江人。官至南京文选郎中、江西提学
副使。其学宗朱熹，初主静，后主虚。著有《四书蒙引》《易经蒙引》《河洛私见》《太极图说》
《通鉴纲目随笔》《虚斋文集》等。《明儒学案》卷四十六《诸儒学案上四》有传。

影，妄诔后辈以自要誉也。……所论时事在引拔人才，最为至论。……近时士大夫如蔡君介夫（蔡清）、王君伯安（王阳明）皆趋向正，造诣深，讲明义理，不专为文字之学。今介夫致仕归泉州；伯安雅有山水之乐，计不久亦归越中。以足下卓识高才，服阕后间出往从之游，所得当益胜矣。①

嗣后，黄绾又有《寄储柴墟先生书》（三首之三）："辱教蔡公介夫、王君伯安当亲炙者，绾久闻其人，及今益慕。俟释服后，即当裹粮抠衣以趋之矣。"② 此外，黄绾《阳明先生行状》有云："执友柴墟储公瓘与予（黄绾）书，曰：'近日士夫如王君伯安，趋向正、造诣深，不专文字之学，足下肯出与之游，丽泽之益，未必不多。'予因而慕公。"③ 据此可知，在正德二年，黄绾对"士大夫"王阳明之大名闻之已久，明确表示在服阕、释服之后即裹粮抠衣而师从之。

也恰在是年（正德二年），王阳明因忤宦官刘瑾而赴谪贵阳龙场驿④，其《赴谪诗》五十五首之中即有数首赠别与储瓘。比如《忆昔答乔白岩因寄储柴墟》（三首之三）："柴墟吾所爱，春阳溢鬓眉。白岩吾所爱，慎默长如愚。二君廊庙器，予亦山泉姿。度量较齿德，长者皆吾师。置我五人末，庶亦忘崇卑。迢迢万里别，心事两不疑。北风送南雁，慰我长相思。"⑤ 还有《夜泊石亭寺用韵呈陈娄诸公因寄储柴墟都宪及乔白岩太常诸友》。⑥ 年长的储瓘与王阳明早有交往，王阳明以"长者皆吾师"比拟自己与储瓘之间的关系；而储瓘对王阳明的学问、人品，则予以赞颂。缘此之故，储瓘乐意介绍后进黄绾结交王阳明，以期二人共学证道。

---

① （明）储瓘：《柴墟文集》卷十四，山东大学图书馆藏明嘉靖四年刻本（《四库全书存目丛书》集部第42册），第22页。

② 《石龙集》卷十五，第13页；《黄绾集》，第309页。

③ 《王阳明全集》（新编本），第1428页。

④ 先是，刘健、谢迁等先后去职，给事中戴铣等请留刘健、谢迁，杖斥除名；时任兵部主事王阳明上书救戴铣等，廷杖四十，谪贵州龙场驿丞。

⑤ 《王阳明全集》（新编本），第719页。

⑥ 同上书，第723—724页。《王阳明全集》之中还录有《答储柴墟一、二》（壬申）文，壬申即正德七年（1512），此时身在京城的黄绾已经与王阳明订交、笃志学道。

（二）黄绾与王阳明于京城结交共学（正德五年冬至正德七年深秋，1510—1512）

先是在正德四年（1509）冬，已届而立之年的黄绾，在为父守表三年毕后，以母命强之出仕，即随例赴部听选。① 正德五年（1510），三十一岁的黄绾在京城任后军都督府都事②；冬十一月，时任江西吉安府庐陵县（今江西省吉安市）知县的王阳明入觐进见正德皇帝。这就为黄绾与王阳明、湛若水结识并共学于京城大兴隆寺，提供了契机。

1. 黄绾与王阳明订交

据钱德洪等编《阳明先生年谱》载："（正德）五年庚午，……冬十一月，入觐。先生（王阳明）入京：馆于大兴隆寺，时黄宗贤绾为后军都督府都事，因储柴墟罐请见。先生与之（黄绾）语，喜曰：'此学久绝，子何所闻？'对曰：'虽粗有志，实未用功。'先生曰：'人惟患无志，不患无功。'明日引见甘泉，订与终日共学。"③ 对于黄绾结识王阳明情景，黄绾《阳明先生行状》也有详细的记载：

> 是岁（正德五年）冬，（王阳明）以朝觐入京，调南京刑部主事，馆于大兴隆寺。予（黄绾）时为后军都事，少尝有志圣学，求之紫阳、濂、洛、象山之书，日事静坐。虽与公有通家之旧，实未尝深知其学。执友柴墟储公罐与予书，曰："近日士夫如王君伯安，趋向正、造诣深，不专文字之学，足下肯出与之游，丽泽之益，未必不多。"予因而慕公，即夕趋见。适湛公（湛若水）共坐室中，公出与语，喜曰："此学久绝，子何所闻而遽至此也？"予曰："虽粗有志，实未用功。"公曰："人惟患无志，不患无功。"即问："曾识湛原明否？来日请会，以订我三人终身共学之盟。"明日，公令人邀予至公

---

① 黄绾《学易轩记》："三十而后仕。"（《石龙集》卷十四上，第12页；《黄绾集》，第268页）李一瀚《礼部尚书兼翰林院学士黄公绾行状》："（黄绾）因母鲍太淑人强命出仕。"（载〔明〕焦竑辑：《国朝献征录》卷三十四，明万历年间刻本，第11页）

② 《明世宗实录》卷四一四"嘉靖三十三年九月"："正德中，（黄绾）以祖荫授后军都督府都事。"

③ 《王阳明全集》（新编本），第1237页。

馆中，会湛公，共拜而盟。①

总之，因储瓘之介绍，基于"圣人之学、之道"这一共同的志业，黄绾与王阳明，还有湛若水，遂因志同道合而"订三人终身共学之盟""相与矢志于学"。"百闻不如一见"，初次相见，谈学论道，黄绾即被王阳明的学识、人格所折服："阳明子坐与我语，归而犹梦之，恍若阳明子临之，而不敢萌一毛于私，于是乃源源而见之，遂不知有我之百骸九窍矣。"②

是年冬十二月，王阳明升任南京刑部四川清吏司主事。为了挽留王阳明在京师任职，湛若水、黄绾特委托好友乔宇游说时任吏部尚书的杨一清；杨一清也从中斡旋，擢王阳明为吏部验封司主事，王阳明得以在京师供职。如此一来，黄绾、王阳明、湛若水三人自职事之外，"稍暇，必会讲。饮食起居，日必共之，各相砥励"。

2. 黄绾与王阳明一道提携后学

黄绾与王阳明在京师聚众会讲、切磋论道之时，还一道以"圣人之学"提携、劝勉后进，使不少青年才俊纷纷加入到"阳明心学"队伍中来。

正德六年（1511）春，贡士会试，王阳明为礼部会试同考试官，借此之故，不少考中进士的青年才子成为王阳明的门生，如邹守益（字谦之）、郑杰（字伯兴）、梁谷（字仲用）、王道（字纯甫）、王元正（字舜卿）等。而黄绾与阳明门人（后学）的交往，则始自于正德六年的这批新科进士；与此同时，士大夫之有志者如徐爱、应良、方献夫、顾应祥等皆相率从游。会试甫毕，黄绾、王阳明、徐爱、应良、方献夫、顾应祥便偕郑杰、梁谷、王道、王元正等后学在京畿近郊踏青赏景。暮色降临，黄绾、王阳明一行难以返回京师官邸，只得夜宿香山功德寺，通宵畅谈，并有诗歌唱和多首。黄绾有七绝《香山夜坐》："故山风物旧关情，异境登临感慨生。万竹暝烟如梦里，千岩月色共松声。"③ 王阳明有《夜宿功德

① 《王阳明全集》（新编本），第1428页。《明儒学案·黄绾传》："先生初师谢文肃，及官都事，闻阳明讲学，请见。阳明曰：'作何功夫？'对曰：'初有志，功夫全未。'阳明曰：'人患无志，不患无功夫可用。'复见甘泉，相与矢志于学。"（见《黄宗羲全集》第7册，第318页）
② 《石龙集》卷十一，第4—5页；《黄绾集》，第186—187页。
③ 《石龙集》卷七，第1页；《黄绾集》，第106页。

寺次宗贤韵》（二首）："山行初试夹衣轻，脚软黄尘石路生。一夜洞云眠未足，湖风吹月渡溪清。水边杨柳覆茅楹，饮马春流更一登。坐久逐忘归路夕，溪云正泻暮山青。"① 此时，香山功德寺寺僧有询问黄绾官职者，黄绾作七律《游香山次阳明韵》以答之："帝畿何处散幽情，林谷高深逸兴生。不问金闺还有籍，岂图空界尚论名。台前春色湖天远，阁上烟华象纬平。面壁亦能随处静，花飞松径不闻声。"② 此次香山春游，黄绾、王阳明一行还在西湖逗留吟诵，黄绾有七绝《望湖亭》③。王道赋有《同阳明先生游西山次韵三首》（《功德寺》《望湖亭》《香山寺》)④。

同在京师任职的御史林以吉立志求"圣人之学"，请益于黄绾、王阳明。林以吉离开京师（至福建莆田）归省而与友人道别之时，黄绾成《赠林以吉侍御》：

> 人心犹镜乎？垢翳之则失其明，明不现则昧于照。照之不精，明未足也，则务尽去其垢。《六经》、濂洛之言，其去垢之朽楛欤！今将之以去垢而反以为障，可乎？莆田林以吉志将求圣人之学，来吾徒而取友，惜吾晚学，得之尚浅，无可为益，告之以此。庶以吉之自得，终有以益我哉！⑤

---

① 《王阳明全集》（新编本），第 760 页。

② 《石龙集》卷五，第 1 页；《黄绾集》，第 65 页。

③ 《石龙集》卷七，第 1 页；《黄绾集》，第 106 页。按：黄绾在嘉靖十二、十三年任礼部左侍郎时，又游功德寺，并作七言绝句《功德寺》（并序）（《石龙集》卷七，第 15 页；《黄绾集》，第 123 页。）追忆正德六年春那次游历经过。黄绾晚年丁内艰之时（嘉靖十六秋冬），王阳明继子王正宪偕郑邦瑞自越地（绍兴）来访黄绾及王正亿于黄岩紫霄山，临别之时，黄绾作七言律诗《赠王仲肃郑邦瑞归越》，其"有引"提道："阳明、甘泉二先生曩在京国，期予同隐天台。予得告先归，结亭紫霄迟之，已而竟不果来。予复出历官且二纪，兹以忧归释吉。而仲肃偕邦瑞来，顾因追阳明先生同游西山、借宿僧房、月树映室、终宵不寐，如昨日事。"（《石龙集》卷六，第 9—10 页；《黄绾集》，第 89—90 页）据此可知，正德六年春之京畿郊游，在黄绾心目中已经留下了不可磨灭的记忆。

④ （明）王道：《顺渠先生文录》卷十一，浙江省温州图书馆藏明嘉靖年间刻本，第 2 页。

⑤ 《石龙集》卷八，第 11 页；《黄绾集》，第 146 页。嗣后，黄绾与林以吉之间依旧保持联系，正德十年左右，黄绾尚有《与林以吉书》（《石龙集》卷十七，第 10 页；《黄绾集》，第 337 页）。

王阳明作《赠林以吉归省序》（辛未）：

> 阳明子曰："求圣人之学而弗成者，殆以志之弗立欤！天下之人，志轮而轮焉，志裘而裘焉，志巫医而巫医焉，志其事而弗成者，吾未之见也。轮、裘、巫医遍天下，求圣人之学者间数百年而弗一二见，为其事之难欤？亦其志之难欤？弗志其事而能有成者，吾亦未之见也。"林以吉将求圣人之事，过予而论学。予曰："子盍论子之志乎？志定矣，而后学可得而论。子闽也，将闽是求；而予言子以越之道路，弗之听也。予越也，将越是求；而子言予以闽之道路，弗之听也。夫久溺于流俗，而骤语以求圣人之事，其始也必将有自馁而不敢当；已而旧习牵焉，又必有自眩而不能决；已而外议夺焉，又必有自沮而或以懈。夫馁而求有以胜之，眩而求有以信之，沮而求有以进之，吾见立志之难能也已。志立而学半，四子之言，圣人之学备矣。苟志立而于是乎求焉，其切磋讲明之益，以吉自取之，尚其有穷也哉？见素先生，子诸父也；子归而以予言正之，且以为何如？"①

在此，我们分析黄、王二人分别所成《赠》《序》文，可以发现：此时的黄绾与王阳明已经拥有共同的"道学话语"：一是"求圣人之学"须先"立志"，"志立而学半"，"求圣人之学而弗成者，殆以志之弗立欤"；二是"四子"（四书）、"六经"系"圣人之学之道"的载体，立志学道当以"六经四子"为入门之书；三是求证圣人之学，贵在自得于"心"。此外，黄绾"六经、濂洛之言，其去垢之朽楮欤"云云，还说明此时的黄绾尽管已与阳明共学"圣人之学"，但黄绾依旧眷恋着早年曾刻苦用功的"濂洛之言"即程朱理学。当然，此时的王阳明尽管有"知行合一"的"为道"认识论，但是以"良知"为本体（"道体"）、"致良知"为功夫（"体道"）的心学体系尚未建构成熟。

时因山东寇乱，王道欲奉祖母由山东避地江南，拜疏而得应天教授一职。王道在离京之时，黄绾作为其道友、王阳明作为其业师，皆有序文相

---

① 《王阳明全集》（新编本），第242—243页。

赠。黄绾作《送王纯甫序》①，王阳明成《别王纯甫序》（辛未）②。在王道抵应天任教之后，王阳明又有《与王纯甫》（壬申）书，云："近日相与讲学者，宗贤之外，亦复数人，每相聚辄叹纯甫之高明。今复遭时磨励若此，其进益不可量，纯甫勉之！"③ 于此可见，王阳明（包括黄绾）对王道天资的欣赏与厚爱。

正德七年（1512），汪景颜在师从王阳明三月之后，将赴任大名府县令；临行之际，与王阳明、黄绾等京城师友道别。

王阳明《与王纯甫》（壬申）有云：

> 汪景颜近亦出宰大名，临行请益，某告以变化气质。居常无所见，惟当利害、经变故、遭屈辱，平时愤怒者到此能不愤怒、忧惶失措者到此能不忧惶失措，始是能有得力处，亦便是用力处。天下事虽万变，吾所以应之不出乎喜怒哀乐四者。此为学之要，而为政亦在其中矣。景颜闻之，跃然如有所得也。④

黄绾作《赠汪景颜》，诚勉之，曰：

> 古者君子学道，即心无不通。……子但尽子之心、坚子之志，则先生（王阳明）之道在子矣。⑤

对比分析黄绾、王阳明二人与汪景颜之赠言，不难发现：经过近两年时间的砥砺共学，黄绾已经深得阳明"心学"之精髓，并能用之教诲后进。黄绾"古者君子学道，即心无不通"语，与南宋心学大家陆九渊提倡的"宇宙便是吾心，吾心即是宇宙。东海有圣人出焉，此心同也，此理同也。西海有圣人出焉，此心同也，此理同也。南海北海有圣人出焉，此心同也，此理同也。千百世之上至千百世之下，有圣人出焉，此心此理，

---

① 《石龙集》卷十一，第6页；《黄绾集》，第187—188页。

② 《王阳明全集》（新编本），第247—248页。

③ 《王阳明全集》（新编本），第167页。正德八年（癸酉）、正德九年（甲戌），王阳明与王道之间又有数通书函往来（见前揭书，第167—170页）。

④ 《王阳明全集》（新编本），第167页。

⑤ 《石龙集》卷八，第11—12页；《黄绾集》，第146—147页。

亦莫不同也"语①，颇有异曲同工之妙。

除提携后学外，在友人离京之时，黄、王二人也均有赠序诗文，这充分体现了传统儒家"以文会友，以友辅仁"的交友之道。比如，正德六年，台州黄岩学者章达德者将归东雁，因系乡人之故，黄绾请王阳明、湛若水各撰赠序文以志之，王阳明乃有《送章达德归东雁序》（辛未）："章达德将归东雁，石龙山人为之请，于是甘泉子托以《考盘》，阳明子为之赋《衡门》。"② 同年，翰林院检讨张邦奇将归省至宁波鄞县，黄绾赋诗《赠张太史常甫省觐》③，王阳明则成《别张常甫序》（辛未）④，皆以立志学圣人之道相勖。

3. 王阳明与黄绾论"实践之功"

正德六年左右，或许系黄绾介绍，台州仙居学者应良⑤亦问学于王阳明；王阳明又介绍应良与湛若水结交，应良与王、湛之间也确立了"亦师亦友"的道友关系。湛若水《赠别应元忠吉士序》有云："辛未（正德六年），（湛若水）因阳明得吾仙居应子者，……日夕相与论议于京邸。……应子者忠信而笃学，其与吾与阳明也，始而疑、中而信，以固非苟信也。"⑥

或许系同籍（浙江台州）之故，黄绾与应良多一起向王阳明请益。

① （宋）陆九渊著，钟哲点校：《陆九渊集·年谱》，中华书局1980年版，第483页。
② 《王阳明全集》（新编本），第919页。
③ 《石龙集》卷二，第3—4页；《黄绾集》，第11—12页。张邦奇（1484—1544），字常甫，号甬川、兀涯，浙江鄞县人。弘治十八年，登进士第，由庶吉士授检讨，出为湖广提学副使，与修《孝宗实录》。正德十年，任湖广提学副使，任上修缮了明山书院、岳麓书院、崇正书院。之后，历任四川提学、福建提学、右庶子兼翰林院侍讲。嘉靖改元之后，历任南京国子监祭酒、南京吏部右侍郎、南京吏部左侍郎并代尚书、南京吏部尚书。嘉靖十六年执掌翰林院事，十七年任会试主考官、《玉牒》纂修官，十八年任太子宾客并充日讲官。后进礼部尚书，以母亲年迈改任南京兵部尚书。嘉靖二十三年（1544）十一月卒。邦奇之学宗程朱，与王阳明友善。著述甚富，有《学庸传》《五经说》《兀涯两汉书议》《环碧堂集》《纾玉楼集》《四友亭集》等。《明史》卷二百一《列传》第八十九有传（见《明史》［简体本］，第3542—3543页）。
④ 《王阳明全集》（新编本），第245页。
⑤ 关于台州阳明学者应良其人其事其学，可参阅李青云《浙中王门学者应良论考》一文（载《贵州师范大学学报》［社会科学版］，2015年第4期，第38—53页）。
⑥ （明）湛若水：《赠别应元忠吉士序》，转引自王棻《台学统》卷四十三《性理》三十一，民国七年吴兴刘氏嘉业堂刻本，第4页。

一次，黄、应、王三人就"学者成为圣人"的实践功夫、"儒释之异"等议题，争鸣、切磋至深夜，方才散去；翌日，王阳明颇有"意犹未尽"之感，乃修书《答黄宗贤应原忠》（辛未），继续发挥之：

> 昨晚言似太多，然遇二君，亦不得不多耳。其间以造诣未熟，言之未莹则有之，然却自是吾侪一段的实功夫。思之未合，请勿轻放过，当有豁然处也。圣人之心，纤翳自无所容，自不消磨刮。若常人之心，如斑垢驳杂之镜，须痛加刮磨一番，尽去其驳蚀，然后纤尘即见，才拂便去，亦自不消费力。到此已是识得仁体矣。若驳杂未去，其间固自有一点明处，尘埃之落，固亦见得，亦才拂便去。至于堆积于驳蚀之上，终弗之能见也。此学利困勉之所由异，幸弗以为烦难而疑之也。凡人情好易而恶难，其间亦自有私意气习缠蔽，在识破后，自然不见其难矣。古之人至有出万死而乐为之者，亦见得耳。向时未见得向里面意思，此功夫自无可讲处。今已见此一层，却恐好易恶难，便流入禅释去也。昨论儒释之异，明道所谓"'敬以直内'则有之，'义以方外'则未。毕竟连'敬以直内'亦不是"者，已说到八九分矣。①

此函之中，尽管王阳明"辟佛"意向明显，但在论说儒家成圣功夫论的道德实践之时，仍借用了佛教禅宗神秀（606—706）和尚"身是菩提树，心如明镜台。时时勤拂拭，莫使有尘埃"的偈语，来指导作为"常人"的黄绾、应良如何"痛加刮磨一番"以体证"圣学"。申而言之，

---

① 《王阳明全集》（新编本），第158页。《阳明先生年谱》："先生（案：王阳明）与黄绾、应良论圣学久不明，学者欲为圣人，必须廓清心体，使纤翳不留，真性始见，方有操持涵养之地。应良疑其难。先生曰：'圣人之心如明镜，纤翳自无所容，自不消磨刮。若常人之心，如斑垢驳蚀之镜，须痛刮磨一番，尽去驳蚀，然后纤尘即见，才拂便去，亦不消费力。到此已是识得仁体矣。若驳蚀未去，其间固自有一点明处，尘埃之落，固亦见得，才拂便去；至于堆积于驳蚀之上，终弗之能见也。此学利困勉之所由异，幸勿以为难而疑之也。凡人情好易而恶难，其间亦自有私意气习缠蔽，在识破后，自然不见其难矣。古之人至有出万死而乐为之者，亦见得耳。向时未见得里面意思，此功夫自无可讲处，今已见此一层，却恐好易恶难，便流入禅释去也。'"（《王阳明全集》[新编本]，第1237页）《阳明先生年谱》之下尚有钱德洪"按语"一条："先生（王阳明）立教皆经实践，故所言恳笃若此。自揭'良知'宗旨后，吾党又觉领悟太易，认虚见为真得，无复向里着己之功矣。故吾党颖悟承速者，往往多无成，甚可忧也。"

"去私存理",破除"私意气习"以求证悟"仁体",乃是王阳明对当时挚友黄绾、应良的殷切期待。

黄绾依照王阳明所开示的成圣功夫理路予以践履,小有收获。然对"仁、恕之别""仁、勇之辩"等《论语》所云"仁学"话题,略带疑惑,有书函请教阳明。此时的黄绾虽非严格意义上的王门弟子,阳明先生却恪尽"师道"之责,复函而成《与黄宗贤》(辛未)书①,予以"传道、授业、解惑":

> 夫加诸我者,我所不欲也;无加诸人,我所欲也;出乎其心之所欲,皆自然而然,非有所强;勿施于人,则勉而后能,此仁、恕之别也。然恕,求仁之方,正吾侪之所有事也。子路之勇,而夫子未许其仁者,好勇而无所取裁,所勇未必皆出天理之公也。事君而不避其难,仁者不过如是。然而不知食辄之禄为非义,则勇非其所宜,勇不得为仁矣。然勇为仁之资,正吾侪之所尚欠也。②

在王阳明看来,"己所不欲,勿施于人"的"恕道"系"求仁""证仁"之方,即"仁"本"恕"用。而"三达德"之"勇"系辅助"求仁"之策,在圣学的本体功夫论体系之中,"仁"比"勇"更具"本体论"的意义。简言之,"恕""勇"皆是"圣学"的实践功夫。这也符合孔子的本意。

4. 黄绾拜别王阳明而归乡黄岩

为了进一步"真修实证"以求证悟圣学之"仁"道,正德七年深秋之时,黄绾在任后军都事职满考之后,三疏乞养归,终以疾告归。黄绾《少谷子传》记:"壬申,予官后军,知未足于道,将隐故山求其志。"③离京之时,王阳明有《别黄宗贤归天台序》(壬申)文相赠:

> 君子之学以明其心。其心本无昧也,而欲为之蔽,习为之害。故

---

① 钱德洪等编《阳明先生年谱》把王阳明此函录于正德五年"十有二月"条目之下,系误记;当系于正德六年(1511)为正。

② 《王阳明全集》(新编本),第161页。

③ 《石龙集》卷二十二,第13页;《黄绾集》,第432页。

去蔽与害而明复，匪自外得也。心犹水也，污入之而流浊；犹鉴也，垢积之而光昧。孔子告颜渊"克己复礼为仁"，孟轲氏谓"万物皆备于我""反身而诚"。夫己克而诚，固无待乎其外也。世儒既叛孔、孟之说，昧于《大学》"格致"之训，而徒务博乎其外，以求益乎其内，皆入污以求清、积垢以求明者也，弗可得已。守仁幼不知学，陷溺于邪僻者二十年。疾疢之余，求诸孔子、子思、孟轲之言，而恍若有见，其非守仁之能也。宗贤于我，自为童子，即知弃去举业，励志圣贤之学。循世儒之说而穷之，愈勤而益难，非宗贤之罪也。学之难易、失得也有原，吾尝为宗贤言之。宗贤于吾言，犹渴而饮，无弗入也，每见其溢于面。今既豁然，吾党之良，莫有及者。谢病去，不忍予别而需予言。夫言之而莫予听，倡之而莫予和，自今失吾助矣！吾则忍于宗贤之别而容无言乎？宗贤归矣，为我结庐天台、雁荡之间，吾将老焉。终不使宗贤之独往也！①

赠序之中，王阳明对黄绾的天资、才质予以赞叹和认可："吾党之良，莫有及者。"王阳明劝诫黄绾在成就"君子之学"的过程中，当放弃程朱"格致"论所强调的"向外"用工的路数，以孔子、思孟之学为指针，向内用工，去欲祛习、克己立诚、明心见性。除却赠《序》之外，阳明还赠以诗歌，赋《赠别黄宗贤》："古人戒从恶，今人戒从善。从恶乃同污，从善翻滋怨。纷纷嫉媚兴，指谪相非讪。自非笃信士，依违多背面。宁知竟漂流，沦胥亦污贱。卓哉汪陂子，奋身勇厥践。拂衣还旧山，雾隐期豹变。嗟嗟吾党贤，白黑匪难辩！"②

不难发现，年长八岁的王阳明对黄绾是寄予厚望的。而从前揭赠序文中，还可以获知或许是对时政的不满，王阳明亦有归隐之意："宗贤归矣，为我结庐天台、雁荡之间，吾将老焉。终不使宗贤之独往也！"离京月余，尚未抵家的黄绾在南返（浙江黄岩）途中有《寄阳明先生书》（四首之一），继续就心学的修证功夫予以切磋："登舟月余，默验此心，惟宿根难去，时或郁郁不乐，竟不知为何事？此道在人，诚不易得。苟非直前担当，难行能行，非忍能忍，恶可得哉！相去日远，疑将谁质？行将谁

---

① 《王阳明全集》（新编本），第248—249页。
② 同上书，第762页。

考？言之，不觉泪下。世事如此，先生归计，亦宜早决。"① 言语之中，黄绾也迫切希望王阳明也早日致仕南归（浙江绍兴）。②

承续上文，黄绾离开京城之时，对王阳明、湛若水这二位道友是有承诺的，那就是在浙南天台、雁荡间为阳明、甘泉二公各建草亭一处，并以其别号标之，供三人隐居终老之共用。黄绾《别甘泉子序》云："阳明子曰：'吾将与二三子启雪窦、帒西湖以居诸。'甘泉子曰：'吾其拂衡岳、拓西云行，与我三人游之。'又相谓予曰：'子其揭天台、掀雁荡以候夫我二人者。'予曰：'我知终生从二子游，二子有欲，我何弗勤，且我结两草亭、各标其号以为二子有焉，何如？'"③《阳明先生行状》载："壬申冬，予（黄绾）以疾告归，公（阳明）为文及诗送予，且托予结庐天台、雁荡之间而共老焉。湛公又欲买地萧山、湘湖之间，结庐，与予三人共之。"④ 湛若水《阳明先生墓志铭》言："（王阳明）时讲于大兴隆寺，而久庵黄公宗贤会焉。三人相欢语，合意。久庵曰：'他日天台，雁荡，当为二公作两草亭矣。'"⑤ 其实，王阳明、湛若水、黄绾三人最终均兑现了各自的承诺，只是"天意弄人"，三人未能偕居终老，实属憾事！

（三）家居紫霄山的黄绾与王阳明继续论学（正德八年至嘉靖元年秋，1513—1522）

在湛若水、黄绾相继离开京师之后，王阳明也在正德七年十二月升南京太仆寺少卿，南下任职。是时，徐爱升任南京兵部车驾司员外郎，遂与王阳明一道，同舟归越。⑥

1. 王阳明游天台、雁荡未遂

承上文所述，黄绾曾承诺王阳明、湛若水在天台、雁荡间为二友各揭

---

① 《石龙集》卷十七，第11—12页；《黄绾集》，第338页。

② 对于正德七年，王阳明离开京师之原因，任文利先生有《〈式古堂书画汇考〉王阳明佚书四札：附考论》（载中华孔子学会主办《中国儒学》第三辑，中国社会科学出版社2008年版，第220—226页）文，其中对正德年间王阳明在京师的出处进退之心迹进行考论，并提及：正德六、七年间王阳明诸讲友黄绾、方献夫、湛若水纷纷离开京师，而王阳明亦离开京师原因有三：君上昏庸、佞幸结党、大臣攀附，对于这种情况，非士人君子所能为，当此之时，可为之事即"退而修省其德"。据此，亦可推知黄绾离开京师真实缘由之一斑。

③ 《石龙集》卷十一，第4—5页；《黄绾集》，第187页。

④ 《王阳明全集》（新编本），第1428页。

⑤ 同上书，第1410页。

⑥ 同上书，第1241页。

草亭一处，藉讲学而终老。上文还提到黄绾曾请王阳明、湛若水撰《序》文赠雁荡山人章达德归乡，王阳明《送章达德归东雁序》（辛未）也提及希望在雁荡之屏霞、天柱、泉石间寻访章达德①；而章达德也有接待湛、王二人来访雁荡的承诺。

正德八年（1513）春，王阳明由京师归省至越地，即拟与徐爱一行同游台、荡以访黄绾、章达德，然卒因宗族亲友绊，弗能前行。夏五六月间，阳明在越，等候黄绾前来，再一同偕往，亦未如愿。而后，王阳明、徐爱径从绍兴上虞入四明，观白水，寻龙溪之源，登杖锡，至于雪窦，上千丈岩以望（天台山）天姥、华顶，若可睹焉。王阳明、徐爱原本打算从宁波奉化取道至台州赤城、黄岩，"适彼中多旱，山田尽龟裂，道傍人家，彷徨望雨，意惨然不乐"，遂从宁波买舟而还越中。王阳明、徐爱的台州雁荡之行，亦遂中止。

此时，身在黄岩的黄绾苦苦等候王阳明而不果，遂有书信与阳明先生，询问台州之行未成之缘由，同时有"明春之期"，即希望王阳明在翌年（正德九年）春再来台州（黄岩）游历。是年夏秋之际，王阳明有《与黄宗贤》书②，就未能及时赴雁荡之约，进行书面解释：

> 使至，知近来有如许忙，想亦因是大有得力处也。仆到家，即欲与曰仁成雁荡之约，宗族亲友相牵绊，时刻弗能自由。五月终，决意往；值烈暑，阻者益众且坚，复不果。时与曰仁稍寻傍近诸小山，其东南林壑最胜绝处，与数友相期，候宗贤一至即往。又月余，曰仁凭限过甚，乃翁督促，势不可复待。乃从上虞入四明，观白水，寻龙溪之源，登杖锡，至于雪窦，上千丈岩以望天姥、华顶，若可睹焉。欲遂从奉化取道至赤城，适彼中多旱，山田尽龟裂，道傍人家彷徨望雨，意惨然不乐，遂自宁波买舟还余姚。往返亦半月余，相从诸友亦

---

① 《王阳明全集》（新编本），第919页。

② 《王文成公全书》（《王阳明全集》）之中称此书信为《与黄宗贤二》，并标识成文年代为"壬申"即1512年；而根据史料记载：1512年冬，黄绾已经引疾告归，而王阳明随后亦离开京城南下；再根据此书信所记时间（五月、烈暑）、地点（雁荡、上虞、四明、白水、龙溪、杖锡、雪窦、千丈岩等），完全可以推知王阳明《与黄宗贤二》成文年代非"壬申"，而当系为"癸酉"即1513年为正。又据《阳明先生年谱》相关记载，成文时间基本可判定为癸酉年（1513）九、十月间。

微有所得，然无大发明。其最所歉然，宗贤不同兹行耳！归又半月，曰仁行去，使来时已十余日。思往时在京，每恨不得还故山，往返当益易，乃今益难。自后精神意气当日不逮前，不知回视今日，又何如也！念之可叹可惧！留居之说，竟成虚约。亲友以曰仁既往，催促日至，滁阳之行，难更迟迟，亦不能出是月。闻彼中山水颇佳胜，事亦闲散。宗贤有惜阴之念，明春之期，亦既后矣。此间同往者，后辈中亦三四人，习气已深，虽有美质，亦消化渐尽。此事正如淘沙，会有见金时，但目下未可必得耳。①

言语之中，王阳明一方面对未能在正德八年春履行约定而前往天台、雁荡一事的前后缘由进行了解释，并表示了歉意；另一方面，王阳明对往昔在京师与黄绾等共学论道之情景仍历历在目，期望继续得以与黄绾（包括徐爱、应良）保持密切联系，进而砥砺学问、共证斯道。

是年（正德八年）夏秋之时，因"伏疴久未愈"，黄绾于紫霄山中行道教辟谷之方，成诗作《病中习辟谷寄阳明甘泉》（二首）。② 十月，王阳明至（安徽）滁阳，督马政。③ 是年底，在滁阳的王阳明有书函《与黄宗贤》（癸酉）：

> 滁阳之行，相从者亦二三子；兼复山水清远，胜事闲旷，诚有足乐者。故人不忘久要，果能乘兴一来耶？得应原忠书，诚如其言，亦大可喜。牵制文义，自宋儒已然，不独今时。学者遂求脱然洗涤，恐

① 《王阳明全集》（新编本），第162页。对此，《阳明先生年谱》亦有记载："先生（王阳明）初计至家即与徐爱同游台、荡，宗族亲友绊弗能行。五月终，与爱数友期候黄绾不至，乃从上虞入四明，观白水，寻龙溪之源；登杖锡，至雪窦，上千丈岩，以望天姥、华顶；欲遂从奉化取道赤城。适久旱，山田尽龟坼，惨然不乐，遂自宁波还余姚。绾以书迎先生。复书曰：'此行相从诸友，亦微有所得，然无大发明。其最所歉然，宗贤不同兹行耳。后辈习气已深，虽有美质，亦渐消尽。此事正如淘沙，会有见金时，但目下未可必得耳。'先生兹游虽为山水，实注念爱、绾二子。盖先生点化同志，多得之登游山水间也。"（《王阳明全集》[新编本]，第1242页）

② 《石龙集》卷二，第5页；《黄绾集》，第13页。

③ 据《阳明先生年谱》记载："冬十月，（王阳明）至滁州（今安徽贵池县）。滁山水佳胜，先生督马政，地僻官闲，日与门人遨游琅琊、瀼泉间。月夕则环龙潭而坐者数百人，歌声振山谷。诸生随地请正，踊跃歌舞。旧学之士皆日来臻。于是从游之众自滁始。"（《王阳明全集》[新编本]，第1242页）

亦甚难，但得渐能疑辩，当亦终有觉悟矣。自归越后，时时默念年来交游，益觉人才难得，如原忠者，岂易得哉！京师诸友，迩来略无消息。每因己私难克，辄为诸友忧虑一番。诚得相聚一堂，早晚当有多少砥砺切磋之益！然此在各人，非可愿望得。①

言辞之中，王阳明告以在滁阳"日与门人遨游琅琊、瀼泉间。月夕则环龙潭而坐者数百人，歌声振山谷。诸生随地请正，踊跃歌舞"之场景；与此同时，"旧学之士皆日来臻"，故而王阳明特别期望身在浙南台州的黄绾能够脱身前来，于"登游山水间"而共学论道。此时，适在台州仙居的应良有书函与王阳明，请益论学，王阳明便以应良来函之事转告黄绾，希望黄绾在台州（黄岩）读书、证道之时与应良时时保持联系。

而为了兑现先前对王阳明、湛若水二友共学雁荡的承诺，正德九年（1514）左右，黄绾在黄岩城北紫霄山中构建草庵，并在灵岩山中为王阳明、湛若水各建一亭，命名为"阳明公亭""甘泉公亭"，并称为"二公亭"②。黄绾有七言绝句《紫霄怀阳明甘泉》（二首），敬候道友王阳明、湛若水的来访："我庵新构紫霄间，万壑松烟翠自环。却忆曾盟骑鹤侣，两京寥落几时还。草庵初与两亭完，二妙高名落此山。怪我蒲团终日望，天涯人远掩松关。"③ 与此同时，黄绾又有《寄阳明先生书》（四首之二）告知此事："近于山中构一庵，更结二亭，各标尊号，以俟二君子共之。偶成小诗数首，敢录请教。"④

正德十年（1515）春，黄绾有书函与时至南都任职的王阳明，劝说王阳明早日归隐，并来游天台、雁荡，以再续昔日京师论道之"前缘"。

---

① 《王阳明全集》（新编本），第163页。

② 《黄岩县志》："二公亭在灵岩，黄绾建，以待王阳明、湛甘泉者"（转引自《雍正浙江通志》卷四十六）。黄绾《寄甘泉书》（二首之二）："向结二亭，今并为一亭，题曰'二公'，比旧略宽，可以坐卧，颇得泉石之幽。"（《石龙集》卷十七，第15页；《黄绾集》，第341页）

③ 《石龙集》卷七，第2页；《黄绾集》，第108页。此诗所提"我庵"即草庐，系黄绾日后所创石龙书院前身。黄绾还将《紫霄怀阳明甘泉》七绝诗歌镌刻于黄岩北乡灵岩左崖石壁上，款署"石龙"。详见喻长霖等纂修：《民国台州府志》（二）卷九十三《金石考六》，《中国地方志集成·浙江府县专辑45》，上海书店1993年版，第318页。

④ 《石龙集》卷十七，第12页；《黄绾集》，第339页。此处"偶成小诗数首"，即指上文《紫霄怀阳明甘泉》（二首）等。

王阳明复函，有《与黄宗贤》（癸酉）［乙亥］书①：

> 春初，姜翁自天台来，得书，闻山间况味，悬企之极；且承结亭
> 相待，既感深谊，复愧其未有以副也。甘泉丁乃堂夫人忧，近有书来
> 索铭，不久且还增城。道途邈绝，草亭席虚，相聚尚未有日。仆虽相
> 去伊迩，而家累所牵，迟迟未决，所举遂成北山之移文矣。应原忠久
> 不得音问，想数会聚？闻亦北上，果然否？此间往来极多，友道则实
> 寥落。敦夫虽住近，不甚讲学；纯甫近改北验封，且行；曰仁又公差
> 未还；宗贤之思，靡日不切！又得草堂报，益使人神魂飞越，若不能
> 一日留此也，如何如何！去冬解册吏到，承欲与原忠来访，此诚千里
> 命驾矣，喜慰之极！日切瞻望，然又自度鄙劣，不足以承此。曰仁入
> 夏当道越中来此，其时得与共载，何乐如之！②

此函之中，王阳明对自己的近况予以倾诉，同时告知黄绾：湛若水因
丁母忧，近期肯定无法赴约前往天台、雁荡间。言语之中，阳明还告以徐
爱、王道等昔日京师学友之动向；同时，阳明与时在仙居的应良多次联系
未果，再次希望黄绾能够与应良一道在浙南台州共学切磋。

是年（1515）八月，王阳明上《乞养病疏》③，不允。据《阳明先生
年谱》称："是年祖母岑太夫人年九十有六，先生思乞恩归一见为诀，疏
凡再上矣，故辞甚恳切。"④ 此年九月三十日，系王阳明之父王华七十寿
辰，此前王华女婿、王阳明门人徐爱以"吾子为通家"之故，特修书一
封与此时家居黄岩的黄绾，请黄绾为王华七十大寿撰序文一通。盛情难
却，黄绾成《实翁先生寿序》文一种，以表祝贺，文中对王阳明（包括
徐爱）大为称赞："令子（王阳明）得圣人之学于无传，方将龙蛇其身，
求天地之化、鬼神之妙以为道，以待百世有征；曰仁（徐爱）则公之婿，
亦以其学为时伟人：以此为公之至，古今可多有乎？……公子守仁，绾则

---

① 《王文成公全书》（《王阳明全集》）系此函成文于"癸酉"，即1514年，显系误记。根
据阳明在此函所称"甘泉丁乃堂夫人忧，近有书来索铭，不久且还增城"云云，而湛母病逝于正
德十年（1515）正月。据此，可以推定王阳明此函成文于"乙亥"即1515年为正。

② 《王阳明全集》（新编本），第163—164页。

③ 同上书，第311页。

④ 同上书，第1244页。

从而赖其成，即所谓得圣人之学者。"①

是年（正德十年），王阳明在南都之时②，台州临海林典卿、林彝卿兄弟同问学于王阳明。林氏兄弟归省台州、临行之前，与乃师王阳明道别，阳明赠序《赠林典卿归省序》（乙亥）③，属林典卿返乡之后以"立诚"之言劝勉时讲学于天台、雁荡的黄绾、应良。

2. 黄绾调解王阳明与魏校、王道在南都发生的学术论辩

先是在正德九年（1514）四月，王阳明升任南京鸿胪寺卿，专以"良知"之旨指教后学。黄绾《阳明先生行状》云："甲戌，（王阳明）升南京鸿胪寺卿，始专以'良知'之旨训学者。"④ 五月，从滁阳至南京后，政事之暇，王阳明即与门弟子相与论学。此时王门弟子"有渐流入空虚、为脱落新奇之论者"，以致与阳明之教渐行渐远；此时作为"师者"的王阳明，亦反思之，故而调整讲学内容与教学方式，"只教学者'存天理，去人欲'，为省察克治实功"⑤。

（1）黄绾对"王、魏之辩"的调解

正德十年左右，即王阳明在南都讲学期间，因时在南都刑部任职、宗朱学的魏校⑥与王阳明之间有"门户之分"；阳明的南都门人与魏校门生之间亦展开相应的论辩，"是伯安（王阳明）者则以子才（魏校）为谬，

---

① 《石龙集》卷十一，第 11—12 页；《黄绾集》，第 193—194 页。

② 据《阳明先生年谱》记："十年辛亥，先生四十四岁，在京师。……是年当两京考察，例上疏。"（《王阳明全集》［新编本］，第 1243 页）此处"在京师"，改为"在南都"为妥。

③ 《王阳明全集》（新编本），第 250—251 页。又，林典卿日后出任解守时，黄绾有《送林典卿序》文相赠（文载《石龙集》卷十一，第 15—16 页；《黄绾集》，第 196—197 页）。

④ 转引自《王阳明全集》（新编本），第 1428 页。施邦曜《阳明年谱》："九年甲戌，先生四十三岁。四月，升南京鸿胪寺卿。是年专以'致良知'训学者。"（［明］施邦曜辑评：《阳明先生集要》，中华书局 2008 年版，第 10 页）值得注意的是，钱德洪《阳明先生年谱》将王阳明揭"致良知"时间系于正德十六年。拙著暂从钱氏之说。

⑤ 详见《阳明先生年谱》，《王阳明全集》（新编本），第 1243 页。

⑥ 魏校（1483—1545），《明儒学案》卷三《崇仁学案三》有传："魏校，字子才，别号庄渠，昆山人。弘治乙丑进士，授南京刑部主事，历员外郎、郎中。不为守备奄人刘琅所屈。召为兵部郎，移疾归。嘉靖初，起广东提学副使。丁忧，补江西兵备，改河南提学，七年升太常寺少卿，转大理。明年，以太常寺卿掌祭酒事，寻致仕。先生（魏校）私淑于胡敬斋。其宗旨为天根之学，从人生而静，培养根基，若是孩提，知识后起，则未免夹杂矣。……先生提学广东时，过曹溪，焚大鉴之衣，椎碎其钵，曰：'无使惑后人也。'谥恭简。"（见《黄宗羲全集》第 7 册，第 41—42 页）

是子才者则以伯安为非"。需要说明的是，此场在南都发生的学术争辩，已经传闻之京师（北京），时远在京师的友人则致函尚在浙南黄岩隐居的黄绾，告知"王、魏之辩"一事。

笔者以为，发生在南都的这场"王、魏之辩"，颇似当年的"南宋朱陆之辩"：王阳明主心学，似陆九渊；魏校宗理学，像朱熹；而黄绾则扮演了吕祖谦的角色，极力调和之。此时的黄绾与魏校不曾相识与交往，但是出于维护王学（包括"陆学"）立场，黄绾致函与先前在京城结识而此时在杭城任职的李逊庵，且以为李逊庵之学与阳明之学的价值取向、为学路数无异；进而希望作为魏校业师的李逊庵能够从中加以调停、斡旋，即劝说魏校及其门生放弃"门户之见"："朱果有益于此则求之于朱，陆果有益于此则求之于陆，要皆自成其身而已。"从而使王阳明、魏校双方均"以天地为度，各通其志，各尽其力"，共倡圣学。

黄绾《复李逊庵书》对南都发生的"魏、王之辩"作如是观：

> 近者京师朋友书来，颇论学术同异，乃以王伯安、魏子才为是非：是伯安者则以子才为谬，是子才者则以伯安为非。若是异物，不可以同。子才，旧于公处，见其数书，其人可知。伯安，绾不敢阿所好，其学虽云高明而实笃实，每以去心疢、变气质为本，精密不杂，殊非世俗谤议所言者，但未有所试而人或未信。向者公尝语绾曰："凡遇事，须将己身放开一边，则当洒然自得其理。"绾每诵以为数字符。及读《易·艮卦》，云："艮其背，不获其身。行其庭，不见其人。"然后知公言之有自，实与伯安之旨无二。子才素讲于公，学问根本宜无不同。盖皆朋友用功未力，好起争端，添驾为疑，以致有此，诚可慨也。

在《复李逊庵书》中，黄绾还剖析了北宋五子之学"殊途而同归，百虑而一致"之理，予以挑明"门户之见"之于"圣学"的危害性："昔者二程之学似不同于濂溪，伊川之言若有异于明道，邵、张之绪若不同于二程，但其大本之同，相观相长，卒以同归而皆不失为善学。他如司马、吕、文、韩、富诸公，虽功名道德各有其志，然皆为深交笃契、为国家共济，岂如今日动辄分离也！"与此同时，黄绾又援引"朱陆之辩"事，指出：朱子门人所持"门户之见"之于"德性""圣学"业已造成了无穷弊端："至于晦翁、象山始有异辩，然亦未尝不相为重，至晦翁门人专事简册，舍己逐物，以争门户，流传至今，尽经纂辑为举业之资，遂满天下，三尺童子皆能诵习，腾诸颊舌。或及德性，即目为禅，乃以德性为外物、圣学为粗迹，道之晦蚀，一至此矣。殊不知古人所谓问学者，学此而已。学不由德性，其为何学？"据此，黄绾希望李逊庵劝诫自己的门生魏校暂时搁置"朱陆之辩"式的"门户之见"与"意气之争"，与阳明先生一道"以天地为度，各通其志，各尽其力"，从而共证斯道："贤如子才，岂宜有此！绾知必不然矣。况为学此时，不啻晓天微星，并力共图，犹患寥落磨泯、颓而不振，况志之未笃、工之未力，各相排摈、销沮阻丧，实乃自坏，此事关系非细。区区朱陆之辩，姑置之可也。朱果有益于此则求之于朱，陆果有益于此则求之于陆，要皆自成其身而已。辱深爱，敢并及此。倘得一言子才，只以天地为度，各通其志，各尽其力，斯道之幸何如！"①不难发现，此时的黄绾对于当年的"朱陆之辩"乃至今日的"王、魏之辩"均能秉持开放、包容的学术心态。

与此同时，黄绾还通过好友邵锐②调解"王、魏之辩"。先前，黄绾与邵锐曾在杭城有过一面之缘，彼此较为熟悉。此时，邵锐、魏校同在南都任职，且同与阳明先生及其门人进行了论辩。为说服邵锐摒弃"门户之见"，接受陆学"尊德性"之教，黄绾修书与邵锐，希望邵锐能够保持"中立"的学术立场，进而积极地从中调解、劝说魏校及其门生摒弃"门户之见"，与阳明先生一道共倡圣学。

黄绾在《答邵思抑书》中首先以"吾人学问惟求自得以成其身"为立论前提，指出圣人之学、之道，实无门户可立、名声可炫、功能可矜。当今之世，学者立志于圣学，当对"朱陆之同异"做一理性的审视判断：

---

① 《石龙集》卷十七，第 6—8 页；《黄绾集》，第 334—335 页。

② 邵锐（1480—1535），字思仰，号端峰，别号半溪，浙江仁和塘栖（今杭州市余杭区塘栖镇）人。《明世宗实录》卷一百七十六《邵锐传》："锐，浙江仁和县人。由正德三年进士改庶吉士，授翰林院编修。调宁国府推官，升南京吏部主事、礼部员外郎、江西提学金事、福建提学副使、湖广右参政、河南按察使、广东、山东左、右布政使，至今官。引疾归。锐质任自然，不为矫饰，而言动必依于理，一时称为端士。故官不过三品而恤典特厚云。"《明史》卷二三八《良政传》："良政，字师伊。守仁抚江西，与兄良弼、弟良器、良贵，咸学焉。提学副使邵锐、巡按御史唐龙持论与守仁异，戒诸生勿往谒，良政兄弟独不顾，深为守仁所许。"（《明史》[简体字本]，第 4867—4868 页）据《明史》所述，可以发现，邵锐的学术立场与王阳明确实有异。

"苟求之能成吾身而有益于得，虽百家众说皆可取也，况朱陆哉！苟求之不能变吾气质而无益于得，虽圣言不敢轻信，况其他哉！……若朱有益于此则求之于朱，陆有益于此则求之于陆，何彼我之间、朱陆之得亲疏哉！"这里，黄绾还列举自己十多年来于朱子之学克苦用功之事："仆（黄绾）于朱书曾极力探讨，几已十年，虽只字之微，必咀嚼数四，至今批抹之本、编纂之册皆可验也。"也正是在尽读朱、陆之书并用功体知斯"道"的功夫实践之中，黄绾于"陆学"乃有所得，故而劝告好友邵锐不妨暂且"搁置"俗学之偏见，亦于"陆书"用功一段时间，必有"心得"：

> 请兄于陆书姑读之，久看所得，比之于朱何如？又比之濂溪、明道何如？则可知矣。世皆以陆学专尊德性而不及道问学，故疑之曰禅。凡其有言，概置之不考；有诵其言者，辄命之曰禅，不复与论。是以德性为外物，圣学有二道哉！殊不知象山每以善之未明、知之未至为心疚，何不道问学之有？又其言曰："束书不观，游谈无根。"何不教人读书也？但其所明、所知与所读有异于人者，学者类未之思耳！[①]

言辞之中，黄绾之良苦用心，昭然若揭。易言之，黄绾希望邵锐能够放弃"门户之见"、摒弃"成见"，理性地审视此时发生在南都的"王、魏之辩"，且利用"身居其间"之利，"据理一言"，以使王、魏并其门生共学斯道：

> 又闻魏君子才学行绝出，仆极倾仰，但与阳明时有门户之驰，浅陋念此，不堪忧怅，惟恨无由一讯其故。然求吾道于此时，真所谓不绝如线。海内有志如吾徒，能有几人？只此几人而又分裂如此，不肯合并切磋、深求至当，往往自高自止，转相讥刺如世俗。斯道一脉，岂不自吾徒坏也？阳明素知其心如白日，决无此事。魏君虽未接，尝得之李逊庵，及见其数书，虚己平恕，可知亦必无此。窃意为其徒者，各持胜心，或私有所怀，巧添密剺，推附开合。如昔朱陆门人以

---

① 《石龙集》卷十七，第5页；《黄绾集》，第333页。

自快一时，却不知此道塞天地、亘古今，无物不该、无人不同，可独为阳明、子才之私，象山、考亭之有也？①

以上便是黄绾对调解"王、魏之辩"所付出的努力，可以推知：黄绾此时的学术立场基本上是"中立"的，但是黄绾毕竟亦与阳明先生共学论道久矣，再加上自己于朱书、朱学用功久矣而无所得，但于陆书、陆学而有所得；故而黄绾在此偏袒陆、王之学，亦情有可原。

（2）黄绾对王阳明、王道师徒二人论见分歧的调解

吊诡的是，时曾在南都供职的王阳明昔日门人——王道受到魏校、邵锐的影响，与乃师王阳明、好友黄绾所主"心学"亦渐行渐远。此时的王道，先后有两封书函与黄绾，委婉告知自己对昔日业师阳明之学已"疑而不信"，并希望黄绾就"王、魏之辩"尽快发表意见，"以尽同异"。作为友人，黄绾以"古圣贤相传之心"为参照，反对"门户之见"，及时复函王道②，成《复王纯甫书》（二首之一）：

> 仆卧病山中，与世隔越，忽邵思抑寄到兄手书。有"各尊所闻、各行所知"，不知何以有此，即欲修书请问，度或无益，姑止未敢。昨再得书，知不终弃，喜慰何如！且令仆言以尽同异，尤知与善盛心。
>
> 夫圣人事业，广博极乎天地。其道虽大，其本只在一心。盖一心之眇，君临百骸，道德仁义由此而备，礼乐刑政由此而出，六经四子由此而作。累于私则蔽而昏，反其本则明而通。蔽而昏则无所不害，明而通故无所不用。用之则三极之道立，害之则三极之道废。今欲学圣人，惟求之吾心而已。不知反之于心，求其累与害者去之，徒以博物洽闻为有事、旁寻远觅为会通，是乃逐物而滋蔽也。故古圣传授皆以克己去私为至要，私去则心无所蔽，其体清明而天下之本立矣。故曰"皇建其有极也"，非若释老专事生死、不恤其他。昔者朱、陆二先生皆欲明此者也，但所造各有浅深、偏纯之异，不可皆为己至，不

---

① 《石龙集》卷十七，第5—6页；《黄绾集》，第333—334页。又见黄宗羲编《明文海》卷一百六十五《书》十七"讲学"，《文渊阁四库全书》第1454册，第720—721页。

② 按：王阳明与黄绾之间就王道背离"王门"一事，亦有书函往来，见下文。

思补救其弊以求自成自得之妙，从事纸墨，为按图索骏之误，卒堕俗学之归，以贻轮扁之笑。

昨兄书云讲于子才，参之《论语集注》，无有不合。仆不敢易，但谓兄更能以我观书，深求至当，以为先贤忠臣，岂不尤妙！仆尝曰："苟求之，能变吾气质而有益于得，虽百家众说皆可取也；苟求之，不能变吾气质而无益于得，虽圣言不敢轻信。若朱有益于此则求之于朱，陆有益于此则求之于陆。何彼我之间、朱陆之得亲疏哉！"今若不求其至、不究其是，妄立门户以为异，自矜功能以夸耀，各相离合以为党，圣人之学决不如此，吾人又可以此谓之学哉？仆虽至愚，戒之久矣。卓越如兄，肯为此哉！仆亦何疑，承念敢云，惟兄其谅之，幸甚！①

书函之中，黄绾基于自己于圣学的"体知""默会"之所得，告知王道"圣人之道虽大，其本只在一心"；朱学也好、陆学也罢，对于"古圣传授"之法并无分歧："皆以克己去私为至要，私去则心无所蔽，其体清明而天下之本立矣。"这里，黄绾尤其希望王道在为学之时能够"以我观书，深求至当"，并以黄绾《答邵思抑书》所云"学问之道，以自得受用为益"云云转告之："苟求之，能变吾气质而有益于得，虽百家众说皆可取也；苟求之，不能变吾气质而无益于得，虽圣言不敢轻信。若朱有益于此则求之于朱，陆有益于此则求之于陆。何彼我之间、朱陆之得亲疏哉！"简言之，基于维护"圣人之学之道"的基本立场，对于"妄立门户以为异，自矜功能以夸耀，各相离合以为党"的门阀学风，黄绾是坚决反对并予以强烈批评的。

或许系学术立场分歧明显，王道对好友黄绾的书函未做答复。但是，黄绾又有书信与王道即《复王纯甫书》（二首之二），诚恳地希望此时"深得"魏校之说的王道尽快复函，介绍魏校之学的基本路数，以便使身在浙南黄岩的黄绾，通过比较王、魏二家学术之同异，从而做出理性、客观的"裁决"：

向日一笺，未蒙回示，深用企仰。吾兄尝称魏子才者，虽未识其

① 《石龙集》卷十七，第8—9页；《黄绾集》，第335—336页。

人，向已闻其略矣。知子才爱玩《易传》，仆于《易》亦尝用心，但求下手之实。苟非心地精一则不能立天下之大本，本既不立，则将何变易、随时以从道哉？且《易》为洁净精微之教，舍此不求，不知所谓洁净者何所，而所谓精微者何有？况体用一源、显微无间，未有体不立而用独行、显微而二致者。阳明向与吾辈所讲，先此用力而已，自谓元无不同。子才以为不同，谅子才必自有说，吾兄必得之深矣。便中乞不惜详教，使仆得究所以同、不同之实，以俟"同人于野"，彼此之益何如？风便谨此附请，伏惟心炤。不具。①

这里，黄绾探知魏校于《易》曾多有用功，乃以自己学《易》心得转告于王道："《易》为洁净精微之教"，"苟非心地精一则不能立天下之大本"，《易》之所阐"体用一源、显微无间"之道与圣学之"体"同源同流。如是，黄绾本人即便是不曾与魏校相识，但坚决认为王、魏二人的为学宗旨"元无不同"。故而，王道作为阳明先生的昔日门人，更有义务和担当，主动出面调和"王、魏之辩"，"以天地为度，各通其志，各尽其力"，同心共学，以证斯道！

对于王阳明与王道之间"有隙"一事②，黄绾也有书函直接询问王阳明之于王道师徒之间发生分歧之原委。王阳明复函，即《与黄宗贤》（癸酉）［乙亥］③。王氏此书之中，先是对黄绾用心调和"王、魏之辩"的努力予以感谢："书来，及纯甫事，恳恳不一而足，足知朋友忠爱之至。世衰俗降，友朋中虽平日最所爱敬者，亦多改头换面，持两端之说，以希俗取容，意思殊为衰飒可悯。若吾兄真可谓信道之笃而执德之弘矣，何幸何幸！"④ 接着，王阳明把在南都之时与王道论学交游、乃至王道转官北

---

① 《石龙集》卷十七，第10页；《黄绾集》，第336—337页。

② 关于王阳明与王道之间未产生"分歧"之前的师生往来，可参考《王阳明全集·与王纯甫一（壬申，1512）、二（癸酉，1513）、三（甲戌，1514）、四（甲戌，1514）》《王阳明全集·别王纯甫序（辛未，1511）》，第166—170、247—248页。此"有隙"即上文所述，王阳明在南都讲学期间与魏校之间产生学术分歧，魏校宗朱子学，反对陆学；而王道背离"心学"，支持魏校。故而师徒二人之间"有隙"。

③ 《王文成公全书》（《王阳明全集》）系此函成文于"癸酉"，即1514年，系误标。根据王阳明在此函内容，当系在"乙亥"即正德十年（1515）为正。

④ 《王阳明全集》（新编本），第164页。

上之后的书函往来诸事，予以挑明：

> 仆在留都，与纯甫住密迩，或一月一见，或间月不一见，辄有所
> 规切，皆发于诚爱恳恻，中心未尝怀纤毫较计。纯甫或有所疏外，此
> 心直可质诸鬼神。其后纯甫转官北上，始觉其有恝然者。寻亦痛自悔
> 责，以为吾人相与，岂宜有如此芥蒂，却有堕入世间较计坑陷中，亦
> 成何等胸次！当下冰消雾释矣。其后，人言屡屡而至，至有为我愤辞
> 厉色者。仆皆惟以前意处之，实是未忍一日而忘纯甫。盖平日相爱之
> 极，情之所钟，自如此也。旬日间复有相知自北京来，备传纯甫所
> 论。仆窃疑有浮薄之徒，幸吾党间隙，鼓弄交构，增饰其间，未必尽
> 出于纯甫之口。仆非矫为此说，实是故人情厚，不忍以此相疑耳。仆
> 平日之厚纯甫，本非私厚；纵纯甫今日薄我，当亦非私薄。然则仆未
> 尝厚纯甫，纯甫未尝薄仆也，亦何所容心于其间哉！往往见世俗朋友
> 易生嫌隙，以为彼盖苟合于外，而非有性分之契，是以如此，私窃叹
> 悯。自谓吾党数人，纵使散处敌国仇家，当亦断不至是。不谓今日亦
> 有此等议论，此亦惟宜自反自责而已。①

从王阳明的书函之中，我们可以读出王阳明对爱徒王道的器重与信任。"君子绝交，不出恶语"，尽管王道极力"逃避"业师阳明先生，乃至有"转官北上"之举，率先挑明与乃师的学术"分歧"；但是王阳明对爱徒还是予以同情和理解，并为之辩护。此外，在《与黄宗贤》（癸酉）[乙亥]书中，王阳明对时在台州的黄绾、应良依旧充满厚望，并以"立诚"之说予以点拨、劝勉。

行文至此，通过对黄绾调解"王、魏之辩""王（阳明）、王（道）师徒之隙"的上述数种信函的征引与解读，可以得出这么一个结论：尽管黄绾在"朱陆之辩"的问题上反对"门户之见"，但是其"宗陆""宗王"的心学立场，从中亦昭然若揭。中年黄绾学术立场的转向，即由（程朱）理学转向（陆王）心学，无疑受到了王阳明、湛甘泉的启发。故而黄绾对"朱陆同异之辩"的学术立场，也深受王阳明的影响。

---

① 《王阳明全集》（新编本），第164—165页。

3. 黄绾与王阳明在江西平叛之时的书函往来

正德十一年（1516）九月，王阳明升都察院左金都御史，巡抚南、赣、汀、漳等处。是时，汀、漳各郡皆有巨寇，兵部尚书王琼特举王阳明前往平叛、镇压。十月，王阳明曾归省至越。① 正德十二年（1517）正月，王阳明至赣；二月，平漳寇；四月，班师；五月，立兵符；六月，疏请疏通盐法；九月，改授提督南、赣、汀、漳等处军务，给旗牌，得便宜行事；十月，平横水、桶冈诸寇；十二月，班师。②

王阳明在平叛汀、漳巨寇乃至稍后镇压宁王朱宸濠叛乱之时，黄绾、王阳明二人之间主要通过书函往来，继续谈学论道。兹以年代为序，逐一考述。

（1）正德十三年（1518）

先是在正德十二年五月十七日，王阳明高足、黄绾挚友、时任南京工部都水司郎中徐爱，因得痢疾，暴卒于山阴寓馆，享年三十一岁。时寓赣州的王阳明，于是年七月十五日、八月十一日各有《祭（徐曰仁）文》一种③，以志痛悼之情。

正德十三年春夏之际，有黄岩乡人自江西归来，带来王阳明手札一通（附《祭徐曰仁文》）。随后，黄绾覆函阳明即成《寄阳明先生书》（四首之三），交流自己近来读书、悟道之"心得"，以为程朱之学所倡导的"静坐""主敬""静中看喜怒哀乐未发何气象"，"皆非古人极则功夫。所谓极则功夫，但知本心元具至善，与道吻合，不假外求，只要笃志于道，反求诸己而已"，"夫笃志于道，即所谓'允执厥中'是也"：

> 昔者孔子自十五志学，至七十从心不逾矩，进退无已，只此志之日笃也。故语颜子，使之欲罢不能，既竭吾才，至于卓尔。此乃圣门极则之学与极则之传也。若徒知静坐、主敬、观玩光景，而不先之以立志，不免动静交迕、灭东而生西也。夫才说静便有不静者在，才说敬便有不敬者在，才说和乐便有不和乐者在，如此用工，虽至没世，

① 《王阳明全集》（新编本），第1244页。

② 《王阳明全集·年谱》（新编本），第1245—1255页。为便于行文，拙著对于王阳明是年的军事活动一并叙述。

③ 钱明编校整理：《徐爱·钱德洪·董澐集》，凤凰出版社2007年版，第97—98、101—102页。正德十三年四月十七日，王阳明又有《祭文》一种（见前揭书，第106页）。

无所税驾。乃知"笃志"一语，真万世为学之要诀也。①

对于宋儒之学，在《寄阳明先生书》（四首之三）中，黄绾认为：宋儒自周敦颐、程颢之外，唯陆九渊之言，"明白痛快，直抉根原"，然而遗憾的是，后世学者反目之为禅而不信。为给陆氏之学"昭雪平反"，黄绾特列举程颐与陆九渊二人对于"去欲存理"的看法予以比照：程颐曰："罪己责躬之意不可无，亦不可留胸中为悔。"陆九渊则不然，曰："旧过不妨追责，益追责益见不好。"又曰："千古圣贤，何尝增损？得道只为人去得病。今若真见得不好、真以为病，必然去之，去之则天理自在，道自流行，所谓'一日克己复礼，天下归仁者'也。"在此，黄绾以为陆氏所主"去欲"之法更为接近圣人之言。

与此同时，黄绾还指出：陈献章、湛若水一脉所主"静坐"的修养功夫，亦非"圣门宗旨"。这里，黄绾提及道友湛若水往年颇疑阳明先生"拔病根"之说，"凡遇朋友责过及闻人非议，辄恐乱志，只以静默为事"。与之相反，黄绾提出了"无欲方是真静"的主张："若欲无欲，苟非勇猛锻炼、直前担当，何能便得私欲尽净、天理纯全？此处若不极论，恐终为病。"为了与湛若水进行交流，黄绾还寄书函与此时正在西樵山归隐的湛若水，"略论静坐无益"之事。这也标志着黄绾已经对江门心学"主静"的功夫路径产生了怀疑。

在《寄阳明先生书》（四首之三）中，黄绾还基于自己所体知而得的"反己笃志"的"古人极则功夫"，又对王阳明在《送甘泉序》文中所言"孔子传之颜子，颜子殁而不传，惟曾子一以贯之旨传之"云云，提出了质疑，曰："夫一贯之要，只在反己笃志而已。颜、曾资禀虽或不同，其为一贯之传则必无二。鄙见如斯，不审日来尊见如何？"②

为了回应黄绾的读书体道之所得，嗣后，王阳明有《与黄宗贤》（丙子）［戊寅］书③，其中有"别后功夫，无因一扣，如书中所云，大略知之。'用力习熟，然后居山'之说，昔人尝有此，然亦须得其源。吾辈通

---

① 《石龙集》卷十七，第12页；《黄绾集》，第339页。

② 《石龙集》卷十七，第12—14页；《黄绾集》，第339—340页。又见黄宗羲编《明文海》卷一百六十五《书》十七"讲学"。

③ 《王文成公全书》（《王阳明全集》）所标识王阳明此函成文时间系"丙子"即1516年，系误标；根据书函内容及《阳明先生年谱》记载，此函成文当在"戊寅"即1518年。

患，正如池面浮萍，随开随蔽。未论江海，但在活水，浮萍即不能蔽。何者？活水有源，池水无源，有源者由己，无源者从物。故凡不息者有源，作辍者皆无源故耳"云云。①

除却是年（正德十三年）春与王阳明有一通书信之外，黄绾还另有书函与王阳明，其中附有诗作一种。嗣后，王阳明覆函《与黄宗贤》（戊寅）："得书，见相念之厚，所引一诗尤恳恻至情，读之既感且愧，几欲涕下。人生动多牵滞，反不若他流外道之脱然也，奈何奈何！近收甘泉书，颇同此憾。士风日偷，素所目为善类者，亦皆雷同附和，以学为讳。吾人尚栖栖未即逃避，真处堂之燕雀耳。原忠闻且北上，恐亦非其本心。仕途如烂泥坑，误入其中，鲜易复出。吾人便是失脚样子，不可不鉴也。承欲枉顾，幸甚幸甚！好事多阻，恐亦未易如愿，努力图之！笼中病翼，或能附冥鸿之末而归，未可知也。"② 此函之中，王阳明对"士风日偷"之时局，提出了自己的看法，并提出此时（正德十三年左右）非士人出仕之时；弦外之音，黄绾包括湛若水所选择的归隐读书之道，则是士人的理智选择。

（2）正德十四年（1519）

正德十四年六月，宁王朱宸濠在南昌发动叛乱，史称"宁王之乱"，又称"宸濠之乱"。最终由王阳明平定。据《阳明先生年谱》记载：六月，王阳明奉敕勘处福建叛军，十五日，至丰城，闻宸濠反，遂返吉安，起义兵；十九日，疏上变；壬午，再告变；甲辰，义兵发吉安；丙午，大会于樟树；己酉，誓师；庚戌，次市汊；辛亥，拔南昌，促兵追濠；甲寅，始接战；乙卯，战于黄家渡；丙辰，战于八字脑；丁巳，获濠樵舍，江西平。八月，王阳明疏谏亲征。九月壬寅，王阳明献俘钱塘，以病留。十月，赴镇江金山寺。十一月，返江西。③

是年，王阳明因平定宸濠叛乱而成有功之臣。黄绾有《寄阳明先生书》（四首之四）："鄙陋山居，八易寒署，不觉髭鬓种种，岂胜愧慨！闻隆勋绝世，位宠不卜可知。《乾》之上九曰：'亢龙有悔。'此不独人君之象，凡为臣子，处功名位望之极，理亦如此。况危疑之际，事势可忧，不

---

① 《王阳明全集》（新编本），第165—166页。

② 同上书，第166页。

③ 《阳明先生年谱》，见《王阳明全集》（新编本），第1265—1277页。

但'亢龙'而已。昔孔明谓刘琦曰:'申生在内而危,重耳在外而安。'今奸欺盈朝,欲为宗社深虑而事权在人,惟在外可以终济明哲。煌煌君子,其留意焉。"① 此函之中,黄绾以《易·乾》之上九爻辞"亢龙有悔"为例,告诫王阳明尽管因平定"宁王之乱"而有功于朝廷,但是在"奸欺盈朝"的"事势可忧"之时,更要注意明哲保身,远离内庭,以免遭来群小的妒忌与中伤。

(3)正德十五年(1520)

是年闰八月中秋前夕,黄绾、应良送别来访台州的郑善夫至绍兴,渡江北上。黄绾、应良、郑善夫在绍兴寻访到朱节、王琥等"王门"同志;中秋月夜,黄、应、郑、朱、王五人荡舟镜湖,畅饮作诗。此时,他们不禁追忆起正在江西前线的好友、业师阳明先生,于是乎,黄绾有七言绝句《同守中世瑞元忠继之乘月泛镜湖忆阳明》(二首):"三日秦望宿雨霁,百里镜湖秋月明。此夜荡舟同四子,江山重见古人情。云山不改当年见,风月偏牵别恨长。更尔怀人不能寐,虔南应入梦翱翔。"②

是年,王阳明在江西,有《书佛郎机遗事》(庚辰)之作,其中有乐府诗《佛郎机》:"佛郎机,谁所为?截取比干肠,裹以鸱夷皮;苌弘之血衅不足,睢阳之怒恨有遗。老臣忠愤寄所泄,震惊百里贼胆披。徒请尚方剑,空闻鲁阳挥。段公笏板不在兹,佛郎机,谁所为?"③ 以歌颂老臣林俊④督造佛郎机模型并遣人馈赠予王阳明,以助其平"宁王之乱"。王阳明把《佛郎机》之乐府诗寄至黄绾,黄绾次韵和之,成《佛郎机次阳明韵》:"佛郎机,老臣为。赤心许国白日照,蜀岭归来空骨皮。东越山人旧知己,尺书千里情不遗。巨蟒思吞蹴天纪,黄霾濆洞谁敢披。山人九

① 《石龙集》卷十七,第14页;《黄绾集》,第340页。

② 《石龙集》卷七,第5—6页;《黄绾集》,第111页。

③ 《王阳明全集》(新编本),第964—965页。

④ 林俊(1452—1527),字待用,一作大用,号见素、云庄,福建莆田人。成化十四年(1478)登进士第。历官刑部主事、员外郎,尝上疏请斩妖僧继晓,并罪中贵梁芳。疏入,触帝怒,下狱,贬姚州判官,后复官以右副都御史巡抚四川,又致仕。嘉靖改元,起工部尚书,后改刑部。林俊刚直敢谏,廉正忠诚,是成化、弘治、正德、嘉靖四朝老臣,朝有大政,必侃侃陈论,中外想望其风采。卒,谥贞肃。著有《见素文集》二十八卷,《奏疏》七卷,《续集》十二卷行于世。

族奋不顾，赤手杖剑当云挥。佛郎机，迟尔来，神交不远应尔为。"① 与此同时，江右王门学者邹守益也有七言古诗《佛郎机手卷为见素林先生赋》②，对林俊之义举予以称颂与赞美。

二　黄绾闻"致良知"之教而执贽称弟子（嘉靖元年秋至嘉靖八年，1522—1529）

先是在正德十六年（1521），已历经"宸濠、忠泰之变"之"洗礼"的王阳明，在江西（南昌）正式提揭"致良知"之教。

据《阳明先生年谱》载："是年，（阳明）先生始揭致良知之教。……自经宸濠、忠泰之变，益信良知真足以忘患难、出生死，所谓考三王、建天地、质鬼神、俟后圣，无弗同者。"此时，王阳明遗书与江右王门学人邹守益，曰："近来信得'致良知'三字，真圣门正法眼藏。往年尚疑未尽，今自多事以来，只此良知无不具足。譬之操舟得舵，平澜浅濑，无不如意，虽遇颠风逆浪，舵柄在手，可免没溺之患矣。"一日，王阳明喟然发叹。江右王门学者陈九川问曰："先生何叹也？"曰："此理简易明白若此，乃一经沉埋数百年。"九川曰："亦为宋儒从知解上入，认识神为性体，故闻见日益，障道日深耳。今先生拈出'良知'二字，此古今人人真面目，更复奚疑？"阳明曰："然譬之人有冒别姓坟墓为祖墓者，何以为辨？只得开圹将子孙滴血，真伪无可逃矣。我此'良知'二字，实千古圣圣相传一点滴骨血也。"又曰："某于此'良知'之说，从百死千难中得来，不得已与人一口说尽。只恐学者得之容易，把作一种光景玩弄，不实落用功，负此知耳。"③ 而"致良知"之教的揭橥，也标志着王阳明良知心学体系建构的基本完成。

（一）黄绾闻王阳明"致良知"之教后称门弟子

正德十六年六月，王阳明升南京兵部尚书、参赞机务，遂疏乞便道省葬。④ 八月，归越。冬，王阳明因江西平叛有功，封新建伯。⑤

---

① 《石龙集》卷三，第 8 页；《黄绾集》，第 41—42 页。

② （明）邹守益著，董平编校整理：《邹守益集》，凤凰出版社 2007 年版，第 1217 页。

③ 《王阳明全集》（新编本），第 1287—1288 页。

④ 同上书，第 1290—1291 页。

⑤ 同上书，第 1291—1292 页。

嘉靖元年（1522）二月十二日，王阳明父王华病卒，享年七十七①。黄绾得知音信后，即有祭文《祭实翁先生文》："於乎！我公以宏才厚德，自布衣魁天下，为时元老，享有寿考。而又笃生令子，以圣人之学，继往躅、开来裔，以济时艰，功存社稷，福及生民，顿仰天地，能几如之？绾从游令子，感淑恩私。于公之逝，伤痛如何！一卮薄酬，物菲情悲。於乎！尚享！"②祭文之中，黄绾对实翁王先生"宏才厚德""享有寿考"之事，予以认可之同时，也对令子阳明先生的事功、文章予以称颂。这足以表明此时的黄绾经过与阳明先生多年的深交，早已被阳明先生的道德、文章、事功所折服。

是年（即嘉靖元年）秋，黄绾从台州启程至越中（绍兴），寻访将近十年不得相见、且已发明"致良知"之教的道友——阳明先生。在越中，黄绾向王阳明请益问学，阳明即授以从百死千难中得来的"圣门正法眼藏"——"致良知"之教。黄绾闻后，大为叹服，当下即认定"致良知"之教"简易直截，圣学无疑"，遂甘愿执贽称门弟子。黄绾《明是非定赏罚疏》云："臣（黄绾）曩与守仁为友，几二十年。一日自愤寡过之不能，守仁乃语以所自得，时若有省，遂如沉疴之去体，故复拜之为师。则臣于守仁，实非苟然以相信，如世俗师友之比也。"③黄绾《与郑继之书》（三首之三）曰："至越，会阳明，其学大进。所论'格致'之说，明白的实，于道方有下手，真圣学秘传也。"④黄宗羲《明儒学案·黄绾传》载："阳明归越，先生（黄绾）过之，闻'致良知'之教，曰：'简易直截，圣学无疑，先生真吾师也，尚可自处于友乎！'乃称门弟子。"⑤

按，关于黄绾正式师从王阳明的时间，《阳明先生年谱》中有两种说法，一作"宗贤至嘉靖壬午（1522）春，复执贽称门人"⑥；又《阳明先

① 《阳明先生年谱》（《王阳明全集》[新编本]）作"年七十"，误，兹据李丕洋《〈阳明先生年谱〉史料及刻印勘误》（载张新民主编《阳明学刊》[第四辑]，巴蜀书社2009年版，第122页）文改正。

② 《石龙集》卷二十七，第6—7页；《黄绾集》，第555—556页。

③ 《久庵先生文选》卷十五，第6页；《黄绾集》，第628页。

④ 《石龙集》卷十八，第2—3页；《黄绾集》，第344页。

⑤ 《明儒学案》卷十三《浙中王门学案三·尚书黄久庵先生绾》，《黄宗羲全集》第7册，第318页。

⑥ 《王阳明全集》（新编本），第1237页。

生年谱》在正德七年（1512）条下有一案语，称："按《同志考》，是年穆孔晖、顾应祥、郑一初、方献夫、王道、梁谷、万潮、陈鼎、唐鹏、路迎、孙瑚、魏廷霖、萧鸣凤、林达、陈洸及黄绾、应良、朱节、蔡宗兖、徐爱同受业。"① 陈来《有无之境·〈年谱〉笺考》也以为黄绾"至嘉靖壬午春始执贽称门人"②。笔者以为：当以"嘉靖元年（1522）之秋"之记载为正。③

黄绾此次在越停留月余，侍从王阳明宣讲"致良知"之教。先是前年（正德十六年）九月，王阳明归余姚，与后生随地指示良知，钱德洪等请见并师从之。黄绾此行，很可能与钱德洪等相识，并结为同志。此外，在越中之时，黄绾还结交了江右王门之中随侍王阳明至越的众弟子。

是年深秋，黄绾在绍兴辞别王阳明，转道嵊州剡溪（过东阳）至永康寻访道友应典，讲学论道。与黄绾一道成行的，还有临海学者林典卿。黄绾之行，在永康寿岩、方岩、石鼓寮一带讲学，时间达半月有余；永康地方学者应典、周凤鸣、应抑之、周德纯、周晋明、周仲器等参与之，"皆欢然有省"，"应天监、赵孟立、徐子实相继复来，论各有得"，"山中小生程梓、周玲、孙桐皆奋然有志"，程舜夫等"皆喜"。此次游学经过，黄绾有《永康山水游记》以纪之。④ 秋冬之交，黄绾在游毕永康之后，本欲前往闽中寻访郑善夫，"以家事迫归"，未果。

（二）征得王阳明同意，黄绾再次"出山"

嘉靖元年（1522），诏征遗逸。嘉靖二年（1523），隐居蛰伏达十年之久的黄绾在浙中王门学者、御史朱节的举荐之下，"再次出山"，出任

① 《王阳明全集》（新编本），第 1241 页。

② 陈来：《有无之境：王阳明哲学的精神》，北京大学出版社 2002 年版，第 318 页。

③ 拙著《黄绾生平学术编年》（第 104 页）把黄绾前往越中寻访并师从阳明先生的时间，记于正德十六年秋，系重大疏忽。同时，拙著关于正德十六年秋至嘉靖二年（第 104—129 页）中所涉黄绾诗文、活动纪事的系年需向后推移一年。如有读者阅览、使用拙作《编年》，请慎重并留意焉！

④ 《石龙集》卷十四上，第 3—5 页；《黄绾集》，第 259—261 页。《雍正浙江通志》卷二百六十二《艺文四》《永康县志》皆载有黄绾的这篇游记散文。2011 年 6 月，笔者为访求黄绾当年永康之行游学路线，在浙江工贸职业技术学院人文系教师程振设先生（系浙江永康人）陪同之下，依照黄绾《游永康山水记》提示的路线，实地考察了永康寿岩（五峰书院）、方岩、石鼓寮等地。

南京都察院经历。黄绾《学易轩记》云："（黄绾本人）隐十余载而复仕。"① 黄承忠编《洞山黄氏宗谱·黄绾传》称："时世宗龙飞，收天下遗逸。御史朱公节疏荐府君（案：黄绾）志专正学、素行孚于士论，心存王佐、学术明于泽物。起升南京都察院经历。"②

嘉靖二年夏秋之际，黄绾有书函与业师阳明先生，就是否出仕一事予以相商。王阳明有《与黄宗贤》（癸未）书，鼓励黄绾"出山"，并告知越中讲学之近况，还对黄绾前一年在黄岩、永康一带"引接同志"诸事，予以赞赏：

> 南行想亦从心所欲，职守闲静，益得专志于学，闻之殊慰！贱躯入夏来，山中感暑痢，归卧两月余，变成痰咳。今虽稍平，然咳尚未已也。四方朋友来去无定，中间不无切磋砥砺之益，但真有力量能担荷得，亦自少见。大抵近世学者，只是无有必为圣人之志。近与尚谦、子莘、诚甫讲《孟子》"乡愿狂狷"一章，颇觉有所省发，相见时试更一论，如何？闻接引同志孜孜不息，甚善甚善！但论议之际，必须谦虚简明为佳。若自处过任而词意重复，却恐无益有损。在高明断无此，因见旧时友朋往往不免斯病，谩一言之。③

① 《石龙集》卷十四上，第 12 页；《黄绾集》，第 268 页。黄绾《读郑少谷诗》："白浦（朱节）又尝荐予（黄绾）。"（《石龙集》卷二十一，第 9 页；《黄绾集》，第 414 页）黄绾《南台经历司壁记》："予不才，病废山谷，缪为当道论荐，来补兹司（南京都察院经历司）。"（《石龙集》卷十四上，第 13—14 页；《黄绾集》，第 270 页）《南京都察院志·黄绾传》："嘉靖元年，诏征遗逸，御史朱节特疏荐起，升南京都察院经历。"（[明] 施沛：《南京都察院志》卷三十九《人物三·经历列传·黄绾传》，日本内阁文库藏明天启刻本，第 46 页）汤聘尹《久庵先生文选·序》："会肃皇帝龙飞，诏起遗逸用，柱史朱公荐官留台。自是屡谢屡起。"（载《久庵先生文选》明万历刻本之卷首；《黄绾集》，第 725 页）

② 《洞山黄氏宗谱》卷四，民国乙卯年重修本，第 44 页。查《明史·职官志》知："都察院……其属，经历司，经历一人，正六品。"明代都察院的职责主要是主掌监察、弹劾及建议："职纠劾百司，辩明冤枉，提督各道，为天子耳目风纪之司。凡大臣奸邪、小人构党、作威福乱政者，劾。凡百官猥茸贪冒坏官纪者，劾。凡学术不正、上书陈言变乱成宪、希进用者，劾。"（《明史》［简体字本］卷七三《职官志二》，第 1179 页）

③ 《王阳明全集》（新编本），第 212—213 页。《阳明先生年谱》之中亦载有此函，见前揭书第 1297 页。

　　按，阳明此函所透露的几点信息值得注意：一是黄绾"南行"即任职南都（都察院）之事，王阳明知晓黄绾之才干足以胜任此职，"想亦从心所欲"，而此"闲静"之职于"志于学"颇有益，故而鼓励黄绾在嘉靖改元之后再次出仕；二是此时尚在越中（绍兴）讲学的王阳明，与薛侃（字尚谦）、马明衡（字子莘）、黄宗明（字诚甫）在讲论《孟子》"乡愿狂狷"一章之时，于"圣人之志"颇觉有所省发，希望黄绾赴南都上任之时，顺道至越中相会，再一道讨论之；三是王阳明对黄绾在黄岩、永康一带"接引同志孜孜不怠"的努力表示认可①，同时根据自己的讲学经验，建议黄绾在"论议之际，须以谦虚、简明为佳"。

　　嘉靖二年深秋，黄绾自黄岩启程，赴南都任职。临行之际，黄绾对子嗣亦给予厚望，有五言古诗《示儿承文》："揽涕与尔别，风尘路岐修。欲语千万端，气结语不休。要领惟立志，舍圣将何求。念之在精一，良知足嘉谋。啬精固神气，百德将自遒。莫疑老与释，此言非谬悠。造化妙一身，毋忽终见酬。"②剖析此首哲理诗："要领惟立志，舍圣将何求"句说明，黄绾希望儿子黄承文居家勤奋读书，当以成就儒家圣贤为志业追求，而读书之"要领"惟"立志"二字；"念之在精一，良知足嘉谋"句说明，在中年黄绾看来，儒学（"儒教"）之要义系于"精一"与"良知"二说，前者即"精一"说系黄绾读书紫霄山之时从《尚书》"虞廷四句"之中体知与证悟所得，后者即"良知"系黄绾于前一年前往越地从王阳明处闻"致良知"之教而"接受""受用"所得。一言以蔽之，黄绾希望子嗣对阳明先生"良知"之教予以关注，并认真体知其中之"三昧"。

　　冬十月十二日，黄绾从黄岩出发上路。十月底，至绍兴，黄绾在绍兴城中拜会了业师阳明先生，并逗留一月有余。时闽中学者郑善夫亦拟再次出仕，就任南都吏部郎中。先是，郑善夫有信函与王阳明，告知近期会至

---

　　①　上文已述，在嘉靖元年深秋，黄绾在辞别阳明先生之后即前往永康寻访应典，并向永康后生宣讲阳明先生的"致良知"之教。嗣后，在嘉靖二年至五年间，不少永康籍学者诸如周莹、卢可久、杜惟熙、程梓、程文德、李琪、陈时芳、杜惟熙等纷纷前往越中，执贽阳明先生。嗣后复建五峰书院，宣讲"良知"学，从而促成了"永康阳明学派"的成立。对于"永康阳明学"，笔者另有专文《永康阳明学论纲》发表，兹不赘述。

　　②　《石龙集》卷二，第7页；《黄绾集》，第16页。

越中拜访①，然后再赴南都；王阳明得知后甚喜，特留黄绾在绍兴等候郑善夫，然后偕赴南都任职。然而，黄绾候郑善夫月余而不果，只得先行。黄绾《少谷子传》云："予出升南京都察院经历，携家过越，闻少谷子升南京刑部郎中，未几改南京吏部郎中。有书期将至越访阳明先生，先生闻之喜，留予候之，月余不至。"②

冬，黄绾赴南都途经杭州之时，曾有书信一封与王阳明，稍后王阳明复函成《与黄宗贤一》："别去，得杭城寄回书，知人心之不可测，良用慨叹。然山鬼伎俩有穷，老僧一空无际，以是自处而已。讲学一事，方犯时讳，老婆心切，遂能缄口结舌乎？然须默而成之，不言而信，不量浅深而哓哓多口，真亦无益也。议论欠简切，不能虚心平气，此是吾侪通患。吾兄行时，此病盖已十去八九，未审近来消释已尽否？谦之（按：邹守益）行便，草草莫既，衰私幸亮。"③ 此函之中，王阳明对嘉靖初年之时局不利于"讲学"之事相告于黄绾，言中之义，嘉靖初年的"大环境"不利于"王学"（"致良知"之教）的宣讲与传播。

嗣后，黄绾曾就"著察之教"与王阳明互有书函往来。黄绾《寄阳明先生书》（二首之一）："承示著察之教，警励何如！但能精切此志，不为他物所杂，则行必自著、习必自察。此意亦时见得，然亦无别事可见。只觉心中有分晓不放过，才杂毫发便昏昧。盖著乃天理昭著，察乃文理密察，所以昭著密察只常见自己过僭而已。不知是如此否？近于人情纷杂中验之，颇觉间断时少，莫非启迪之功，但不知向后又如何耳？黄提学意思颇好，议论皆近里相向之意，亦与他人不同。其他欲俯就与之一处者，亦因时事人情，略觉数端，故敢云云。亦非止为一事而言，幸察之。"④

---

① 郑善夫《上阳明先生书》："善夫蒙天不弃，癸酉岁得假毗陵之谒，猥承至教。奈以天质凡下，无有其地，因循岁年，幸再私淑诸人，稍知向道。是虽未及先生之门，然窃念先生之恩，信与生我者，同死不忘也。第恨立志不坚，时作时辍。比来业不加修、病不加少，恐一旦即死，与草木同朽，不及终志门下，不无负无涯之憾矣。去秋拟出门，再沮于大病，至今未复，区区抠趋寸忱，未有一日放也。子莘往，敬布下意，万冀不弃绝于门下。不胜幸甚！"（《少谷集》卷二十，《文渊阁四库全书》本）

② 《石龙集》卷二十二，第15页；《黄绾集》，第434页。

③ 转引自钱明：《阳明学的形成与发展·附录·〈王阳明全集〉未刊散佚诗文汇编及考释》，江苏古籍出版社2002年版，第315页。又见《王阳明全集》（新编本），第1821页。

④ 《石龙集》卷十八，第6页；《黄绾集》，第348—349页。

顺便提及一事，嘉靖二年底，黄绾至南都之后，曾有书函与女婿高洵①（字世仁），劝勉其习举业之时，当以"圣学"为先，并希望高洵与黄绾小儿（黄承文）择机一同前往越中师从王阳明。黄绾《寄婿高洵书》有云："欲往阳明先生门下受业，此意甚好，已备道之。世仁明年必当与小儿同往一拜，以为终身依归。"② 同时，告诫高洵"举业与圣学原不相妨"，当立志"为真圣贤、讲真下手工夫"，以辅助举业。

（三）"大礼议"中的黄绾与王阳明

1. "大礼议"的缘起

众所周知，明武宗正德帝驾崩，嘉靖以藩王即位称帝。嘉靖即帝位不久，便围绕对其生父兴献王朱祐杬（1476—1519）称号之事：即嘉靖帝称其父为"兴献王"，还是称"兴献皇帝"，是嘉靖初政时面临的一大难题，从而引起了"一场规模巨大、旷日持久的政治纷争"，史称"大礼议"。下面，我们从正德十六年（1521）三月，正德帝驾崩一事述起。

正德十六年三月十四日，正德帝朱厚照驾崩于豹房，年三十一，庙号武宗。遗诏召兴献王长子（朱厚熜）嗣位。因为武宗无嗣，故而武宗之母、孝宗之后即慈寿皇太后与大学士杨廷和定策，遣太监谷大用、韦彬、张锦、大学士梁储、定国公徐光祚、驸马都尉崔元、礼部尚书毛澄，以遗诏③迎藩王（兴献王朱厚熜）于兴邸。四月初七，发安陆。二十七日，至京师，止于郊外。礼官具仪，请如皇太子即位礼。王顾长史袁宗皋曰："遗诏以我嗣皇帝位，非皇子也。"而杨廷和等正德朝大臣请如礼臣所具仪，由东安门入居文华殿，择日登基。不允。会皇太后趣群臣上笺劝进，乃即郊外受笺。是日，日中，入自大明门，遣官告宗庙社稷，谒大行皇帝几筵，朝皇太后，出御奉天殿，即皇帝位。以明年为嘉靖元年，……戊

① 黄绾长女黄娟嫁于高洵。黄绾《先府君行状》有"娟适高洵"语（《石龙集》卷二十三，第21页；《黄绾集》，第456页）。

② 《石龙集》卷十八，第7页；《黄绾集》，第349页。

③ 《明史》（简体字本），第145页。武宗驾崩，时内阁大学士杨廷和手持《皇明祖训》，面呈孝宗皇后张太后曰："大明祖训，帝没而无嗣者，礼当'兄终弟及。'"杨廷和遂与张太后言论，拟以安陆兴献王子朱厚熜承嗣天命。太后乃谕杨廷和草拟遗诏以迎朱厚熜。诏曰："朕绍承祖宗丕业，十有七年。有孤先帝之付托，惟在继统得人，宗社生民有赖。皇考孝宗敬皇帝亲弟兴献王长子厚熜，聪明仁孝，德器凤成，伦序当立。遵奉祖训'兄终弟及'之文，告于宗庙，请于慈寿皇太后，与内外文武群臣合谋同辞。即日遣官迎取来京，嗣皇帝位。"

申，命礼臣集议兴献帝封号。①

七月初三日，（观政）进士张璁言"（嘉靖帝）继统而不必继嗣"，请尊崇所生，立兴献王庙于京师。② 初，礼臣杨廷和、毛澄等议嘉靖帝考孝宗，改称兴献王皇叔父，并援宋儒程颐议濮王礼以进，不允。至是，帝下璁奏，命廷臣集议。杨廷和等抗疏力争，皆不听。癸丑，帝命自今亲丧不得夺情，著为令。……十月初一，帝追尊父兴献王为兴献帝，祖母宪宗贵妃邵氏为皇太后，母妃为兴献后。③ 十月，时任兵部主事霍韬上疏反对"廷议"，后遭排挤、被迫致仕。十一月，张璁复上疏，进《大礼或问》；十二月，张璁因先前疏"议大礼"而忤廷臣杨廷和等，借故外调至南京任刑部山西清吏司主事④。

嘉靖元年正月，嘉靖帝称孝宗皇考、慈寿皇太后圣母、兴献帝后为本生父母。⑤

嘉靖三年（1524）正月二十一日，"大礼议"在沉寂两年之后，再次"发酵"。先是，南京刑部主事桂萼上《正大礼疏》，并抄录时任南京兵部右侍郎席书、吏部员外郎方献夫拟成而未上之"议大礼疏"，请改称孝宗曰皇伯考、兴献帝曰皇考、兴国太后曰圣母。嘉靖帝阅览，甚喜，乃"下廷臣议"⑥。二月十一日，迫于帝权之高压，杨廷和被迫致仕。⑦

---

① 《明史》（简体字本），第145页。关于"议兴献帝封号"之事，礼部尚书毛澄与杨廷和，皆以汉定陶王、宋濮王之事为据，定曰："异议者当诛。"时待对公车举人张璁，与同乡礼部侍郎王瓒议曰："此议与汉、宋不同，帝意当是。"谕下，众臣无不非议，独王瓒以为可，廷和乃出之为南京礼部侍郎。转引自《嘉靖之大礼议》，www.douban.com/group/topic/201463...2013-1-31。

② 张璁此次所拜之疏曰《正典礼第一》（正德十六年），全文载今人编校《张璁集》（张宪文校注，上海社科院出版社2008年版）卷一，第19—21页。

③ 《明史》（简体字本），第146页。

④ 议礼之事，久而未决，殊为大患。杨廷和乃与蒋冕、毛纪等计曰："盍不予虚位，委于张璁，令其远于帝，则后患绝矣！"遂上言于帝，曰："观政进士张璁，待官礼部。今南京刑部主事空缺，璁已近天命之年，行事稳妥，可擢而主之。"帝从之。张璁因赴南京，朝臣或为之寄语，大学士杨廷和乃与璁曰："勿以'大礼议'难，宜第静处之"。璁答曰："何敢难公？惟正礼耳！"怏怏而去。转引自《嘉靖之大礼议》，www.douban.com/group/topic/201463...2013-1-31。

⑤ 《明史》（简体字本），第146页。

⑥ 同上书，第147页。桂萼《疏》节文，见《明世宗实录》卷三十五"嘉靖三年春正月"。

⑦ 《明史》（简体字本），第147页。

总之，"大礼议"之争的核心是"继统"还是"继嗣"的"皇考之争"，即嘉靖帝是称孝宗为皇考，还是称兴献王为皇考？

2. 王门弟子在"大礼议"中分歧

在嘉靖三年的"大礼议"事件之中，张璁、桂萼、席书、方献夫、黄绾、黄宗明、熊浃等支持嘉靖帝一方，因主张"继统而不继嗣"，称为"继统派"，亦称"议礼派"。而杨廷和、毛澄等坚持"继嗣以继统"，学界称为"继嗣派"，亦作"护礼派"。在"继嗣""继统"的纷争之中，与之相应，时仕于朝的"王门"弟子亦分疏为两派：黄绾、席书、方献夫、黄宗明等力主"继统"，而应良、邹守益、陆澄则主张"继嗣"。而远在越中赋闲讲学的阳明先生，亦"不得已"而置身其中。

（1）"继统派"中的王门弟子

以黄绾、方献夫、席书、黄宗明为代表。

继张璁、桂萼之后，黄绾在嘉靖三年二月十二日，向嘉靖帝拜奏疏、议大礼，曰："武宗承孝宗之统十有六年，今复以陛下为孝宗之子，继孝宗之统，则武宗不应有庙矣。是使孝宗不得子武宗，乃所以绝孝宗也。由是，使兴献帝不得子陛下，乃所以绝兴献帝也。不几于三纲沦、九法斁哉！"奏入，嘉靖帝大喜，下之所司。[①] 按，《石龙奏议》称这道奏疏为《大礼第一疏》[②]，《知罪录》名之曰《一上大礼疏》。[③]

先前因"张璁、桂萼争'大礼'，帝心向之"，而此时桂萼、张璁皆同在南都任职。黄绾与桂萼早在正德六年（1511）即结识，黄绾与张璁在南都的相识可能由桂萼介绍，并形成对"大礼"的统一认识。此外，黄绾与张璁、桂萼、席书、黄宗明等皆因"议大礼"而彼此熟知，并结成同志，称为"议礼派"，亦有学者称之为"议礼新贵"。

继《大礼第一疏》后，二月二十八日，黄绾再次疏申前说，成《大礼第二疏》[④]，亦称《二上大礼疏》："臣迩者所上典礼之议，谅陛下必已垂览有深悟而改图者。今未闻所处，深恐国家纲常之理不明、陛下君臣之

① 《明史》（简体字本），第3479页。据《寄席元山书》（二首之一）称黄绾在成此疏之后曾请教于席书："绾初晋谒论此，即蒙教云：'且不可具疏。'绾云：'欲得致书当路，使其默改，公私各全。'则喜动颜色。"（《石龙集》卷十八，第8页；《黄绾集》，第350页。）

② 《久庵先生文选》卷十三，第1—4页；《黄绾集》，第578—579页。

③ （明）黄绾：《知罪录》卷一，上海图书馆藏明嘉靖三年黄绾自序刻本，第1—3页。

④ 《久庵先生文选》卷十三，第4—6页；《黄绾集》，第580—581页。

情不协，不容默者。臣谨按，《春秋》大义莫先于人伦，而君人之大莫严于统绪。故嗣君必即时定位，逾年改元，其义间不容发，舍此则为逆矣。故在陛下，当称孝宗皇帝为皇伯考，称兴献帝为皇考，称武宗皇帝为皇兄，以继其统，昭然不可少紊者。何也？陛下以宗藩入践天位，身为九庙宗祀之主，继其统则祀在其中，历考前代明王以弟继兄，非止一二，未闻有非其不继嗣者。今若徒为继嗣则统不可该，所以窒碍者多矣。或者又云陛下既考兴献帝为立庙，若别为宗，又以小宗合大宗为嫌者，殊不知父子天性，不容自绝，况立庙大内止援奉慈殿之例。犹大夫士之庶子别无，兄弟不得已承大宗之祀，其庶母祀于私室，何宗祀不专而有小宗合大宗之嫌乎？借使兴献帝犹存，武宗崩则入继必兴献帝，亦可以考孝宗而不继武宗之统乎？事理易见，何论之未定哉？孟轲曰：'民为贵，社稷次之，君为轻。'说者谓：'自尧、舜、禹、汤、文、武以往，无有知人君之职者，惟孟轲耳！'正见立君为民，位乃天位，而非一家之私，故统绪之义所以为重而《春秋》之旨所自严也。伏惟陛下深察潜祸之端，即从礼制之宜，蚤垂渊断，速慰天下之望。"① 简言之，此《疏》之中，黄绾引经据典，建议：嘉靖帝当称孝宗皇帝为皇伯考、兴献帝为皇考、武宗皇帝为皇兄，以继其"统"，而不宜"继嗣"。

三月二十九日，黄绾于南都俄闻嘉靖帝下诏称"（兴献帝为）本生皇考"，复抗疏极辩②，厥成《大礼第三疏》③，亦称《三上大礼疏》。此《疏》之中，黄绾先是称"人生惟一本而未闻有二本者"，故而嘉靖帝既以天理人心之至，称皇考于兴献帝，则不当复称孝宗皇帝为皇考。再有，嘉靖帝明为"入继大统"而又曲改为"入继大宗"，于"古礼"则不合："入继大统"，三代所同，于礼道有征，所谓名正言顺者。今若改之，则天子之职止一宗祀而已，又何大夫、士、庶人之别也？按宗法，"别子为祖，继别为宗"，与之相应：继天子者世为天子，继诸侯者世为诸侯，其他子为别子，为祖者为始祖，继别子后者方为宗。再有，天子诸侯之位皆

---

① 《知罪录》卷一，第3—4页。考虑到上海图书馆藏明嘉靖刻本《知罪录》系海内外孤本，且海外学术界尚无一篇专文研究、征引《知罪录》黄绾所上"议礼"诸《疏》，故拙著所涉《知罪录》文，尽量大篇幅引用。敬请读者谅解！

② 《明史》（简体字本），第3479页。是年三月，时任吏部员外郎的方献夫在京师亦上疏议"大礼"，支持嘉靖帝"继统"不"继嗣"。

③ 《久庵先生文选》卷十三，第6—10页；《黄绾集》，第581—585页。

公器，天子、诸侯之职皆为民，故曰"继统而不曰继嗣"，天子之为礼固异于大夫、士、庶人。简言之，自唐虞三代以来，虽有"官天下""家天下"之不同，传贤传子及弟之或异，其为"继统"之意，则一也。据此，嘉靖帝即帝位即是"继统"而不必曰"继嗣"。

黄绾在《大礼第三疏》中还指出："继嗣之说者，皆衰世之事也。"明太祖朱元璋在明朝立国之初，即深惩"继嗣"之失，以为奸逆之基，故有"兄终弟及"之训，专重"继统"："先于同父兄弟，若无同父则及同祖。"借此，黄绾对"继嗣派"礼官之言，逐一批驳。礼官曰："必同产而后可"，言中之义，以嘉靖帝强为孝宗之子、假为武宗同产亲弟，然后可立。礼官又曰："为孝宗立子，即所以为武宗立后。"对此，黄绾亦极力反驳，并以士、庶人之礼论之："凡已娶无祀为立后，谓之继祢，若继祖之宗绝即承其祀，故昭穆有序。"事实是，今日之事乃武宗无子而非孝宗无子，既欲重为"继嗣"，即当为武宗立而不当又为孝宗立。遍求经籍，揆之人情，礼官"继嗣"云云，皆为无稽，其谬何如！

值得注意的是，礼官"继嗣"之说犹未已者。始则妄援定陶、濮王不同之故事，今则搜索《通鉴纲目》"汉宣帝追尊悼考立寝庙"下"小注"以附会之。对此，黄绾对朱熹《通鉴纲目》编纂经过予以揭示："夫《纲目》乃朱熹未成之书，惟《凡例》其所自定，他皆令门人赵几道编纂，草稿未及删正而朱熹卒，今但以其所与赵几道诸书及《年谱》考之可见。况'追尊悼考'等书法皆掇《汉史》旧文，但除去'因园为寝'数字以没其实，而直曰'立寝庙'，岂朱熹特书而故欲诬之也！且以'范祖禹'之言误作'范镇'，尚未之考，则未经朱熹之笔，又可知矣。又况汉昭帝无子，立昌邑王而废宣帝，乃昭帝侄孙继昌邑而立，当时不考史，皇孙则当谁考耶？然即'园为寝'与太庙无干，亦何小宗合大宗之嫌？必使为人子者恝然而薄、弗顾其父母方为礼乎？且引程颐之言，又是为论濮王而发者，且朱熹尝深取孔光、盘庚兄弟及王之说。以古礼之坏自定陶王始，又以濮议不曾好好读古礼，其言亦可证矣。如此不精、未定之说，岂可执之为断而反弃孔子亲笔之经而弗顾哉！"要之，在黄绾看来，朱子《通鉴纲目》"汉宣帝追尊悼考立寝庙"下之"小注"根本不值一驳，以"朱熹未成之书""如此不精、未定之说"为"继嗣"之依据，实在是难以服众。①

《明史》载：（嘉靖三年）四月十五日，上昭圣皇太后尊号曰"昭圣康惠慈寿皇太后"；十六日，上兴国太后尊号曰"本生圣母章圣皇太后"；十九日，追尊兴献帝为"本生皇考恭穆献皇帝"。② 闻讯，黄绾又在南都与张璁、桂萼及黄宗明合《疏》争，奏请嘉靖帝当"明父子之大伦"，"继统而不必继嗣"，宜称孝宗为"皇伯考"、孝宗皇后为"皇伯母"，务必去掉兴献帝"本生皇考"中"本生"二字。《明史》卷一百九十七《列传》第八十五《黄宗明传》对黄、黄、张、桂四人合《疏》之节文有记："今日尊崇之议，以陛下与为人后者，礼官附和之私也。以陛下为入继大统者，臣等考经之论也。人之言曰，两议相持，有大小众寡不敌之势。臣等则曰，惟理而已。大哉舜之为君，视天下悦而归己，犹草芥也，惟不顺于父母，如穷人无所归。今言者徇私植党，夺天子之父母而不顾，在陛下可一日安其位而不之图乎？此圣谕令廷臣集议，终日相视莫敢先发者，势有所压，理有所屈故也。臣等大惧欺蔽因循，终不能赞成大孝。陛下何不亲御朝堂，进百官而询之曰：'朕以宪宗皇帝之孙，孝宗皇帝之侄，兴献帝之子，遵太祖"兄终弟及"之文，奉武宗"伦序当立"之诏，入承大统，非与为人后者也。前者未及详稽，遽诏天下，尊孝宗皇帝为皇考，昭圣太后为圣母，而兴献帝后别加"本生"之称，朕深用悔艾。今当明父子大伦、继统大义，改称孝宗为皇伯考，昭圣为皇伯母，而去"本生"之称，为皇考恭穆献皇帝、圣母章圣皇太后，此万世通礼。尔文武廷臣尚念父子之亲、君臣之义，与朕共明大伦于天下。'如此，在朝百工有不感泣而奉诏者乎？更以此告于天下万姓，其有不感泣而奉诏者乎？此即《周礼》'询群臣询万民'之意也。"③ 奏报之后，嘉靖帝"大悦"，数月之后（按：九月）即下诏以黄、黄、张、桂四人之《疏》为是，"卒如其言"，"大礼"乃定：黄绾自是大受帝知④，黄宗明亦遂蒙帝眷⑤。

五月，黄绾又重申自己对于"大礼议"的看法，著《大礼私议》之长《疏》。《大礼私议》系黄绾以"一问"（站在"护礼派""继嗣以继

---

① 《知罪录》卷一，第4—8页。

② 《明史》（简体字本），第147页。

③ 同上书，第3478页。

④ 同上书，第3479页。

⑤ 同上书，第3478页。

统"一方)、"一答"(站在"议礼派""继统不必继嗣"一方)的叙述方式,前后共设计了十七个问题。通过对这十七个"质问"的回应,黄绾也系统地阐述了自己对"大礼议"的主张与看法。

《大礼私议》的主要论点有:

(1)武宗遗诏曰"兴献王长子迎取来京,嗣皇帝位",意即武宗已传"统"于嘉靖帝则明;今乃不遵遗诏"继统"之命,而却私易嘉靖帝为孝宗之子,是当置武宗于何处?天位之在,今上(即嘉靖帝)何从有哉?

(2)父子、兄弟之称,本于天性,不可强也;宗庙之礼,但当以世次承其祭祀,不可失也。武宗、嘉靖帝既不得为父子,自以兄弟承其祭祀,无不可者。

(3)天下岂有无父母之人哉!兴献、章圣,嘉靖帝之所自出也,安能忍而不考、不母乎?

(4)天下者,太祖高皇帝之天下,传次于武宗,则为武宗之天下。"顾命受终",乃《春秋》大义,万世之所严。今之遗诏即定位枢前之义,遗诏未下犹为诸侯,遗诏既下则为天子,今嘉靖帝入京行皇子礼者,宰臣礼官之误,非正也。

(5)遗诏遵《祖训》"兄终弟及"之言,天下之公也,不曾有"为父立后"之说。今之礼官(杨廷和、毛澄)正唯不遵遗诏,以致纷纷耳!

(6)嘉靖帝今承武宗,上祀孝宗有祖道,事昭圣有祖母道。

(7)继统本于《春秋》,然天子诸侯、大夫士庶人不同,天子诸侯有统而无宗、大夫士庶人有宗而无统。有统者与之以继统,《春秋》"僖之不可以跻于闵"者,明其"继统"也;无统者不与之以继统,"婴齐之书为仲"者,不与其为统也。

(8)考兴献而不考孝宗,并非以小宗而夺大宗。天子、诸侯为天下、一国之主,其尊止于一人,以位相承、以统相继,诸父昆弟皆其臣子,不敢与之匹也,又何假于宗哉?天子、诸侯既以位相承、以统相继,则即为宗庙社稷之祭主,非若大夫士庶人之家,必为宗子,然后可以入庙而承其祭祀。

(9)太祖高皇帝朱元璋之训"朝廷无皇子,兄终弟及",既不限为同父,又不明为同祖,止曰"兄终弟及",其虑甚微,则神谟睿算之所至,已与《春秋》之旨合。所以为古今万世通行而无弊者,唯"继统"乎!"继嗣"之说,动辄拘碍,当其丧乱之交,上下危疑,妃后主于内,奸臣窥于外，唯以昏幼为利，虽有贤长不以昭穆不应，必以伦序难立。一言未决，人情汹汹，然后方知孔圣与圣祖之见为神明也。其意在"继统"，益可见矣！

在《大礼私议》之末了，黄绾又对礼官"继嗣"之论大加批评："今为议者，专务求胜，罔顾天理，明叛圣经，故违祖训，乃以群哄为至公、执迷为至当，施之不足为宗社计、守之不可为万世法，启荒乱失礼之源、作诈伪残薄之端，将使民无所措手足，必讥将来以为圣代羞，是何故哉？"① 毋庸讳言，黄绾、张璁、席书、方献夫、黄宗明等"继统派"的主张，尽管得到嘉靖帝的极力支持，但是因与杨廷和、毛澄等"护礼派"之主张相左，故而受到"护礼派"的言语乃至人身"攻击"，在所难免。比如，在（嘉靖三年）六月五日，黄绾等"议礼官"受到御史郑本公等四十四人连章攻击，以为"黄绾如鹰犬，张啄而旁噬"②。十三日，诏以主事桂萼、张璁为翰林院学士，方献夫为侍讲学士。与此同时，张璁、桂萼也受到"护礼派"成员攻击：十八日，御史段续、陈相请正席书、桂萼罪；二十五日，鸿胪少卿胡侍言张璁等"议礼"之失③。

六月，时在南都的黄绾曾有书信与奉诏至京的张璁、桂萼二人，即《与罗峰见山书》（三首之一）："别后极切跂望，曾附数书，达否？今日与二兄共论此礼，各期以身明之，不可相负，庶几昭白于天下万世。若于辞受去住之间，略有凝滞，不顺当然之理，则为相负必矣，终属不明。入京，见忤必多，须当从容包纳，切不可效其攻击。肝隔恳悃，不能自已。"④ 这里，黄绾对张璁、桂萼在京师的处境，表示了极大的担忧。

七月十二日，嘉靖帝在张璁、桂萼等"议礼派"成员鼎力支持之下，更定章圣皇太后尊号，去"本生"之称。十五日，廷臣伏阙，固争"本生"二字不可削。章上不报，百官跪哭"左顺门事件"发生，下员外郎

---

① 《知罪录》卷二，第 1—8 页；《黄绾集》，第 592 页。"议礼派领袖"张璁此时亦有《大礼或问》文，可与黄绾《大礼私议》相互参阅。张璁文载《张璁集》（修订版，第 22—28 页）。

② 《明世宗实录》卷四十"嘉靖三年六月戊戌"条："御史郑本公等四十四人连章，言桂萼首倡乱阶，张璁再肆欺罔，黄绾如鹰犬、张啄而旁诬，黄宗明如奴隶、攘臂以横行，方献夫居中内应、以成夹攻之势，席书阴行间谍、以伺渔人之功。"（《明世宗实录》，台湾"中研院"历史语言研究所 1962 年校印本，第 1006—1007 页）

③ 《明史》（简体字本），第 147 页。

④ 《石龙集》卷十八，第 9 页；《黄绾集》，第 351 页。

马理等一百三十四人锦衣卫狱。二十日，杖马理等于廷，死者十六人。二十一日，奉安献皇帝神主于观德殿。二十六日，毛纪致仕。二十八日，杖修撰杨慎、检讨王元正、给事中刘济、安盘、张汉卿、张原、御史王时柯于廷，原死，慎等戍谪有差。①

八月四日，身在南都的黄绾汇编其本人议礼奏疏，辑成《知罪录》三卷并刊刻之②。"知罪录一"收《一上大礼疏》《二上大礼疏》《三上大礼疏》；"知罪录二"收《大礼私议》；"知罪录三"收《止迁献帝山陵疏》《谏止献帝入太庙疏》《论上下情隔之由及论私庙不可近太庙疏》《论圣学求良辅疏》。今上海图书馆藏《知罪录》卷首有《〈知罪录〉引》："当今继统之义不合于当路者，遂指目为邪说、为希宠。予故知而犹犯之，此予之罪也，岂予之得已哉！故录之以著其罪、以俟天下后世之知予罪者。"今存黄绾《石龙集》中亦录有同题为《〈知罪录〉引》文又一种："予疏草私录，名之曰'知罪'。盖予食君禄，见有不可，于理与分当言者，忧之不食，或继以不寐，辄疏而上，皆不自知其为罪也。既而人有以罪予者，予亦不得以无罪辞。虽然，又岂予之得已哉！故录之，以著其罪，以俟天下后世之知予罪者。而并以有关素履之言附焉，其心一也。"③《知罪录》"知罪"之名系借用孔子"知我者，其惟《春秋》乎！罪我者，其惟《春秋》乎"之语，意在表明黄绾本人在"大礼议"之中，始终坚持"继统说"而不妥协。

八月，席书应召入京，正式任礼部尚书。④　先是原任礼部尚书汪俊以

---

①　《明史》（简体字本），第 147 页。

②　笔者经多方寻求，发现上海图书馆古籍部善本室藏有明嘉靖三年黄绾自序刻本《知罪录》（残本）一册，半叶 10 行、行 24 字，正文首叶下方钤有"王培孙纪念物"六字篆文方印一枚；不分卷目，但是根据正文版心所标"知罪录一、知罪录二、知罪录三"字样，可析分为三卷。"上图"所藏《知罪录》之最后一疏即《论圣学求良辅疏》有三分之二阙文。今存《久庵先生文选》卷十三所收六道奏疏，可与《知罪录》互证。

③　《石龙集》卷二十一，第 10—11 页；《黄绾集》，第 415 页。

④　据钱德洪等编《阳明先生年谱》载：是年（1525）六月，礼部尚书席书疏荐王阳明入京供职："先生服阕，例应起复，御史石金等交章论荐，皆不报。尚书席书为疏特荐曰：'生在臣前者见一人，曰杨一清；生在臣后者见一人，曰王守仁。且使亲领卷，趋阙谢恩。'于是，杨一清入阁办事。明年有领卷谢恩之召，寻不果。"（《王阳明全集》［新编本］，第 1303 页）按，席书入京正式升任礼部尚书时间系是年八月，则《年谱》记"是年六月"疏荐王阳明，其月份记载时间，值得商榷。

争建庙去位，特旨用席书代之。九月四日，席书、张璁、桂萼等廷臣奉诏定"大礼"。席书上奏曰："三代之法，父死子继，兄终弟及，自夏历汉二千年，未有立从子为皇子者也。汉成帝以私意立定陶王，始坏三代传统之礼。宋仁宗立濮王子，英宗即位，始终不称濮王为伯。今陛下生于孝宗崩后二年，乃不继武宗大统，超越十有六年上考孝宗，天伦大义固已乖悖。又未尝立为皇子，与汉、宋不同。自古天子无大宗、小宗，亦无所生、所后。《礼经》所载，乃大夫士之礼，不可语于帝王。伯父子侄皆天经地义，不可改易。今以伯为父，以父为叔，伦理易常，是为大变。夫得三代传统之义，远出汉、唐继嗣之私者，莫若《祖训》。《祖训》曰'朝廷无皇子，必兄终弟及'。则嗣位者实继统，非继嗣也。伯自宜称皇伯考，父自宜称皇考，兄自宜称皇兄。今陛下于献帝、章圣已去'本生'之称，复下臣等大议。臣书、臣璁、臣萼、臣献夫及文武诸臣皆议曰：世无二首，人无二本。孝宗皇帝，伯也，宜称皇伯考。昭圣皇太后，伯母也，宜称皇伯母。献皇帝，父也，宜称皇考。章圣皇太后，母也，宜称圣母。武宗仍称皇兄，庄肃皇后宜称皇嫂。尤愿陛下仰遵孝宗仁圣之德，念昭圣拥翊之功，孝敬益隆，始终无间，大伦大统两有归矣。奉神主而别立祢室，于至亲不废，隆尊号而不入太庙，于正统无干，尊亲两不悖矣。一遵《祖训》，允合圣经。复三代数千年未明之典礼，洗汉、宋悖经违礼之陋习，非圣人其孰能之？"[①] 席书此《疏》，即为"议礼派"成员主张的最终"定稿"。

　　席书议上，嘉靖帝欣然接受。九月五日，定称"孝宗为皇伯考、昭圣皇太后为皇伯母、献皇帝为皇考、章圣皇太后为圣母"。十五日，诏布告天下，"大礼议"以嘉靖帝大力支持下的张璁、桂萼、霍韬、方献夫、席书、黄绾、黄宗明、熊浃等"议礼派"的胜利而基本结束。

　　是年秋，黄绾《知罪录》正式定稿并刊刻。嗣后，席书遣人向黄绾索取其有关"大礼议"诸奏疏，黄绾将《知罪录》（包括《大礼私议》）等奉上，供席书辑《大礼集议》采择，其《寄席元山书》（二首）有"《大礼私议》一篇并《知罪录》奉备采择。绾病，每乞告，不惜引手，得遂一归，甚幸。……昨法司进本官来，附上短状并《知罪录》《大礼私

---

　　① 《明史》（简体字本），第3468—3469页。

议》，曾垂览否"云云。① 十二月十八日，席书领衔编纂的《大礼集议》成，并颁示天下。②

（2）"继嗣派"中的王门弟子

以邹守益、应良、陆澄等为代表。

先是在嘉靖改元之后，录用旧臣，邹守益自江西吉安北上复职，并于嘉靖二年五月复原职、任翰林院编修。嘉靖三年初，"大礼议"起，邹守益即与同僚上疏，反对嘉靖帝"继统不继嗣"之举。三月一日，嘉靖帝尊其生父为"本生皇考恭穆献皇帝"、生母为"本生母章圣皇太后"，皇考立庙奉先殿侧；三月四日，邹守益疏谏反对，（嘉靖）帝览奏即不悦，以守益之疏系"出位妄言"③。四月二十七日，邹守益复上疏④，请罢兴献帝称考入庙："陛下欲隆本生之恩，屡下群臣会议，群臣据礼正言，致蒙诘让，道路相传，有孝长子之称。……臣愿陛下勿以姑息事献帝，而使后世有其衰之叹。且群臣援经证古，欲陛下专意正统，此皆为陛下忠谋，乃不察而督过之，谓忤且慢。臣历观前史，如冷褒、段犹之徒，当时所谓忠爱，后世所斥以为邪媚也。师丹、司马光之徒，当时所谓欺慢，后世所仰以为正直也。后之视今，犹今之视古。望陛下不吝改过，察群臣之忠爱，信而用之，复召其去国者，无使奸人动摇国是，离间宫闱。昔先帝南巡，群臣交章谏阻，先帝赫然震怒，岂不谓欺慢可罪哉！陛下在藩邸闻之，必以是为尽忠于先帝。今入继大统，独不容群臣尽忠于陛下乎？"⑤ 邹守益是《疏》一上，嘉靖帝勃然大怒，下守益于诏狱，谪为广德州判官。⑥ 而"稍迁南京礼部郎中，州人立生祠以祀"云云，乃是后事。

与邹守益相仿，嘉靖三年，时任职翰林院的浙中王门学者应良也反对张璁、桂萼等，以为嘉靖帝"继统必继嗣"。黄绾作为应良的道友与（王学）同门，为使应良在"大礼议"之事上与张璁、桂萼就"继统不必继

---

① 《石龙集》卷十八，第7—9页；《黄绾集》，第350—351页。

② 《明史》（简体字本），第148页。

③ 张卫红：《邹守益年谱》，北京大学出版社2013年版，第52—53页。

④ 邹守益上《大礼疏》文，见董平编校整理《邹守益集》，凤凰出版社2007年版，第13—16页。

⑤ 《明史》（简体字本），第4858—4859页。

⑥ （明）谈迁编纂：《国榷》卷五十三"明世宗嘉靖三年四月庚申"条："翰林院编修邹守益议'大礼'云：'望陛下屈己改善，不吝改过。'上怒，下镇抚司，谪广德州判官。"

嗣"的主张达成"妥协"，并"据理和同"；不仅把自己议"大礼"所上诸《疏》抄送与时在京师供职的应良，前后还有《寄应元忠书》三种：

> 罗峰诸公所论大礼，仆诚以为是，更无可疑。然今日纷纷之说，只缘不知人君之职、《春秋》大统之义耳！孔子书跻僖公，其意谓何？不然，则兄弟名分正所当正，何故讥之？仆前后所具疏，兄皆见否？前疏之意重在解祸，后疏之意专明此理。远隔无由晤语，心极耿耿。

> 天下事惟在理，初无彼我同异。张、桂二兄之来，礼虽欲成其是，事则必处以和。向日只缘吾党不知上下和同以成至治，只事党同伐异以致纷纷，果谁之罪欤？今以臣子爱君之道论之，当如是耶？吾兄负天下重望，素怀忠爱之心，必当据理和同，弗使君子自相矛盾、徒增君父之过。至祷！至祷！

> 近奉数书，皆出爱国、爱朋友之情，但恐匆匆，辞不达意，不审高明能亮之否也？诸公所执之礼，余不暇论，姑以观过知仁言之。圣主此意，本由孝弟至情所发，纵使未当，亦不至于倾覆宗社；人臣论者，纵有未合，亦不至于大奸极恶。今皆错认，苦苦攻击不已，以致君臣上下皆成怨恶。言者愈力而圣心愈疑，张、桂诸君所言虽是，亦未必便能信重如此；只诸公逆之已极，故益见重矣。今不悟此，犹以其言为未足，日加鼓动，以能言为贤、为有功，愈肆攻击，日增君父之过，何益之有？况"继统"与"继嗣"之说，大有悬绝，关系国家兴衰治乱不少，且此等事亦国家所常有者，但一时难以尽言耳！今概目议者为迎合希宠而不察其理之是非与忧虑所在，其如国家何？且国家百余年来，乾纲下移，礼乐征伐久不自天子出。凡百黜陟，皆大臣当路所执，今既知大臣当路，恶闻此议？不得已与之相忤，而又欲以此冀望利达，世有如此愚人哉！仆已甚知非进取所宜，只缘本心有不能以自安者，故具三疏，各有微意，实欲明其理以解其祸，且有"纳约自牖"之意存乎其间，鬼神可鉴也。敢录清览，幸查所上岁月，次第衷曲，皆可知矣。①

① 《石龙集》卷十八，第12—13页；《黄绾集》，第354—355页。

通读黄绾与应良的三封书函，不难发现，在"大礼议"这一残酷的政治斗争之中，由于政治立场不同，黄绾与昔日道友应良之间的"同志"关系已经基本"破裂"。

此外，浙中王门另一学者陆澄，在"大礼议"事件中，亦曾上疏反对嘉靖帝"继统不继嗣"的观点，结果"罢归"①。

3. 王阳明对"大礼议"的看法

嘉靖三年，王阳明在越，门人日进。绍兴知府南大吉以座主称门生，辟稽山书院，聚八邑彦士，身率讲习以督之。《阳明先生年谱》载："萧璆、杨汝荣、杨绍芳等来自湖广，杨仕鸣、薛宗铠、黄梦星等来自广东，王艮、孟源、周冲等来自直隶，何秦、黄弘纲等来自南赣，刘邦采、刘文敏等来自安福，魏良政、魏良器等来自新建，曾忭来自泰和。宫刹卑隘，至不能容。盖环坐而听者三百余人。先生（王阳明）临之，只发《大学》万物同体之旨，使人各求本性，致极良知以至于至善，功夫有得，则因方设教。故人人悦其易从。"② 好一派欣欣向荣的讲学场景！

上文已述，是年三月二十一日，嘉靖帝罢礼部尚书汪俊，而后特旨用南京兵部右侍郎席书为礼部尚书③。在杨廷和④、汪俊先后去职之即，时在南都的黄绾有书函与王阳明，就杨、汪二人先后去职一事，发表自己的看法，即《寄阳明先生书》（二首之二）："近日石斋（杨廷和）与石潭（汪俊）之去，其详可悉闻否？原其事情所处，恶可谓朝廷之过？此事全赖圣明。若天地包荒，只依诸公所处，国事当如何耶？虽诸公如此悖理、如此党比，欺忏至矣！然犹从容斟酌，略无纤毫愤懑之情，此分明尧舜之资，但惜无人辅翼、扩充此心，以为苍生之福。今不惟不能扩充，反为摧挫抑遏，以使消沮疑阻，岂古大臣引君当道之理如是也！世道之衰，天理

---

① 《明儒学案》卷十四《浙中王门学案四·主事陆原静先生澄》，转引自王维和、张宏敏编校：《〈明儒学案〉〈宋元学案〉黄宗羲案语汇辑》，杭州出版社 2012 年版，第 51 页。

② 《王阳明全集》（新编本），第 1299 页。

③ 《明世宗实录》卷三十七"嘉靖三年三月"："礼部尚书汪俊再乞休致，上以俊职司邦礼，近奉议尊室未成，故引疾求退，责以违悖正典，肆慢朕躬，令其回籍。已而吏部推选部左侍郎贾咏、右侍郎吴一鹏代俊，特旨用南京兵部右侍郎席书为礼部尚书。"据《明史·席书传》：嘉靖元年，席书以右副都御史巡抚湖广改任南京兵部右侍郎。黄绾至南都之后即因"议大礼"而与席书结交。又，席书正式入朝任礼部尚书在是年（嘉靖三年）八月。

④ 嘉靖三年二月十一日，杨廷和致仕。（《明史》[简体字本]，第 147 页）

不明，至此极矣！为恨何如，亦无怪乎桂子实（桂萼）所谓'强臣抗君'者也。御史（程启充）、毛玉江西勘事，专迎当路之意，敢公然丑正如此，其又可慨何如也！"① 此函之中，黄绾以为杨廷和、汪俊等去职，实属"罪有应得"，他们作为臣子不但不尽心辅翼具有"尧、舜之资"的嘉靖帝，而且就兴献帝称谓一事"摧挫抑遏"嘉靖帝，此绝非古大臣引君当道之理。同时，黄绾表达了对御史程启充、户科给事中毛玉等在嘉靖元年勘处平定朱宸濠叛乱之事后，所上《奏疏》排挤、陷害王阳明一事的强烈不满。②

四月，黄绾把自己的"议礼"诸《疏》寄呈时在越中讲学的业师阳明先生；王阳明审读之后，称之"明甚"。王阳明对黄绾诸《疏》的看法，可从其《与黄诚甫》（甲申，1524）书中得知："近得宗贤寄示《礼疏》，明甚。诚甫之议，当无不同矣。古之君子，恭敬搏节退让以明礼，仆之所望于二兄者，则在此而不彼也。果若是，以为斯道之计，进于议礼矣。"③ 言中之义，阳明先生作为道友、业师，对于黄绾、黄宗明两位高足联手"议礼"以支持嘉靖帝的做法，是默认与赞同的。

此外，霍韬、席书等亦有书函与王阳明，咨询王阳明对"大礼议"的看法，这从王阳明在嘉靖六年（丁亥，1527）《与霍兀崖宫端》的一通书函之中可以得知："往岁曾辱'大礼议'见示，时方在哀疚，心善其说而不敢奉复。既而元山（席书）亦有示，使者必求复书，草草作答。意以所论良是，而典礼已成，当事者未必能改，言之徒益纷争，不若姑相与讲明于下，俟信从者众，然后图之。其后议论既兴，身居有言不信之地，不敢公言于朝。然士夫之问及者，亦时时为之辩析，其在委曲调停，渐求挽复，卒亦不能有益也。后来赖诸公明目张胆，已申其义。"④ 由此可见，王阳明在"大礼议"中对"议礼派"之"继统"说的支持。

对于黄绾、黄宗明、席书、霍韬等"议礼派"成员致函阳明先生一事，《阳明先生年谱》载："四月，……霍兀崖、席元山、黄宗贤、黄宗

---

① 《石龙集》卷十八，第6—7页；《黄绾集》，第349页。

② 程启充、毛玉论劾王阳明事，《阳明先生年谱》"嘉靖元年"下有记载："时御史程启充、给事毛玉倡议论劾，以遏正学，承宰辅（杨廷和）意也。"（《王阳明全集》[新编本]，第1295页）又，毛玉在嘉靖三年七月发生的"左顺门哭谏"事件中遭廷杖而死。

③ 《王阳明全集》（新编本），第862页。

④ 同上书，第872页。

明先后皆以'大礼'问，竟不答。"① 或许已经意识到王门众弟子在"大礼议"事件上的分歧，王阳明不得不置身其中，作两首诗歌，发表了自己对"大礼议"的看法。《阳明先生年谱》载："是时'大礼议'起，先生夜坐碧霞池，有诗曰：'一雨秋凉入夜新，池边孤月倍精神。潜鱼水底传心诀，栖鸟枝头说道真。莫谓天机非嗜欲，须知万物是吾身。无端礼乐纷纷议，谁与青天扫旧尘？'又曰：'独坐秋庭月色新，乾坤何处更闲人？高歌度与清风去，幽意自随流水春。千圣本无心外诀，《六经》须拂镜中尘。却怜扰扰周公梦，未及惺惺陋巷贫。'盖有感时事，二诗已示其微矣。"② 诗作之中，即透露出王阳明对"大礼议"的态度。

明清之际学者陆世仪《思辨录辑要》对王阳明在"大礼议"中态度，曾有评论："嘉靖'议礼'时，席书、黄绾之徒先后以'大礼'问于阳明，阳明皆不答。呜呼，此先生之亮识高节为不可及也！当时'大礼'之议，惟璁、萼之论为得其正，然使出自阳明，则当时、后世又不知生多少议论矣。此先生之亮识高节所以为不可及也。礼者，理也。礼本乎理，理为体、礼为用。故礼虽未有可以义起，后世儒者止识得一例字，聚讼之讥所由来也。阳明诗曰：'无端礼乐纷纷议，谁与青天扫宿尘。'其有见于用修诸臣之非乎！"③ 此外，清代学者阎若璩《潜邱札记》对李东阳、王阳明及其各自弟子在"议礼"中的仕途境遇进行了分析："尝考明世宗初，以'议礼'而获罪者如乔庄简宇、汪文庄俊、何文简孟春、石文隐珤、林贞肃俊，皆出于李西涯之门；以'议礼'而获进者如席文襄书、方文襄献夫、霍文敏韬、黄尚书绾，皆出于王阳明之门。西涯本以辞章教门人，而门人据经守礼，百挫不回；阳明以理学教门人，而门人反依附揣合，以致贵显，人固不系于师承如此。"④ 阎氏之论虽未必尽是，但黄绾、黄宗明、席书、方献夫诸王门弟子"议礼"之举，确是基于自己对《春秋》、古礼及明初之制的理解、认识而做出的独立判断与理性抉择，而"依附揣合"云云，则略显刺眼。

（四）黄绾托疾辞官之后，再次出仕，与修《明伦大典》

嘉靖五年（1526）春，黄绾托疾离开南都，疏乞休归家。《洞山黄氏

---

① 《王阳明全集》（新编本），第 1302 页。

② 同上。

③ （清）陆世仪：《思辨录辑要》卷二十一《治平类·礼》，《文渊阁四库全书》本。

④ 转引自俞樟华：《王学编年》，第 144 页。

宗谱·黄绾传》称黄绾在"升南京工部营缮员外，又累疏乞休，归三年"①。《明世宗实录·黄绾传》称黄绾于南京工部员外郎上，"谢病，免归"②，意即黄绾虽上疏托病请辞，但是并未得到朝廷的批准。而据《明史·黄绾传》以及黄绾与胡森、王阳明与黄绾的相关书信（下文有引）分析，尽管黄绾辞任南京工部员外郎（抑或南京刑部员外郎）之事并未得到朝廷批准，但他的确于当年（1526）托疾返家（黄岩）。黄绾返家路经绍兴之时，还可能匆匆拜会了尚在越中讲学的业师——阳明先生。

嘉靖六年（1527）正月二十二日，嘉靖帝下诏开馆纂修《大礼全书》（后称《明伦大典》），命南京工部营缮司员外郎黄绾等为纂修官。在纂修《大礼全书》之前，席书等已纂成《大礼集议》，但是嘉靖帝"心慊焉"，担心"其中或有未备"，希望各总裁官、纂修官在《集议》的基础上，"上稽古人之训，近削弊陋之说，参酌诸臣奏论，汇为《全书》。前《集议》所编不得更改，可略加润色，以成永久不刊之典"③。已于前一年托疾致仕归乡的黄绾，在诏命下达之时，仍家居黄岩。至于黄绾此次得荐纂修《明伦大典》之缘起，《明儒学案》以为系时任礼部尚书席书推荐之功："尚书席书纂修《明伦大典》，荐先生（黄绾）与之同事。"④

是年（嘉靖六年）春，身在黄岩的黄绾曾就此次是否与黄宗明一起出仕与修《明伦大典》事，有函询问阳明先生；阳明先生复函，成《与宗贤书》，云"义不当辞"⑤，支持黄绾再次出仕："北来消息，昨晚始闻。承喻，信然。所谓'甚难行止'者，恐亦毁誉之心犹在。今且只论纂修一事，为可耶，为不可耶？若纂修未为尽非，则北赴未为不可。升官之与

①《洞山黄氏宗谱》卷四，第44页。应该指出：黄绾累《疏》乞休一事属实，此次家居"三年"，则不属实。事实上，翌年，黄绾即重新出仕、与修《明伦大典》。

②《明世宗实录》卷四百十四"嘉靖三十三年九月壬寅"。

③《明世宗实录》卷七十二"嘉靖六年正月"，台湾"中研院"历史语言研究所1962年校印本，第1636—1638页。虽然纂修《大礼全书》馆于正月二十二日开馆，不知何故，直到六月壬午才升黄绾为光禄寺少卿，入史馆修书。其间当存有变故，待详考。费宏、杨一清、石珤、贾咏、席书为《大礼全书》总裁官，张璁、桂萼为副总裁官，纂修官除黄绾以外还有方献夫、霍韬、熊浃、黄宗明、席春、孙承恩、廖道南、王用宾、张治、潘潢、曾存仁等。

④《明儒学案》卷十三《浙中王门学案三·尚书黄久庵先生绾》，《黄宗羲全集》第7册，第318页。

⑤ 黄绾《寄胡秀夫诸兄书》有云："（黄绾）又令人持书质诸（王）阳明，亦云'义不当辞'。"（《黄绾集》，第356页）

差委事体，亦自不同。况'议礼'本是诸君始终其事，中间万一犹有未尽者，正可因此润色调停。以今事势观之，元山（席书）既以目疾，未能躬事。方（献夫）、霍（韬）恐未即出。二君（按：黄绾、黄宗明）若复不往，则朝廷之意益孤，而元山之志荒矣。务洁其身者，杨氏'为我'之意，君子之心，未肯硁硁若此也。凡人出处，如人饮水，冷暖自知，非他人所能与。高明自裁度之。北行过越，尚须一面，不一一。"①

嗣后，黄绾听从了乃师的建议，赴京；路经越地（绍兴），亦拜会了王阳明。② 黄绾至京师之后，王阳明有《与宗贤书》（丁亥）一通，劝勉尚在仕途之中的黄绾，当时时提起"致良知"话头，以"知耻近乎勇"的精进勇气，克去己私，实证"良知"本体；进而以"古之大臣"为榜样，"与天地万物为一体，实康济得天下"，以期挽回三代之治，"方是不负如此圣明之君，方能报得如此知遇，不枉了因此一大事来出世一遭也"③。王学经世之精神，于此可见。

是年春三月十一日，席书卒。嗣后，王阳明有"奠辞"一种寄与在京师的黄绾，请其传致哀悼。王阳明《与黄宗贤一》（丁亥，1527）有"席元山丧已还蜀否？前者奠辞，想已转达。天不愁遗，此痛何极"云云。④ 黄绾抵京之后，即哭奠席书，并有《奠席元山先生文》。⑤

六月，黄绾升为光禄寺少卿，入史馆修书；上疏辞任，不允⑥。对于黄绾升为光禄寺少卿、入史馆修书之过程，《明史》"本传"称：黄绾在嘉靖四年与黄宗贤先后上疏斥责何渊"请建世室"以让献帝入庙一事荒谬之后，"寻迁南京刑部员外郎，再谢病归。帝念其'议礼'功，六年六

---

① 此函载嘉靖十二年黄绾序刊本《阳明先生文录》卷三。见钱明：《阳明学的形成与发展·附录》，题作《与黄宗贤》（嘉靖六年），江苏古籍出版社 2002 年版，第 321 页；又收录于《王阳明全集》（新编本），第 1825—1826 页。

② 王宇《合作、分歧、挽救：王阳明与议礼派的关系史》（载《中山大学学报》[社会科学版]，2009 年第 6 期）：黄宗明因母亲谢世丁母忧而未能与黄绾一起成行，但在嘉靖八年服阕后升光禄寺卿。

③ 《王阳明全集》（新编本），第 234—235 页。

④ 同上书，第 868 页。

⑤ 《石龙集》卷二十七，第 10 页；《黄绾集》，第 559 页。

⑥ 《明世宗实录》卷七十七"嘉靖六年六月"，台湾"中研院"历史语言研究所 1962 年校印本，第 1715 页。

月召擢光禄少卿，预修《明伦大典》"①。关于黄绾被召擢光禄少卿，方炜在《明史》卷一百九十七"黄绾传考证"中指出："是时席书、胡世宁皆交疏荐绾，乃有光禄少卿之擢。"《南京都察院志·黄绾传》亦称："尚书席书、侍郎胡世宁各疏荐绾'才堪大用，学裕纂修'。起升光禄寺少卿，纂修《明伦大典》。"② 简言之，黄绾的学识与才干，在当时确系出类拔萃，并能为廷臣所认可。

（五）黄绾等举荐王阳明入阁未成，王阳明再次出山，起征思田

上文已及，先是在嘉靖元年，巡按江西监察御史程启充、户科给事中毛玉，各论劾王阳明交结宁王朱宸濠，借机诬陷王阳明，以贬低乃至否定其平定"宸濠之乱"之功。时任刑部主事陆澄（系王阳明门人）有《辨忠谗以定国是疏》③，率先为乃师阳明先生辩诬。直至嘉靖六年，仍有忌者借机诽谤阳明先生，反对阳明生先在服阕之后再次出仕。尽管如此，廷臣之中仍有不少耿直之士，深知阳明先生的吏治才干，纷纷举荐之。比如嘉靖三年九月，御史王木疏荐大学士杨一清、尚书王守仁，言："今欲兴道致治，非二臣不可。"④ 嘉靖四年二月二日，席书上疏特荐王阳明。对此，《明世宗实录》载曰："礼部尚书席书奏荐致仕大学士杨一清、南京兵部尚书王守仁，文武兼资，堪任将相。今一清已督三边，守仁当处之内阁秉枢机，无为忌者所抑，且云：'今诸大臣多中材，无足与计天下事者。定乱济时，非守仁不可。'上不许。"⑤《阳明先生年谱》记："先生服阕，例应起复，御史石金等交章论荐，皆不报。尚书席书为疏特荐曰：'生在臣前者见一人，曰杨一清；生在臣后者见一人，曰王守仁。且使亲领诰券，趋阙谢恩。'于是杨一清入阁办事。明年有领券谢恩之召，寻不果。"⑥《明世宗实录》卷五十三"嘉靖四年七月乙卯"条有载："应天巡抚都御史吴廷举荐新建伯王守仁文武全才，宜暂掌南京都督府事。兵部覆

---

① 《明史》（简体字本），第 3479 页。

② （明）施沛：《南京都察院志》卷三十九《人物三·经历列传·黄绾传》，日本内阁文库藏明天启年间刻本，第 46 页。

③ 《王阳明全集》（新编本），第 1481—1484 页。

④ 《明世宗实录》卷四十三"嘉靖三年九月"。

⑤ 《明世宗实录》卷四十八"嘉靖四年二月"。

⑥ 《王阳明全集》（新编本），第 1303 页。《阳明先生年谱》将席书上疏荐王阳明一事时间系为嘉靖四年六月，误，当以《明世宗实录》为正。

议，以文臣掌府事未便，俟别缺推用之。"

直至嘉靖六年（1527），两广"思田之乱"发生，朝廷方特起王阳明以南京兵部尚书兼都察院左都御史，总制两广、江西、湖广军务。《明史》："（嘉靖六年）六月丁亥，起前南京兵部尚书王守仁以原官兼左都御史，总制两广、江西、湖广军务，讨田州叛蛮。"① 与此同时，张璁有书函两通与尚在越中的王阳明，鼓励其出山、征思田。王阳明复函《与张罗峰阁老》书，以"近年以来，益病益衰，惟养疴丘园，为乡里子弟考正句读，使移向方，庶于保身及物亦稍效其心力，不致为天地间一蠹物"②为由，婉言拒绝之。《阳明先生年谱》载：先是，五六月间，侍郎张璁、桂萼荐王阳明兼都察院左都御史，征思、田；后特起王阳明总督两广及江西、湖广军务。"疏辞，不允。"③。

值得一提的是，在是否起用王阳明之事上，嘉靖帝有圣谕："欲知王守仁为人如何？"杨一清成《论王守仁为人如何奏对》，有云："守仁学问最博，文才最富。……但其学术近偏，好行古道，服古衣冠，门人弟子高自称许，故人亦多毁之者。其精忠大节，终不可泯也。近日，皇上起用两广，最惬公论。但人望未满，以为如此人者，不宜置之远方。若待田州夷患宁息，地方稍安，遇有兵部尚书员阙，召而用之，则威望足以服人，谋略可以济险，陛下可以无三边之虑矣。"④ 在此，杨一清尽管对"王学"有微词，但是对阳明先生的威望、谋略则予以认可。这也是嘉靖帝下定决心，再次起用王阳明的原因。不过，嘉靖帝对"王学"乃至阳明先生（的事功），还是"心存芥蒂"。

时在京师的黄绾，也有书函与阳明先生，阳明先生成《书黄宗贤一》（丁亥），与爱徒黄绾商讨自己的出处事宜："仆多病积衰，潮热痰嗽，日甚一日，皆吾兄所自知，岂复能堪戎马之役者？况谗构未息，而往年江西从义将士，至今查勘未已，往往废业倾家，身死牢狱，言之实为痛心，又

---

① 《明史》（简体字本），第 149 页。

② 《王阳明全集》（新编本），第 1827 页。同年稍后，王阳明又有书函与张璁，即《与张罗峰阁老》（二），见前揭书第 1828 页。

③ 《王阳明全集》（新编本），第 1315—1316 页。王阳明之所以迟迟不肯领命动身，主要是因为：当年平定"宸濠之乱"后，"虽封伯，不给诰券岁禄"，尤其是"诸有功者多以考察黜"。

④ （明）杨一清著，唐景绅、谢玉杰点校：《杨一清集》，中华书局 2001 年版，第 1000—1001 页。

何面目见之！今若不量可否，冒昧轻出，非独精力决不能支，极其事势，正如无舵之舟乘飘风而泛海，终将何所止泊乎？在诸公亦不得不为多病之人一虑此也。恳辞疏下，望相扶持，终得养疴林下是幸。"① 这里，王阳明与弟子坦言自己不肯出山的两点理由：一是自己的身体多病积衰、潮热痰嗽，日甚一日，无法堪戎马之役；二是自己当年起兵平定"宁王之乱"，虽有军功，然小人妒忌、谗构未息，而往年江西从义将士，至今查勘未已，往往废业倾家、身死牢狱（指冀元亨），这也王阳明的一大"心病"。

嗣后，黄绾复函，继续与阳明先生交流自己对时局及"江西功次"的看法。毋庸讳言，黄绾对阳明先生的"顾虑"是完全给予同情理解的。王阳明又有书函与黄绾，即《与黄宗贤二》（丁亥），节文如下：

> 得书，知别后动定，且知世事之难为，人情之难测有若此者，徒增慨叹而已！朽才病废，百念俱息，忽承重寄，岂复能堪？若恳辞不获，自此将为知己之忧矣，奈何奈何！江西功次固不足道，但已八年余矣，尚尔查勘未息，致使效忠赴义之士废产失业，身死道途。纵使江西之功尽出冒滥，独不可比于留都、湖、浙之赏乎？此事终须一白。但今日言之，又若有挟而要者。奈何奈何！②

总之，王阳明之所以坚持不出山，总督两广及江西、湖广军务，是因为自己及众有功将士早年平叛江西之军功并未实际落实，致使效忠赴义之士废产失业、身死道途。此时（嘉靖六年八月），时任光禄寺少卿的黄绾为替阳明先生及其他忠义之士讨回"公道"，特上《明军功以励忠勤疏》③，毅然为王阳明等在平叛"宸濠之乱"后受到的"虽封伯，不给诰券岁禄""诸有功者多以考察黜"的不公平待遇鸣冤，建议朝廷应立即追论王阳明的江西军功，称"王阳明学原性命，德由忠恕，才优经济，使之事君处物，必能曲尽其诚，尤足以当熏陶，备顾问。以陛下不世出明贤之资，与之浃洽讲明，天下之治，生民之福，岂易言哉"，从而极力推荐并

---

① 《王阳明全集》（新编本），第867—868页。

② 同上书，第868—869页。

③ 《久庵先生文选》卷十四题作"议江西军功疏"。

请召王阳明来京辅政："伏惟陛下念明良遭遇之难，亟召守仁，令与大学士杨一清等共图至治。另推才能，为两广总制。仍敕该部给与守仁应得铁券禄米。将陈槐、邢珣、徐琏等起用，伍希儒、谢源等查酌军功事例议录，戴德孺量与荫袭。此实陛下奉天所操之大柄，不可毫发移夺者，宜早收之，以为使人宣忠效力之劝。"①

两广局势越来越严峻，嘉靖帝亦妥协让步，结果王阳明"得给赐如制"，但又由于杨一清、桂萼等权臣阻挠，阳明先生来京任要职一事，未成。对此，黄绾在《阳明先生行状》中提及："予时为光禄寺少卿，具疏论江西军功，及荐公（王阳明）才德，堪任辅弼。上喜，亲书御札，并疏付内阁议。杨公一清忌公入阁，与之同列，乃与张公孚敬具揭帖对曰：'王守仁才固可用，但好服古衣冠，喜谈新学，人颇以此异之。不宜入阁，但可用为兵部尚书。'桂公知，遂大怒詈予，潜进揭帖毁公，上意遂止。"②《明史·黄绾传》记："王守仁中忌者，虽封伯，不给诰券岁禄；诸有功若知府邢珣、徐琏、陈槐，御史伍希儒、谢源，多以考察黜。（黄）绾讼之于朝，且请召守仁辅政。守仁得给赐如制，珣等亦叙录。"③

黄绾、张璁力荐王阳明入京辅政事未成，但是朝廷已经做出"让步"："守仁得给赐如制，珣等亦叙录。"故而是年（嘉靖六年）九月，王阳明发越中开赴两广。九月七日，王阳明与钱德洪、王畿论"王门四句教"于天泉桥，史称"天泉证道"。④ 十月至南昌南浦⑤，十一月十八日抵肇庆，二十日至梧州后开府，拟平思、田事（翌年二月，思、田平）。⑥

---

① 转引自《王阳明全集》（新编本），第1485—1488页。《久庵先生文选》卷十四，第6—10页。两种奏疏文字略有差异，但基本意思相仿，不碍文义。

② 《王阳明全集》（新编本），第1444页。

③ 《明史》（简体字本）卷一百九十七《黄绾传》，第3479页。

④ 彭国翔：《良知学的展开·王龙溪先生年谱》：九月下旬，阳明征思田，龙溪偕钱德洪等人送阳明游吴山、月岩、严滩。十月初，严滩问答，龙溪再发"有无合一"之论。史称"严滩问答"。（氏著，第523页）2013年10月13日，笔者陪同业师吴光先生，寻访了严子陵钓台，并在严滩一代驻足逗留，向吴先生求证了阳明、王畿师徒"严滩问答"诸事发生地。

⑤ 王阳明至南浦后，邹守益、欧阳德、刘邦采、黄弘纲、何廷仁等江右王门弟子二三百人候之请益，王阳明因军旅匆匆，无暇一一作答，嘱其裹粮往质尚在越中讲学的王畿。史称"南浦请益"。详参俞樟华《王学编年》（第175页）、彭国翔《良知学的展开·王龙溪先生年谱》（第524页）。

⑥ 《王阳明全集》（新编本），第1315—1323页。

（六）"平思田"之时的王阳明与黄绾多有书信，并以"心事"相托

嘉靖六年（1528）九月，黄绾由光禄寺少卿改任大理寺左少卿，仍赴馆纂修《明伦大典》如故①；十月，又由大理寺左少卿改任詹事府少詹事兼翰林院侍讲学士。②十二月，黄绾与张璁再次举荐王阳明入京供职，因杨一清、桂萼阻挠而未果。黄绾《阳明先生行状》云："十二月，杨公一清与桂公萼谋，恐事完回京，复命见上，予与张公又荐之，上必留用。又题命公兼理巡抚。奉圣旨'王守仁暂令兼理巡抚两广等处地方，写敕与他'。"③

黄绾、张璁联名上疏举荐王阳明入京之事，王阳明通过"邸报及亲友书"知晓之后，有书函一通与黄绾即《与黄宗贤三》（丁亥），道以感激之情，顺便告以"思、田之事"处置举措；同时，王阳明还对京师政局颇为关心，鼓励黄绾、方献夫、霍韬等诸君同舟共济，共度时艰，以图中兴：

> 近得邸报及亲友书，闻知石龙之于区区，乃无所不用其极若此；而西樵、兀崖诸公爱厚勤拳，亦复有加无已，深用悚惧。嗟乎！今求朝廷之上，信其有事君之忠、忧世之切、当事之勇、用心之公若诸公者，复何人哉！若之何而不足悲也！诸公既为此一大事出世，则其事亦不得不然。但于不肖则似犹有溺爱过情者，异日恐终不免为诸公知人之累耳。悚惧悚惧！……京师近来事体如何？君子道长，则小人道消；疾病既除，则元气亦当自复。但欲除疾病而攻治太厉，则亦足以耗其元气。药石之施，亦不可不以渐也。木翁、邃老相与如何？能不孤海内之望否？亦在诸公相与调和。此如行舟，若把舵不定而东撑西曳，亦何以致远涉险？今日之事，正须同舟共济耳。④

此《函》节文又见于《阳明先生年谱》"嘉靖六年十二月条"下："（王阳明）与黄绾书曰：'往年江西赴义将士，功久未上，人无所劝，再

①　《明世宗实录》卷八十"嘉靖六年九月庚辰"，第1769页。
②　《明世宗实录》卷八十一"嘉靖六年十月丙寅"，第1815页。
③　《王阳明全集》（新编本），第1445页。
④　同上书，第869—870页。

出，何面目见之？且东南小丑，特疮疥之疾；百辟谗嫉朋比，此则腹心之祸，大为可忧者。诸公任事之勇，不思何以善后？大都君子道长，小人道消，疾病既除，元气自复。但去病太亟，亦耗元气，药石固当以渐也。'又曰：'思、田之事，本无紧要，只为从前张皇太过，后难收拾：所谓生事事生是已。今必得如奏中所请，庶图久安，否则反复未可知也。'"① 据此，足见晚年王阳明对黄绾的信任与期许。

嘉靖七年（1528）二月，王阳明平思、田叛乱；四月，议迁都台于田州，不果；五月，抚新民；六月，兴南宁学校。② 是时，王阳明在广西又有《与黄宗贤四》（戊子，1528）书，与时任少詹事兼翰林院侍讲学士的黄绾③，告知思、田之患已平靖，以及自己的"心事"："病躯咳患日增，平生极畏炎暑，今又深入炎毒之乡，遍身皆发肿毒，旦夕动履且有不能。"言语之中，希望黄绾等京师友好利用职务之便向嘉靖帝建言，恩准其本人归休养病；与此同时，王阳明还对方献夫、霍韬、桂萼等诸公辅佐圣天子（嘉靖帝）以图中兴诸事寄予厚望，并告诫之：

> 更须警惕朝夕，谦虚自居。其所以感恩报德者，不必务速效、求近功，要在诚心实意，为久远之图，庶不负圣天子今日之举，而亦不负诸公今日之出矣。④

七月，王阳明挥师袭八寨、断藤峡，破之；"见诸贼巢穴既已扫荡，而我兵疾疫，遂班师奏捷"，并"疏请经略思、田及八寨、断藤峡"。九月，疏谢奖励赏赉。十月，以疾剧，王阳明再次上疏请告，具言：

> 臣自往年承乏南、赣，为炎毒所中，遂患咳痢之疾，岁益滋甚。其后退休林野，稍就医药，而疾亦终不能止。自去岁入广，炎毒益甚。力疾从事，竣事而出，遂尔不复能兴。今已舆至南宁，移卧舟

---

① 《王阳明全集》（新编本），第1322—1323页。

② 同上书，第1323—1329页。

③ 是年六月初一，杨一清、张璁等领衔，黄绾等参与纂修的《明伦大典》成。嘉靖帝亲制序文，命宣付史馆刊布天下，加恩纂述效劳诸臣，其中"少詹事兼翰林院侍讲学士黄绾升詹事兼官如故"（《明世宗实录》卷八十九"嘉靖七年六月辛丑"，第2005—2006页）。

④ 《王阳明全集》（新编本），第870—871页。

次，将遂自梧道广，待命于韶、雄之间，夫竭忠以报国，臣之素志也。受陛下之深恩，思得粉身斋骨以自效，又臣之所日夜切心者也。病日就危，而尚求苟全以图后报，而为养病之举，此臣之所以大不得已也。

疏入，未报。① 是时，王阳明又有书函与黄绾，再次以"病势日深""欲早还乡里"之"心事"白于黄绾诸君，即《与黄宗贤五》（戊子）：

> 前赍奏去，曾具白区区心事，不审已能遂所愿否？自入广来，精神顿衰。虽因病患侵凌，水土不服，要亦中年以后之人，其势亦自然至此，以是怀归之念日切。诚恐坐废日月，上无益于国家，下无以发明此学，竟成虚度此生耳，奈何奈何！
> 春初思、田之议，悉蒙朝廷裁允，遂活数万生灵。近者八寨、断藤之役，实以一方涂炭既极，不得已而为救焚之举，乃不意遂获平靖。此非有诸公相与协赞，力主于内，何由而致是乎？书去，各致此感谢之私，相见时，更望一申其恳恳。巡抚官久未见推，仆非厌外而希内者，实欲早还乡里耳！恐病势日深，归之不及，一生未了心事，石龙（黄绾）其能为我恝然乎？身在而后道可弘，皮之不存，毛将焉附？诸公不敢辄以此意奉告，至于西樵（方献夫），当亦能谅于是矣，曷亦相与曲成之？地方处置数事附进，自度已不能了此。倘遂允行，亦所谓尽心焉耳已。舟次伏枕草草，不尽所怀。②

这是阳明先生与黄绾的最后一封书信，可称之为"临终"相托之言。由此亦可见王阳明对道友、爱徒黄绾的信任与期许。应该说，黄绾对于乃师"一生未了心事"，本意欲极力促成，然"心有余而力不足"，杨一清、桂萼等廷臣的从中作梗，尤其是嘉靖帝对阳明先生的"不信任"态度，使黄绾左右为难、举步维艰。且因此与杨一清"交恶"，自己也被迫离开京师，南下供职礼部。

（七）黄绾、张璁因为王阳明"辩诬"，而与杨一清"交恶"

嘉靖七年（1529）七月十九日，锦衣卫指挥佥事聂能迁，最初因依

---

① 《王阳明全集》（新编本），第553—554、1329—1334页。
② 同上书，第870—871页。

附钱宁得官；而后亦曾参与"大议礼"，然《明伦大典》成，不得升职，属翁洪草疏，诬论王阳明贿通席书得见举，其用词牵连黄绾及张璁。黄绾上章自明："（聂能）迁议礼奏疏，文义心迹，非出真诚，故尽黜之，积恨肆诬，无怪其然，意在倾排善类、动摇国是。"因乞引避以谢之。上曰："黄绾学行才识，众所共之。王守仁功高望隆，舆论推重。聂能迁乃捏词妄奏，伤害正类，令法司严加审问并追究帮助之人。黄绾安心供职，不必引嫌辞避。"已而审其事无佐证，尽出诬罔，乃谪戍聂能迁。福建莆田人翁洪，以褫职匿居京城，至是令发原籍为民。① 黄绾《阳明先生行状》对此事来龙去脉也有详细记载：

> 先此，张公孚敬见公（王阳明）所处岑猛诸子及卢苏、王受得宜，征剿八寨有方，奏至甚喜，极口称叹，谓予知人之明。又述在南京时与言惓惓欲公之意，曰："我今日方知王公之不可及！"即荐于朝，取来作辅，共成天下之治。桂公、杨公闻之，皆不乐，及嗾锦衣卫都指挥聂能迁诬奏公用金银百万，托余送与张公，故荐公于两广。余疏辩其诬。奉旨："黄绾学行才识，众所共知，王守仁功高望隆，舆论推重。聂能迁这厮捏词妄奏，伤害正类，都察院便照前旨严加审问，务要追究与他代做奏词并帮助奸恶人犯来说。黄绾安心供职，不必引嫌辞避。"下能迁于狱，杖之死。②

当此之时，黄绾与张璁之间关系要好，即《明史·黄绾传》所言："绾与璁辈深相得。"

八月十五日，黄绾（包括张璁）因与杨一清之间"有隙"，上《论治机疏》于嘉靖帝。疏文之中，黄绾虽不指名道姓，但也含蓄地表明了其本人、张璁与杨一清之间的关系如同"君子"与"小人"之对立：

> 君子小人决不容以并立也。自古虽中才之主非不知君子当用、小人当去，然用君子而未必保其终、去小人而卒被其害者，其故何哉？盖君子正道直行，无所附丽，上下皆见其易疏；小人窥伺揣合，多所

---

① 《明世宗实录》卷九十"嘉靖七年七月"，第 2070—2071 页。
② 《王阳明全集》（新编本），第 1448 页。

阿比，上下皆见其易亲。疏则易害，亲则难间。况君子所为，皆小人所不便；小人所为，必君子所难同。正如熏莸、冰炭不可以相入，故其势必至于相攻。君子攻小人而不胜则惟超然远去，如不可去则死以殉国；小人攻君子而不胜将无所不至，此小人所以常胜而君子所以常不免于祸也。方小人之情未露，君子多为其所欺，万一或露，则其为防益密、为害益深，故君子不容一日以自安也，而况君子以孤立之身而与小人之尤者并立于朝，安能保其有俱生之势哉！故治天下者，忠邪之辩不可不严而取舍之机有不得不决者矣。……夫君子躬逢其盛，将矢心毕力以共成正大光明之业。小人不得逞其故智则以为病己，日夜切齿腐心，思欲反之，此正君子小人之所以分，……

《论治机疏》中，黄绾还径称杨一清作为"在朝之臣"：

心不在国，志专行私，外假忠直而欺诈无伦，貌矫寅恭而贪污无比，阳为好才而阴妒无俦，名为进贤而实以援党，假诗书以文发冢之奸，谈仁义以行盗跖之欲，广贿近侍为腹心应援，遍交市井为耳目爪牙。内以揣伺颜意，为设机置阱之所；外以敢探邀引，恣行百变之方。……凡有不可人意，必使群邪扬为朝廷之过、指为同寅之罪，离间人心，动摇国是。……

对于（杨一清）此等"奸邪"，黄绾作为臣子，发于深忧、激于忠愤，不复顾其身害而言之。建议嘉靖帝当仔细观察而斥之，"任贤勿贰，去邪勿疑"，以此培精神命脉，定中兴大业，笔之《嘉靖政要》，为万世之楷模，顾不伟哉！①

对于黄绾所上奏疏，嘉靖帝是心知肚明，然亦有难言之隐，故而以浮词责之："人臣告君，言当以实，今乃朦胧浮泛，非忠爱之意，本当究治，姑置不问，诸臣俱宜勉尽忠诚，修乃职业，勿因此言，自怀忧疑。"②对此，《明史·黄绾传》载："绾与璁辈深相得。璁欲用为吏部侍郎，且令典试南京，并为杨一清所抑，又以其南音，不令与经筵。绾大恚，上疏

① 《久庵先生文选》卷十四，第10—14页；《黄绾集》，第608—612页。
② 《明世宗实录》卷九十"嘉靖七年八月"，第2092页。

丑诋一清而不斥其名。帝心知其为一清也，以浮词责之。"①

面对黄绾的言语"攻击"，杨一清也不甘示弱，八月二十五日向嘉靖帝上《乞休致奏疏》②，反诘黄绾、张璁：

> 绾乃璁同乡故友，虽不由科目，颇有文学，不系白丁，臣亦爱之。近年见其议礼奏疏，心盖重之。顷者，众荐为少詹事，当补经筵。臣以其乡音颇多，虽在经筵之列，不必令其进讲，遂以此生怨矣。比者吏部侍郎员缺，所厚者尝荐之。臣谓其白衣人一旦致位三品，用之吏部，太骤，恐公论不服。今年七月间，拟南京考试官。旧例皆循资举用二人，请旨差遣。璁欲通以翰林、春坊官姓名拈阄。臣谓拈阄乃市井之事，非内阁所宜，传笑于人，然竟不能止也。闻亦有黄绾名。臣谓彼不由科目出身，经学非其所习，若拈得之，何以服多士，遂撤去之，至此则恨深矣。然附势之人，恐不止黄绾。③

嘉靖帝的回应是："且如聂能迁纵是小人，置之于法，未为不可。……又，黄绾之奏，非忠公果为国也。是言也，立党之基也。朕欲重治，复而思之，绾之言无根据，若罪彼，却似真有这等人而曲庇之也。故令璁票责谕。璁票为晓谕。朕复曰：'票责绾之意，犹有难辞。'朕遂亲作旨行。"④

行文至此，我们以为：黄绾、张璁与杨一清之间"有隙"，直接原因是杨一清在处理聂能迁这件事上"拟票太宽"，"不敢拟置重典"⑤，毕竟聂能迁亦曾在"大礼议"中支持过嘉靖帝（包括"议礼派"），故主张宽大处置之。黄绾与张璁对此却不满，所以黄绾把讽喻对象直指杨一清，而

---

① 《明史》（简体字本）卷一百九十七《黄绾传》，第 3479 页。

② 《杨一清集》，第 1019—1024 页。

③ 同上书，第 1022—1023 页。

④ 《明世宗实录》卷九十"嘉靖七年八月甲子"条，第 2099 页。

⑤ 同上。

同在内阁供差的张璁与杨一清之间的矛盾逐渐公开化。① 而黄绾、张璁与杨一清"有隙"的根本原因，在于朝廷在处理王阳明是否应该入阁事宜上：黄绾作为王阳明的挚友与门生，"黄绾乃璁同乡故友"（杨一清语），支持王阳明入阁；因忤杨一清、桂萼等权贵，并与之交恶。这说明嘉靖三年所成之"议礼派"成员内部，此时已呈分裂之状。

进而言之，黄绾上疏弹劾、张璁与之有隙，使杨一清在朝廷处境颇为被动，所以干脆上书"乞休"，以请嘉靖帝出面调解双方矛盾："臣以老病之躯处嫌忌之地，唯皇上怜而放免之，俾得远憎怨、保余年，不胜幸甚。"不难看出，杨一清名为"主动坦白"自己与张璁、黄绾的间隙，实际上公开指责张璁、黄绾："黄绾乃璁同乡故友，虽不同科目，颇有文学。顷为少詹事补经筵，臣以其吴音未令进讲；比璁欲用为吏部卿贰，又欲用为南京乡试考官，臣皆沮之，以是怨臣。昨所奏（按：指黄绾在八月甲寅日所上奏疏），虽若泛论，意亦阴诋臣也。"② 这让嘉靖帝也颇为难，毕竟不愿意看到阁臣内部、廷臣之中尤其是曾经给予自己莫大支持的"议礼派"官员之间发生"内讧"，只能采取双方安抚、批评教育的策略，"各打五十大板"：

> 彼张璁也性资虽敏，奈强梗不受人言，已是不听于众，其忠孝、仁义、谦恭、廉守，彼皆无不通晓，何其自入阁以来，专恣而自用，无复前之初也……彼璁尽忠事君，博见多识，居顾问之允称可惜者，自伐其能，恃朕所宠，呜呼，朕所礼之者非私恩也，报昔正伦之功！璁当愈加谦逊，竭诚图报可也。竭诚者何？推公、让贤、谦己、容众是也。今却若是，良可叹哉！

---

① 据《明世宗实录》卷九十"嘉靖七年八月甲子"条杨一清所言：他与张璁有隙之因，除处置聂能迁一事"拟票太宽"以外，还在张璁亲戚张浩出任浙江都司事上，"浩，璁亲也。璁欲用为浙江都司，难于自言，乃谓臣'浩才可用'。臣随告之尚书王时中而推之，今乃谓浩为臣所荐，非自欺乎！先年，浩备倭宁波地方失事，与守巡官张芹、朱鸣阳俱被勘治。去秋，璁署都察院事，以前处分太轻，参芹与鸣阳降级而浩以专职独不及焉。此情安可掩也！"并认为"（张璁）志骄气横，狎视公卿，虽桂萼亦不敢与抗，其余大臣颐指气使，无不如意，百司庶僚，莫敢仰视。"（《明世宗实录》，第2099—2100页）

② 《明世宗实录》卷九十"嘉靖七年八月"，第2100页。

对于黄绾奏报处置一事，嘉靖帝的说法是：

> 黄绾之奏，非忠公果为国也，是言也立党之基也。朕欲重治，复而思之，绾之言无根据，若罪彼却似真有这等人而曲庇之也。故令璁票责谕。璁为晓谕，朕复曰："票责绾之意，犹有难辞。"朕遂亲作旨行。

嗣后，杨一清又有《再乞休致奏疏》《乞恩暂养病疏》等①。与此同时，嘉靖帝一再安抚、挽留杨一清："朕以卿耆硕旧辅，方切倚毗而卿必欲退君臣之义，恐弗如是。朕躬多愆，当直言以匡救，何遽舍朕而去，卿其副朕望焉！"嘉靖帝希望杨一清与张璁、黄绾矛盾双方"彼此和衷"。

十月四日，因与杨一清、桂萼之间的矛盾不断升级，黄绾"以疾乞致仕。不允"②。二十四日，黄绾由詹事兼翰林院侍讲学士升（出）为南京礼部右侍郎。③ 黄绾《阳明先生行状》云："时予（黄绾）为詹事，桂公（萼）、杨公（一清）计欲害公（王阳明），恐予在朝，适南礼侍缺，即推予补之。"④《洞山黄氏宗谱·黄绾传》称黄绾"时与宰相（杨一清）议不合，寻升南京礼部右侍郎。时部院缺正官，日视五篆，自朝至于日昃，一无废事。又带管操江，严防御、谨盘诘，江盗屏息。凡所应行，题请永为定例"⑤。总之，为了完成阳明先生所托付之"一生未了心事"，黄绾不惜与杨一清作"鱼死网破"式的"抗争"，结果"两败俱伤"，自己落得个被迫离开京师、南下任职的结局。

（八）黄绾参加王阳明葬礼及对王阳明道德、事功、文章的维护与高扬

嘉靖七年（1528）十一月二十九日⑥，一代心学宗师、思想家、哲学家、军事家——阳明先生病卒于南安（今江西省赣州市大余县青龙镇），终年五十八岁。黄绾《阳明先生行状》对阳明先生病逝过程有记载：

---

① 《杨一清集》，第1024—1026页。

② 《明世宗实录》卷九十三"嘉靖七年十月"，第2136页。

③ 同上书，第2158页。

④ 《王阳明全集》（新编本），第1448页。

⑤ 《洞山黄氏宗谱》卷四，第45页。

⑥ 公元1529年1月9日上午8时许。

十月初十日，（阳明先生）复上疏乞骸骨，就医养病。因荐林富自代。又一月，乃班师。至大庾岭，谓布政使王公大用曰："尔知孔明之所以付托姜维乎？"大用遂领兵拥护，为敦匠事。廿九日至南康县，将属纩，家童问何所嘱。公曰："他无所念，平生学问方才见得数分，未能与吾党共成之，为可恨耳！"遂逝。异至南安府公馆而敛。枢经南、赣，虽深山穷谷，男女老弱皆缟素，匍匐哀迎，若丧考妣。凡所过江西地方，行道之人无不流涕者。①

嘉靖八年（1529）正月，丧发南昌；二月四日，丧至越中（绍兴）。《阳明先生年谱》载："子弟门人奠枢中堂，遂饰丧纪，妇人哭门内，孝子正宪携弟正亿与亲族子弟哭门外，门人哭幕外，朝夕设奠如仪。每日门人来吊者百余人，有自初丧至卒葬不归者。书院及诸寺院聚会如师存。"②

是时，黄绾自南都赶赴越中，亲奠业师，并有《祭阳明先生文》，对业师阳明先生的心学思想以"良知""亲民""知行合一"三组"关键词"概述之：

> 於乎！斯道原于民彝，本诸物则，无人不全，无物不得，亘古长存，无时或息。惟人有情，情有公私，故心有邪正而道有通塞。斯道既塞，此政教所以多讹，生人所以不蒙至治之泽也。惟我先生，负绝人之识，挺豪杰之资，哀斯道之溺，忧斯道之疵。指良知，以阐人心之要；揭亲民，以启大道之方；笃躬允蹈，信知行之合一。人十己千，并诚明而两至。续往圣不传之宗，救末代已迷之失。孝弟可通神明，忠诚每贯日月。试之武备，既足以勘乱；用之文字，必将以匡时。幸文明之协运，式浚哲之遭逢，何勤劳仅死于瘴岭，勋勋徒存于社稷？慨风云之难际，悼膏泽之未施。言之伤心，竟莫之究。悠悠苍

---

① 《王阳明全集》（新编本），第 1448 页。《阳明先生年谱》载："是月（十一月）廿五日，逾梅岭至南安。登舟时，南安推官门人周积来见。先生起坐，咳喘不已。徐言曰：'近来进学如何？'积以政对。遂问道体无恙。先生曰：'病势危亟，所未死者，元气耳。'积退而迎医诊药。廿八日晚泊，问：'何地？'侍者曰：'青龙铺。'明日，先生召积人。久之，开目视曰：'吾去矣！'积泫下，问：'何遗言？'先生微哂曰：'此心光明，亦复何言？'顷之，瞑目而逝，二十九日辰时也。"（《王阳明全集》[新编本]，第 1336—1337 页）

② 《王阳明全集》（新编本），第 1337 页。

天，卒无知哉！尚赖斯道之明，如日中天。勉之惟在于人，责之敢辞后死！冀竭吾才，庶几先生千古而如在也。呜呼，哀哉！尚享！①

祭文之中，黄绾之于乃师阳明先生的崇敬之情，溢于言表。

与此同时，黄绾还积极投身于阳明先生的后事料理，恪尽"友道"之责。比如关于阳明丧事的办理，永康阳明门人应典先后有两封书信与黄绾，征求其关于"师友服制""反场筑室"的建议；黄绾主张以宋代金华朱子学者王柏所作《师友服议》为参照执行，而对王门弟子效仿孔门子弟"反场筑室"为阳明守丧的提议，则委婉拒绝之。黄绾先后有《复应天彝书》②《复天彝问师友服制书》③。

嘉靖八年二月，即在王阳明卒后不久，朝中大臣桂萼④竟参王阳明擅离职役，及处置广西思、田、八寨，恩威倒置；又诋其擒濠军功冒滥，进而极力诋毁王阳明的学问与事功。嘉靖帝命多官会议，下诏削王阳明世袭公爵，并朝廷常行恤典赠谥。这是黄绾《阳明先生行状》的记载。⑤《明世宗实录》的记载是这样的：嘉靖八年二月戊辰，吏部奏：

> 故新建伯王守仁因病笃离任，道死南安。方困剧时，不暇奏请，情固可原，愿从宽宥。

如此看来，吏部奏章倒也合乎情理，问题在于嘉靖帝一直对阳明先生的学术与事功心存"芥蒂"，对吏部奏疏批复如下，曰："守仁擅离重任，甚非大臣事君之道，况其学术事功多有可议，卿等仍会官详定是非及封拜宜否以闻，不得回护姑息。"在此，嘉靖帝对吏部关于王阳明功过是非的

---

① 《石龙集》卷二十八，第 3 页；《黄绾集》，第 563—564 页。

② 《石龙集》卷十八，第 15—16 页；《黄绾集》，第 357 页。

③ 《石龙集》卷十八，第 16 页；《黄绾集》，第 358 页。又见黄宗羲编《明文海》卷一百七十一《书》二十五"议礼"，《文渊阁四库全书》第 1454 册，上海古籍出版社 1987 年版，第 772 页。

④ 嘉靖八年二月七日，以吏部尚书桂萼兼武英殿大学士，预机务。（《明史》［简体字］，第 149 页）

⑤ 黄绾《阳明先生行状》，载《王阳明全集》（新编本），第 1448 页。

评判已定下基调。时兵科给事中周延①因同情、体恤王阳明,仗义上疏,言:

> 守仁竖直节于逆瑾构乱之时,纠义旅于先帝南巡之日,且倡道东南,四方慕义,建牙闽广,八寨底平。今陛下以一眚欲尽弃平生,非所以存国体而昭公论也。

周延所奏此疏,激怒了嘉靖帝,得旨:"守仁功罪,朝廷自有定议;(周)延朋党妄言,本当论治,但念方求言之际,姑对品调外任。"于是吏部奏,谪延太仓州判官。②

对周延的处置,也为廷议王阳明功罪再次定下基调,故而在二月甲戌日,吏部会廷臣议故新建伯王守仁功罪,言:

> 守仁事不师古,言不称师,欲立异以为名,则非朱熹"格物致知"之论。知众论之不与,则著《朱熹晚年定论》之书,号召门徒,互相唱和,才美者乐其任意,或流于清谈;庸鄙者借其虚声,遂敢于放肆。传习转讹,悖谬日甚,其门人为之辩谤,至谓杖之不死、投之江不死,以上渎天听,几于无忌惮矣。若夫剿峰贼、擒除逆濠,据事论功,诚有可录。是以当陛下御极之初,即拜伯爵。虽出于杨廷和预为己地之私,亦缘有黄榜封侯拜伯之令。夫功过不相掩,今宜免夺封爵,以彰国家之大信;申禁邪说,以正天下之人心。

对于吏部廷议之结果,嘉靖帝自然同意,曰:

> 卿等议是,守仁放言自肆,抵毁先儒,号召门徒,声附虚和,用

---

① 周延(1499—1561),字南乔,号崦山,江西吉水人。嘉靖二年(1523)进士,授知县,历兵科给事中,谪宿州通判、南京吏部郎中,升广东左布政使。居广东最久。安南之役及平定崖州黎民起事,俱有赞画功。擢右副都御史、巡抚应天。进兵部右侍郎,提督两广军务。入为刑部左侍郎,历南京右都御史,吏、兵二部尚书。嘉靖三十四年召为左都御史,加太子少保。嘉靖四十年二月十一日卒于官,年六十三,赠太子太保,谥简肃。周延为人峭直清介,砥节奉公,士论推重。著有《简肃公遗稿》。

② 《明世宗实录》卷九十八"嘉靖八年二月戊辰"条。

诈任情，坏人心术。近年士子，传习邪说，皆其倡导。至于宸濠之变，与伍文定移檄举兵，仗义讨贼，元恶就擒，功固可录，但兵无节制，奏捷夸张。近日掩袭寨夷，恩威倒置，所封伯爵本当追夺，但系先朝信令，姑与终身。其殁后，恤典俱不准给。都察院仍榜谕天下，敢有踵袭邪说果于非圣者，重治不饶。①

在此，我们比照一下黄绾《阳明先生行状》《明世宗实录》中所云，可知：在阳明先生卒后，诋毁王阳明学问与军功的"始作俑者"系嘉靖帝；桂萼虽为吏部尚书，但在"君要臣死，臣不得不死"君主专制高压之下，即便是想为王阳明讨回一些"公道"，纵然也是心有余而力不足。

作为道友、门生，时任南京礼部右侍郎的黄绾却是"明知山有虎，偏向虎山行"，上《明是非定赏罚疏》（亦称"辨王守仁理学疏"）②，把诋毁王阳明学问与军功的批评矛头指向了时任大学士、吏部尚书的桂萼，极力主张为阳明先生的"事功"与"学问"辩护，并试图为之"正名"。在《明是非定赏罚疏》文中，黄绾先是表明自己上疏的动机："忠臣事君，义不苟同；君子立身，道无阿比。故于是非之际，宁捐生以雪义，不暧昧以偷荣，言必行其志、必明其道而后已也。"进而回顾自己与桂萼的交往史并及桂萼与王阳明之间"不相合"诸事：正德五年底，黄绾为后军都督府都事，桂萼为中式举人，黄绾见其大节可敬，辄与之为友；嘉靖三年，黄绾为南京都察院经历，见"大礼"不明，辄与时任南京刑部主事的桂萼共上《疏》议"大礼"。从正德五年至是年即嘉靖八年（1510—1529），黄绾与桂萼作为朋友，前后二十余年，死生休戚，终始无间。问题在于，黄绾为尽臣职之分，在嘉靖六年荐王阳明"堪任大用"，可入京供职；桂萼因与王阳明旧不相合，便谓黄绾之言不然，再加上小人乘间相构，使黄绾与桂萼之间有隙。尽管如此，黄绾不愿因二人"有隙"而尽废桂萼之平生，而是基于"事君之义、立身之道，则有不得不一明者"，于是乎，黄绾对王阳明之功、之学"仗义执言"。

王阳明之功，其大者有四：

---

① 《明世宗实录》卷九十八"嘉靖八年二月戊辰"条。

② 《久庵先生文选》卷十五，第1—7页；《黄绾集》，第624—629页。又见《阳明先生年谱》"嘉靖八年二月"条之征引（《王阳明全集》［新编本］，第1337—1339页）。

其一，宸濠敢为不轨，营谋积虑，已非一日。内而内臣如魏彬等，嬖幸如钱宁、江彬等，文臣如陆完等，皆受其重贿而许以内应；外而内臣①如毕真、刘朗等，皆受其深托而许以外应。故当时在朝臣僚，往往为宸濠所摇动，无有以其残暴讼言之者。脱使得志，天下苍生其不鱼肉乎？忠臣义士其不赤族乎？宗室亲友其犹保嗾类乎？且宸濠以肺腑之亲、威虐之著，集剧贼、练精锐，富贿广援以行其谋，辟之毒蛇猛兽，孰得控而撩之？若非守仁忠义自许、兵谋素闲，挺身以当事变之冲，先时预防，请便宜以从事；临机诟檄，垂长算以徂征，必将迅雷不逮掩耳、赤手不能率众，而江西之原燎不可扑矣。今反皆以为伍文定之功，而守仁不得侪焉，是乃轻发纵之人而重走狗之役者也，天下岂有兵交不用运筹可以徒搏而擒贼者乎？

其二，大冒、茶寮、浰头、桶冈诸寨，势连荆广，地接江闽，积年累岁，为贼渊薮，跋扈劫刘，出没靡常。其时有司皆以束手无措，望险而唏，再使阅岁逾时，数境之内恐非朝廷之所有矣。守仁初镇赣州，遂次第剿除，至今称靖。

其三，田州、思恩衅成累岁，陛下虽切深忧而事不得息兵，不得已故起守仁往抚之。守仁定以兵机，感以诚信，遂使卢苏、王受之徒空城崩角以来降，感泣欢忻而受杖，遂平一方之难。

其四，八寨为两广腹心之疾有年矣，岭海事变皆由于此。其间守戍官军本以防贼，日久化为贼党，为害反有甚焉。守仁假永顺土官明辅等之狼兵及卢苏、王受之降卒，并力而袭之，相机而剿之，遂去两广无穷之巨害，实得兵法便宜之算。

夫兵者凶器、战者危事，守仁所历征战前后无虑数十，然或入险阻、或凌惊涛、或冲炎暑、或触瘴烟，冒矢石、蹈不测，舍身忘家以勤王事，卒以毒厉，死于驰驱，诚为勤劳尽瘁者矣，可以终泯其功乎？②

王阳明之学，其要有三：

---

① "内臣"，《王阳明全集·年谱》所引奏疏文作"镇守"，当以《王阳明全集·年谱》为正。

② 《久庵先生文选》卷十五，第1—3页；《黄绾集》，第625—626页。

其一曰"致良知",实本诸先圣先贤之言也。孟轲谓人之所不虑而知者其良知,又以恻隐、羞恶、恭敬、是非四端为人之固有,盖由发动而言则谓之情,由知觉而言则谓之良知,所谓孟轲道"性善"者此也。且孔子尝读"有物有则"之《诗》,而赞其为知道也;良知者,物则之谓也。其云"致"者,何也?欲人必欲此用力以去其气习之私、全其天理之真而已矣,所谓"必慎其独",所谓"扩而充之"是也。

其二曰"亲民",亦本诸先圣先贤之言也。《大学》旧本曰"在亲民",《尧典》曰"克明峻德,以亲九族。平章百姓,协和万邦,黎民于变时雍",孟轲曰"君子亲亲而仁民,仁民而爱物"。此守仁所据以复"亲民"之旧而非近日"新民"之讹也。夫天地立君,圣王为治,皆因人情之欲生,因致其亲爱以聚之,故为田里宅居以为之养焉、礼乐刑政以为之治焉,尽至诚之道以顺其欲生之心耳!此所谓王道也。舍此而云治则伯功之术,而非王政之醇也。

其三曰"知行合一",亦本诸先圣先贤之言也。颜渊问仁,孔子告之曰"克己为仁";颜渊请问其目,曰"非礼勿视、听、言、动"。夫颜渊之问,学也;孔子之教之,学也,非他也。觉非礼者,知也;勿非礼者,行也。如此而已矣。盖古人为学务实,知之所在即行之所在也。故知克己则礼复矣,未尝分知行而二之。他日孔子又自语其学曰"吾十有五而志于学",以至"七十从心所欲不逾矩",亦未分知行而二之也。守仁发此,无非欲人言行必顾,弗事空言如后世之失也。[①]

在对王阳明军功、学术之要慷慨陈词之后,黄绾指出:"功高而见忌、学古而人不识",这便是桂萼排斥王阳明致其不容于世之根源:"萼不与守仁,遂致陛下不之知。夫有臣如守仁者,幸遇陛下尧舜之主而不获明良之会,果谁之过与?臣是以惜之也。臣虽平生敬萼、信萼,亦不敢以此谓萼为是也。"接着,黄绾为说服嘉靖帝,又以王阳明事君之忠及客死他乡之后的凄凉后事,予以倾诉:

① 《久庵先生文选》卷十五,第3—4页;《黄绾集》,第626—267页。

赏罚者，治世之权衡、明主之操柄也。以守仁平日之功之贤，又以勤劳终于王事，乃常典不及，削罚有加，不得与诸臣安处者等，是废议贤之法而为遏恶之惩，反褒忠之典而为党锢之禁。至公之道，顾如是乎哉！其何以励忠而劝将来也？且守仁客死之后，妻子孱弱，门户零丁，家童载骨，蒿殡空山，见者为之流涕，闻者为之酸心。若使鬼神有知，亦当为之夜苦矣。臣实不忍见圣明之世有臣如此、有事如此也。假令守仁生于异世，犹望陛下追录而褒恤之，况在今圣朝哉？至如永顺官兵，素称骁黠，凡经调用，所过伤残有甚于贼，实缘节制无法，故议者有意外之忧；昨感守仁威信，俯首效死，不敢有他。又如卢苏、王受之徒，实系久失之众，一旦感恩畏威、归化效力，皆宜有以慰其望。今皆置而弗录，不亦重失其心乎！此事关系尤非细，故又不但守仁赏罚之当论而已也。①

黄绾与王阳明系师友之交，在桂萼与王阳明二人之间，黄绾有"偏袒"王阳明而"指责"桂萼之嫌，为排除嘉靖帝的疑虑，黄绾又道出发自肺腑的心声：

臣曩与守仁为友，几二十年。一日自愤寡过之不能，守仁乃语以所自得，时若有省，遂如沉疴之去体，故复拜之为师。则臣于守仁，实非苟然以相信，如世俗师友之比也。臣近日所以粗知事陛下而不敢有欺者，亦皆守仁之教臣耳！夫陛下，君也；守仁与萼，师也、友也。臣于君父之前，处师友之间，既有所怀，焉敢隐忍而不之吐露哉！即如萼事陛下，本无不忠，但以昨者小人逐之，所以至此未白，臣实为之深愤。今陛下既明萼之非辜，命召以还，臣为之喜而不寐，此非臣之私萼也，臣之情有不能已也。今守仁之抱冤，亦犹萼之负屈。

行文至此，黄绾在《明是非定赏罚疏》文最后，表明了自己对嘉靖帝的诉求就是："伏愿陛下以视萼者视守仁，以白萼者白守仁。敕下该部，查给恤典，赠谥，仍与世袭。并开学禁，以昭陛下平明之治，天下幸

---

① 《久庵先生文选》卷十五，第5页；《黄绾集》，第628页。

甚。若此事不明，则莩必不能忘形于臣，而小人谗构犹得以入之。臣虽欲曲附于莩，竭诚以事陛下，亦有不能也。故臣又敢以此言之，庶所以尽臣事陛下之忠，且以补莩之过而解其疑，实亦臣不苟同阿比之义如此也。臣昧死言之。"① 为国君尽忠、为朋友尽信尽义，这就是儒臣黄绾的性格写照。

按照世俗之情、日常之理，黄绾疏文所论阳明先生的"事功"与"学问"，倒也"合情合理"。但是根据上引《明世宗实录》所云，对于臣子黄绾的"昧死之言"，嘉靖帝当然不会予以采纳，更不会下旨降罪吏部尚书桂莩；毕竟"（王阳明）殁后，恤典俱不准给""申禁邪说"之论，乃是出于嘉靖帝本人之口。尽管如此，黄绾"仗义执言"的耿介精神，依旧值得后人称颂。

是年（嘉靖八年）冬十一月十一日，黄绾再由南都之越城，参加业师阳明先生的葬礼。《阳明先生年谱》记："仲冬癸卯，奉夫子榇窆于越城南三十里之高村，会葬者数千人。……麻衣衰屦，扶柩而哭。四方来观者莫不交涕。"② 程烨《丧记》有"门人侍郎黄绾等各就位哭奠"云云。③嗣后，黄绾有《祭阳明先生墓文》：

> 道丧既久，圣远言微，千载有作，聿开其迷，指良知为下手之方，即亲民为用力之地，合知行为进德之实。夫学非良知，则所学皆俗学，而圣学由不明。道非亲民，则所道皆霸功，而王道为之晦。知行不合，则所知皆虚妄，而实德无自进。此乃先生极深研几之妙得，继往开来之峻功，学者获闻，方醉梦之得醒。而世之懵昧，反以为异而见非，以致明良难遇，志士永叹，而先生之道亦遂不获大用于时、大被于民，而竟止于斯也矣。绾等或抠趋于门墙之最久，或私淑于诸人之已深，兹闻宅幽，各羁官守。素衣白马，尚愧乙夜之不能；易服毁冠，必知市肆之弗忍。望兰亭以兴思，岂一日之敢忘；溯耶溪而勖志，惟没世而后已。於乎，悲夫！④

① 《久庵先生文选》卷十五，第6页；《黄绾集》，第629页。
② 《王阳明全集》（新编本），第1340页。
③ 转引自《王阳明全集》（新编本），第1479—1480页。
④ 《石龙集》卷二十八，第3—4页；《黄绾集》，第564页。

祭文之中，黄绾以"抠趋于门墙之最久"者即以"资深阳明门人"的身份，对阳明先生的道德、文章再次予以褒扬，又以"良知""亲民""知行合一"三组"关键词"对阳明先生的道学宗旨予以概述。

（九）王阳明辞世之后，黄绾在南都继续弘扬良知心学

王阳明辞世之后，供职南京礼部的黄绾秉承阳明先生遗志，继续弘扬、传播、广大良知心学，并以传授后学、会讲宣教、同道切磋的方式努力阐发之。

嘉靖九年（1530）左右，"虽未尝受业阳明之门而能深为阳明之学"的吴兴后进邵文化，至南都游学，因"自信于良知之学"，时常与黄绾就阳明"良知之旨"进行切磋。在其归乡之时，黄绾有《赠邵文化》文以劝勉之：

> 圣人之道自孟子殁而失传几二千载，至宋程伯子始启其端，迨我阳明先生乃阐良知之旨。学者方如醉梦得醒，而昧者犹以为疑。予昔受教，更历岁月，既竭驽钝，方知先生之云"致良知"者即孟子所谓"扩充四端"、孔子所谓"克己复礼"，其实皆慎独也。故曾子传《大学》、子思作《中庸》，皆以慎独为要。惟从事于慎独，则良知明而至诚立，不待外求而经世之道、位育之功在此矣。昔云"汉儒不识诚"，非其不识，惟不由慎独致工，则诚无所在，此其所以不识也。由此观之，慎独之学不明于世久矣。①

这里，黄绾主张以"慎独"之学来阐发阳明先生的"致良知"之教。与此同时，任职南都礼部的江右王门学者邹守益亦有《赠邵文化》，并以"致良知之教"再授于邵文化："良知之蕴，发于孟子。夷考孟子之行，何其善于致良知也！……盖惟自致其良知，不狥毁誉，不拘格式，不求声名，为其所为，欲其所欲，无为其所不为，无欲其所不欲，如斯而已矣。……呜呼！良知之在人，犹轻重之有权，长短之有度也。不自精其权度，而称铢较两，揣丈测寻，哓哓然欲以开物成务，多见其惑也已。吾友邵文化，质粹而志敏，慨然自信于良知之学……"②

① 《石龙集》卷九，第4—5页；《黄绾集》，第156页。
② 董平编校整理：《邹守益集》，凤凰出版社2007年版，第62—63页。

嘉靖十年（1531），江西南昌后学裴汝中①在中举之后，即将参加翌年即（嘉靖十一年）春二月在北京举行的会试，临行之前，请黄绾提些忠告或勉励性的建议。黄绾乃追根溯源、援引元典，对时人所质疑的王阳明"良知""知行合一"二说，予以辨正，成《裴汝中赠言》。节文如下：

> 或曰："良知之知不足以知道，良知之良不足以尽道，必益闻见而后尽也。"予（黄绾）曰：昔者告子见孟子道性善而疑之，以为性无善无不善。孟子乃指人心之至善、尧舜途人之皆同者喻之，曰："乃若其情，则可以为善，乃所谓善也。若夫为不善，非才之罪也。"故告子之说破而斯道之传赖以明也。其所谓情者，即恻隐、羞恶、辞让、是非之四端，就其本心言之，则曰仁、义、礼、智；就其知觉言之，则曰良知。今反谓非人之固有而必欲外铄哉！夫欲以外铄为者，盖由后世以来，人以功利为习，不务天理之纯，以要本心之安，惟欲博求闻见之似，以遂其速化之私，习之既久，不复能反，虽有明知，亦为所迷，故有此说。夫岂圣学之源如是哉！
>
> 或曰："知行恶可以合一？苟不先知，行将何措？"予（黄绾）曰：知固先矣，人未之思耳！夫曰良知则无不知，知而不行乃为众人，知而能行斯为圣人。凡知之必欲行之，则知始于此，而行亦始此，故曰："知至至之，知终终之。"昔者傅说历陈其说于高宗，至于末篇曰："知之非艰，行之惟艰。王忱不艰，允合乎先王成德。"盖谓良知，人之固有，所陈之理，人孰不知？但私意间之，则行之惟艰。苟不为私意所间，即所知而行之，则皆合乎先王成德。此乃知行合一之要旨，作圣之真诀也。后世昧之而不明者，盖亦由功利之习

---

① 裴汝中，生卒年待详考，江西南昌人。《明儒学案》卷八《河东学案下·文简吕泾野先生柟》"吕泾野先生语录"之中有记："南昌裴汝中问：'闻见之知，非德性之知。'先生曰：'大舜闻一善言，见一善行，沛然莫之能御，岂不是闻见？岂不是德性？''然则张子何以言不梏于见闻？'曰：'吾之知本是良的，然被私欲迷蔽了，必赖见闻开拓，师友夹持而后可。虽生知如伏羲，亦必仰观俯察。'汝中曰：'多闻择其善而从之，多见而识之，乃是知之次也。是以圣人将德性之知，不肯自居，止谦为第二等功夫。'曰：'圣人且做第二等功夫，吾辈功夫只做第二等的也罢。殊不知德性与闻见相通，原无许多等第也。'"（《黄宗羲全集》第 7 册，第 154 页）又，查《明代进士题名碑》"嘉靖十一年壬辰科"，不见"裴"姓人名，则知裴汝中此次春试不利。

胜，闻见之说昌也。①

据此可知，为维护"王学"宗旨、恪守"师教"，中年黄绾为此也付出了巨大的心力。

嘉靖十一年（1532）正月，黄绾以南京礼部右侍郎身份入京进表、考绩。与方献夫、欧阳德、程文德、杨名、黄宗明、戚贤、魏良弼、沈谧、王龙溪、钱德洪、林春、林大钦、徐樾、朱衡、王惟贤、傅颐、王玑等王门弟子四十余人，定日聚会于庆寿山房。《阳明先生年谱·附录一》载："十一年壬辰正月，门人方献夫合同志会于京师。自师没，桂萼在朝，学禁方严。薛侃等既遭罪谴，京师讳言学。至是年，编修欧阳德、程文德、杨名在翰林，侍郎黄宗明在兵部，戚贤、魏良弼、沈谧等在科，与大学士方献夫俱主会。于时黄绾以进表入，洪、畿以趋廷对入，与林春、林大钦、徐樾、朱衡、王惟贤、傅颐等四十余人始定日会之期，聚于庆寿山房。"② 王畿《中宪大夫都察院右佥都御史在庵王公墓表》云："壬辰，余（王畿）与绪山钱君赴就廷试，诸君相处益密，且众至六七十人。每会舆马塞途，至不能行。乃分处为四会，而江右同志居多。"③ 京师庆寿山房会讲之盛况，由此可见一斑。

此外，任职南京礼部之时的黄绾，在《赠王生敦夫归山中》④《良知说》⑤ 等文中，以王阳明"致良知"说为学术基点，以传统儒家"心""性""情"论为基础，重新阐释了《大学》《中庸》的"慎独"学说，提出了从"良知"→"独知"的心学求证模式，并且得出"'惟精惟一'实万世圣学之源"的结论。这也是中年黄绾为维护"师教"所做的努力。

（十）黄绾扶携王阳明哲嗣王正亿

王阳明离世之后，留下独苗王正聪（后改名"正亿"）。受王门师友之嘱托，黄绾承担起了为先师扶携哲嗣的使命。事情的经过是这样：

王正聪生于嘉靖五年（1526）十一月十七日。《阳明先生年谱》载：

---

① 《石龙集》卷十，第12—13页；《黄绾集》，第174—175页。

② 《王阳明全集》（新编本），第1342页。

③ 《王畿集》，第637页。

④ 《石龙集》卷八，第15—16页；《黄绾集》，第150页。

⑤ 《石龙集》卷九，第5—6页；《黄绾集》，第157—158页。

"十一月庚申①，子正亿生。继室张氏出。……先生初命名正聪，后七年壬辰，外舅黄绾因时相避讳，更今名。"② 嘉靖七年底，王阳明谢世之时，正亿年仅三岁。阳明先生逝世以后，如何保全、抚养年幼的王正聪，成为阳明先生弟子们最为"头痛"的问题。

嘉靖十年（1531）五月，黄弘纲、王龙溪、钱德洪等会黄绾于金陵（南京），为王阳明胤子王正聪请婚。黄绾以"老母家居，未得命，不敢专"为由，一时难以答应；钱德洪、王龙溪"复走台州"，征得太夫人即黄绾母亲鲍允俭之同意。最后由王艮代表王家行聘礼。《阳明先生年谱·附录一》载：

> 先是，师殡在堂，有忌者行谮于朝，革锡典世爵。有司默承风旨，媒孽其家，乡之恶少遂相煽，欲以鱼肉其子弟。胤子正亿方四龄，与继子正宪离化窜逐，荡析厥居。明年夏，门人大学士方献夫署吏部，择刑部员外王臣升浙江佥事，分巡浙东，经纪其家，奸党稍阻。弘纲以洪、畿拟是冬赴京殿试，恐失所托。适绾升南京礼部侍郎，弘纲问计。绾曰："吾室远莫计，有弱息，愿妻之。情关至戚，庶得处耳。"是月，洪、畿趋金陵为正亿问名。绾曰："老母家居，未得命，不敢专。"洪、畿复走台，得太夫人命，于是同门王艮遂行聘礼焉。③

嘉靖十一年（1532）九月，黄正聪趋金陵（南京）黄绾处寻求庇护。关于王正聪前来金陵的经过，《阳明先生年谱·附录一》载："正亿外侮稍息，内衅渐萌。深居家扃，同门居守者，或经月不得见，相怀忧逼。于是同门佥事王臣、推官李逢，与欧阳德、王艮、薛侨、李琪、管州议以正亿趋金陵，将依舅氏居焉。至钱塘，恶少有蹑其后载者。迹既露，诸子疑其行。请卜，得《鼎》二之上吉，乃佯言共分胤子金以归。恶党信为实，弛谋。"④

---

① 《王阳明全集》（新编本）（第1311页）把王正亿出生月份记错，当为"十二月庚申（十二日）"。

② 同上书，第1311页。

③ 同上书，第1341—1342页。

④ 同上书，第1342页。

嗣后，黄绾在《寄甘泉宗伯书》中对王正聪"趋金陵"一事经过，也有详细描述：

> 绾……自京归，至维杨，崇一诸友以书邀于路，云"阳明先生家事甚狼狈，有难处者"，欲绾至越一处。绾初闻，不以为然；至金陵细询，方知果有掣肘难言之情。又踌躇数日，方托王汝止携取孤子至此教养。将阳明先生囊橐所遗账目，烦诸友及亲经其事者，与王伯显、王仲肃并管事家人，逐一查对明白，立一样合同簿三本：一付越中，一付孤子之母，绾亦收执一本。俟孤子成人之日查对，毫发不许轻动，目前只令家人以田租所入供给。①

王正聪在抵达南都、入住黄绾官邸之后，黄绾先为正聪改名"正亿"，以避时相张璁之名讳。《阳明先生年谱》"嘉靖五年十一月条"记："先生（王正亿）初命名正聪，后七年壬辰，外舅黄绾因时相避讳，更今名。"② 钱德洪跋王阳明《岭南寄正宪男》文记曰："正亿初名聪，师之命名也。嘉靖壬辰秋，依其舅氏黄久庵寓留都，值时相（张璁）更名（张孚敬）于朝，责洪为文告师，请更今名。"③

王正亿寄居黄绾官邸，江右王门学者欧阳德有《寄黄久庵》书，对王正亿近况亦悉加询问："正亿弟远来，谅自有处分。既在彼中，更须周慎，无使女医之徒得以出入，无使游侦因而有所媒蘖。此是第一义。诸仆久无纲纪，须时借威重，根究警察，庶几不至日后不可收拾耳！王明谷须留在彼中，即以此事托之。俟洛村（按：黄弘纲）至，更代乃善。余来者能悉。"④ 同时，黄绾有《与王公弼金宪书》："小婿正亿诚为阳明先生一线之绪，幸赖周旋，保全至此，感慰何如！此后教养，俱责在仆，惟求始终，庶他日相见冥漠可无愧也。在浙家事当留情者，还望加意，至祷。王祯先归，谨此申谢。尚容子行还日更悉。"⑤ 于此可知，黄绾对王正亿

---

① 《石龙集》卷二十，第1—2页；《黄绾集》，第376页。

② 《王阳明全集》（新编本），第1313页。《明史》卷十七《本纪》第十七：嘉靖十年二月壬申，赐张璁名孚敬（《明史》[简体字本]，第150页）。

③ 《王阳明全集》（新编本），第1035页。

④ （明）欧阳德著，陈永革编校整理：《欧阳德集》，凤凰出版社2007年版，第25页。

⑤ 《石龙集》卷十九，第14页；《黄绾集》，第371页。

的呵护、关照是颇费心思的，并且时时需要与其他阳明门人进行沟通。

黄绾在嘉靖十二年（1533）七月入京进贺万寿表，至京师途中，得到升任礼部左侍郎之命。[①] 黄绾此次赴京之时，王正亿未偕行，因担心孤身留在南都的王正亿之安危，便委托同系阳明先生门人的闻人诠予以操心，并有《与闻人邦正提学书》：

> 舟次匆匆，情不能悉，别后岂胜怅然！正亿孤危之情、奸人机变之多，皆执事所知，不在喋喋。但仆负此重托，虞虑尤深。其家人辈望时致丁宁，万万。倘仲行至南，其家人往来之间，亦望以意外之虑祝之。幸甚。[②]

嘉靖十三年（1534）二月，王正亿在欧阳德等王门弟子的帮助之下北上京师；在王正亿抵京之后，欧阳德有书函与黄绾，询问正亿近况，黄绾复函成《答欧阳崇一司业书》：

> 蒙教惓惓，足征深爱，敢不铭佩。但恐事机在人，虽平日号为相知，亦不能无圆枘方凿之不入，决知行道之有命、治平之有数，而非人力之强为者。不识高明以为如何？小婿正亿蒙周旋北上，感激曷胜？至京即出痘，今幸无恙，慰贺何如！[③]

阳明先生诸门人对乃师独苗王正亿的悉心呵护，可见一斑。

嘉靖十四年（1535）春夏之际，黄绾母鲍氏病卒，黄绾即返乡丁内艰，十岁的正亿亦一道返归浙南黄岩。此后，王正亿便一直寄居、生活在黄岩，直至黄绾病逝后方才离开黄岩，返回绍兴定居。

嘉靖十六年（1537）秋冬之时，王阳明继子王正宪偕郑邦瑞[④]自越地

---

① 黄绾《答韩苑洛中丞书》："绾处南六载甚安，只意自此远遁，逐将没世，讵料进表在途，忽闻今命，人皆为喜。"（《石龙集》卷二十，第6—7页；《黄绾集》，第382页）

② 《石龙集》卷二十，第6页；《黄绾集》，第382页。

③ 《石龙集》卷二十，第10页；《黄绾集》，第385—386页。

④ 据钱明、张如安《〈王阳明全集〉未见诗文散曲补考》文称：郑邦瑞，名官贤，小名宝一、宝一官，号邦瑞。王阳明在书函之中称郑邦瑞为"侄"，"疑为阳明生母郑氏的二哥之子，其母被阳明称为'二舅母'"。（见张新民主编：《阳明学刊》［第五辑］，巴蜀书社2011年版，第46页）

（绍兴）来访黄绾及王正亿于黄岩紫霄山，黄绾接待之。嘉靖二十一年（1542）九月，王畿在落职归家（绍兴）之后，携檇李沈静夫、余姚杨汝鸣至黄岩拜访黄绾、探视王正亿。黄绾在黄岩北山石龙书院予以接待。王畿完成黄岩之行归越后，有《与张叔学书》，相告王正亿之近况：

> 仲时（按：王正亿）意向甚好，承其惓惓相信之情，殊觉真实。区区所报答老师罔极之恩，舍仲时，身上无用力处。一路读仲时诗稿，喜不自胜，不惟辞句清亮，思亦悠悠，能于本原参透一番，更当有进于此者。大抵作诗须当以玄思发之，方不落言诠。琐琐步骤，未免涉蹊径，非极则也。何如，何如？①

嘉靖二十八年（1549）秋，王畿再来访，黄绾、王正亿等偕游雁山。

嘉靖二十五年（1546），江右王门学者陈九川入台州寻访王正亿，其《简湛甘泉先生》书有云："丙午初春，即入越省先师之墓及其家。乃入台，问其子仲时，因拜久庵，遂穷石梁、雁荡之胜，至秋而还。"② 黄绾在台州与女婿黄正亿及好友叶良佩，一同接待了陈九川的造访。

嘉靖三十一年（1552）四月，倭寇入海门关，黄岩知县高材御战，不胜，邑民杨志等被杀。③ 五月，（倭寇）犯（黄岩）县治，泊舟澄江，据城七日，毁官民廨舍殆尽，杀掳甚重。④ 黄绾在黄岩县城的住宅被倭寇毁，恰王正亿游学至北雍，其妻黄姆哀惶奔走，不携他物，独抱王阳明木主图像以行。钱德洪《〈上海日翁书〉跋》云："嘉靖壬子，海夷寇黄岩，全城煨烬。时正亿游北雍，内子黄哀惶奔亡，不携他物，而独抱木主图像以行，是卷（《上海日翁书》）亦幸无恙。"⑤ 是年，七十三岁的黄绾已届耄耋之年，其对小女黄姆之举，肯定知情并予以了极大的支持。

以上，我们对黄绾接受、保护、教育少年王正亿，并以女聘之、"育之官邸"、携之归乡的经过，进行了一番梳理。也正如当代阳明学研究专

---

① 吴震编校整理：《王畿集》，凤凰出版社2007年版，第337—338页。

② 陈九川：《明水陈先生文集》卷一，四库全书存目丛书集部第72册，齐鲁书社1997年版，第39—40页。

③ 《光绪黄岩县志》卷三十八《杂志·灾异》，第12页。

④ 同上。

⑤ 钱明编校整理：《钱德洪集》，凤凰出版社2007年版，第201页。

家钱明先生所云："对于正亿的抚养问题，黄绾可以说是尽心尽力、善始善终的。"①

（十一）黄绾辑编《阳明先生存稿》并作"序"

嘉靖十二年（1533）九月十五日，黄绾、钱德洪、欧阳德等甄选、编录的王阳明传世文稿即《阳明先生存稿》刊行。黄绾作《阳明先生存稿序》文：

> 古人之文，实理而已。理散两间，韫诸人心，无迹可见，必俟言行而彰。言行，人之枢机，君子慎之而实理形焉。古者左史记言，右史记事，此其载籍之初、文之权舆乎！故文之为用，以之撰天地而天地为昭，以之体万物而万物为备，以之明人纪而人纪为明，以之阐鬼神而鬼神为显，以之理庶民而庶民为从，以之考三王而三王为归，以之俟后圣而后圣为存，所以经纬天地、肇率人纪、纲维万物、探索阴阳、统贯古今、变通幽明而不可废者也。
>
> 阳明先生夙负豪杰之资，始随世俗学文，出入世儒老释之间；中更窜谪流离之变，乃笃志为学；久之，深有省于《孟子》"良知"之说、《大学》"亲民"之旨，反身而求于道，充乎其自得也。故其发于言行也，日见其宏廓深潜，中和信直，无少偏戾。故其见于文也，亦日见其浩博渊邃，清明精切，皆足以达其志而无遗。或告之君父，或质之朋友，或迪之门生，或施之政事，或试之军旅，以至登临之地、燕处之时，虽一謦一欬之微，亦无往而非实理之形。由此不息，造其精以极于诚，是故其用之也，天地可以经纬，人纪可以肇率，万物可以纲维，阴阳可以探索，古今可以统贯，幽明可以变通。

---

① 钱明：《王阳明及其学派考论·黄绾的保孤情怀》，人民出版社2009年版，第104—108页。《王阳明及其学派考论》文有一个小小的考证疏漏，称"嘉靖十三年（1534），黄绾赴京任职，……此后正亿一直随黄绾居于京师，直到嘉靖二十一年（1542）秋，16岁的正亿才随黄绾趋归黄岩"（氏著，第107页）。历史事实是，嘉靖十二年（1533）秋，黄绾已赴京任职；嘉靖十四年（1535）春夏之际，黄绾母鲍氏病卒，黄绾即返乡丁内艰，10岁的正亿亦一道归黄岩；黄绾丁忧服阕之后，黄绾于嘉靖十八年（1539）夏因奉命"出使安南"而入京任礼部尚书，嗣后（是年秋）出使未遂并落职闲住，黄绾此次进京，14岁的正亿不可能偕行（详可参阅拙编《黄绾生平学术编年》"嘉靖十二年至十八年"相关记载）。故而钱文"直到嘉靖二十一年（1542）秋，16岁的正亿才随黄绾趋归黄岩"不合事实真相。

惜乎天不憗遗，不获尽见行事大被斯世，其仅存者唯《文录》《传习录》《居夷集》而已，其余或散亡及传写讹错。抚卷泫然，岂胜斯文之慨！及与欧阳崇一、钱洪甫、黄正之率一二子侄，检稡而编订之，曰《阳明先生存稿》。洪甫携之吴中，与黄勉之重为厘类，曰《文录》、曰《别录》，刻梓以行，庶传之四方、垂之来世，使有志之士知所用心，则先生之学之道为不亡矣。①

王阳明于嘉靖七年十一月去世，据黄绾《〈阳明先生存稿〉序》文知，至嘉靖十二年（1533）左右，王阳明文稿"仅存者唯《文录》《传习录》《居夷集》而已，其余或散亡及传写讹错"。鉴于此种情形，黄绾"与欧阳崇一、钱洪甫、黄正之率一二子侄，检稡而编订之，曰《阳明先生存稿》。洪甫携之吴中，与黄勉之（黄省曾）重为厘类，曰《文录》、曰《别录》，刻梓以行，庶传之四方、垂之来世，使有志之士知所用心，则先生之学之道为不亡矣"。② 据黄绾《序》文可知，当时《阳明先生存稿》有两个版本：一是黄绾与欧阳德、钱德洪、黄弘纲等检稡而编订本（简称"黄绾本"），二是在前本基础之上又经钱德洪与黄省曾"重为厘类"本（简称"钱德洪本"，即在编排上析"文录""别录"两种）。两个版本的《阳明先生存稿》（亦可称《阳明先生文录》），今日本京都大学图书馆均有收藏，对其版本源流及相关"文录"之比较，铃木龙一③、吴震④、永富青地⑤等先后有文。据永富青地调查所见："黄绾本《阳明先生文录》（京都大学文学部所藏本），五卷，嘉靖十二年刊本。19.7×14.0厘米，半叶10行，行20字。左右双边，白口，单鱼尾。书首有嘉靖十二年（1533）序。"又据吴震文知，黄绾本卷首的《阳明先生存稿序》其落款为"嘉靖癸巳（十二年，1533）秋九月望日通议大夫礼部右侍郎前詹事府詹事兼翰林院侍读学士同修国典经筵讲官门生赤城黄绾识"。

① 《石龙集》卷十三，第13—14页；《黄绾集》，第226—227页。

② 《石龙集》卷十三，第14—15页；《黄绾集》，第227页。

③ ［日］铃木龙一：《王文成公全书的合刻》，《怀德》第32号，1961年。

④ 吴震：《王阳明佚文论考：就京都大学所藏王阳明著作而谈》，载陈平原主编《学人》（第一辑），江苏文艺出版社1992年版，第417—447页。

⑤ ［日］永富青地：《闻东本〈阳明先生文录〉的价值》，载吴震、吾妻重二主编《思想与文献：日本学者宋明儒学研究》，华东师范大学出版社2010年版，第326—342页。

先是，为编辑《阳明先生文集》事宜，是年（嘉靖十二年），钱德洪由吴中（姑苏）至南京，与黄绾共同商议编纂体例。二人在编选体例上存在分歧，钱德洪别去之后，黄绾有《与钱洪甫书》（二首之一）为证：

> 别去岂胜驰念！阳明先生文集必如此编辑，使学者观之，如入丛山、如探渊海，乃见元气之生、群材众类、异物奇品，靡所不有，庶足以尽平生学问之大全。随其所好而择之，皆足以启其机而克其量。斯不为至善至妙者乎？①

尽管与钱德洪存在分歧，黄绾还是依照自己的编纂理念，完成了《阳明先生存稿》（亦作《文录》）的辑编，并刊刻之。

嘉靖十三年（1534）二月，钱德洪在黄绾《阳明先生存稿》基础之上新编《阳明先生文录》刻成。《阳明先生年谱·附录一》"嘉靖十四年（1535）乙未"条"刻先生《文录》于姑苏"中记载："先是洪、畿奔师丧，过玉山，检收遗书。越六年，洪教授姑苏，过金陵，与黄绾、闻人诠等议刻《文录》。洪作《购遗文疏》，遣诸生走江、浙、闽、广、直隶，搜猎逸稿。至是年二月，鸠工成刻。"② 又据钱德洪成文于"乙未年（嘉靖十四年，1535）正月"的《刻〈文录〉叙说》，其中有提道黄绾对衷辑《阳明先生文录》的建议："'先生（王阳明）之道无精粗，随所发言，莫非至教，故集文不必择其可否，概以年月体类为次，使观者随其所取而获焉！'此久庵诸公之言也。"③ 钱德洪还作有《〈阳明先生文录〉序》④。嘉靖十五年（1536）三月，江右王门学者邹守益为钱德洪于前年（嘉靖十四年，1535）二月刻于姑苏的《阳明先生文录》作"序"，即《〈阳明先生文录〉序》⑤。

总之，《阳明先生文录》（即《王文成公全书》的"雏形"）的编选、刊刻过程，并不是一帆风顺的，至少在阳明门人内部就存有不同"意见"。

---

① 《石龙集》卷二十，第 4 页；《黄绾集》，第 379 页。

② 《王阳明全集》（新编本），第 1344 页。

③ 同上书，第 2087—2094 页。

④ 同上书，第 2083—2085 页。

⑤ （明）邹守益著，董平编校整理：《邹守益集》，凤凰出版社 2007 年版，第 38—40 页。

（十二）黄绾历时六年撰《阳明先生行状》，并托湛若水作《阳明先生墓志铭》

嘉靖十三年（1534），历经六年（1529—1534）之久，黄绾为挚友、业师、亲家王阳明所撰的《阳明先生行状》终于定稿。兹有湛若水《阳明先生墓志铭》"久庵公为之状，六年而后就，慎重也"云云为证。① 王阳明卒于嘉靖七年（1528）十一月，黄绾《阳明先生行状》末了称："子正宪、正亿将以是年（1529）仲冬十一日奉公枢葬于洪溪之高村，为次其世行功爵，及所以致谤者，乞铭于宗工。幸怜而属笔焉，以备他日太史氏之择。谨状。"② 据此可以推断：黄绾《阳明先生行状》之成文并非一蹴而就，而是在编纂《阳明先生文录》并诵读《阳明集》《居夷集》《抚夷节略》《五经臆说》《大学古木旁注》及门人所记《传习录》、所纂《则言》等大量第一手文献史料，并原原本本地回忆（黄绾）本人与王阳明自正德六年（1511）十一月至嘉靖七年（1528）十一月，这长达十八年的交情之后，反复修订、不断推敲，"六年而后就"，终定稿于嘉靖十三年。此足以说明黄绾的"慎重"，及对阳明先生一生经历、学行、评论的"负责"。

在《阳明先生行状》这篇长达一万五千余字的鸿文之中③，黄绾首先对越中王氏先祖予以检录，继而对王阳明的诞生经过、童年生活、求学访友、科举中试之事予以绍述，并以王阳明的仕宦生涯为叙事主线：观政工部、授刑部主事、聘为山东乡试考官、改兵部武库司主事、谪贵州龙场驿丞、升江西庐陵知县、拟调南京刑部主事、升吏部文选司员外郎、升吏部考功文选司郎中、升南京太仆寺少卿、升南京鸿胪寺卿、升都察院左佥都御史、升南京兵部尚书参赞机务、兼都察院左都御史、总督两广及江西湖广军务等。其中以描述抚镇南赣汀漳等处而平定民乱、镇压朱宸濠之叛、勘定两广思田之乱，最为详尽，成功塑造了王阳明作为有明一代杰出的军事家、政治家、谋略家的光辉形象。同时，对王阳明学术思想的发展历程，诸如龙场悟道、以"良知"之旨训学者等，进行了交代；还对王阳明一生的交游授徒，尤其是黄绾与王阳明之间的"亦师亦友""通家亲

① 《王阳明全集》（新编本），第 1413 页。

② 同上书，第 1450 页。

③ 同上书，第 1424—1450 页。

家"的关联，进行了说明。

在《阳明先生行状》文中，黄绾对阳明先生的学行做如下评价：

> （王阳明）生而天资绝伦，读书过目成诵。少喜任侠，长好词章、仙、释，既而以斯道为己任，以圣人为必可学而至。实心改过，以去己之疵；奋不顾身，以当天下之难。上欲以其学辅吾君，下以其学淑吾民，惓惓欲人同归于善，欲以仁覆天下苍生。人有宿怨深仇，皆置不较。虽处富贵，常有烟霞物表之思。视弃千金，犹如土芥，藜羹珍鼎，锦衣缊袍，大厦穷庐，视之如一。真所谓天生豪杰，挺然特立于世，求之近古，诚所未有者也。

言论剀切，令人信服！毫不夸张地说，黄绾此篇《阳明先生行状》系后世学者了解、洞悉王阳明生平事迹最可靠、最权威的文本之一。其史料意义、文献价值，不应小觑。

王阳明谢世之后，除却亲撰《阳明先生行状》文外，黄绾又于嘉靖二十五年（1546）八月，敦请湛若水为王阳明撰"墓志铭"文即《明故总制两广江西湖广等处地方提督军务奉天翊卫推诚宣力守正文臣特进光禄大夫柱国少保新建伯南京兵部尚书兼都察院左都御史阳明先生王公墓志铭》[①]（简称《阳明先生墓志铭》[②]）。

在本节行文末了，我们有必要对黄绾与王阳明之间的关系再做"盘点"：

1. 正德五年冬以前，黄绾与王阳明因父辈（黄俌、王华）系"同年"而有"通家"之谊。

2. 正德五年冬至嘉靖元年，黄绾与王阳明因"志同道合"而结交并成为挚友。

3. 嘉靖元年秋至嘉靖十四年，黄绾因服膺"致良知"之教而拜阳明先生为师；其间，在阳明先生病卒之后，即在嘉靖十年、十一年间又受同门（钱德洪、王畿、王艮等）之托，抚养阳明先生遗孤王正亿并以女妻之，故而黄绾与王阳明之间又有了"儿女亲家"的一层关系。

---

① 黎业明：《湛若水年谱》，上海古籍出版社2009年版，第298页。

② 《王阳明全集》（新编本），第1408—1414页。

4. 嘉靖十五年至嘉靖三十三年，黄绾以"原古"四书五经的方式，重新诠释先秦儒学元典而自觉地进行理论思考，并由此系统地批判宋明诸儒，包括先师阳明先生的"良知学"，努力构建自己发明的以"艮止执中"为纲的经学（道学）体系（下章详论）。可以说，晚年的黄绾已经与自己的先师在学理体系即"学统"意义上已经"决裂"，但这并不妨碍他们之间已经确立的"亦师亦友亦亲家"的诸多关系。

第二节　黄绾与湛若水

湛若水（1466—1560），初名露，避祖讳，改名雨，后定今名，字符明，表字民泽。因居广东增城甘泉都，遂号甘泉，学者称为甘泉先生；晚年自号默翁。明弘治五年（1492），以《书经》中乡试第一卷。[1] 弘治七年（1494）往江门，就学于一代大儒陈献章，屏居一室，潜心理学，超然远到，学业大进，"得自然自得之教"。弘治十一年（1498），悟"随处体认天理"之旨。翌年（1499），陈献章以"江门钓台"为衣钵传之湛若水。[2] 湛若水不乐仕进，母命之出，乃入南京国子监，弘治十八年（1505），会试及第，选翰林院庶吉士，寻授翰林院编修。正德元年（1506），与王阳明结交论道[3]，从者众、声誉隆。正德七年（1512），奉使往安南国册封安南王。嗣后丁母忧归家，隐居力学。嘉靖改元（1522），都御史吴廷举、御史朱节荐起，补翰林院编修，同修《武宗实录》。次年（1523）转翰林院侍读。嘉靖三年（1524）秋升任南京国子监

---

① 黎业明：《湛若水年谱》，第 11 页。

② 陈献章有诗作《江门钓濑与湛民泽收管》（三首）："小坐江门不记年，蒲褯当膝几回穿？如今老去还分付，不卖区区敝帚钱。皇王帝霸（伯）都归尽，雪月风花未了吟。莫道金针不传与，江门风月钓台深。江门渔父与谁年，惭愧公来坐榻穿。问我江门垂钓处，囊里曾无料理钱。"并附"跋"文："达摩西来，传衣为信。江门钓台，亦病夫之衣钵也！兹以付民泽，将来有无穷之托。珍重，珍重！"（《陈献章集》，第 644 页）弘治十三年（1500）陈献章卒，湛若水有云："道义之师，成我者与生我者等"，并为之服心丧三年。《明史·湛若水传》称："若水生平所至，必建书院以祀献章。"（《明史》[简体字本]，第 4857 页）

③ 关于王阳明与湛若水结交事宜，罗洪先《甘泉湛先生墓表》有云："会阳明先生讲于金台，论学者须先识仁，仁者浑然与天地万物为一体。阳明先生叹曰：'予求友于天下，三十年来未见此人。'"转引自《甘泉先生文集》卷三十二《外集·墓表》，广西师范大学出版社 2014 年版，第 1880 页。

祭酒，七年（1528）夏升南京吏部右侍郎，八年（1529）秋转礼部右侍郎，十年（1531）冬转本部左侍郎，十二年（1533）秋升南京礼部尚书，十五年（1536）夏转南京吏部尚书，十八年（1539）秋转南京兵部尚书、奉敕参赞机务。嘉靖十九年（1540），疏请致仕。以开馆讲学授徒终老，及门弟子三千九百有余，可谓"生徒满天下"。嘉靖三十九年（1560）谢世，年九十五。

湛若水继承陈献章江门心学而创建的心学体系，有别于王阳明姚江心学的"致良知"之教，而以"随处体认天理"为宗旨，曰："'随处体认天理'，此吾六字符也，勿忘勿助，其庶几乎！"湛若水一生著述宏富，平生所著之书有《心性图说》《四书训测》《古本小学》《春秋正传》《二礼经传》《古易经传》《尚书问》《诗经厘正》《节定仪礼燕射纲目》《遵道录》《杨子折衷》《樵语》《雍语》《明论》《新论》《非老子》《大科训规》《新泉问辨》《圣学格物通》《白沙诗教解》《二业合一训》《天关问答》《湛氏家训》《息存箴》《四物总箴》《自然铭》《大宗小宗合食训》《蔡伦铭》等行于世。① 另有学者调查，除却专书外，其传世文集刻本尚有《甘泉先生文录类选》二十一卷、《甘泉先生文集》四十卷、《泉翁大全集》八十五卷、《甘泉先生续编大全》三十三卷、《湛泉先生文集》三十五卷、《甘泉先生文集》三十二卷等存世。今台湾"中研院"中国文哲研究所钟彩钧教授的学术团队历经数年（1996—2004）之久，标点整理有《泉翁大全集》八十五卷、《甘泉先生续编大全》三十三卷、附录十卷，其电子文稿已收录于台湾"中研院"汉籍电子文献数据库②，嘉惠学林。据知，浙江学者董平教授点校有《甘泉先生文集内外编》（北京大学《儒藏》本）。据悉，广东省岭南心学研究会会长黄明同教授目前正在组织学界同人，全力裒辑湛若水存世文献，编校整理《湛若水全集》（全书约 600 万字，由上海古籍出版社于 2018 年起陆续出版）。

---

① 罗洪先：《甘泉湛先生墓表》，转引自《甘泉先生文集》卷三十二《外集·墓表》，第1886 页。

② "汉籍电子文献数据库"链接网址：http://hanji.sinica.edu.tw/。

一　黄绾与湛若水在京师结交（正德五年至正德七年，1510—1512）

黄绾与湛若水的正式交往始于正德五年（1510）冬。先是，黄绾在少年之时即对湛若水的业师陈献章仰慕已久，并一度师从于陈门高足林光、潘辰等（前文第一章第五节已论），这为黄绾与陈献章唯一的"衣钵传人"——湛若水的结交，埋下了伏笔、做好了铺垫。

本章上文（第一节，"黄绾与王阳明"）已述，黄绾与时任翰林院编修湛若水的定交系王阳明主动引荐而成。而湛若水早在正德元年（1506）即与王阳明相识于京师。① 据《阳明先生年谱》记载，弘治十八年（1505），王阳明与湛若水在京师定交："学者溺于词章记诵，不复知有身心之学。先生（王阳明）首倡言之，使人先立必为圣人之志。闻者渐觉兴起，有愿执贽及门者。至是，专志授徒讲学。然师友之道久废，咸目以为立异好名，惟甘泉湛先生若水时为翰林庶吉士，一见定交，共以倡明圣学为事。"②

（一）黄绾因王阳明介绍而与湛若水结盟共学

正德五年冬十一月，黄绾与王阳明初次见面即定交；而后，王阳明主动介绍黄绾与湛若水见面。黄绾一见湛若水，即被"其容简、其心一"的人格魅力所折服。自此，黄、王、湛三人，志趣相投、惺惺相惜，遂即结拜共学，以期同证圣人之道。黄绾在《别甘泉子序》文中有云：

> 予欲学以全夫性之道，知寡闻不足与乎大明。欲其友三年而不得，求其师六年而不遇，自谓终焉弃德者矣。反而视之，其身常如槁，其意常若失，得一官若负秽。或有告之曰："越有阳明子来矣，子何不知亲耶？"乃亟趋其馆而见之，阳明子坐与我语……阳明子曰：

---

① （明）湛若水：《赠别应元忠吉士序》，转引自王棻《台学统》卷四十三《性理》三十一，民国七年吴兴刘氏嘉业堂刻本，第4页。

② 《王阳明全集》（新编本），第1232页。关于王阳明与湛若水正式结交的时间，有两种说法：湛若水《阳明先生墓志铭》称"正德丙寅（元年，1506），（王阳明）始归正于圣贤之学，会甘泉子于京师"，并有"丙寅之年，邂逅语契，相期共诣"云云（见前揭书，第1409、1413页）；黄绾《阳明先生行状》、钱德洪《阳明先生年谱》则主张在弘治十八年（1505），王阳明、湛若水"一见定交"。

"有南海甘泉子者在，予友也，子岂欲见之乎?" 翌日，偶于阳明子之馆见之，其容简、其心一，其示我之言蓄而尽。入其馆，遂拜之。于是二子之庭，日必有予迹矣。阳明子曰："吾将与二三子启雪窦、帚西湖以居诸。" 甘泉子曰："吾其拂衡岳、拓西云行，与我三人游之。" 又相谓予曰："子其揭天台、掀雁荡以候夫我二人者。" 予曰："我知终身从二子游，二子有欲，我何弗勤，且我结两草亭、各标其号以为二子有焉，何如?"①

又，黄绾《祭湛太夫人文》对王、湛、黄三人 "共拜而盟" 场景有描述："庚午冬杪，方会（湛甘泉、王阳明于）京旅。志之所投，郢人漫垩而不疑匠斧；言之所会，阖户斲轮而出无不轨。谈或对案以终宵，坐或联床而移晷。"② 湛若水《阳明先生墓志铭》也有与黄绾结识的说明："（王阳明）取入南京刑部主事，留为吏部验封主事，有声。阳明公谓甘泉子曰：'乃今可卜邻矣。' 遂就甘泉子长安灰厂右邻、居之。时讲于大兴隆寺，而久庵黄公宗贤会焉。三人相欢语，合意。久庵曰：'他日天台、雁荡，当为二公作两草亭矣。后合两为一焉，明道一也。'"③

正德五年十二月，王阳明升南京刑部四川清吏司主事④。湛若水与黄绾舍不得 "志同道合" 的王阳明遽然离去，乃托友人乔宇说服时任吏部尚书杨一清，擢王阳明为吏部验封主事。黄绾《阳明先生行状》云："是岁冬，（王阳明）以朝觐入京，调南京刑部主事，……又数日，湛公与予语，欲谋白岩乔公转告冢宰邃庵杨公，留公北曹。杨公乃擢公为吏部验封主事。"⑤ 如此，王、黄、湛三人自职事之外，稍暇必会讲；饮食起居，日必共之，各相勉励。与此同时，京师士大夫之有志者，皆相率从游之。

正德六年（1511），在湛甘泉母陈氏七十五岁寿辰时，黄绾、王阳明等为陈氏祝寿祈福。黄绾《祭湛太夫人文》有云："辛未之吉，为寿北堂，我入载拜，章服煌煌，方祈眉寿，载献我觥。"⑥

---

① 《石龙集》卷十一，第4—5页；《黄绾集》，第186—187页。
② 《石龙集》卷二十七，第4页；《黄绾集》第553页。
③ 转引自《王阳明全集》（新编本），第1410页。
④ 《王阳明全集》（新编本），第1237页。
⑤ 同上书，第1428页。
⑥ 《石龙集》卷二十七，第4页；《黄绾集》，第553页。

是年（正德六年）左右，台州后生施存宜游学至京师，拟师从黄绾求证"圣贤之心"，在离京之时，黄绾有《送施生存宜序》，以"立志"之说劝勉之。[①] 湛若水也有《赠施生悌归台州》："台人施生学于黄后军（黄绾），其归也，且求其说于甘泉子。甘泉子曰：'子之之道也，犹子之之台也，志台之道，问台之人而不已焉，台可至也。志台之道，而以问粤之人，虽不已焉，台不可至也，日远矣。是故君子立志以定方，观极以知止，知止切焉，志斯立矣。后军固知台者也，子奚以问粤之人哉？'"[②] 湛氏赠《序》，亦以"立志"说鼓励施生。

正德七年（1512）正月十五日，应黄绾之请，湛若水为黄绾祖父黄孔昭存世诗文集《定轩先生存稿》撰跋。湛若水作《读〈定轩先生存稿〉跋》："古称'蓬麻箕裘'之语，岂不信哉！岂不信哉！余观故南京工部右侍郎定轩黄先生良然。天台故多名节士，若先生者，要未可以名节尽也。先生虽不立道学门户，然所行所处，自闺门以至朝廷，无一不合乎圣贤之道，诚所谓躬行实践、求三代以下而少见。余久与其孙后军都事绾游，其文行学术信有由，然而直趋濂洛不懈，而骎骎乎古圣贤之域矣！《诗》云'贻厥孙谋'，先生之谓也。'无念尔祖，聿修厥德'，宗贤固有之哉！"[③] 跋文之中，湛若水在对黄孔昭道德文章称颂的同时，也对黄绾的"文行学术"给予认可。

（二）湛若水奉使安南，黄绾、王阳明为之送行

正德七年二月七日，封湛若水为安南国王正使，赐一品服以行；正式动身前往安南，顺道送母还乡[④]。临别之前，黄绾有《别甘泉子序》，序文之中，对朝夕共处一年之久的挚友突然离去，惆怅不悦："聚散其自此乎？子其舍我矣？"与此同时，有友人规劝黄绾无须忧愁："天地之道，理以同聚，物以异散，今子三人理则同矣，物则类矣，浮游之间，何往而不与聚，而子犹疑其散耶？"黄绾内心仍未释然："吾欲之甚而易之惑也。夫自世丧道，世之君子白玉于外而中磠也，其不可与道也久矣。而吾忽得

① 《石龙集》卷十一，第9—10页；《黄绾集》，第191—192页。

② （明）湛若水著，钟彩钧、游腾达点校：《泉翁大全集》卷三十一，台湾"中央研究院"中国文哲研究所2017年版，第805—806页。

③ （明）黄孔昭：《黄孔昭集》卷十七，《温岭丛书》（甲集）第4册，浙江大学出版社2016年版，第453页。

④ 黎业明：《湛若水年谱》，第46页。

二子者，不啻景星快见而凤凰乐睹之，今离索于此，此吾之所以为忧也，是何过哉！"① 经师易得，人师难求，在黄绾看来，湛若水、王阳明乃是自己的"人师"，故而对于相交共学仅一年之久的道友的离去，甚为不乐。

王阳明有《别湛甘泉序》（壬申，1512），序文之中回顾了自己为学经历："某幼不问学，陷溺于邪僻者二十年，而始究心于老、释。赖天之灵，因有所觉，始乃沿周、程之说求之，而若有得焉。顾一二同志之外，莫予翼也，岌岌乎仆而后兴。"而在与湛若水相识结交之后，王阳明"志于道"的决心更为坚定："晚得友于甘泉湛子，而后吾之志益坚，毅然若不可遏，则予之资于甘泉多矣。"与此同时，王阳明对"务求自得"的湛氏之学给予了高度评价："甘泉之学，务求自得者也。……如甘泉者，非圣人之徒欤！"同为惺惺相惜的道友，王、湛二人交往时间已达六年之久，彼此之间颇为默契："意之所在，不言而会；论之所及，不约而同；期于斯道，毙而后已。"王阳明同黄绾一样，对于湛若水的离去也表示了些许伤感："夫惟圣人之学难明而易惑，习俗之降愈下而益不可回，任重道远，虽已无俟于言，顾复于吾心，若有不容已也。则甘泉亦岂以予言为缀乎？"② 此外，王阳明还有诗作《别湛甘泉二首》，其中"分手诀河梁，涕下不可收""我心忧以伤，君去阻且长""伊尔得相就，我心亦何伤""斯文天未坠，别短会日长"云云③，尽情地抒发了诗人在友人离别之际的眷恋与惆怅。

是年春，在湛若水离去之后，黄绾亦有归隐家居之意；此时湛若水有诗寄至京师赠黄绾，黄绾即用前韵奉和之，成诗作《志怀》："委身属三益，岁晚哀无成。一朝或分手，使我百忧增。青阳易颓景，春飙忽秋声。苦念人世短，常如万里行。不至犹重负，未停若风旌。何时复嘉会，恻恻悲晨星。"④ 诗人对友人离去的忧伤、思念之情，溢于言表。

---

① 《石龙集》卷十一，第4—5页；《黄绾集》，第187页。

② 《王阳明全集》（新编本），第245—247页。

③ 《王阳明全集》（新编本），第762页。据湛若水《赠别应元忠吉士序》所云，湛若水离开京城奉使南行，是与应良一路偕行的："壬申春，予奉使南行而应子归奔，乃与俱焉。"（转引自王棻《台学统》卷四十三《性理》三十一，民国七年吴兴刘氏嘉业堂刻本，第4页）

④ 《石龙集》卷二，第3页；《黄绾集》，第11页。

二 黄绾离京之后与湛若水的书函往来（正德八年至正德十六年，1513—1521）

正德七年（1512）深秋，黄绾任后军都事职满考之后，三疏乞养并以疾告归，嗣后，隐居浙南黄岩紫霄山达十年之久。正德八年（1513）春，湛若水在完成出使安南任务之后①，偕母返京；正德十年（1515），湛母陈氏病卒于京师，湛若水奉柩南归，丁内艰；服阕之后即无意仕进，开始了长达六七年之久的隐居生活："筑室于西樵山大科峰下，日与泉石猿鹤优游，非问学之士不接，安闲恬淡，若将终身，其韬晦之可表如此。"②

（一）湛若水、黄绾先后构建书屋、草庐，兑现昔日京师之约

上文已述，在京师共学之时，王阳明、湛若水、黄绾三人曾有约定，即各自择选一处胜地、修建一座道场，供三人日后共学、终老。黄绾《阳明先生行状》云："壬申冬，予以疾告归，公（王阳明）为文及诗送予，且托予结庐天台、雁荡之间而共老焉。湛公又欲买地萧山、湘湖之间，结庐，与予三人共之。"③ 湛若水在《阳明先生墓志铭》中提及："三人相欢语，合意。久庵曰：'他日天台、雁荡，当为二公作两草亭矣。后合两为一焉，明道一也。'"④ 对于各自承诺，王、湛、黄三人之中，湛若水最先兑现。约在正德七年（1512）年秋冬之际，湛若水即在浙江萧山湘湖之畔，构筑书屋一处，以俟王阳明、黄绾二君讲学之用。对此，王阳明《与王纯甫书》云："甘泉近有书来，已卜居萧山之湘湖，去阳明洞方数十里耳。书屋亦将落成，闻之喜极。诚得良友相聚会，共进此道，人间更复有何乐！"⑤

正德八年（1513）秋，因"伏疴久未愈"，黄绾于紫霄山中行道教辟

---

① 正德八年（1513）正月十七日，湛若水抵达安南，不久即返归。（见黎业明《湛若水年谱》，第47—49页）

② （明）罗洪先：《甘泉湛先生墓表》，载《甘泉先生文集》卷三十二《外集·墓表》，第1882页。

③ 《王阳明全集》（新编本），第1428页。

④ 同上书，第1410页。

⑤ 同上书，第167页。

谷之方以治疗，并作《病中习辟谷寄阳明甘泉》（二首）。①

是年（正德八年）春，湛若水在完成出使安南任务之后，并未直接赴京复命，而是暂时归乡（广东增城）修整。直到年底，湛若水再奉母入京。② 启程之前，与黄绾有书信，倾诉近一年来居乡之感，"乡族难处""士风之薄，难以久居"，进而有返京任职之举。黄绾复函，即《寄甘泉书》（二首之一）：

> 元忠遞至金华书，甚慰。闻太夫人寿履康健，尤慰。仍奉北上，固知非先生之得已。古有迹涠众人之中，心超万物之表，此理在人，自知毫厘之间、天壤悬隔，亮不在喋喋。承喻乡族难处，敝乡尤甚。绾方喜于此锻炼，不知久当何如？叔贤谓阳明此时不宜仕，论恐未莹。君子出处，何必尽同？但要此心终无不同耳！③

黄绾此函首先对湛母陈氏的身体状况表示关心，同时对湛氏返京复职系不得已之举，表示理解；黄绾还对自己、王阳明的近况发表了评论，特别指出自己居乡亦甚不易，但是"士风之薄实与吾学无妨"，反可借此磨砺心性。此外，黄绾在《寄阳明先生书》（四首之二）中对此事亦有论说："甘泉有书，云其乡士风之薄，难以久居。绾谓士风之薄，实与吾学无妨，且吾人出处以义，岂因士风之薄为之进退！绾之居乡，亦甚不易。"④ 正德九年（1514）春，湛若水进京途中与王阳明相会于安徽滁阳之间，有"儒佛之辨"。湛若水《阳明先生墓志铭》称："明年，甘泉子使安南。后二年，阳明公迁贰南太仆，聚徒讲学，有声。甘泉子还，期会于滁阳之间。夜论儒、释之道。"⑤

正德九年，黄绾在紫霄山中自构一草庵，并在灵岩择地为王阳明、湛若水各建一亭，命名为"阳明公亭""甘泉公亭"，并称"二公亭"⑥，以

---

① 《石龙集》卷二，第5页；《黄绾集》，第13页。

② 黎业明：《湛若水年谱》，第47—49页。

③ 《石龙集》卷十七，第14页；《黄绾集》，第341页。

④ 《石龙集》卷十七，第12页；《黄绾集》，第338—339页。

⑤ 转引自《王阳明全集》（新编本），第1410页。

⑥ 《黄岩县志》："二公亭在灵岩，黄绾建，以待王阳明、湛甘泉者。"（转引自《雍正浙江通志》卷四十六，《文渊阁四库全书》本）

兑现昔时"天台、雁荡，当为二公作两草亭"的承诺。黄绾《寄甘泉书》
（二首之二）云："向结二亭，今并为一亭，题曰'二公'，比旧略宽，可
以坐卧，颇得泉石之幽。"① 黄绾《寄阳明先生书》（四首之二）载："近
于山中构一庵，更结二亭，各标尊号，以俟二君子共之。偶成小诗数首，
敢录请教。"② 黄绾并有七言绝句《紫霄怀阳明甘泉》（二首），敬候王、
湛二公的来访："我庵新构紫霄间，万壑松烟翠自环。却忆曾盟骑鹤侣，
两京寥落几时还。草庵初与两亭完，二妙高明落此山。怪我蒲团终日望，
天涯人远掩松关。"③ 遗憾的是，湛若水因丁忧返乡、王阳明因家累及公事
所牵，三人最终未能实现在天台、雁荡山间共学、终老的初衷。

（二）湛若水母谢世，王阳明、黄绾予以悼念

正德十年（1515）正月三十日，湛若水母封太孺人陈氏卒于京城，
湛若水哀毁匍匐，不能仰视，后扶柩南归。时王阳明任南京鸿胪寺卿，逆
吊于南京龙江关，湛、王两人辩论"格物"④。湛若水《阳明先生墓志铭》
云："又明年，甘泉子丁忧，扶母柩南归。阳明公时为南大鸿胪，逆吊于
龙江关。"⑤ 王阳明《湛贤母陈太孺人墓碑》记："湛子之母卒于京师，葬
于增城。阳明子迎而吊诸龙江之浒。"⑥

春，王阳明有书信与黄绾，即《与黄宗贤》（癸酉）〔乙亥〕⑦，告知

---

① 《石龙集》卷十七，第 15 页；《黄绾集》，第 341 页。

② 《石龙集》卷十七，第 12 页；《黄绾集》，第 339 页。此处"偶成小诗数首"，即下文
《紫霄怀阳明甘泉》（二首）等。

③ 《石龙集》卷七，第 2 页；《黄绾集》，第 108 页。此诗所提"我庵"即草庐，系黄绾日
后所创石龙书院之前身。黄绾还将《紫霄怀阳明甘泉》七绝诗歌镌刻于黄岩城北灵岩（三潭）左
崖石壁上，落款署"石龙"。详见喻长霖等纂修：《民国台州府志（二）》卷九十三《金石考六》，
《中国地方志集成·浙江府县专辑45》，上海书店 1993 年版，第 318 页。

④ 黎业明：《湛若水年谱》，第 51 页。黎业明又称：（湛若水）与阳明先生龙江关别后、扶
柩回到增城甘泉都前，先后有《与阳明鸿胪》《与王阳明先生鸿胪》《寄阳明王先生》《寄阳明》
等书函。又，据《阳明先生年谱》记载：正德十年（1515），"王阳明在京师"〔《王阳明全集》
（新编本），第 1243 页〕。似不大确切，当以"在南京"为正。

⑤ 转引自《王阳明全集》（新编本），第 1410 页。

⑥ 《王阳明全集》（新编本），第 987 页。

⑦ 《王文成公全书》（《王阳明全集》）系此函成文于"癸酉"，即 1514 年，显系误记。根
据王阳明在此函所云"甘泉丁乃堂夫人忧，近有书来索铭，不久且还增城"，而湛若水母亲病逝
于正德十年（1515）正月，据此可以推定王阳明此函成文于"乙亥"即 1515 年。

湛若水丁内艰一事：

> 甘泉丁乃堂夫人忧，近有书来索铭，不久且还增城。道途邈绝，草亭席虚，相聚尚未有日。仆虽相去伊迩，而家累所牵，迟迟未决，所举遂成北山之移文矣。……日仁入夏当道越中来此，其时得与共载，何乐如之！①

黄绾从王阳明书函中得知湛母病卒讯息，成《祭湛太夫人文》以表哀思：

> 於乎！圣学辍流，几二千祀。至宋诸子，决之而弗汧；我明白沙，放之而未涘。及夫人之子甘泉和阳明王子，乃穷厥源，将溃于海。虽绾不肖，亦与闻此。庚午冬杪，方会京旅。志之所役，郢人漫垩而不疑匠斧；言之所会，阖户斲轮而出无不轨。谈或对案以终宵，坐或联床而移晷。于时夫人在养，茶鼎盘飧，几烦手泽，劳而靡悔。於乎！实怀我心，而孰非夫人之德也欤！辛未之吉，为寿北堂，我入载拜，章服煌煌，方祈眉寿，载献我觥。孰知不究，遂至此凶也？於乎！小子惟分通家，惟恩私淑，有痛切膺，有情不极。抱病深山，莫将刍束，洒涕长飙，云隔路遥。②

正德十二年（1517），湛若水丁忧结束，无意出仕，上《乞养病疏》，隐居西樵，建大科书院以讲学。③

（三）黄绾对湛若水"静坐"说的质疑

正德十三年（1518），黄绾与应良、郑善夫等原本打算在岁末赴广东增城寻访道友湛若水。先是，应良有书函与湛若水，湛若水复函《寄应原忠吉士》：

> （应良）期以今冬与宗贤兄（黄绾）见过甘泉，甚慰。……仆

---

① 《王阳明全集》（新编本），第163—164页。
② 《石龙集》卷二十七，第4页；《黄绾集》，第553页。
③ 黎业明：《湛若水年谱》，第57—63页。

（湛若水）……八月二十，间往祭石翁先师墓，遂游西樵山，卜居于霞洞，正在碧云云端村之间，十月间必兴工板筑矣。西樵在江海之中，四邻无山，壁绝侵云，鸟道以入。中有宝峰寺，锦岩岩庵，又有碧云、云端、云路、石牌诸村，宛若桃源。其居人约有二百烟火，皆以种茶为业，烟霞之下，高敞盘郁，可以居高望远，最为西樵之胜处。二兄若果来，此下榻之地也。①

这说明，湛若水对黄绾、应良等好友的来访是煞费苦心并认真准备的。遗憾的是，黄绾、应良、郑善夫预计中的同赴岭南寻访湛若水一事，未能成行，郑善夫《答湛甘泉》书有云："向与应、黄二子期到西樵，后二子不果来闽。"② 据笔者推断，黄绾此次未能赴约的一个可能原因在于：此时的黄绾已经对陈献章、湛若水一系江门心学的为学理路产生了质疑。

经过在紫霄山若干年的隐居力学以苦证圣学的功夫实践之后，约在是年（正德十三年）左右，黄绾开始对湛若水承继陈献章一系心学所持受的"主静"功夫论及其佛学倾向予以质疑。且有书函《寄甘泉书》（二首之二）与湛若水进行交流："（黄）绾索居穷山，孤陋甚矣！日加深省，方知学问之难，惟在立志。夫释、老以生死为事，一切不染，然犹极其勇猛、竭其精勤，然后有得。吾儒为教，只在人伦之中，仰事俯育，何所不关？恶得顿然无事，一切无染于心？苟非笃志，日用事物，各求当理，徒事静坐，心能真静、性能真定者鲜矣。惟先生精造日新，必有独得之见，便中不惜示及。"③ 在黄绾看来，儒教修身功夫当以"立志""笃志"为主，并且在日常人伦生活中展开；而陈、湛倡导的"静坐"与佛教静坐的修行法门无异，这与儒教在"人伦日用""日用事物"之中"求理"的功夫论相抵触。其实对于陈献章论学的禅学化倾向，黄宗羲《明儒学案》亦有相似论述："白沙论道，至精微处极似禅。其所以异者，在'握其枢机，端其衔绥'而已，禅则并此而无之也。奈何论者不察，同类并观之乎！"④

①　《泉翁大全集》卷九《书》，第 274 页。
②　（明）郑善夫：《少谷集》卷二十，《文渊阁四库全书》本。
③　《石龙集》卷十七，第 14—15 页；《黄绾集》，第 341 页。
④　《〈明儒学案〉〈宋元学案〉黄宗羲案语汇辑》，第 17 页。

　　稍后，黄绾在与王阳明的一封书函之中再次强调"笃志"一语才是万世为学之要诀，借此推论"近世如白沙诸公之学，恐皆非圣门宗旨"。进而言之，得陈献章江门心学之真传"以静默为事"、力主"静坐"功夫的湛若水之学，也值得商榷。与此同时，王阳明与湛若水在为学证道路径上也有分歧，故而黄绾沿循阳明心学"心即理"的向内用功路数，始对湛若水"静坐""静默"论予以批评："往年见（湛）甘泉颇疑先生（王阳明）'拔病根'之说，凡遇朋友责过及闻人非议，辄恐乱志，只以静默为事，殊不知无欲方是真静。若欲无欲，苟非勇猛锻炼、直前担当，何能便得私欲尽净、天理纯全？此处若不极论，恐终为病。绾近寄一书，略论静坐无益，亦不敢便尽言及此。"①

　　行文至此，不难发现，此时王阳明、黄绾一系的姚江心学"修道"范式已经与陈献章、湛若水一派的江门心学路径产生了分歧。正如《明史》卷二百八十三《列传》第一百七十一《儒林二·湛若水》所称："若水初与守仁同讲学，后各立宗旨，守仁以致良知为宗，若水以随处体验天理为宗。守仁言若水之学为求之于外，若水亦谓守仁格物之说不可信者四。又曰：'阳明与吾言心不同。阳明所谓心，指方寸而言。吾之所谓心者，体万物而不遗者也，故以吾之说为外。'一时学者遂分王、湛之学。"②"小人同而不和，君子和而不同"，学术上的分歧并未影响王、湛、黄三人早年所结下的深厚友谊与日后之交往。

三　黄绾在嘉靖改元之后与湛若水的交往（嘉靖元年至嘉靖三十三年，1522—1554）

（一）湛若水、黄绾二人再次受荐"出山"

　　嘉靖改元（1522），湛若水由都御史吴廷举、御史朱节推荐，复官翰林院编修，与修《武宗实录》。翌年，在朱节的举荐之下，黄绾也"再次出山"，出任南京都察院经历。嘉靖二年秋（七月二十一日），时任翰林院编修的湛若水，得知黄绾已赴南京任职，应应良、王臣、欧阳德、陆澄等二十五位在京师供职的道友之请，有《赠石龙黄宗贤赴南台序》：

---

①《石龙集》卷十七，第 13 页；《黄绾集》，第 340 页。

②《明史》，中华书局 1974 年版，第 7267 页。

石龙黄子蚤志圣贤之学，前为后军都事，与阳明子、甘泉子友。三人者解官迁转，各别十年矣。嘉靖继统，与甘泉子并起废，至京师。石龙子迁南台经历，后军俞君请曰："宗贤与子有同志之雅，宜为我有赠言，否则无以酬置亭待二子之意也。"甘泉子辞曰："吾与宗贤期默成于道矣，恶乎言？"再至而再辞焉。既而应君元忠、黄君才伯请曰："黄子与子有同志之雅，宜为吾同志有赠言。"甘泉子辞之，如辞俞君。既而王君公弼、欧君崇一、萧君子鸣、钱君汝冲、郑君窒甫，联王君、虞君、金君、太常李君、廷评陆君、职方梁君、秋官陆君、太史邹君、春官陈君、韦君、黄君、魏君、陈君、二薛君、傅君、应君、吴君之名，申应、黄之请。辞不可，乃言之曰："夫学，觉而已矣。伊尹，天民之先觉也。"①

于此可见，嘉靖改元之初的京师士大夫群体，对于黄绾与湛若水（包括王阳明）之间的契交，是相当了解的。这从一个侧面也说明了黄绾在当时京师士大夫群体中也小有影响。

黄绾、湛若水虽人在南北，但作为儒臣，均竭尽心力、恪守臣道以"格君心"。嘉靖四年（1525）七月初四（一说"初七"）日，邸报敕令内阁大臣纂经史之中有关"君德治乱"者，进呈便览。黄绾上《论圣学求良辅疏》："夫帝王之学虽非一言所能尽，其要只在于立志。其道虽非一日所能成，而志可顷刻以自立。志于尧、舜则尧、舜矣，志于禹、汤、文、武则禹、汤、文、武矣。若以智术为高、功利为务，非志也、非学也。文辞为好、声名为炫，非志也、非学也。方务于此、又事于彼，非志也、非学也。必求尧、舜、禹、汤、文、武所志者以自志，所学者以自学，专心一意，方可以言志，方可以言学。"② 此疏之中，黄绾以为尧、舜、禹、汤、文、武众圣人相传之心法，言虽不同，"其惟存心求道，则一而已"，"圣人志在求道常存，其心维天理是由"，此为圣人之本。故而建议嘉靖帝当渊居静默，收敛此心，以求存湛然清明者，并以之应事理政，必无差失。还以傅说相殷高宗为例，建议嘉靖帝慎选辅臣，"必求道德明备、诚心国家天下之人，置之密迩，与之朝夕居处，不少疏隔，必使

---

① 《泉翁大全集》卷十七《赠石龙黄宗贤赴南台序》，第525—526页。
② 《黄绾集》，第598页。

上下之情洞无疑忌，从容讲论，无异民间师友"，借此以养"陛下之真心、定陛下之真志"①。

而湛若水通过邸报得知"敕令内阁大臣纂经史有关君德治乱者进呈便览"消息之后，始仿丘浚《大学衍义补》而编撰《圣学格物通》以明圣学②。《圣学格物通》"序文"有言：

> 乃今伏闻圣明四年七月初四日诏，令文臣撮经书史鉴有关帝王德政之要者，直解进览。臣（湛若水）实欣庆圣学日升，务求典要。窃念臣亦旧忝词臣讲官也，心在皇室，忠切劝学，故不揣疏愚，远自伏羲、二帝、三王，与夫诸儒之格言，近至我祖宗列圣之谟烈，章采而节释之，不诡于《衍义》与《补》，而容或少有发明而一助焉，庶或上裨圣明进德修业合一之要领，且明经文直以"格物"为诸条之统会枢纽也。有随事体认之实，合孔门求仁一贯之指。③

在湛若水看来，"圣人之道莫备于《大学》"，而《大学》的核心范畴系"格物"，掌握"格物"之"通"："意、心、身、家、国、天下之理皆备于我，即君得之以成其仁，臣得之以成其敬，学士得之以成其德，家国天下之民得之以会极而归极，而圣人之学即无余蕴。"

（二）黄绾、湛若水曾同在南都任职，并悼念王阳明的谢世

嘉靖三年（1524），湛若水由翰林院侍读升为南京国子监祭酒④，时黄绾任职南京都察院。嘉靖六年（1527），黄绾由南京工部员外郎升为光禄寺少卿入史馆修书。嘉靖七年（1528），湛若水由南京国子监祭酒升为南京吏部右侍郎。借此可以推断，嘉靖三年至五年这三年时间中，黄绾与湛若水同在南都任职，二人之间定有交往。而嘉靖七年十月，黄绾又由京师转至南都任礼部右侍郎，又与湛若水同为官南都。

嘉靖七年十一月二十九日，湛、黄二人共同的挚友——阳明先生，卒于江西南安。八年（1529）春，二人均有文祭奠以示悼念，黄绾作《祭

---

① 《知罪录》卷三，第6页；《久庵先生文选》卷十三，第14—17页；《黄绾集》，第598—599页。

② 《明史》，中华书局1974年版，第7267页。

③ 《泉翁大全集》卷二十《圣学格物通大序》，第580页。

④ 《明世宗实录》卷四十二"嘉靖三年八月庚申"条。

阳明先生文》，对王阳明的心学思想以"良知""亲民""知行合一"概
之①。湛若水至越凭吊阳明，成《奠王阳明先生文》，全面回顾了与王阳
明结识交往、书函往来、论道切磋诸场景，还发表了自己的"体认天理"
说与王阳明"致良知"教之间的同异：

> 嗟惟往昔，岁在丙寅。与兄邂逅，会意交神。同驱大道，期以终
> 身。浑然一体，程称"识仁"。我则是崇，兄亦谓然。既以言去，龙
> 场之滨。我赠《九章》，致我殷勤。聚首长安，辛壬之春。兄复吏
> 曹，于我卜邻。自公退食，坐膳相以。存养心神，剖析疑义。我云圣
> 学，"体认天理"。"天理"问何，曰廓然尔。兄时心领，不曰非是。
> 言圣枝叶，老聃、释氏。予曰同枝，必一根柢。同根得枝，伊尹、
> 夷、惠；佛于我孔，根株咸二。奉使安南，我行兄止。兄迁太仆，我
> 南兄北。一晤滁阳，斯理究极。兄言迦、聃，道德高博，焉与圣异，
> 子言莫错。我谓高广，在圣范围；佛无我有，《中庸》精微；同体异
> 根，大小公私；致叙彝伦，一夏一夷。夜分就寝，晨兴兄嘻。夜谈子
> 是，吾亦一疑。分呼南北，我还京圻。遭母大故，扶柩南归。讣吊金
> 陵，我戚兄悲。及逾岭南，兄抚赣师。我病墓庐，方子来同，谓兄有
> 言：学竟是空；求同讲异，责在今公。予曰岂敢，不尽愚衷！莫空匪
> 实，天理流行。兄不谓然，校勘仙佛。天理二字，岂由此出？予谓学
> 者，莫先择术，孰生孰杀，须辨食物。我居西樵，格致辨析。兄不我
> 答，遂尔成默。壬午暮春，予吊兄戚。云致良知，奚必故籍？如我之
> 言，可行厮役。乙丙南雍，遗我书尺，谓我训规，实为圣则。兄抚两
> 广，我书三役；兄则杳然，不还一墨。及得病状，我疑乃释。遥闻风
> 旨，开讲穗石；但致良知，可造圣域；体认天理，乃谓义袭；勿忘勿
> 助，言非学的。离合异同，抚怀今昔。切劘长已，幽明永隔。②

　　湛若水对失去王阳明这位学术道友、诤友，颇为伤感。此外，湛若水
还有《赞义哀图阳明公像》对王阳明"良知"与孟子"良知"说进行比
较，并高度认可了王阳明"良知"说的学术价值："阳明之良知即孟氏之

---

① 《石龙集》卷二十八，第 3 页；《黄绾集》，第 563—564 页。
② 转引自《王阳明全集》（新编本），第 2028—2029 页。

知，孟氏之知即天地神明之知，天地神明之知，阳明、孟氏神天自知之。天地寂矣，孟氏寂矣，阳明寂矣，谁其知之？其知其寂，自寂自知。寂感之间，执天之机。"① 与此同时，湛若水判定阳明"致良知"之"致"等同于孟子的"扩充"之意：

> 良知之说，隆闻师言，固洞然无疑矣。但恐阳明先生所谓"致良知"者，"致"之一字即孟子所谓"扩充"之意，而学者语之不莹，遂觉欠此意耳。良知之说出于孟子，夫复何疑？致字须兼学、问、思、辩、笃行之功，则所知无过不及而皆天理之知矣，天理之知则良矣。②

湛若水《新泉问辩续录》又云："阳明……'致良知'正用学、问、思、辩、笃、行功夫，如曰：'惟精者，惟一之功；博文者，约礼之功；道问学者，尊德性之功。'皆是'致'的意思。第其门人流传之差，故有谓不用学、问、思、辩、笃行之功者，非其本旨也。"③ 易言之，对于王阳明的"致良知"，湛若水是认可并有补充、修正的。这也足以说明"体认天理""致良知"二说系"殊途同归、百虑一致"的。

嘉靖八年（1529）六月二日，湛若水由南京吏部右侍郎改任北京礼部右侍郎。④ 黄绾为其饯行，临别之际有《送甘泉少宰改官北曹》以鼓励之为国君尽忠："道谊平生意，登庸此日情。明良非偶遇，皋契岂徒生。岁月区中速，乾坤眼界明。临岐无可语，黾勉奋忠贞。"⑤ 此后，在嘉靖十二年（1533），黄绾有《寄甘泉宗伯书》，向湛若水讲述自己去年（嘉靖十一年）收养阳明先生遗孤王正亿的经过和适女正亿的"不得已"苦衷：

> 绾去岁自京归，至维杨，崇一诸友以书邀于路，云阳明先生家事甚狼狈，有难处者，欲绾至越一处。绾初闻，不以为然；至金陵细

① 《甘泉先生续编大全》卷二十二，第 573 页。
② 《泉翁大全卷》卷七十六《金陵答问》，第 1895 页。
③ 《泉翁大全卷》卷七十二，第 1785 页。
④ 《湛若水年谱》，第 162 页。
⑤ 《石龙集》卷四，第 2—3 页；《黄绾集》，第 50 页。

询，方知果有掣肘难言之情。又踌躇数日，方托王汝止携取孤子至此教养。将阳明先生囊橐所遗账目，烦诸友及亲经其事者，与王伯显、王仲肃并管事家人，逐一查对明白，立一样合同簿三本：一付越中，一付孤子之母，绾亦收执一本。俟孤子成人之日查对，毫发不许轻动，目前只令家人以田租所入供给。且绾居黄岩海滨，去越几六百余里，而重山阻隔，儿女远适，岂人情得已哉！或者反佐伯显为浮言，是可慨也！不审先生亦曾闻否？谅素爱阳明先生，此情必有不约而同者，敢此驰告。庶他日相逢泉路，可相质也。①

这足以说明，在抚养王正亿一事上，黄绾希望湛若水作见证人。此外，在嘉靖十三年（1534）二月，湛若水作《寄题海日楼诗》"序"文称："予（湛若水）与阳明子共盟斯道，如兄弟也，曾侍其家尊太宰海日翁游阳明洞"②，其诗歌有"红云一动千江晓，白首孤吟双泪流"句，体现了湛若水对已经离世的王华、王阳明父子的追思与缅怀。

（三）黄绾、湛若水与严嵩的一段交往

严嵩（1480—1567），字惟中，号勉庵、介溪、分宜等，江西新余分宜人。弘治十八年（1505）进士，改庶吉士，授编修。后移疾归，读书钤山十年，为诗古文辞，颇著清誉。正德十一年（1516）还朝，久之进侍讲。正德十六年（1521），署南京翰林院事。嘉靖四年（1525），召为国子监祭酒。嘉靖七年（1528）任礼部右侍郎，奉世宗命祭告显陵；受帝知，迁吏部左侍郎。嘉靖十一年（1532），进南京礼部尚书，后改吏部尚书。嘉靖十五年（1536），以贺万寿节至京师，会廷议更修《宋史》，遂留京以礼部尚书兼翰林学士董其事。夏言入阁，严嵩掌礼部事。嘉靖十七年（1538），世宗将祀献皇帝明堂，以配上帝，又欲称宗入太庙；严嵩并群臣议沮之，世宗不悦，著《明堂或问》示廷臣。严嵩惶恐，尽改前说，条画礼仪甚备。献皇帝入庙称宗，标志着嘉靖初年以降"大礼议"事件的最终结束。自是，严嵩"益务为佞悦"。嘉靖二十一年（1542），首辅夏言革职闲住，严嵩加少保、太子太保、礼部尚书兼武英殿大学士入

---

① 《石龙集》卷二十，第1页；《黄绾集》，第376页。此段引文，本章第一节"黄绾与王阳明"有征引。

② 《泉翁大全集》卷五十二《七言律诗》，第1284页。

阁，仍掌礼部事。寻加太子太傅。嘉靖二十三年（1544），首辅翟銮因事削籍，严嵩成为首辅。累进吏部尚书、谨身殿大学士、少傅兼太子太师，少师、华盖殿大学士。"惟一意媚上，窃权罔利。……窃政二十年，溺信恶子（严世蕃），流毒天下，人咸指目为奸臣。"① 晚年以事激怒世宗，严世蕃被判斩首，严嵩被没收家产，削官还乡，无家可归，寄食墓舍，隆庆二年（1567）卒。

后世对于严嵩的评论，多宗《明史》本传，尤其通过明清戏曲小说等文学作品比如《鸣凤记》《飞丸记》《玉丸记》《海公案》《打严嵩》的代代传播，其"奸臣形象"已深入民间②。尽管如此，严嵩的诗文造诣在明代文坛颇有影响，即"为诗古文辞，颇著清誉"云云。《明史·王世贞传》就称"（严嵩）始与李攀龙狎主文盟，攀龙殁，独操柄二十年。才最高，地望最显，声华意气笼盖海内。一时士大夫及山人、词客、衲子、羽流，莫不奔走门下"③。严嵩诗文集名曰《钤山堂集》，今有三十五卷本传世，《四库总目提要·集部·别集类存目》有论："（严）嵩虽怙宠擅权，其诗在流辈之中乃独为迥出。王世贞《乐府变》云：'孔雀虽有毒，不能掩文章，'亦公论也。然迹其所为，究非他文士有才无行可以节取者比。故吟咏虽工，仅存其目，以昭彰瘅之义焉。"④

而拙著对于黄绾、湛若水与严嵩之间交往的描述，主要限于政事与诗

---

① 《明史》（简体字本）卷三百八《列传》第一百九十六《奸臣·严嵩传》，第5302页。

② 杨东静：《明清戏曲小说中的严嵩形象研究》，硕士学文论文，河北师范大学，2011年。杨文以为"历史上真实的严嵩似乎与我们印象中的奸臣形象并不一样"：首先，严嵩是一名诗人，他的诗歌风格清丽、平和温婉，严嵩的书法在嘉靖年间就是不可多得的珍品，所以严嵩还是一位大书法家。其次，作为首辅的严嵩，在对东南海倭患的对策上，提出的抗倭主张是"宽海禁"，通过放宽海禁，让那些沿海居民一方面可以合法地进行海外贸易，另一方面可以促进海外贸易的合法化。这种措施有力地打击了倭寇，可以说是他政治生涯的一项丰功伟绩。在他当政时，明代内忧外患相当严重，南有倭乱，北有俺答的入侵，朝堂之上更是派别林立，暗流涌动。面对这些内忧外患，严嵩兢兢业业，虽年过花甲，却每日在西苑承值，处理大明帝国日益烦琐的日常事务。面对世宗的独霸专行，严嵩也并不是一味的阿谀奉承。他曾经因为反对世宗重建永寿宫，而失去了皇帝的宠信，从此结束了风光无限的仕途生涯。除此之外，严嵩当政期间还曾为民修桥，造福一方。在个人作风方面，严嵩一生一娶、从不纳妾，这在封建社会官吏中是很少见的。

③ 《明史》（简体字本）卷二百八十八《列传》第一百七十五《文苑三·王世贞传》，第4933—4934页。

④ 四库全书研究所整理：《钦定四库全书总目》，中华书局1997年版，第2414页。

歌唱和。

关于黄绾与严嵩的相识与交往，笔者推测：至迟在嘉靖二年（1523），即黄绾正式上任南京都察院经历之时，二人已经开始有交往。正德十六年（1521）八月，严嵩由翰林院编修升为南京翰林院侍读，嘉靖四年（1525）五月返京，升为国子监祭酒。也就是说，在嘉靖二年至嘉靖四年这三年之中，黄绾、严嵩同任职南都，二人之间当有交情。此外，嘉靖六年（1527）至嘉靖七年（1529）十月间，黄绾在京师历任《明伦大典》纂修官、光禄寺少卿、大理寺左少卿、詹事府少詹事兼翰林院侍讲学士、詹事府詹事等职，而在此段时间中，严嵩先后任京师国子监祭酒、礼部右侍郎、吏部左侍郎，黄绾与严嵩之间，定又有交往。

嘉靖七年十月二十四日，黄绾由詹事府詹事兼翰林院侍讲学士升为南京礼部右侍郎。① 时任南京礼部尚书系刘龙②，而在嘉靖八年（1530）六月，刘龙改任南京吏部尚书③，南京礼部尚书一职空缺，黄绾遍摄诸部印。《明史·黄绾传》云："（嘉靖七年）十月，（黄绾）出为南京礼部右侍郎，遍摄诸部印。"④ 黄绾《南京礼曹尚书私署记》称："礼部……适缺尚书，予获视篆。"⑤ 因南京礼部尚书一职空缺两年有余，嘉靖十年（1531）十一月二十五日，世宗令时任吏部左侍郎严嵩等推选。严嵩等言兵部左侍郎潘希曾、刑部左侍郎闻渊俱可任，但世宗不认可此二人的任职能力，乃令别推。于是，严嵩等复举南京吏部右侍郎李廷相、户部左侍郎王轼，世宗以为"礼部尚书乃礼部之长，虽在留都，亦系重任，如何辄以年浅充之"，仍令再推。⑥ 十二月，在明世宗的直接干预之下，严嵩升任南京礼部尚书。

对于严嵩与湛若水的关系，黎业明有文指出：湛若水与严嵩有同门、

---

① 《明世宗实录》卷九十三"嘉靖七年十月壬戌"条，台湾"中研院"历史语言研究所1962年校印本，第2158页。

② 《明世宗实录》卷八十七"嘉靖七年四月丁丑"条："升礼部左侍郎刘龙为南京礼部尚书。"

③ 《明世宗实录》卷一百二"嘉靖八年六月甲戌"条："改南京礼部尚书刘龙于南京吏部。"

④ 《明史》（简体字本）卷一百九十七《黄绾传》，第3479—3481页。

⑤ 《石龙集》卷十四上，第19页；《黄绾集》，第274页。

⑥ 《明世宗实录》卷一百三十二"嘉靖十年十一月乙亥"条。

同年、同事之谊，故而两人交往相当密切。①

弘治十八年（1505）春，湛若水、严嵩等同中进士。② 嘉靖七年，严嵩任礼部右侍郎之后，湛若水有作《宗伯严介溪先生像赞》③。嘉靖十年十二月，严嵩升任南京礼部尚书，离京南下之际，湛若水为之送行而作《赠大宗伯介溪严公之南都序》④；湛若水当然知道此时的南京礼部侍郎系好友黄绾，故而对于黄绾与严嵩二人的合作前景，颇为看好。

严嵩任南京礼部尚书之后，黄绾成为严嵩的得力助手，再有交往。在一次斋居之时，黄绾与之有诗歌唱和，分别追忆往昔的交游。严嵩有七言绝句《斋居奉同久庵寅长纪赠》："松柏高姿兰蕙薰，茆斋北郭旧论文。宁非凤世神仙侣，华省青精更对君。叔度冷予鄙吝消，英词往往奏英韶。文章已见追前古，礼乐还应翊圣朝。"⑤ 黄绾次韵和之，成《和严介溪尚书斋居纪赠》（二首）："忆昔经帏染御熏，重来南国订斯文。岁寒心事幽斋共，直以千秋奉圣君。宦迹未须悲泛梗，诗人那自赋陵苕。真怜惠我如金玉，哀拙空惭负圣朝。"⑥ "忆昔经帏染御熏，重来南国订斯文"句足以说明，黄绾与严嵩之间的诗文交往久矣。

嘉靖十一年（1532）春，黄绾与南都同僚严嵩、王廷相、刘龙等同登东麓阁，畅饮赋诗。⑦

同年夏，吏部尚书刘龙邀严嵩荡舟于南京城西，黄绾偕游，严嵩、黄绾有诗歌唱酬。黄绾《紫岩邀泛舟城西次介溪韵》："千门万户旧神州，碧水清山此荡舟。宿雨初晴江树晓，轻阴忽散岭烟收。吹箫正忆緱山侣，采蕨翻思委羽丘。不有高情金马客，相携那得罄清游。"⑧ 严嵩《金陵城西泛舟太宰刘公邀集》："叠嶂澄江遶帝州，金尊锦席在兰舟。正逢吏散轩裳集，况是郊晴雾雨收。隔岸帆樯迷浦溆，傍城楼阁带林丘。名都胜概

① 黎业明：《湛若水与严嵩交往述略》，《中国哲学史》2007年第2期，第121页。
② 拙著《黄绾生平学术编年》，第29页。
③ 《泉翁大全集》卷三十三《杂著》，第882页。
④ 黎业明：《湛若水年谱》，第174—176页。
⑤ （明）严嵩：《钤山堂集》卷十，明嘉靖二十四年刻增修本，《续修四库全书》第1336册，上海古籍出版社2002年版，第99—100页。
⑥ 《石龙集》卷七，第12页；《黄绾集》，第120页。
⑦ 拙著《黄绾生平学术编年》，第223页。
⑧ 《石龙集》卷六，第3—4页；《黄绾集》，第82页。

还今赏，赤壁高阳空昔游。"①

　　秋，黄绾与南都太常寺卿黄芳、礼部尚书严嵩、兵部尚书王廷相、吏部尚书刘龙等聚会于东麓阁畅饮，并有诗歌唱酬。黄绾《东麓亭次筠溪韵》："作客江东岁复阳，登台风物岂凄凉。阴崖丛竹捎烟碧，旭日平林带雾黄。桂阙仰瞻浮霭杳，蓬瀛还把翠涛长。哀迟未惜流光暮，楚泽悲吟对羽觥。"② 严嵩《和久庵少宗伯》："袅袅高云覆阁阴，冥冥宿雾映江深。丛篁暝带林烟碧，独雁寒随浦树沉。天上楼台堪怅望，水边亭槛足幽寻。共来佳丽金陵地，重对樽前谢朓吟。"③ 此外，严嵩还有《晓登朝天宫西阁集宴还坐东麓亭有作》《和紫岩太宰》《和筠溪少司马》等④。而王廷相则有《东麓亭和同游诸公》（四首），其"和严介溪大宗伯"云："绀殿瑶林宝气重，七真来往紫霞峰。鸾书不说人间事，风驭常迷海上踪。胜地只留沧水鹤，灵飙时送碧山钟。仓忙一览催归去，大道何年问赤松？"⑤ 王廷相又有七律《集饮东麓亭》："东麓古亭朝日开，水氛山色映昭回。帝家宫阙千年丽，仙苑风云百道来。何处更寻飞凤岛，几人曾上会真台？恭承高宴临幽胜，烂醉能辞浊酒杯。"⑥ 严嵩次韵作《和浚川大司马》⑦。

　　冬，十月二十二日，以星变⑧，黄绾与南京礼部尚书严嵩、吏部尚书刘龙、兵部尚书王廷相各自陈乞罢，嘉靖帝皆褒谕留之。⑨ 冬至日，黄绾与严嵩、王廷相等偕游位于南京钟山东南麓的名刹——灵谷寺，并有诗歌唱和。黄绾有七律《游灵谷寺》诗作，王廷相和之成《灵谷寺和黄久庵韵》⑩，严嵩并有《次久庵少宗伯》："上方台殿耸岩峣，望近松门路转遥。山抱玉陵增气色，磴盘琪树入云霄。岩花当日迎龙驭，涧水千年落凤韶。

---

① 《钤山堂集》卷九，《续修四库全书》第 1336 册，第 96 页。

② 《石龙集》卷六，第 4 页；《黄绾集》，第 82 页。

③ 《钤山堂集》卷九，《续修四库全书》第 1336 册，第 97 页。

④ 同上。

⑤ （明）王廷相著，王孝鱼点校：《王廷相集》，中华书局 1989 年版，第 335 页。

⑥ 《王廷相集》，第 335 页。

⑦ 《钤山堂集》卷九，《续修四库全书》第 1336 册，第 97 页。

⑧ 《明史》卷十七《本纪》第十七："八月戊子，以星变敕群臣修省。"（《明史》［简体字本］，第 151 页）

⑨ 《明世宗实录》卷一百四十三"嘉靖十一年十月辛卯"条，第 3335 页。

⑩ 《王廷相集》，第 334 页。

林下志公呼不起，空余遗事说梁萧。"① 十一月十四日，南京户部尚书秦金改任工部尚书②，黄绾、严嵩等南都官员为其饯行，黄绾有《送秦凤山司徒北上》："司空简命今尤重，昨见丹书下九天。率土正思弘济业，中朝方仰老成贤。乾坤倏忽回青驾，江海孤愁已白颠。心送天涯惟一寸，五云凤阙看周旋。"③ 严嵩作《送司空秦公赴召》。④ 十二月三十日，除夕之夜，黄绾与严嵩有诗歌互赠。黄绾作七言律诗《次介溪除夕》："旅馆张灯对石城，十年南北客神京。可怜衰鬓时能改，谁惜平生百未成。瞻阙每怀鸡欲唱，书云应候日方明。凄然坐觉椒盘冷，海上庭闱更系情。"⑤

是年（嘉靖十一年）左右，南京守备司礼太监晏宏奉命镇守三边，巡行途中，见"风土之恶、耕汲之苦"，为之矜恻，写《范家湾》《翟家铺》《湛家铺》《会宁县》四图，请黄绾为其题诗，黄绾有七言绝句《题晏太监行边图》（四首）⑥。与此同时，严嵩亦有《题晏守备画》⑦；而在嘉靖十三年（1534）六月晏宏病逝之后，严嵩撰《南京守备晏公墓志铭》以志哀悼⑧。

嘉靖十二年（1533）正月初一，黄绾、严嵩等南都官员一起饮酒唱和。黄绾作七言律诗《次介溪元日留饮韵》："南国趋跄拂曙寒，仙曹燕集近云端。觞传柏酒比邻洽，拜引春风礼数宽。阶下雪消芳可撷，门前水涨绿初看。平生感极难忘处，窃禄依依未挂冠。"⑨ 严嵩作《元日久庵少宗伯九峰太常集饮》："竹烟松雪散余寒，蕙荚桃符庆履端。天地万年吾道泰，阳和四海圣恩宽。增龄更藉椒觞劝，应俗先传彩胜看。喜并德邻能枉驾，正依云阙共弹冠。"⑩ 正月十五日，元宵节，黄绾与严嵩、刘龙等谒功臣庙、登真武庙，并有诗歌唱酬。是夜，南都东园有灯宴，黄绾、严

① 《钤山堂集》卷十，《续修四库全书》第 1336 册，第 101 页。

② 《明世宗实录》卷一百四十四"嘉靖十一年十一月戊午"条。

③ 《石龙集》卷六，第 4 页；《黄绾集》，第 82 页。

④ 《钤山堂集》卷十，《续修四库全书》第 1336 册，第 101 页。

⑤ 《石龙集》卷六，第 4—5 页；《黄绾集》，第 83 页。

⑥ 《石龙集》卷七，第 13 页；《黄绾集》，第 121 页。

⑦ 《钤山堂集》卷十，《续修四库全书》第 1336 册，第 104 页。

⑧ 《钤山堂集》卷三十，《续修四库全书》第 1336 册，第 258 页。

⑨ 《石龙集》卷六，第 5 页；《黄绾集》，第 84 页。

⑩ 《钤山堂集》卷十，《续修四库全书》第 1336 册，第 102 页。

嵩、刘龙等在筵席之上观园赏灯，又各有诗歌唱和。严嵩《东园灯宴》
（五言律诗）："芳节谁招晏，东园公予家。甔浮千日酿，灯灿九枝花。林
榭凝歌吹，楼台满月华。习池风景异，留赏未云赊。"① 黄绾《次韵介溪
东园灯燕》："上日秦淮曲，筵开无忌家。方物罗诸品，明灯斗百花。嘉
会嬉春事，流光感岁华。追随怜旧侣，瀛岛路非赊。"② 黄绾还赋有《次
紫岩东园灯燕韵》等。③ 春，黄绾与严嵩斋居时也有诗歌唱和，黄绾成
《和严介溪尚书斋夜》（四首）："斋居宵色静，月午漏声齐。院冷梅香细，
风回竹影低。拥衾霜欲下，推户鹊惊栖。翻忆岩扃夜，松阴倚仗黎。昔侍
春郊祀，分坛候具衣。仙飚鸣佩玉，璧月转牙旂。灵贶瞻神驭，祥光动帝
畿。飘飖翠华返，扈从马如飞。梦想南郊夜，氤氲霭瑞薰。千门怀祗畏，
百辟屏腥荤。侍从怜方朔，风流薄子云。明朝庆成罢，次第颂明君。长至
将临日，斋心对夜堂。华篇时引兴，银烛晕生光。樗散妨贤路，驽骀愧骥
行。惟应返初服，耕植趂春阳。"④

五月四日，黄绾与南京吏部尚书刘龙、户部尚书许诰、礼部尚书严
嵩、兵部尚书王廷相等各自陈乞罢。得旨，不允。⑤ 是月，王廷相离开南
都，入总北台任都察院左都御史，启程之时，黄绾、严嵩赋诗相送。黄绾
《送王浚川都宪》："共喜朝廷特用贤，狂歌起舞醉花前。不辞江海霜毛
改，已觉乾坤气化旋。霖雨自随龙奋跃，箫韶争睹凤蹁跹。从今天下应无
事，万里层霄白日悬。"⑥ 严嵩《奉送浚川王公赴召》："皇构须梁栋，天
逵侍凤鸾。盛衷劳侧席，时望切弹冠。霄汉恩波近，江湖别路漫。所嗟从
教远，长展卷诗看。雄峻称三独，清忠仰百寮。天书新宠渥，霜署旧风
标。威振台纲肃，春行郡国遥。向来经济望，好答圣明朝。"⑦

五月夏至前二日，黄绾为上司即南京礼部尚书严嵩诗文集《钤山堂
集》作"序"，成《钤山堂集序》：

① 《钤山堂集》卷十，《续修四库全书》第 1336 册，第 101—102 页。

② 《石龙集》卷四，第 7 页；《黄绾集》，第 58 页。

③ 《石龙集》卷六，第 5 页；《黄绾集》，第 84—85 页。

④ 《石龙集》卷四，第 6—7 页；《黄绾集》，第 57—58 页。

⑤ 《明世宗实录》卷一百五十"嘉靖十二年五月丙午"条，第 3433 页。

⑥ 《石龙集》卷六，第 7 页；《黄绾集》，第 87 页。

⑦ 《钤山堂集》卷十，《续修四库全书》第 1336 册，第 104 页。

　　某从大宗伯介溪严公燕暇，出示《钤山堂集》，稍读一过，曰：盛哉，公之文也，庶几时弊不入欤！……公以清明俊朗之才，加以研精韫椟之深，故其文之峻洁简练、丰腴委曲，则尝师法韩、欧；故其诗之冲淡沉婉、清新隽永，则尝出入盛唐诸家。力去近习，成一家言，君子固称之，某亦何云？且公宿负庙堂重望，遭逢圣明，以文敷治，行当入赞皇猷，陶镕天下之士而涤濯之，其为斯文之庆何如！①

　　若干年之后，即嘉靖三十年（1551）三月，已经致仕家居的湛甘泉也有《钤山堂文集序》：

　　嘉靖三十年三月朔旦，元相大学士介溪严公以其《钤山堂文集》三十二卷，寓甘泉子于天关，授以首简叙之。于时，水也以病废文字十余年矣，焚香对书，再拜再拜复再拜，上以答公礼数之殊也，亦以贺公求言之笃也。曰："推公此念，人将轻千万里来进之以嘉言矣，况受知如水者乎！"展而读之，凡为赋诗古律绝句七百八十，颂序记碑五十有九，内制讲章二十有七，杂著二十有五，志铭四十有三。曰："富矣哉集乎！娴矣哉文乎！有诗不戾乎风雅汉唐矣，有言不戾乎训诰诏令矣。"于是心悦而神悸焉，怳然如入陶朱之室，开宝藏之库，万珍烁灼，光彩夺目，令人应接不暇，又爽然若自失也。……②

　　于此不难发现，黄绾、湛若水二人对于严嵩的诗文造诣，均有着高度评价。

　　嘉靖十二年（1533）六月，严嵩由南京礼部尚书改为南京吏部尚书。七月五日，湛若水由礼部左侍郎升为南京礼部尚书，京师礼部右侍郎空

---

　　①　《石龙集》卷十三，第12—13页；《黄绾集》，第225—226页。《钤山堂集》（《续修四库全书》第1336册，第6—7页）亦载有黄绾此"序"文，末署"嘉靖癸巳夏至前二日通议大夫南京礼部右侍郎黄绾序"。

　　②　《钤山堂集》（《续修四库全书》第1336册，第1—2页）卷首。值得注意的是，湛甘泉之"序"置诸于群"序"文之首。嘉靖年间，有不少朝中大臣、后学门生诸如湛甘泉、穆孔晖、汝南林、廖道南、林文俊、潘旦、顾璘、费宷、欧阳德、赵文华、陈昌积等于严嵩皆有"像赞""图赞"，而诸"赞"之中，湛甘泉之"赞"亦置诸群"赞"文之首。此中，可见严嵩对湛甘泉道德文章的敬重与赏识。

缺;十九日,黄绾由南京礼部右侍郎升为礼部左侍郎①,时任礼部尚书系夏言。嘉靖十三年之后,湛若水与严嵩同在南京任职,故而交往颇多,湛若水有《次韵介溪太宰灵谷寺见寄二首》②,《叠前游山韵示诸生兼答介溪太宰三月二十四日》③,《甲午正月初七日于严介溪公所寓山池作瀛洲会是日会者八公分得七言长句体为八仙歌》《介溪太宰画歌》《送严介溪冢宰考满上京便道归铃山》④。

先是,恭上皇天上帝大号尊加皇祖谥号礼成之后,礼部奏遣使诏谕朝鲜。嘉靖帝以为:"安南亦在天覆之下,不可以迩年叛服之故,不使与闻。今择廷臣有文学才识、通达国体者,赍诏谕之,如故事。"于是,所司以其人上报,前后多次上报之人选,皆不称帝意。嘉靖十八年(1539)二月,嘉靖帝"命原任礼部左侍郎黄绾升本部尚书、为正使,右春坊右谕德张治升翰林院学士、为副使,捧诏行。时绾守制家居,趣赴行在所,领面谕行事"⑤。王世贞《弇山堂别集》记:"黄绾,浙江黄岩人,嘉靖十八年起升兼学士,勘安南夷,寻夺职。"⑥ 李一瀚《礼部尚书兼翰林院学士黄公绾行状》载:"服阕,时有安南之乱,先帝又起公(黄绾)礼部尚书兼翰林院学士,充安南正使。其区处事宜,历有章疏。"⑦ 约在是年五月左右,黄绾奉诏至京师礼部任职,时任礼部尚书系严嵩,黄绾亦任同官;二人又多有交往。六月八日,吏部尚书许赞,礼部尚书严嵩、黄绾等俱以雷警自陈乞罢。诏留用。⑧ 六月,同任礼部尚书严嵩大力支持黄绾关于"宣谕安南"的前期准备事项,黄绾奏请"要将安南黎氏受封始末等项查录前去,以备应用",嘉靖帝命严嵩照办。严嵩翻阅、稽查礼部所存有关

---

① 《明世宗实录》卷一百五十二"嘉靖十二年七月庚申"条,第3461—3462页。

② 《泉翁大全集》卷四十七《五言律诗》,第1201页。

③ 《泉翁大全集》卷五十二《七言律诗》,第1285页。

④ 《泉翁大全集》卷五十四《歌》,第1328—1329、1332页。

⑤ 《明世宗实录》卷二百二十"嘉靖十八年正月",台湾"中研院"历史语言研究所1962年校印本,第4549—4550页。《明史》卷十七:"(十八年春二月)起黄绾为礼部尚书,宣谕安南"(《明史》[简体字本],第154页)。

⑥ (明)王世贞:《弇山堂别集》卷四十九《礼部尚书表·勘夷者》,《文渊阁四库全书》本。

⑦ (明)焦竑辑:《国朝献征录》卷三十四,明万历年间刻本,第13页。

⑧ 《明世宗实录》卷二百二十五"嘉靖十八年六月",第4686页。嘉靖十八年六月十四日,湛若水由南京吏部尚书改任南京兵部尚书参赞机务。

安南国案卷，查录完毕，上奏疏《稽古典以备采酌事》，有"臣看得尚书
黄绾所奏要将安南黎氏受封始末等项查录前去，以备应用一节。臣等谨钦
遵考得"云云①。遗憾的是，是年闰七月，礼部尚书兼翰林院学士黄绾罢
官，从而也辜负了同事严嵩的努力。《明世宗实录》载："先是绾以礼部
左侍郎升本部尚书，充正使往谕安南，未行。为其父母请赠且援建储恩
例，请给诰命如其官，上怒曰：'绾先因行取使安南，闻命不趋。既至，
则多端请辞，畏缩阘茸。今又复有请。其以原职闲住，毋复起用。'"② 汤
聘尹《久庵先生文选·序》云："（黄绾）迁大宗伯。然侃直不诡随，竟
以忤权贵归，不啻脱纆。"③ 罢官闲住之后的黄绾，与严嵩不再有交往。
附带一笔，嗣后严嵩与黄绾好友夏言④之间的"内斗"，与黄绾则不
相干⑤。

　　黎业明有文指出，湛若水与严嵩的交往及其对严嵩的颂扬，都不是在
严嵩位高权重之时才开始的。而湛若水为严嵩《钤山堂集》作序并对严
嵩加以颂扬等事，与其说是趋炎附势、党附权奸，还不如说是同门、同
年、同事之间的溢美之词、奉承之语⑥。进而言之，黄绾与严嵩的交往，
也"不是在严嵩位高权重之时才开始的"，而是上下级、同事的公务交往
以及文人墨客之间的诗歌唱和而已。易言之，对于黄绾、湛若水与严嵩的
交往，我们不应受"大奸臣"严嵩的负面影响而浮想联翩，进行无端
指责。

　　（四）黄绾抚勘"大同兵变"，湛若水予以支持

　　嘉靖十二年（1533）十月六日，大同兵乱，杀总兵官李瑾，代王奔
宣府⑦。对于如何处置"大同兵变"，时任礼部左侍郎的黄绾与阁臣张璁

---

　　① 转引自（明）黄训编：《名臣经济录》卷二十五《礼部·仪制上》，《文渊阁四库全
书》本。

　　② 《明世宗实录》卷二百二十七"嘉靖十八年闰七月"，第4719页。

　　③ （明）汤聘尹：《久庵先生文选序》，载《久庵先生文选》卷首，明万历年间刻本。

　　④ 嘉靖十二年七月至嘉靖十四年五月，黄绾任职礼部左侍郎之时，时任礼部尚书系夏言，
黄绾与夏言之间关系亦密切。

　　⑤ 嘉靖二十七年（1548）正月，夏言遭严嵩嫉妒诬陷，因赞决陕西总督曾铣议复河套事而
败，被夺官阶，以吏部尚书致仕。四月，下镇抚司狱。十月初二，夏言被杀于京师西市，年六十
七岁。

　　⑥ 黎业明：《湛若水与严嵩交往述略》，《中国哲学史》2007年第2期，第127页。

　　⑦ 《明史》（简体字本），第151页。

（孚敬）意见相左：前者建议招抚，后者主张征剿。二位曾经的"议礼"好友，始"有隙"。①

嘉靖十三年（1534）二月八日，吏部尚书汪鋐②劾黄绾，表面上看，系汪鋐与黄绾之间产生矛盾，实际上系辅臣张璁与礼部尚书夏言二人之间的矛盾与斗争。最终，在世宗的极力斡旋之下，双方矛盾暂时缓和。《明史·黄绾传》有云：

> 初，绾与璁深相结。至是，夏言长礼部，帝方向用，绾乃潜附之，与璁左。其佐南礼部也，郎中邹守益引疾，诏绾核实。久不报，而守益竟去。吏部尚书汪鋐希璁指疏发其事，诏夺守益官，令鋐覆核，鋐遂劾绾欺蔽。璁调旨削三秩，出之外。会礼部请祈谷导引官，帝留绾供事。鋐于是再疏攻绾，且掇及他事，帝复命调外。绾上疏自理，因诋鋐为璁鹰犬，乞赐罢黜以避祸。帝终念绾"议礼"功，仍留任如故。绾自是显与璁贰矣。③

二月二十二日，总督宣大侍郎张瓒抚定大同乱卒；二十四日，代王返国。④ 三月六日，在礼部尚书夏言的大力举荐之下，黄绾受命抚赈大同，兼体察军情、勘明功罪，许以便宜从事。关于黄绾受命经纪、抚赈大同之缘起，实系嘉靖帝与夏言（包括黄绾）、张璁君臣三方博弈之结果。五月，黄绾在大同，妥善处置"兵变"之后事；八月，不辱使命，顺利完成嘉靖帝交托抚勘"大同兵变"任务返京。九月二十日，黄绾"奉旨勘上大同事"，述大同兵变发生之原委、列文武将吏之功罪。关于黄绾此次勘抚回京之奏报，《明史·黄绾传》载："还朝，列上文武将吏功罪，极诋源清、永。绾以劳增俸一等，璁及兵部庇源清，阴抑绾。绾累疏论，帝

---

① 拙著《黄绾生平学术编年》，第254—257页。

② 汪鋐（？—1536），字宣之，婺源人。弘治十五年（1502）进士，授南京户部主事，历金事至浙江左布政使。嘉靖六年（1527）十月迁右副都御史巡抚南赣，提督军务。嘉靖八年三月回院理事，再迁刑部侍郎，进右都御史兼兵部尚书掌都察院事，提督团营，加太子少保。嘉靖十一年九月改吏部尚书。十三年七月，兼兵部尚书。嘉靖十四年九月初一日致仕，嘉靖十五年七月二十九日卒。赠少保，谥荣和。

③ 《明史》（简体字本）卷一百九十七《黄绾传》，第3479页。

④ 《明史》（简体字本）卷十七，第152页。

亦意向之，源清、永卒被逮。"① 李一瀚《礼部尚书兼翰林院学士黄公绾行状》记："（黄绾）升礼部左侍郎，适大同倡乱，公奉敕往抚大同，奋不顾身，兼程到镇，运谋计策，擒斩积年创乱首恶张玉、穆通等二百余名，而一方之难遂靖。民立安辑祠祀之。所余赈济银三万有奇，毫无所蚀，赍回还诸内帑。先后功次，《国朝典故》内《云中纪变篇》载之详矣。惜乎，尚未论其功也！"②

是年（嘉靖十三年）十月左右，时任南京礼部尚书的湛若水有书函与黄绾，称赞其抚勘"大同兵变"之功绩，黄绾先后成《寄甘泉先生书》（二首）以感谢，并倾吐其中若干内情：

> 奉违既久，闻教日疏，企渴之情，当何如也？云中事谬承简命，偶人心孚信，获擒首恶，以明功罪。粗免罪戾，实皆平日得闻君子绪论之所及也。过辱奖与，愧不敢当。
>
> 大同之事，焉敢言能？求尽此心而已。承奖教，岂胜愧感！但赏罚者，国之大柄；信者，国之至宝。今于成事之后，每欲颠倒，尚赖圣明在上，敢申论之。稍得仿佛，然犹不免失信而快触人心。世事难任如此，奈何奈何！将来有事，何以用人而责人之效力哉？③

嘉靖十五年（1536）六月，湛若水由南京礼部尚书改任南京吏部尚书。嘉靖十六年（1537）十月，时丁忧家居的黄绾与湛若水已有五年多未曾谋面，恰逢黄绾仲兄黄绎之子黄承芳赴南雍读书，时湛若水系南京吏部尚书，黄绾有《寄甘泉先生书》以寻求关照：

> 绾不类，每承教念，尤见久要盛德，因思当时京国盍簪及从游之徒，自阳明云逝，皆在鬼录，今仅存者亦零落星散而不可睹。惟先生肖然若灵光独奠，而绾亦白发萧骚以追随，言之伤心可慨，益知自勉者不可不及时也。怅望方切，适舍侄承芳赴南雍，谨此并拙稿上

---

① 《明史》（简体字本）卷一百九十七《黄绾传》，第3480页。

② （明）焦竑辑：《国朝献征录》卷三十四，明万历年间刻本，第12页。

③ 《石龙集》卷二十，第13—14页；《黄绾集》，第389页。

请教。①

十一月二日，湛若水有《复黄久庵少宗伯》：

　　辱知，湛某顿首拜启。五年之别，企仰之怀，与日俱积。昨高徒林上舍奉到华翰，如瞻颜范，如闻謦欬，幸甚！区区为学之訾，自非圣明洞察，则不免党祸之端，以为明时之累，公论必不能昭然如此也。语云："誉吾者吾贼，非吾者吾德。"反躬修省，真自受用。盖损者益之地也，何怨尤之有？寅谂孝履，秋仲当已祥禫。除凶则吉人，孝子之心虽无穷，而圣王之礼制则有限。系官于兹，末由趋慰，谨具疏附上，以代躬致。余惟自爱自养，以膺眷召。为德为民幸甚。不宣。丁酉十一月初二日。②

湛若水在信函之中，表达了好友黄绾的思念与对嘉靖时局的担忧。

（五）罢职闲住的黄绾与致仕归隐的湛若水

湛若水于嘉靖十七年（1538）六月十四日，由南京吏部尚书改为南京兵部尚书参赞机务。

嘉靖十八年（1539）初，礼官以恭上皇天上帝大号及皇祖谥号，请遣官诏谕朝鲜。时世宗方议征讨安南，欲因以觇之，乃曰："安南亦朝贡之国，不可以迩年叛服故，不使与闻。其择大臣有学识者往。"廷臣推荐数人，皆不获用。此时，世宗特起丁忧服阕的黄绾，升任礼部尚书兼翰林学士，为出使安南正使。春，世宗方幸承天，督促黄绾诣行在受命。或许是黄绾已因年届六旬，身心略疲；再加上浙江黄岩至京师再至安南，旅途劳顿，或有"惮往"之嫌。然君命难违，黄绾乘舟至徐州，"先驰使奏疾不能前，致失期"。对此，世宗颇为不满，训责黄绾不驰赴行在，"而舟诣京师为大不敬，令陈状，已而释之"。至京师之后，黄绾为出使安南积极准备、筹划，"数陈便宜，请得节制两广、云、贵重臣，遣给事御史同事，吏、礼、兵三部择郎官二人备任使"，世宗悉从之。最后，复为其父母请赠，且援建储恩例，请给诰命如其官。对此，世宗大怒，曰："（黄）

---

① 《石龙集》卷二十，第31页；《黄绾集》，第404页。

② 《泉翁大全集》卷十，第295—296页。

绾先因行取使安南，闻命不趋。既至，则多端请辞，畏缩阘茸。今又复有请。其以原职闲住，毋复起用。"① 时为嘉靖十八年闰七月。值得一提的是，先前湛若水在正德七八年间曾奉命出仕安南，并顺利完成使命而还朝。

嘉靖十八年秋，时年六十岁的黄绾正式结束了自己的仕宦生涯，开始了晚年的归隐田居生活。《南京都察院志·黄绾传》称：（黄绾）"归抵家，迁居翠屏山中，杜门谢客，日事注述，布衣草履，超然于尘埃之外，虽极寒暑，手未尝释卷，远近有志士咸趋事之"②。而在翌年，即嘉靖十九年（1540），时任南京兵部尚书的湛若水六年考满，因年逾七十，世宗令其致仕归隐，故而湛若水也开启了自己与黄绾相似的隐居著书、讲学终老的晚年岁月。

晚年赋闲家居的黄绾、湛若水彼此之间也有书函来往、诗歌唱和。比如湛甘泉曾在某年秋有七言绝句《登罗浮见怀》寄黄绾，黄绾和之而成《和甘泉登罗浮见怀韵》（二首）："罗浮万仞拂空濛，谁复能居最上峰。秋日寄予诗句好，恍闻笙鹤挟飞龙。秋风吹雨晓濛濛，尺素谁传海上峰。白首故人应念我，九关招手共骑龙。"③ 嘉靖二十二年（1543）左右，黄绾因追忆、思念好友湛若水以及已故的阳明先生，在黄岩紫霄山之"二公亭"特作七言古诗《胡为吟》："昔胡为兮亭山阿，彼二子兮期我过，期不过兮永啸歌。彼山阿兮星屡易，死生阔兮幽明隔，瞻望久兮我怀积。怀伊何兮为道谋，望弗见兮欲之悠，我何极兮之。"④ 前文已述，"二公亭"系早年黄绾特意为湛若水、王阳明二位挚友修造并以"甘泉""阳明"命名，曾期望与湛、王二人讲学终老。岁月荏苒，此时的王阳明早已辞世多年，而湛若水亦身在千里之外的广东岭南家，居养老。为表诚意，黄绾还把七言古诗《胡为吟》镌刻于"二公亭"旁侧的石壁之上，时至今日，

---

① 《明史》（简体字本）卷一百九十七《黄绾传》，第 3480 页。

② （明）施沛：《南京都察院志》卷三十九《人物三·经历列传·黄绾传》，日本内阁文库藏明天启刻本，第 47 页。

③ 《久庵先生文选》卷四，第 8 页；《黄绾集》，第 132 页。

④ "怀伊何兮为道谋，望弗见兮欲之悠，我何极兮之"一句不见于《久庵先生文选》，兹据黄绾存世摩崖石刻文而补录。

依旧存留①。

黄绾还遣使把《胡为吟》呈送与湛若水，湛若水特作七言古诗《我所思三章》（有序）以回赠："我所思兮在天台，抱耿介兮蒇脂韦，立怅望兮渺予怀。烟霞合兮午不开，望不见兮登日台。我所思兮在雁荡，两亭翼兮倚云嶂，一眠云兮独伥伥。三关闭兮复北望，闭三关兮坐惆怅。我所思兮在越台，多修服美兮怀天才，逝化碧兮兰亭隈，骑黄鹄兮去不回。廿年不见兮使我心哀，寥寥宇宙兮负荷者其谁？"② 与黄绾之思念一样，湛若水也时时刻刻思念着远在浙南雁荡、天台之间的昔日道友黄绾，《我所思三章》"序文"有言："我所思，念友人也。予与阳明子、石龙子为道义之交，中间虽有离合，而此志不移。今阳明逝矣，而予与石龙独存，因其来使，辞已见情焉。"

我们知道，在王阳明辞世之后，黄绾亲撰《阳明先生行状》（成文于嘉靖十三年）以追记阳明的道德、文章、功绩③，然而阳明墓碑之铭文尚缺。在黄绾看来，最有资格为阳明先生墓碑撰写铭文者，非湛若水莫属，故在嘉靖二十五年（1546）秋八月，特修书一通，并命阳明之子王正亿持自己先前所成《阳明先生行状》，至广东西樵山烟霞洞请湛若水撰"墓志铭"文。应黄绾与王正亿之请，湛若水根据《阳明先生行状》文本，成《明故总制两广江西湖广等处地方提督军务奉天翊卫推诚宣力守正文臣特进光禄大夫柱国少保新建伯南京兵部尚书兼都察院左都御史阳明先生王公墓志铭》：

> 甘泉子挈家闭关于西樵烟霞之洞，故友新建伯阳明王先生之子正亿以其岳舅礼部尚书久庵黄公之状及书来请墓铭。曰："公知阳明公者也，非公莫能铭。"甘泉子曰："吾又何辞焉？公知阳明公者也，

---

① 2011 年 5 月，笔者在时任浙江省江夏文化研究会秘书长黄洪兴先生、会计黄福登先生陪同之下，前往黄岩黄绾后裔聚居地——新宅村，寻访到黄氏后人黄友顺、黄仙花二位先生。在黄友顺、黄仙花二位先生的引导之下，寻访到了紫霄山深处的"二公亭"及黄绾所作《胡为吟》七言古诗之摩崖石刻。关于"二公亭"，笔者怀疑即是黄绾当年所建"石龙书院"之遗址；黄仙花先生告诉笔者，此处名曰"书院基"，是为佐证。另外，2008 年 9 月底，笔者与时杭州师范大学中国哲学专业硕士研究生袁新国曾在台州路桥黄绾纪念馆林筠珍女士帮助之下，前往新宅寻访黄绾故居及翠屏山一带存世的黄绾所书摩崖石刻，亦得到过黄友顺先生的帮助。

② 《甘泉先生续编大全》卷二十三，第 600 页。

③ 《王阳明全集》（新编本），第 1424—1450 页。

非公莫能状。公状之，吾铭之。公状其详，吾铭其大。吾又何义之辞焉？"乃发状而谨按之。……①

湛若水在《阳明先生墓志铭》文中根据黄绾所成"世系状云云""诞生状云云"追记了阳明的先祖、出生经过，据"学术状云云"回忆了自己与阳明的结识场景及二人为学宗旨之异同："（阳明）会甘泉子于京师，语人曰：'守仁从宦三十年，未见此人。'甘泉子语人亦曰：'若水泛观于四方，未见此人。'遂相与定交讲学，一宗程氏'仁者浑然与天地万物同体'之旨。故阳明公初主'格物'之说，后主'良知'之说；甘泉子一主'随处体认天理'之说，然皆圣贤宗旨也。而人或舍其精义，各滞执于彼此言语，盖失之矣！故甘泉子尝为之语曰：'良知必用天理，天理莫非良知，以言其交用则同也。'"如此看来，晚年的湛若水并不认为自己的"随处体认天理"之说与阳明的"致良知"之教有冲突。湛若水还根据"仕进状云云"回顾了自己因王阳明介绍而结交黄绾之共学场景："（阳明）取入南京刑部主事，留为吏部验封主事，有声。阳明公谓甘泉子曰：'乃今可卜邻矣。'遂就甘泉子长安灰厂右邻居之。时讲于大兴隆寺，而久庵黄公宗贤会焉。三人相欢，语合意。久庵曰：'他日天台、雁荡，当为二公作两草亭矣。后合两为一焉，明道一也。'"此外，"读平赣之状云云""读平江西之状云云""读思、田之状云云""读八寨之状云云"，对阳明的"文治武功"予以高度赞颂，湛若水还对黄绾历经六年时间而成《阳明先生行状》的"慎重"之举予以认可。末了，湛若水对王阳明"这位明朝文武双全的大臣、这位被后人誉为'真三不朽'的圣贤、这位中国历史上伟大的思想家、哲学家、教育家、军事家、政治家"②，作如下铭文以志之：

> 南镇嶙嶙，在浙之滨；奇气郁积，是生异人。生而气灵，乘云降精。十一金山，诗成鬼惊。志学逾二，广信馆次，娄公一言，圣学可至。长而任侠，未脱旧习，驰马试剑，古人出入。变化屡迁，逃仙逃

---

① 《甘泉先生续编大全》卷十一，第267页。

② 吴光：《吾心自有光明月：王阳明的生平事功与思想学说》，载《王阳明全集》（简体版）卷首，上海古籍出版社2012年版，第27页。

禅；一变至道，丙寅之年。邂逅语契，相期共诣。天地为体，物莫非己。抗疏廷杖，龙场烟瘴；居夷何陋，诸蛮归向。起尹庐陵，卧治不庭；六月之间，百废具兴。入司验封，众志皆通，孚于同朝，执经相从。转南太仆，鸿胪太畜；遂巡南赣，乃展骥足。浰头、桶冈，三广夹攻，身先士卒，屡收奇功。蓄勇养锐，隐然有待，云胡养正，阴谋来说。诈言尊师，公明灼知；冀子往化，消变无为。闻道丰城，及变未萌，闻变遄返，心事以明。旌旗蔽空，声义下江，尾兵累之，北趋不从。乃擒巨贼，乃亲献馘；争功欲杀，永也护翊。彼同袍者，反戈不怍，隐之于心，以莫不戚。忧居六年，起治思、田，抚而不戮，夷情晏然。武文兼资，仁义并行，神武不杀，是称天兵。凡厥操纵，圣学妙用，一以贯之，同静异动。①

嘉靖二十九年（1550）三月十五日，黄绾门生、黄岩儒学教谕吴国鼎为乃师晚年所辑读书笔记《明道编》作跋文一种，其中有引黄绾晚年对自己、王阳明、湛若水三人学术宗旨的揭橥："予（黄绾）尝与阳明、甘泉日相砥砺，同升中行。然二公之学，一主于致良知，一主于体认天理，于予心尤有未莹，乃揭艮止、执中之旨，昭示同志，以为圣门开示切要之诀，学者的确功夫，端在是矣。外是更无别玄关可入也。"② 晚年家居的黄绾，以儒家经典《四书五经》为蓝本，并予以"原古"式的经典诠释，系统展开了对宋明诸儒学术思想（包括王阳明的"致良知"、湛若水的"体认天理"）的批判，从而构建了以"艮止"（《周易》）、"执中"（《尚书》）为核心范畴（"道体"）的道学体系。

嘉靖三十三年（1554），黄绾于浙南台州病卒，年七十五。六年之后，即嘉靖三十九年（1560），湛若水于广东岭南辞世，年九十五。

第三节　黄绾对王阳明良知学的"受用"

黄绾在正德五年（1510）冬与王阳明在京师结交，只是基于"圣人之学"的共同志业；在嘉靖元年秋（1522）由台州奔赴绍兴师从王阳明，

---

① 《王阳明全集》（新编本），第 1408—1414 页。

② 《明道编》，第 75—76 页。

则是因为王阳明作为"豪杰之士"已经正式揭其为学宗旨——"致良知"之教而服膺之①。嘉靖元年至七年（1522—1528）间，黄绾通过与王阳明面晤交往、书信论学的方式，砥砺学问，此时的黄绾已能把握阳明心学的三大核心命题——"致良知""亲民""知行合一"。嘉靖七年王阳明病逝，嘉靖七年至十二年（1528—1533）间，任南京礼部右侍郎之职的黄绾，主要通过提携后学、劝勖上进的形式，在南都极力维护师门"致良知"之教，从而使良知本体蕴含的"独知""慎独"的功夫路数，得以充分地揭橥与阐发。

本节论述的核心话题是："慎独而致吾之良知"，系中年黄绾对阳明良知学题中之义的一种阐述。

一　"独知""慎独"范畴的文献学梳理

在王阳明的"致良知"之教中，有"独知""慎独"的范畴。我们在论述中年黄绾在阐发业师王阳明的"良知独知"论之前，有必要对"独知"和"慎独"这一对范畴进行文献学意义上的爬梳。

一般以为，"独知"的学理依据，即是《大学》《中庸》"慎独"之"独"和《孟子》"良知"《大学》"致知"之"知"，二字之结合，即曰"独知"。如所周知，孟子的"良知"说见之于《孟子·尽心上》："人之所不学而能者，其良能也；所不虑而知者，其良知也。孩提之童，无不知爱其亲者；及其长也，无不知敬其兄也。亲亲，仁也；敬长，义也。无他，达之天下也。"②在孟子这里，"知"是一种能力认知抑或判断能力，"良知"则是人人天生具备的一种向善的先验道德力，无须经过后天教化引导，自然生成，宋儒程颐就认为："良知良能，皆无所由；乃出于天，不系于人。"③

---

① 对于王阳明学说的根本宗旨——"致良知"的解读，读者可以参阅当代阳明学研究著名专家吴光教授的大作《从"致良知"到"行良知"：论黄宗羲对王阳明"良知"说的转型与贡献》（载《国际阳明学研究》第一卷，中国社会科学出版社 2011 年版，第 124—138 页）及贵州大学张新民教授的专著《阳明精粹·哲思探微》（孔学堂书局、贵州人民出版社 2014 年版）、中山大学张卫红教授的学术论文集《由凡至圣：阳明心学功夫散论》（生活·读书·新知三联书店 2016 年版），尤其是后两种著作对当代学人如何体证"良知"有精辟的解读与阐发。

② （宋）朱熹：《四书集注》，三秦出版社 1998 年版，第 518 页。

③ （宋）程颢、程颐：《二程集》，中华书局 1981 年版，第 20 页。

　　《大学》之"致知"，出自于"欲诚其意者，先致其知；致知在格物"文。一般以为，"致知"之"知"与"理"相当，它不仅包括对于自然、社会的客观规律（"天理"）的认识与掌握，还在于恢复一个人先天具有的向善的道德本性的道德践履。如是而论，《大学》"致知"之"知"即趋同于《孟子》"良知"之"知"。朱熹在《大学章句》中"窃取程子之意"，对"格物致知"进行了发挥，即众所周知的名句——"言欲致吾之知，在即物而穷其理。"①

　　"慎独"一词出现于《礼记》之《大学》《中庸》篇。《大学》在"释诚意"之时，两次提道"君子必慎其独也"云云："所谓诚其意者，毋自欺也。如恶恶臭，如好好色，此之谓自谦。故君子必慎其独也！小人闲居为不善，无所不至，见君子而后厌然，掩其不善，而著其善。人之视己，如见其肺肝然，则何益矣。此谓诚于中，形于外。故君子必慎其独也。曾子曰：'十日所视，十手所指，其严乎！'富润屋，德润身，心广体胖。故君子必诚其意。"② 一般以为，"独"即生命个体"独处之地"，朱熹《大学章句集注》就以为："独者，人所不知而己所独知之地也。言欲自修者知为善以去其恶，则当实用其力，而禁止其自欺。使其恶恶则如恶恶臭，好善则如好好色，皆务决去，而求必得之，以自快足于己，不可徒苟且以殉外而为人也。然其实与不实，盖有他人所不及知而己独知之者，故必谨之于此以审其几焉。"③ "慎独"即"谨慎于独处"，一个人在独处之时须小心谨慎，因为"慎独"是达至"诚意"之境的不二法门。

　　值得注意的是，我们通常把"慎独"理解为"在独处无人注意时，自己的行为也要谨慎不苟"④，或"在独处时能谨慎不苟"⑤。详而论之，"慎独"是指个人在独自居处的时候，也能自觉地严于律己、谨慎地对待自己的所思所行，"非礼勿视、非礼勿听、非礼勿言、非礼勿动"，时时刻刻注意自我，防止、防备有悖道德的欲念和行为发生，以求切实做到表里如一、言行一致。与学界通行的解读不同，中国人民大学国学院梁涛教授在其代表作《郭店竹简与思孟学派》第五章第三节"郭店竹简与'君

---

①　《四书集注》，第 10 页。

②　杨天宇：《礼记译注》，上海古籍出版社 2004 年版，第 801—802 页。

③　《四书集注》，第 11 页。

④　商务印书馆编辑部编：《辞源》（修订本），商务印书馆 1988 年版，第 624 页。

⑤　夏征农主编：《辞海》（缩印本），上海辞书出版社 1999 年版，第 1201 页。

子慎独'"行文中①，根据《郭店竹简·五行》篇"能为一，然后能为君子，君子慎其独也"的出土文献材料，通过细致的分析、全面的考察，提出"慎独"的本意应是"诚其意"，以往人们（包括朱熹）对"慎独"的理解有不准确、不到位的地方。那么，我们不妨将"慎独"定义为："慎独指内心的专注、专一状态，尤指在一人独处、无人监督时，仍能坚持不苟。"②

与《大学》一样，《中庸》"首章"就有"君子慎其独也"的命题："天命之谓性，率性之谓道，修道之谓教。道也者，不可须臾离也，可离非道也。是故君子戒慎乎其所不睹，恐惧乎其所不闻。莫见乎隐，莫显乎微。故君子慎其独也。"③在《大学》这里，"慎独"特指修养"诚意"的功夫；而在《中庸》中，"诚"则成为"道"之本体，"诚者，天之道"，而君子成就"诚"之本体的修养功夫也应归功于"慎独"。为了强调"慎独"之时，君子修德的具体功夫，《中庸》末章又援引《诗经》之文以呼应之："《诗》云：'潜虽伏矣，亦孔之昭！'故君子内省不疚，无恶于志。君子之所不可及者，其唯人之所不见乎！《诗》云：'相在尔室，尚不愧于屋漏。'故君子不动而敬，不言而信。"④这里，《中庸》作者先引《正月》之诗以论证君子修养德性、重在"慎独"，又引《抑》之诗以说明君子的"慎独"功夫即使在外人不易察觉之处也不应该疏忽荒废，总之，"君子之戒慎恐惧，无时不然"⑤。

二　王阳明的"良知独知"论

在完成对"慎独""独知"等古典儒学范畴的检讨之后，下面我们再来对王阳明良知学语境之下的"独知"观念进行探析。王阳明《传习录》第120条、317条⑥中有两处"独知"提法，检索其出处，不难发现，其与《大学》《中庸》的"慎独"说存在关联。先看第一处即《传习录》第120条王阳明与高足黄正之之间的师徒问答：

---

① 梁涛：《郭店竹简与思孟学派》，中国人民大学出版社2008年版，第292—300页。

② 梁涛：《郭店竹简与"君子慎独"》，载《光明日报》2000年9月12日。

③ 杨天宇：《礼记译注》，第691页。

④ 《四书集注》，第55—56页。

⑤ 同上书，第56页。

⑥ 拙著此处对《传习录》条数之称，据陈荣捷《王阳明〈传习录〉详注集评》而有。

正之问:"'戒惧是己所不知时功夫,慎独是己所独知时功夫。'此说如何?"

先生曰:"只是一个功夫,无事时固是独知,有事时亦是独知。人若不知于此独知之地用力,只在人所共知处用功,便是作伪,便是'见君子而后厌然'。此独知处便是诚的萌芽,此处不论善念恶念,更无虚假,一是百是,一错百错,正是王霸、义利、诚伪、善恶界头。于此一立立定,便是端本澄源,便是立诚。古人许多诚身的功夫,精神命脉全体只在此处。真是莫见莫显,无时无处,无终无始,只是此个功夫。"①

毋庸置疑,王阳明、黄正之师徒之间对话的文本依据就是《中庸》"君子戒慎乎其所不睹,恐惧乎其所不闻。莫见乎隐,莫显乎微。故君子慎其独也"云云。王阳明反对在力行"慎独"功夫时,区分"己所不知时"与"己所独知时",以为两者的功夫的"只是一个",即无论"有事""无事",慎独功夫皆不可放弃,否则"便是作伪",唯有如此,才可成就"诚"的精神境界。正是因为"独知处便是诚的萌芽",所以王阳明在《传习录》第317条讨论"诚意"与"致知"关联时,特别强调了"独知处"正是"吾心良知处":

先生曰:"……诚意之本,又在于致知也。所谓人虽不知,而己所独知者,此正是吾心良知处。然知得善,却不依这个良知便做去,知得不善,却不依这个良知便不去做,则这个良知便遮蔽了,是不能致知也。吾心良知既不能扩充到底,则善虽知好,不能着实好了;恶虽知恶,不能着实恶了,如何得意诚?故致知者,意诚之本也。"②

明季大儒刘宗周在《阳明传信录》中摘录王阳明此段语录之"所谓人虽不知而己所独知者,此正是吾心良知处"后,给出了"良知只是独知时"的简短评论,并以为这是王阳明的一大创见③。然而有阳明学者

---

① 陈荣捷:《王阳明〈传习录〉详注集评》,第84—85页。

② 同上书,第220页。

③ 《刘宗周全集》第5册,第87页。

（以王龙溪为代表）对"独知"的解读更加突出其"玄妙"的一面，有"近禅"的倾向；刘宗周对此反驳，并为王阳明是论正名："先生（王阳明）之言曰：'良知只是独知时。'本非玄妙，后人（王龙溪）强作玄妙观，故近禅，殊非先生本旨。"①

其实，王阳明在《答人问良知二首》诗歌之中已对"良知独知"论做出了"一番充满诗意的抒发"（吴震语）："良知即是独知时，此知之外更无知。谁人不有良知在，知得良知却是谁？知得良知却是谁？自家痛痒自家知。若将痛痒从人问，痛痒何须更问为？"②《咏良知四首示诸生》也有"无声无臭独知时，此是乾坤万有基。抛却自家无尽藏，沿门持钵效贫儿"③的诗句。总之，王阳明对《大学》《中庸》的"慎独"、朱熹《集注》的"独知"进行了发挥，在坚持"良知"本体的基础之上，融摄"慎独""致知"而发展、演绎"独知"之论。当然，在王阳明这里，"独知"仍就功夫论的意义而有，乃是达至"诚"之境的一种方法、路径。

对于王阳明"良知独知""独知无有不良"说，不少王学门人从中"受用"。比如江右王门学者欧阳德每与同志论学，多详于"独知"之说。江右王门另一主将邹守益也对王阳明的"良知即独知"说加以阐发，其《天真书院改建仰止祠记》有云："独知一脉，天德所由立而王道所由四达也。慎之为义，从心从真，不可以人力加损。稍涉加损，便入人为而伪矣。"④ 刘宗周还以为："东廓以独知为良知，以戒惧谨独为致良知之功，此是师门本旨。而学焉者失之浸，流入猖狂一路。惟东廓斤斤以身体之，便将此意做实落功夫，卓然守圣矩，无少畔援。诸所论著，皆不落他人训诂良知窠臼，先生（王阳明）之教卒赖以不敝，可谓有功师门矣。"⑤ 而刘宗周的批评主要针对王畿，上文已有揭示，这里我们有必要对王畿对乃师阳明先生"良知独知"说的阐发进行梳理。

王畿在《答洪觉山》书信中提出了自己对王阳明"良知即是独知"的认识，即主张以"独知"为本体、以"慎独"为功夫："良知即是独

① 《明儒学案·师说》，《黄宗羲全集》第 7 册，第 15 页。

② 《王阳明全集》（新编本），第 827 页。

③ 同上书，第 826 页。

④ 董平编校整理：《邹守益集》，第 383 页。

⑤ 黄宗羲：《明儒学案·师说》，《黄宗羲全集》第 7 册，第 16 页。

知，独知即是天理。独知之体，本是无声无臭，本是无所知识，本是无所
拈带拣择，本是彻上彻下。独知便是本体，慎独便是功夫。……此便是未
发先天之学，非有二也。"① 这里，王畿从"未发先天之学"即"先天之
体"的角度阐释"独知"，毋庸置疑，这是一种先验论的观点；但是王龙
溪把"独知"（"一念独知处"）视为"天理"之本体，就显得未免太绝
对了："独知者，非念动而后知也，乃是先天灵窍，不因念有，不随念
迁，不与万物作对。慎之云者，非是强制之谓，只是兢业保护此灵窍，还
他本来清净而已。"② 其《水西会约题词》又云："今日良知之说，人孰不
闻，然能实致其知者有几？此中无玄妙可说，无奇特可尚，须将种种向外
精神打并归一，从一念独知处朴实理会，自省自讼，时时见得有过可改，
彻底扫荡，以收廓清之效，方是入微功夫。"③《新安福田山房六邑会籍》
有言："吾人今日之学，亦无庸于他求者，其用力不出于性情耳目、伦物
感应之迹，其所慎之几不出于一念独知之微。是故一念戒惧，则中和得而
性情理矣；一念摄持，则聪明悉而耳目官矣；一念明察，则仁义行而伦物
审矣。慎于独知，所谓致知也；用力于感应之迹，所谓格物也。"总之，
王畿多次强调了成就圣贤之学，当于"一念独知之微"处用功，这也是
刘宗周批评的王畿"禅学化倾向"的症结之所在。

当代阳明学研究专家陈立胜教授有文《作为修身学范畴内的"独知"
概念之形成》，对阳明学所涉"独知"范畴的来龙去脉予以详细阐发，其
中提道："在阳明后学中，'独知'作为一种动静一如、即省察即涵养之
功夫成为功夫论之辩的一个重要议题。"在阳明及其后学处，'独知'
（'独'）逐渐成为一个名词，'独'即是'天命之性'、即是'天理'、即
是'几'，'独知'功夫便成了知'独'、知'几'的功夫，而知独、知
几在根本上乃是'独'之自知、几之自知，是独体、真几之自证自知。"④
这也为我们解读王阳明本人及阳明后学的"独知"义提供了一个很好的

---

① 吴震编校整理：《王畿集》，第 262 页。

② 《王畿集》，第 264 页。

③ 同上书，第 29 页。

④ 该文载《复旦学报》（社会科学版），2006 年第 4 期。2015 年 8 月 29 日，中山大学哲学
系陈立胜教授来函与笔者，对拙文"认为黄绾讲独知、慎独不是照着（阳明'独知'）而是接着
阳明'良知'讲"的结论有修改建议："……倘放在阳明之后，门人对'独知'的各种理解背景
上，如何能见出黄绾的独到之处，大作似可再做文章。"

借鉴。

当代阳明学研究专家吴震教授在《〈传习录〉精读》一书中，以为王阳明"良知独知""这个观点突出了良知是一种内在的道德能力，这就极大地提升了良知的自主性地位。然而，在强调良知独知的同时，如何防止良知独知理论成为个人逞一己之私的借口，却是阳明良知学所面临的重大理论问题"①。笔者对此表示赞同。吴震接着又提道："及至明代末年，有不少学者在反省和批判心学之际，就观察到心学末流有一种严重流弊，即往往以个人一己之'情识'视同良知，究其根源，就是良知自知而他人莫知的观念在作祟。然而应该指出的是，这些批评基本上是来自良知心学之外的批评。"这里，"来自良知心学之外的批评"的观点则是可以商榷的，因为拙著主人公即生活在明代中期的浙中王门学者黄绾，已经"观察到心学末流有一种严重流弊，即往往以个人一己之'情识'视同良知"，并在晚年时期积极开展了对阳明心学流弊的批判，并与王龙溪就此展开了多次论辩（笔者另有专文详论，兹不展开）。

三 黄绾对王阳明"良知独知"说的"受用"

当代新儒家大师牟宗三认为王阳明的"良知"观念具有主观性、客观性、绝对性。"知是知非"是良知的主观性，"良知即天理"是良知的客观性，良知是"乾坤万有基"是良知的绝对性。②沿用牟氏的观点"接着说"，阳明良知"独知"义即是要阐发良知的主观能动性。承上所述，黄绾在任职南京礼部右侍郎期间（嘉靖七年至嘉靖十二年），对业师阳明先生的良知之学（"致良知"之教）进行了"无条件"的"受用"与宣讲，并且提出了自己对"慎独""独知"的认知。拙著以为黄绾的"慎独""独知"不是"照着（王阳明的"独知"）讲"而是"接着（王阳明的'良知'）讲"。兹有例证如下：

黄岩后学王敦夫习举业于南京国子监，卒业归乡之时，造访乡贤黄绾，"求学问之实"；黄绾有《赠王生敦夫归山中》文，便以王阳明"致良知"说为学术基点，以"心""性""情"论为基础，重新阐释《大学》《中庸》的"慎独"学说，提出了从"良知"→"独知"的心学求

---

① 吴震：《〈传习录〉精读》，复旦大学出版社 2011 年版，第 117 页。
② 牟宗三：《从陆象山到刘蕺山》，台湾学生书局 1984 年版，第 217—220 页。

证模式，并且得出"'惟精惟一'实万世圣学之源"的结论："上帝降衷于人，皆有恒性，性之清静而至真者曰情。斯情也，即恻隐、羞恶、辞让、是非之心，为仁、义、礼、智之实，乃尧舜与愚夫愚妇之所同。亘天地、历万变而不可磨灭者，惟此而已。故命之曰良知。方其知也，他人所不知，惟己所独知。古之君子凡有言也、凡有行也，必于此而致思，故见于彝伦日用，一惟天则之依，弗使毫发私意之间，故曰'惟精惟一'，实万世圣学之源。"① 黄绾此处对"良知独知"的解读，基本沿袭了乃师王阳明的观点。

黄绾在《赠邹谦之序》文中论述了王阳明作为"豪杰之士"，所创"良知学"延续孔孟之道、宋儒之学的"道统"意义："（阳明先生）究洙泗言仁之教、邹孟性善之说，以阐良知之旨，谓致知为诚意之本、格物为致知之实，知乃良知、即吾独知之知，物非外物、即吾性分之物，慎于独知、尽于物则，则为物格知至而意诚。著知行不可以两离，明体用当归于一源以晓学者。"② 据此亦知，此时的黄绾有接续阳明良知学"道统"的心迹。

基于阳明"致良知"之教的"道统"意义，中年黄绾作为阳明良知心学传人，遂不遗余力地以之教化后学。比如"虽未尝受业阳明之门而能深为阳明之学"的吴兴后进邵文化，至南都游学，"自信于良知之学"，时常与黄绾就阳明"良知之旨"进行切磋；在归乡之时，黄绾有《赠邵文化》文。此文中，黄绾首先对阳明良知说的学术地位予以认可，有"圣人之道自孟子殁而失传几二千载，至宋程伯子始启其端，迨我阳明先生乃阐良知之旨。学者方如醉梦得醒，而昧者犹以为疑"云云。而中年黄绾已经通过对"圣人之道"的刻苦修证，由此印证出阳明先生的"致良知"即孟子所谓"扩充四端"、孔子所谓"克己复礼"，简言之，皆"慎独"也。进而言之，曾子传《大学》、子思作《中庸》，皆以"慎独"为要；所以阳明"致良知"之教得以"圆满成就"的关键就在于对"慎独"功夫的推进："惟从事于慎独，则良知明而至诚立，不待外求而经世之道、位育之功在此矣。昔云'汉儒不识诚'，非其不识，惟不由慎独致工，则诚无所在，此其所以不识也。由此观之，慎独之学不明于世久矣。嚣嚣而不已者，岂无故哉！"③ 这里，黄绾已经把王阳明的"良知"学等

① 《石龙集》卷八，第15—16页；《黄绾集》，第150页。
② 《石龙集》卷十二，第14—15页；《黄绾集》，第211—212页。
③ 《石龙集》卷九，第4—5页；《黄绾集》，第156页。

同于"慎独"学。其实在王阳明的良知学体系之中,"致良知"还等同于"慎独",比如王阳明在解答邹守益疑问之时有论:"致知者,致吾心之良知于事事物物也。致吾心良知之天理于事事物物,则事事物物皆得其理矣。独,即所谓良知也;慎独者,所以致其良知也;谨慎恐惧,所以慎其独也。"① 这里,从"本体—功夫论"意义上讲,我们可以在王阳明的"致良知"与"慎独"之间画等号。

江右王门学者何廷仁曾携永丰后学朱效才、朱效忠二生游学之南都,时任职南都礼部的黄绾接待了何廷仁一行,并与之论学;此时,黄绾便以王阳明良知学教导朱氏二生:"今夫良知在人,弊于气习,亦何异此?故圣人为教,必使人于独知之际,因其本心之明,察其私欲之萌,既切复磋,既琢复磨,惟日孜孜,以极'精一'之工,则私欲净尽、天理纯完,所以立天下之大本而经纶天下之大经,岂有他哉!"② 不难发现,对于宋儒的"理欲之辨",黄绾不加回避,提出了"净尽人欲,纯完天理"即"去私意、纯天理",于"独知"之中把握、证悟"良知"的修养路径。此外,黄绾还与浙中王门另一学者叶良佩就"阳明先生之所谓良知者"与之论学,有赠文《良知说》③。在黄绾看来,"人人自足,圣愚皆同"的良知有两大特征:"良知人人自足","良知固无不知"。若要体证良知,必须向内即"独知之中"用功,经过一番慎独的修养功夫,即由"慎独而致吾之良知"。而《中庸》所言"博学之,审问之,慎思之,明辨之,笃行之"的功夫指向,亦即是人人自足的良知。由此,黄绾批评了两种错误的为学路径:一是"舍其良知、徒事闻见以为知",此谓"支离而非学";二是"知求良知,溺志忘情、任其私意以为知",此谓"虚妄而非学"。

黄绾在《劝子侄为学文》中,以圣人之学劝勉子侄后辈,重申了"慎独以致良知"的命题:"夫所谓学者无他,致吾良知、慎其独而已。苟知于此而笃志焉,则凡气习沉痼之私皆可决去,毫发无以自容。天地间只有此学、此理、此道而已。明此则为明善,至此则为至善。"④ 黄绾还在《赠应仁卿序》中着重阐述了行"慎独"功夫以"致良知"的道理:

① 转引自《邹守益集》,第1382—1383页。

② 《石龙集》卷九,第5页;《黄绾集》,第157页。

③ 《石龙集》卷九,第5—6页;《黄绾集》,第157—158页。

④ 《石龙集》卷九,第6—7页;《黄绾集》第158页。

"人之生也，惟性为贵。性无不善，故知无不良，不以尧舜而增，不以众人而损，化于俗而后私意泪之。私意之在今日，虽贤智不免，慎独所以辩私、克己，乃以作圣。慎之于独知之中，克之于方萌之际，夙兴夜寐，念兹在兹，造次颠沛，无时而离，由仁义行，良知不息，此谓格致之工、天德之学，所以拔乎流俗而异于伯术、乡原者也。"① 由此，黄绾又反对了视"情欲意念"为"良知"的观点："夫所谓良知者，乃天命本然之良心，四端固有之至善，不涉私邪，不堕意见，循之则圣，悖之则狂。若以任情自恣之心揣量模拟之，似皆曰良知，是又与于不仁之甚者也。"② 应该指出，黄绾之所以屡屡反对以"情欲意念""溺志忘情、任其私意"为"良知"的提法，主要是针对王艮泰州学派一系的主张而发。时有学者以"作圣之功"请教黄绾，黄绾乃以"圣学只以忠信为主，但于庸言庸行之间，验之良知。如何方是忠信？如何不是忠信？于此苟分晓，则作圣之功在是矣"作答③，意在强调"良知"之功在日常人伦生活之中进行，并非凭借玄空冥想所能成就。

与此同时，时有学者对阳明心学之"良知""知行合一"说予以质疑。此时，中年黄绾作为阳明良知心学的忠实信徒，予以辩驳，即追溯圣学之源，从儒家经典《孟子》《尚书》之中爬梳出"良知""知、行"的原始义，从而对时人的质疑予以回应。这集中体现在《裴汝中赠言》文中④。嘉靖十二年（1533）夏间，黄绾好友王廷相离开南都北上任职，黄绾有《纪言赠浚川子》，提出"今日经国、知人、济变之道，只在于至诚"的论点，而其予以论证的依据则是于"独知"之地寻求作为"独知"之理的"良知"："至诚之本只在独知之地，独知之理是谓良知，是所谓'万物皆备于我'。于此慎察而精思之，不使一毫习染之私得间之，则为'精一'之传、致知之学。"⑤ 应该指出，与黄绾、王阳明同时代的著名学者王廷相对陆王心学采取了一种排斥的态度（下文详述），但是，时任职南都的黄绾还是希望挚友王廷相能够接受乃师阳明先生的"致良知"之教。

而在嘉靖十二三年（1533—1534）间，随着对阳明良知学"独知"

---

① 《石龙集》卷十二，第12—13页；《黄绾集》，第209页。
② 《石龙集》卷十二，第13页；《黄绾集》，第209页。
③ 《石龙集》卷二十，第2页；《黄绾集》，第377页。
④ 《石龙集》卷十，第12—13页；《黄绾集》，第174—175页。
⑤ 《石龙集》卷十，第15页；《黄绾集》，第177页。

"慎独"义理解的加深，再加上对"四书五经"等儒家元典的不断用功；从中年转向晚年的黄绾（55、56岁）①，有意识地摆脱对王阳明心学的依赖，进而主张以《尚书》中"'精一'之传"作为"圣贤之学"之根源。比如，黄绾在嘉靖十三年（1534）初所成《寄罗峰书》（九首之九）有云："大人之道，只在正己。正己之要，只在慎独。独者，独知也。独知之地，四端所在，万理攸具。孟子所谓'万物皆备于我'是也。于此致思则曰'惟精'，于此归缩则曰'惟一'。'惟精惟一'乃尧舜学问之传也。曰'志道'、曰'据德'、曰'依仁'，乃孔门学问之事也。曰'学而不思则罔，思而不学则殆'，此指点精一用工之方也。夫非思则不精，非精则不一，非一则此心之动，纷纭无已，其可建皇极而立天下之大本乎？于此有立，大人之道尽矣。"②"'惟精惟一'乃尧舜学问之传"云云也说明黄绾在嘉靖十三年左右可能受到"他者"（主要是王廷相③）影响

---

① 嘉靖十二年七月，黄绾由南京礼部右侍郎升任京师礼部左侍郎（详见拙著《黄绾生平学术编年》，第250页）。至京师任职之后，黄绾不再像当年在南都礼部任职之时（嘉靖八年至嘉靖十二年），维护乃师阳明先生的"致良知"之教，其学思理路则由"心学"转向了"经学"，黄绾晚年著经学名作《四书五经原古》即是明证（黄绾《四书五经原古》之创作主旨，可参阅拙文《黄绾经学、政论著作合考》，载《国际阳明学研究》第三卷，上海古籍出版社2013年版，第295—301页）。

② 《石龙集》卷十九，第12页；《黄绾集》，第369页。

③ 据笔者考证，嘉靖十三年左右，黄绾曾请王廷相为其在浙南黄岩紫霄山创办的石龙书院作"学辩"即《石龙书院学辩》。其中，王廷相评论陆王心学、程朱理学："有为虚静以养心者，终日端坐，块然枯守其形而立，曰：'学之宁静致远在此矣。'有为泛讲以求知者，研究载籍，日从事乎清虚之谈，曰：'学之物格知至在此矣。'"（王廷相著，王孝鱼点校：《王廷相集》，中华书局1989年版，第604页）在王廷相的思想（道学）体系之中，"仲尼之教"系衡量万世的绝对标准与唯一依据，孔门之学代表了圣人之（道）学的正统。无论程朱理学抑或陆王心学，均搀和了佛禅之学的"基因"，故而偏离了"孔门之学"，皆是"异端邪说"。陆王心学家作为"虚静以养心者"追求"终日端坐""块然枯守其形而立"，此种功夫修养路径无异于佛教的"禅定"；程朱理学家作为"泛讲以求知者"，终日"研究载籍"，"从事乎清虚之谈"，以为此即"格物致知"之学，实则是"支离破碎的烦琐哲学"（方克立、李兰芝编著：《中国哲学名著选读》，南开大学出版社1996年版，第399页）。进而言之，在《石龙书院学辩》文中，王廷相是以"道友"的身份劝诫黄绾这"志于圣贤经世之学者"当以"六经"为文本，探寻"仲尼之教"之所指，重构以"经学信仰"为旨趣的儒家意义（价值）世界。黄绾在晚年以返归儒家元典的为道范式，而开展对宋明儒学的系统批判，并严"儒佛之辨"，在很大程度上就是受到了王廷相的学术影响。《石龙书院学辩》一文，就是明证。易言之，王廷相的学术批判性格，影响并改变了晚年黄绾由"心学"到"经学"的学术转向。对此，拙著第三章第一节将详细论述。

而打算另辟"道统",以赓续"圣人之学"。

而在嘉靖十三年，在京师任职的王畿离去，至南京任职方主事。临行之际，同志之士请时任礼部左侍郎的黄绾赠言，黄绾有《赠王汝中序》①，有论者以为此"序"文表明黄绾"已经开始对龙溪的思想表示异议"②。实则《赠王汝中序》文，也标志着黄绾在完全"接受""消化"了阳明先生"良知—独知"说精髓的基础之上，开始对以王畿为代表的阳明后学的佛教化（"逃禅"）倾向"宣战"；且以"儒佛之辨"为契入点，以对宋明诸儒进行"批判"，进而挑战程朱理学的"道统"地位，由此主张返归儒家经典（六经、四子）中寻找"圣学"之宗旨，进而重构儒家经学（经典）信仰系统的价值世界。

---

① 《石龙集》卷十三，第17—19页；《黄绾集》，第230—232页。

② 彭国翔：《良知学的展开——王龙溪与中晚明的阳明学》，第529页。

第三章

"以艮止存心，以执中为志"

—— 晚年开创艮止执中之学

晚年的黄绾在由笃信"王学"转向批判"王学"乃至宋儒之学，进而"回归经典"并关注"四书五经"，由此开创以"艮止、执中"为"道体"之"道学"抑或以"艮止、执中"为纲之经学过程中，其受在嘉靖九年（1530）所结交的道友——王廷相的"外缘影响"不容忽视。

《理学的检验：王廷相的思想》一书作者以为，如果仔细研读王廷相的著作，可以发现以下两点：第一，王廷相的著作主要是以对朱熹的批评而展开的。他常常暗指朱熹为"世儒""俗儒""陋儒"等，有时更是指名道姓地批评朱熹。……第二，王廷相对朱熹的批评胜过王阳明对朱熹的批评。……在王阳明的心中，朱熹仍然是绝对权威。而王廷相心中的权威只有孔子而已。……在他（王廷相）同时期的学者中，是他批评朱熹最力，是他最具有独立的思想。他不仅对所有大理学家都做出了自己独立的评判或尖锐的批评，与同时代的学者如何瑭、薛蕙等人进行过激烈的辩论，也与当时的一大批学者保持广泛的学术交流。①

而拙著主人公黄绾在南都礼部任职之时，其最亲密的道友不是任职南都的"王门后学"，而是"与当时的一大批学者保持广泛的学术交流"的王廷相：二人朝夕相处的切磋论道、砥砺问学，使进入"知天命"之年的黄绾开始了学术生涯中的又一次"转向"，即由"王学"的"信徒"转成"王学"的"反动"。

---

① ［法］王论跃（Frédéric Wang）：《关于王廷相研究的几个问题》，载《中国思想史研究通讯》（第五辑），2008 年，第 33—37 页。目前学界关于王廷相研究的现状，可参阅此文。

第一节　王廷相对晚年黄绾学术转型的"外缘影响"①

王廷相（1474—1544），字子衡，号濬（浚）川，又号平厓。河南仪封（今兰考）人。自幼聪慧奇敏。弘治十五年（1502）进士，改翰林院庶吉士。弘治十七年（1504）授兵科给事中。正德三年（1508），刘瑾中以罪，谪亳州判官，量移高淳知县。复召为御史，出按陕西。因得罪镇守中官，逮入诏狱，谪赣榆丞。稍迁知县同知，擢四川佥事、山东副使，皆视学政。嘉靖初，历湖广按察使，山东左、右布政使，以右副都御史巡抚四川，入为兵部左、右侍郎，转升南京兵部尚书。嘉靖十二年（1533）召为左都御史，进兵部尚书兼掌院事，加太子太保。嘉靖二十年（1541）因受郭勋案牵连，革职为民，罢官归里。《明史》本传称王廷相："博学好议论，以经术称。于星历、舆图、乐律、河图、洛书及周、邵、程、张之书，皆有所论驳，然其说颇乖僻。"② 著有《王氏家藏集》《内台集》《慎言》《雅述》《横渠理气辩》等，今有学者编校整理成《王廷相集》③。

一　黄绾与王廷相同系谢铎门人

王廷相系弘治十五年进士，后改翰林院庶吉士。王廷相参加礼部会试之时，曾拜谒时任京师国子监祭酒、礼部右侍郎的谢铎，称门生。而黄绾早年即师从谢铎（拙著第一章第四节有论），因此之故，黄绾与王廷相之间便有了"同门之谊"。

弘治十六年，黄绾之父黄俌在服阕之后，出任吏部郎中；黄绾亦由黄岩游学至京师，并得以再次亲炙业师谢铎。此时的王廷相与李梦阳、何景明、徐祯卿、边贡、康海、王九思等七人在京师大兴文学崇古思潮，并称

---

① 拙著"外缘影响"之用语转取于余英时先生。如所周知，"外缘影响"一语与余英时所提倡的"内在理路"范式相对立且统一。详参氏著《论戴震与章学诚·增订本自序》，生活·读书·新知三联书店2012年版，第2—5页。另外，拙著使用的"外缘影响"之义还类似于"马克思主义哲学原理"教科书中"内因外因辩证关系原理"之"外因"："外因是事物发展的外部条件，……它能加速或延缓事物发展的进程。……在一定条件下，对事物的发展能否实现起决定性作用。"可以说，王廷相在晚年黄绾学术转型过程中是"起决定性作用"的。

② 《明史》（简体字本）卷一百九十四《列传》第八十二《王廷相传》，第3435—3436页。

③ （明）王廷相著，王孝鱼点校：《王廷相集》，中华书局1989年版。

明朝"前七子"①。弘治十七年，王廷相改授为兵科给事中，身为吏部郎中的黄佣当知此事。可以推断，谢铎、黄佣当对黄绾提及过王廷相这个"文坛才子"，对于黄绾、王廷相二人是否在弘治十六、十七年间已经结交，尚待考证。若干年后，二人共同的业师谢铎病卒，黄绾先成《谢文肃公行状》，后又以"同门"身份请王廷相作墓志铭，王廷相《方石先生墓志铭》文遂有"门人南京礼部右侍郎黄君宗贤，具《状》示廷相曰：'先师脱体九原，岁云获矣，嗣孙弱、不克事，犹未勒有圹中之石，绾实悲之。君游先生门下，应切义念，兹文非君而何'"云云。②

嘉靖六年（1527）五月，王廷相由山东右布政使升为都察院右副都御史，是年黄绾先后任光禄寺少卿、大理寺左少卿、詹事府少詹事；嘉靖七年（1528）正月，王廷相升任兵部右侍郎③；十月，黄绾升任南京礼部右侍郎，离开京师。我们知道，王廷相曾仿《论语》而著读书笔记——《慎言》，凡十三篇、四百零七章。《慎言》成书于嘉靖六年，据作者自述：

> 予自知道以来，仰观俯察，验幽核明，有会于心，即记于册，三十余年，言积数万。信阳无涯孟君见之曰："义守中正，不惑非道，此非'慎言其余'乎？"遂以"慎言"名之。④

成书之后，王廷相即赠同门黄绾一册；黄绾拜读之后，成《与王浚川书》，与之商榷：

> 《慎言录》一册读之终卷，凿凿造道之文，鄙吝之心镕化多矣。其曰："学当以圣人为矩，不然则局。"此言当为性善同功，百世之下，尚将优劣《中说》《正蒙》而传矣。但"甲子寒暑"之说，鄙心犹有未了了者，尚容他日请益。谨此奉纳。不具。⑤

① 俞樟华：《王学编年》，吉林大学出版社 2010 年版，第 35 页。

② 《王廷相集》，第 575—576 页。

③ 《明世宗实录》卷八十四"嘉靖七年正月乙酉"条。《明世宗实录》卷九十六"嘉靖七年十二月癸酉"："以兵部右侍郎王廷相为左侍郎。"

④ 《王廷相集》，第 750 页。

⑤ 《石龙集》卷十九，第 5 页；《黄绾集》，第 362—363 页。

据此函可知，嘉靖六七年间，黄绾、王廷相同供职京师，二人之间已就"圣人之学"有过切磋：王廷相著《慎言》，业已展开对程朱理学的"刺辩"，而此时的黄绾作为阳明门生，则笃信于陆王心学。

二　黄绾、王廷相二人任职南都之时的交游与论道

嘉靖九年（1530）春，王廷相升任南京兵部尚书，黄绾时任南京礼部右侍郎。王廷相至南都履任之后，直至嘉靖十二年夏再返归京师任职，这三四年中，与黄绾之间的诗文唱和、学术切磋颇为频繁。

（一）诗歌唱酬

嘉靖九年夏，王廷相南都官邸池塘中莲花盛开，邀请好友黄绾一同赏莲，二人即有诗歌唱和。黄绾成七言绝句《和浚川瑞莲纪胜》（二首）："芳塘莲老叶还稀，并蒂花开静晚晖。应是鸳鸯魂梦化，凌波曝日舞红衣。司马池中碧玉莲，开花兆瑞自今传。莫云靓丽矜三粲，天上台精托水仙。"[①] 秋，长江时有涨潮，黄绾与王廷相偕往江堤观涨，也有诗歌唱和。黄绾先有七言律诗《金陵观涨有感》："坐看凤城霖雨过，忆回江麓晚风凉。横塘放鸭逢新水，野渡归牛带夕阳。踪迹百年蓬鬓改，乾坤万里白云长。扁舟眼底堪乘兴，何日投簪与世忘。"[②] 又有《观涨和王浚川尚书韵》："海上云升水气浓，行空雨色过晴峰。冥冥碧涨疑潜蜃，飒飒劲风欲起龙。山远谩怜归未得，弥盈故喜客稀逢。悠悠白发新生遍，忧潦如何亦老农。"[③]

是年九月九日重阳节，黄绾与王廷相等南都官员畅游江皋、登观音岩，并赋有诗作《和浚川九日登观音岩歌》："河汾夫子旷世豪，嘉晨携我游江皋。江皋杰阁百余尺，下俯倒海之奔涛。我来时属秋天清，望穷楚越一雁明。白日初出扶桑晓，千岩万壑烟雾呈。澄潭潦尽生寒雾，平畴漠漠摇晴树。脱却身中紫绮裘，亟换金陵酒千注。醉扫阴崖苔石平，卧听倒壑松泉鸣。奔涛翻天去不还，名航利舶朝暮行。回首因之忆六朝，兴亡历历如一朝。乱多治少可奈何，鬼蜮狗鼠常跳嚣。耿耿夫子色相向，欲语不语心怊怅。红云万里动风色，老人舒芒夜相望。我知经纶必有属，咄哉夫

---

① 《石龙集》卷七，第 11 页；《黄绾集》，第 119 页。
② 《石龙集》卷五，第 8 页；《黄绾集》，第 75 页。
③ 同上。

子当自勖。还呼太白待江月，倾情倒意毋局促。眼中天地只如此，英雄千古当何似。孤屿吹箫夜色长，江风飘露香兰芷。何时玉烛回春盎，与君共结蓬丘赏。韬光灭迹人不识，笑入深云吸流沆。"①

嘉靖十年（1531）深秋，黄绾有七言绝句《感怀》，王廷相次韵和之，成《次黄久庵感怀韵三首》："石上盘盘古松树，霜欺雪打未须哀。然终不类浮萍草，容易风波趁去来。偶然一与风飚会，便尔横飞矜长雄。即假鸥鸾能造次，终于鹓鹭怯从容。莫道殷勤奉帝家，闲时曾不种瑶华。秋风忽入长杨苑，摇落徒深晚暮嗟。"② 是年秋冬以来，江南一带旱灾严重，"骄阳不伏，雨雪愆期，宿麦告枯，来稼可虞，下民惶惶"，南都官员均感忧虑并在严冬季节斋戒祈雪；斋戒之后，天降瑞雪，南都官员"相与赋诗，咏厥嘉瑞，庚载盈帙"，其中黄绾、王廷相与南京吏部右侍郎李廷相（号蒲汀）之间互有题为"祈雪"的诗歌唱和。黄绾成《祈雪得应次蒲汀韵》："祷雪星坛暮，同云起大荒。朦胧藏日御，飘洒乱鸿行。静激空林响，高迷岭树苍。固知丰岁兆，先已慰农望。"③ 王廷相作《奉次李少宰喜雪韵》："江南十日雪蒙蒙，委地飘空四远同。尘世忽惊还太素，瑶华谁遣出雕珑？无论雨浃为霖大，且喜人和与政通。试问越裳来白雉，何如寰海颂时丰？"④ 王廷相还有七言绝句《雪中杂歌十首》。⑤ 因时供职南都礼部的黄绾系此次"斋戒祈雪"活动的倡议者，遂把南都同僚的诗歌汇辑成《祈雪集》，并撰序文《祈雪集序》以纪之⑥。

嘉靖十一年（1532）春，黄绾与王廷相、刘龙（时任南京吏部尚书）等在闲暇之时，登东麓阁，有诗歌唱酬。黄绾作《次浚川饮东麓阁韵》："冶城东面草堂开，金屋苍崖次第回。月槛星桥惊乍见，霓旌风吹恍犹来。东溟忽忆求仙棹，高阁谁疑接露台。可是千秋犹感慨，江湖地远醉霞杯。"⑦《次紫岩东麓亭韵》："朱楼紫阁对嵯峨，阆苑仙城胜事多。霞气每从瀛岛至，泉声应向日边过。故宫花草谁将赏，百丈丹崖尚未磨。幸逐高

---

① 《石龙集》卷三，第4—5页；《黄绾集》，第31页。

② 《王廷相集》，第386页。

③ 《石龙集》卷四，第5页；《黄绾集》，第55页。

④ 《王廷相集》，第329页。

⑤ 同上书，第388—390页。

⑥ 《石龙集》卷十三，第3—4页；《黄绾集》，第218页。

⑦ 《石龙集》卷六，第3页；《黄绾集》，第81页。

轩恣游衍，罪来堪慨亦堪歌。"①

是年秋，黄绾与王廷相、刘龙、黄芳（南都太常寺卿）、严嵩（时任南京礼部尚书）等又在东麓阁畅饮并有诗歌唱酬。黄绾《东麓亭次筠溪韵》："作客江东岁复阳，登台风物岂凄凉。阴崖丛竹捎烟碧，旭日平林带雾黄。桂阙仰瞻浮霭杳，蓬瀛还把翠涛长。哀迟未惜流光暮，楚泽悲吟对羽觥。"② 王廷相则作《东麓亭和同游诸公》（四首）：

> 千山万山云嵯峨，云里看山紫翠多。此处楼台足乘兴，旧时风雨每空过。三洲灵羽书难托，五岳神芝梦不磨。扰扰浮生几闲散，放怀天地一长歌。（和刘紫岩太宰）
>
> 绀殿瑶林宝气重，七真来往紫霞峰。鸾书不说人间事，凤驭常迷海上踪。胜地只留沧水鹤，灵飙时送碧山钟。苍忙一览催归去，大道何年问赤松？（和严介溪大宗伯）
>
> 冠袍日日恼尘事，玄境来游岂厌深？翠筱高松阴肃肃，回廊交阁昼沉沉。江中白雾龙先蛰，石上苍苔鹤独寻。风物那殊竹林宴？洞箫云笛助行吟。（和黄久庵少宗伯）
>
> 玉台旷览佳山水，石壁阴森桧叶凉。七宝宫中灵鹤下，五芝坛上瑞云黄。回瞻北阙美人远，欲泛东瀛仙路长。白日韶年剧流转，可令尘思搅飞觞。（和黄筠溪少司马）③

此外，王廷相有七律《集饮东麓亭》："东麓古亭朝日开，水氛山色映昭回。帝家宫阙千年丽，仙苑风云百道来。何处更寻飞凤岛，几人曾上会真台？恭承高宴临幽胜，烂醉能辞浊酒杯。"④ 严嵩次韵作《和浚川大司马》⑤《和久庵少宗伯》⑥，还有《晓登朝天宫西阁集宴还坐东麓亭有饮》《和紫岩太宰》《和筠溪少司马》等⑦。同年冬至日，黄绾、王廷相、

---

① 《石龙集》卷六，第 3 页；《黄绾集》，第 81 页。

② 《石龙集》卷六，第 4 页；《黄绾集》，第 82 页。

③ 《王廷相集》，第 335 页。

④ 同上。

⑤ 《钤山堂集》卷九，《续修四库全书》第 1336 册，第 97 页。

⑥ 同上。

⑦ 同上。

严嵩等偕游南京钟山东南麓的名刹——灵谷寺，黄绾有七律《游灵谷寺》，王廷相和之成《灵谷寺和黄久庵韵》："萦纡松迳千回转，乘兴看山不觉遥。才上香台临碧巘，早闻风磬落丹霄。龙芝石耳轻尧韭，鸣桔泠泉即舜《韶》。待得远公同说偈，祇林禅阁更萧萧。"① 严嵩并有《次久庵少宗伯》②。此外，王廷相还有七律《游灵谷寺》："青山翠壑朋游远，官府神仙此一时。幽胜久怀灵谷寺，菩提今仰志公师。门前古树云常宿，石底香泉龙自知。入座顿令心地净，不须仍与海鸥期。"③

嘉靖十二年（1533）正月某日，系刘龙五十八岁寿辰，并自赋"七律"《自寿》诗一种，黄绾、王廷相分和之。黄绾《和紫岩太宰自寿韵》："瀛洲仙客逢初度，铃阁梅花献早春。喜共东风开玉醴，常依北斗企清尘。江南岂是真闲地，海内同看入秉钧。况复太平今有象，万年勋业颂吾人。"④ 王廷相《寿刘紫岩次韵》："昔在讲筵前帝席，今来白下对江春。贾生议论常忧国，韩子文章迥绝尘。漫向蓬丘思驭鹤，好从黄阁待持钧。弥纶调燮公能事，早晚为霖济兆人。"⑤ 是年三月，王廷相赴京考绩，黄绾有七言律诗《贺王浚川考绩》："自公分陕渡江年，载路风谣白下传。忧国平生思捧日，策勋准拟上凌烟。河山不假金汤固，中外无虞保障全。吉甫万邦真作宪，中兴何啻美周宣。"⑥ 因考绩优异，王廷相升任（京师）都察院左都御史；离开南都赴任之时，黄绾、严嵩赋诗相赠。黄绾《送王浚川都宪》："共喜朝廷特用贤，狂歌起舞醉花前。不辞江海霜毛改，已觉乾坤气化旋。霖雨自随龙奋跃，箫韶争睹凤蹁跹。从今天下应无事，万里层霄白日悬。"⑦ 严嵩亦有诗歌《奉送浚川王公赴召》。⑧

从以上诗歌唱酬的频繁与诗境，可以探知王廷相、黄绾友情笃深，这也为二人的学术交往、思想争鸣做足了铺垫。

---

① 《王廷相集》，第 334 页。

② 《钤山堂集》卷十，《续修四库全书》第 1336 册，第 101 页。

③ 《王廷相集》，第 334 页。

④ 《石龙集》卷六，第 6 页；《黄绾集》，第 86 页。

⑤ 《王廷相集》，第 336—337 页。

⑥ 《石龙集》卷六，第 6 页；《黄绾集》，第 85 页。

⑦ 《石龙集》卷六，第 7 页；《黄绾集》，第 87 页。

⑧ 《钤山堂集》卷十，《续修四库全书》第 1336 册，第 104 页。

（二）文学知音

前文已论，王廷相系明代中期杰出的文学家，"善诗文"，系复古派"前七子"成员之一。黄绾与王廷相一样，即是思想家、儒学家，还是文学家；且二人文论风格相似，均反对模拟之文，力倡复古，追求"意真""道"主"文"客的文风。

嘉靖十年左右，时任都察院右副督御史顾璘（顾东桥）作《近言》十三篇，先后邀请好友王廷相、黄绾为之作序。黄绾《近言序》提倡借鉴古人文风，以"真意"成文（"言"）：

> 意以命言，言以达意。意者，本也；言者，支也。夫曰文乃言意之纪也，故意真而言则，言则而文明，故文乃道之载也。君子以通天地、修人纪、协鬼神，文可易为哉！古之人非有意于文，意至而文成，如阴阳之必化、如日月之必明、如雨露之必滋，有不知其然而然者，此六经四子所谓文也。下此，虽闾巷妇女、田野鄙夫之言，亦可诵而感、可传而法，其意真也。

由此，黄绾反对明代中期文坛"以模拟为工""不求本真"的不良文风："今日为文，皆以模拟为工。或曰先秦，或曰六朝，惟欲形似，不求本真。譬之剧戏，饰冠带，幻男女，易老幼，奸丑邪正，悲欢万变，皆非己有，而真意益荒。由文以究其心，由心以征其事，所以叛道、害政、祸天下有不可胜言者矣。"要之，在黄绾看来，顾璘《近言》十三篇之作，"皆写其胸臆之真，就其所至而发"；"积意以宜言，体物以达政"，于经史皆有依据，庶几不叛乎道！①

王廷相《近言序》文也主张文风复古，提倡恢复唐虞三代之时"道为主而文为客"的文风：

> 载道之典，至文也。文不该于道，繁则赘，丽则俳矣，故君子鄙之。尝观唐虞三代之典，即事命辞，而文生焉，盖道为主而文为客也。

---

① 《石龙集》卷十三，第1页；《黄绾集》，第215—216页。

进而对魏晋以降的以"文为主而道为客"的作文弊病予以揭露，并且发出了"嗟呼！道之弊，极矣哉"的感慨。① 王廷相在《广文选序》（成文于嘉靖十二年）文中再次重申、阐述了"文以载道"的主张："文者，载道之器，治迹之会归也。故曰：'文王既没，文不在兹乎！'言文即道，治即文矣。是故古人之文莫不弘于学术之所趋，莫不实于治功之有成。"② 一言以蔽之，"道主文客""文以阐道"③，乃是王廷相文学思想特色之所在。

嘉靖十二年，黄绾诗文集《石龙集》汇编完成，付梓刊刻之际，特邀"学术知音"王廷相为之作序。王廷相在《序》文中高度评价了黄绾的学术思想，"余读《石龙集》，知黄子学有三尚而为文之妙不与存焉。何谓三尚？明道、稽政、志在天下是也"。在对《石龙集》为道、为学、为政内容进行概括之后，王廷相着重对黄绾"无意于为文"却"志专于道"的行文风格大加赞叹："无意于为文者，志专于道，虽平易疏淡而其理常畅，云之变化、湍之喷激，宜无定象可以执索，其文之至矣乎！黄子（绾）之文，当以无意求之。"④ 这恰恰是对黄绾所追求的"真意"之文的最好诠释。

（三）政治同道

黄绾、王廷相作为明嘉靖一朝"锐意改革"的政治家，在南都的共同岁月里，对于时局形势、治国理政有着深邃的思考，并对世宗酝酿的"嘉靖中兴"之事充满了期待。

嘉靖十一年正月，黄绾以南京礼部右侍郎身份赴京考绩；王廷相受南京工部尚书何诏、太常寺少卿胡森之请，作《送少宗伯黄先生考绩序》，结合黄绾"贰礼南都""摄刑部""摄都台""摄操江"的仕宦经历，对其归隐、出仕之道进行了评论：

> 黄子，有道之士也，功名之际，视之若浮烟流埃，不足控揣久矣。方其未遭于时也，结茅会友于紫霄之山，讲习唐、虞、周、孔之

---

① 《王廷相集》，第428—429页。

② 同上书，第419页。

③ 葛荣晋：《王廷相的"文以阐道"论》，《中州学刊》1985年第5期。

④ 《王廷相集》，第417页。

道，宴然若将终身焉。及其既遭于时也，葆光韬志，逊而远之，其视矫矫兀兀，不胜其满溢者，得失不啻霄壤矣。嗟嗟！黄子，有道之士也。其于功名之际，曾何诩诩然居之哉！①

其实，对于黄绾在中年时期所形成的"稽政"理念，王廷相《石龙集序》文已有揭橥："其论治也，提纪纲、达经权、弘礼乐、酌刑赏、核治忽、计安危、严君子小人之辩、契恤民弭乱之术，无不中其几宜而准其剂量，谓于政有不稽乎哉！"②诚哉，斯言！

无独有偶，嘉靖十二年夏，南京兵部尚书王廷相因赴京考绩优异，升任都察院左都御史以总大宪；任职南都的"荐绅之士及于武弁之夫咸举手相贺"，济川卫指挥刘远等为感念王廷相之恩德，特请王廷相的"知己"黄绾撰"序"以为赠文。黄绾在《赠王浚川入总北台序》中，借荐绅之言回顾了王廷相"自给舍以至今官，或由降谪而陟擢，或由陟擢而降谪，或既降谪而复陟擢"的坎坷仕宦历程，肯定了王廷相"心之所存，则必为国，则必为民，必扶善类，必无患得，必无患失，不为比党，不藉援结，不事憸佞，不为疑屈，是则公是，非则公非"的优良品质；又借武弁之口，肯定了王廷相执掌南都兵部的政绩。与此同时，黄绾又对王廷相升任总宪一职提出了殷切期望：

> 总宪职专纪纲，尤为至重，故曰大臣法则小臣廉，百官承式，万民轨物；朝廷有道，天下和平。矧今圣明在上，励精图治、痛瘝英贤之日久矣，而公以宿学元德涵濡于时亦久矣。行同二三元老，尽协恭之宜、极同人之道、察纳约之牗、审遇主之巷，赞我圣明，定中兴之志、建不拔之规，以成不世大业。太平之庆、万年之休，顾不在兹乎！③

也正是因为黄绾曾有任职南京都察院之经历，且在南、北二都皆有多年的仕宦历练，并对时局尤其是嘉靖"中兴之策"关注甚多；故王廷相

---

① 《王廷相集》，第429—430页。
② 同上书，第417—418页。
③ 《石龙集》卷十三，第10—12页；《黄绾集》，第224—225页。

颇引黄绾为"知己",以"所以佐天子济斯世者"请教之。黄绾成《纪言赠浚川子》十九条①,内容涉及中兴之策、君臣相处之法、君子与小人相处之法、知人之要、科道之选、官员考核、民间词讼、君子出处之道等多方面,以供王廷相履职总宪时借鉴。

（四）学术道友

前揭王廷相《石龙集序》文,对于中年黄绾基于阳明心学而所"明"之"道"有提揭:

> 自其见于《集》者言之:有义命之顺适、有天人之契合、有良知之求、有功利之祛、有无欲之澄静、有养心之澹泊、有慎独克己之造、有精一执中之纯,如羿之照的、扁之照疾,谓于道有不明乎哉!②

与此同时,黄绾在《纪言赠浚川子》文中,对自己在五十岁左右所体悟到的"千古圣贤传心之要"进行论说:

> 今日经国、知人、济变之道,只在于至诚。至诚之本只在独知之地,独知之理是谓良知,是所谓万物皆备于我。于此慎察而精思之,不使一毫习染之私得间之,则为"精一"之传、致知之学。于此才有一毫倚泊于外,便非尽心知性知天之道,便不可以立天下大本、经纶天下大经、知天地化育,故曰:"至诚之道""夫焉有所倚"。不倚一字,实千古圣贤传心之要,慎不可忽!③

我们知道,黄绾自正德五年（是年31岁）与王阳明、湛甘泉结交共学以来,以"致良知"为旨趣的良知心学,即成为自己精神世界的唯一支柱;然而在嘉靖中期（拙著特指嘉靖九年至嘉靖十二年,时值黄绾51至54岁）与王廷相的切磋论道,极大地"刺激"了黄绾的精神世界,进而影响了他的"修道"哲学范式的转变,即由对"心学"的服膺转向了对"经学"的回归。

---

① 《石龙集》卷十,第14—21页;《黄绾集》,第176—181页。

② 《王廷相集》,第418页。

③ 《石龙集》卷十,第15页;《黄绾集》,第177页。

我们知道，除却以"气学"批判宋儒程朱的"理学"之外，王廷相对明儒王阳明、湛甘泉的"心学"还予以批判："近世好高迂腐之儒，不知国家养贤育才，将以辅治，乃倡为讲求良知、体认天理之说，使后生小子澄心白坐，聚首虚谈，终岁嚣嚣于心性之玄幽，求之兴道致治之术、达权应变之机，则暗然而不知。"① 在此，王廷相对阳明后学、甘泉后学一味"澄心白坐，聚首虚谈"而对时局、时政漠不关心的为学态度提出了强烈的批评，进而以"经世之儒"为标准对明儒王阳明的"讲求良知"、湛若水的"体认天理"说提出严重质疑。

嘉靖十二年夏，王廷相在离职南都之时，应黄绾之请，为其早年在浙南黄岩紫霄山创办的石龙书院作"学辩"（《石龙书院学辩》）以赠之：

> 石龙书院者，久庵黄子与其徒讲学之所也，浚川子乃为《学辩》遗之。
>
> 嗟乎！仲尼之教，万世衡准。自夫异端起而洙泗之道离，世儒凿而《六经》之术晦，天下始嚣嚣然莫知谁何矣。是故有为虚静以养心者，终日端坐，块然枯守其形而立，曰："学之宁静致远在此矣。"有为泛讲以求知者，研究载籍，日从事乎清虚之谈，曰："学之物格知至在此矣。"
>
> 浚川子曰：斯人也，空寂寡实，门径偏颇，非禅定则支离，畔于仲尼之轨远矣。何以故？清心志，袪烦扰，学之造端固不可无者，然必有事焉而后可。《中庸》曰："致中和，天地位焉，万物育焉。"中和而曰"致"，岂虚静其心性者可以概之哉？夫心固虚灵，而应者必藉视听聪明，会于人事，而后灵能长焉。赤子生而幽闭之，不接习于人间，壮而出之，不辨牛马矣，而况君臣、父子、夫妇、长幼、朋友之节度乎？而况万事万物，几微变化，不可以常理执乎？彼徒虚静其心者，何以异此？
>
> 传经讨业，致知固其先务矣，然必体察于事会而后为知之真。《易》曰："知至至之，可与几也；知终终之，可与存义也。"然谓之"至之""终之"，亦非泛然讲说可以尽之矣。世有闭户而学操舟之术者，何以舵，何以招，何以橹，何以帆，何以引笮，乃罔不讲而预

---

① 《王廷相集》，第873页。

也；及夫出而试诸山溪之滥，大者风水夺其能，次者滩漩汩其智，其不缘而败者几希。何也？风水之险，必熟其几者，然后能审而应之，虚讲而臆度，不足以擅其工矣。夫山溪且尔，而况江河之澎汹、洋海之渺茫乎？彼徒泛讲而无实历者，何以异此？

或者曰："即如是，乃无邦国天下之责者，终不可习而能之乎？"浚川子曰：不然。君子不有身与家乎？学能修其道于身，通其治于家，于是乎举而措之，身即人也，家即国也，挈小而施之大，动无不准矣。何也？理可以会通，事可以类推，智可以旁解，此穷神知化之妙用也。彼徒务虚寂、事讲说，而不能习与性成者，夫安能与于斯！

黄子，志于圣贤经世之学者。余来南都，每得闻其议论、接其行事，窃见其心之广大，有天地变化，草木蕃育之象；知之精至，有日月有明，容光必照之体；盖非世儒空寂寡实之学，可以乱其凝定之性者。则夫余之所不以为然者，先生亦不以之诲人矣。乃述此，请揭之院壁，以为蒙引，使后生来学脱其禅定支离之习，乃自石龙书院始。①

毋庸置疑，在王廷相的思想（道学）体系之中，"仲尼之教"系衡量一切学术的绝对标准与唯一依据，孔门之学代表了圣人之（道）学的正统。无论程朱理学抑或陆王心学，均杂糅了佛禅之学的虚无"基因"，故而偏离了"孔门之学"，皆应视为"异端邪说"。陆王心学家作为"虚静以养心者"，追求"终日端坐""块然枯守其形而立"，此种功夫修养路径无异于佛教的"禅定"；程朱理学家作为"泛讲以求知者"，终日"研究载籍"，"从事乎清虚之谈"，以为此即"格物致知"之学，实则是"支离破碎的烦琐哲学"②。进而言之，在《石龙书院学辩》文中，王廷相是以"道友"的身份劝诫黄绾这"志于圣贤经世之学者"，宜放弃"讲求良知"的功夫路数，转而以"六经"为文本，探寻"仲尼之教"之真谛，重构以"经学信仰"为旨趣的儒家意义（价值）世界。

黄绾在晚年以返归儒家元典的为学证道范式，展开了对宋明儒学的系统批判，尤严"儒佛之辨"，在很大程度上，是受到了王廷相的"外缘影响"。《石龙书院学辩》一文，就是明证。易言之，王廷相的"学术批判

---

① 《王廷相集》，第 604—605 页。

② 方克立、李兰芝编著：《中国哲学名著选读》，南开大学出版社 1996 年版，第 399 页。

性格"影响，改变并决定了晚年黄绾从"心学"到"经学"的学术转向。

这里，我们再看一篇黄绾在嘉靖十二年春所作的《赠符生国信序》文。撰写此"序"之时，黄绾已经五十四岁，文中记道："予少有志，蹉跎迨今，犹未闻道，惟日孳孳，毙而后已。"[1] 按照常理，黄绾已经进入传统儒者所谓"知天命"之年，况且早年、中年还师从过"一代理学大家"谢铎、"一代心学宗师"王阳明，并得二人之真传。吊诡的是，黄绾竟说自己"蹉跎迨今，犹未闻道"。其缘由何在？唯一的可能，就是黄绾在南京任礼部右侍郎这些年（嘉靖七年至嘉靖十二年），随着自己对"六经四子之学"的钻研参悟，尤其受到王廷相、吕柟等好友为学证道路径的影响，已经对先师阳明先生的"致良知"之教进行了全面的"解构"，并且做好了回归儒家"元典"（诸如《论语》《孟子》《礼记》《尚书》等）而转向对宋明诸儒进行学术批判以重构"经学信仰"的准备。

质而言之，阳明良知学主张"心之良知是谓圣"，强调"学贵得之于心"，不以孔孟之是非为是非，进而主张"求六经之实于吾心"，这也从根本上否定了"圣贤经典"的绝对权威。此外，王阳明"《五经》亦史"（实则"六经皆史"）的提法也动摇了"经"高于"史"的地位，便酿成了"解构经典价值信仰体系的危险"[2]。故而，黄绾主动跳出阳明心学一系的"道学阵营"，通过"原古"《四书五经》的方式重构以"经学"为载体的"意义的信仰"、以阐发孔孟之学本有的"道统""道体"，也就显得顺理成章、合情合理了。

第二节　黄绾的"道统"说

有学者指出："凡对道学有所论述的，几乎都不会不涉及道统论"，

---

① 《石龙集》卷十三，第9页；《黄绾集》，第223页。笔者推断，《赠符生国信序》撰文时间与王廷相作《石龙书院学辩》文，前后相差无几。

② 姜广辉《经学思想研究的新方向及其相关问题》文指出：经学从本质上说是一种价值判断，一旦将它引入事实判断（"史"）中，就可能带来负面的效应，即将"经"降为"史"；将"经"混同一般的"史"，就有解构经典价值信仰体系的危险（载氏著《义理与考据》，第142页）。

进而认为"道学的道统论是在儒教内部争夺正统的地位"①。在正式论述黄绾晚年以"原古"经典范式建构具有自家特色的"道学"话语体系之前，我们有必要对黄绾的"道统"主张予以揭示。而在论述黄绾"道统"主张之前，我们有必要对宋明道学话语之中的"道统"观念进行一番梳理。

一　儒家"道统"观念的初步检讨

关于宋明道学语境中使用的"道统"一词，学界多会征引朱熹《中庸章句序》"道统之传有自来矣"云云。需要说明的是，尽管朱子较早将"道"与"统"二字合在一起，讲"道统"，但儒家"道统说"的实际发明者并非朱熹。

笔者以为，儒家"道统"说可以溯源于《孟子·尽心下》：

> 由尧舜至于汤，五百有余岁。若禹、皋陶，则见而知之；若汤，则闻而知之。由汤至于文王，五百有余岁。若伊尹、莱朱，则见而知之；若文王，则闻而知之。由文王至于孔子，五百有余岁。若大公望、散宜生，则见而知之；若孔子，则闻而知之。由孔子而来至于今，百有余岁，去圣人之世，若此其未远也；近圣人之居，若此其甚也。然而无有乎尔，则亦无有乎尔。②

表面上看来，孟子在这里构建了"道统"与"政统"两个话语权的"道学"谱系③，实则尧、舜、禹、汤、文王所传承的圣王谱系乃是"德

---

①　[日] 土田健次郎著，朱刚译：《道学之形成》，上海古籍出版社 2010 年版，第 465、466 页。

②　（宋）朱熹：《四书集注》，三秦出版社 1998 年版，第 555 页。

③　对于孟子笔下的"道统"与"政统"二者之间的张力，有学者就以为：孟子心目中政统的代表者是君主，道统的代表者是君子，政统掌握最高权力，道统掌握最高价值，道统高于政统，道统必须指导政统，道统是政统之师，政统之君应该敬道统之师；政统对道统的尊敬不仅仅是表面的形式，而是内心深处真正的尊德乐道；道统应该教导政统直道而行，而不是屈从取媚于政统；道统的张扬并不是想压倒政统，一旦政统承认了道统的地位，道统反而要自觉维护政统的尊严，以保持道统和政统之间的平衡。（参见张之锋：《孟子笔下的道统与政统》，载《江淮论坛》2004 年第 3 期）

位合一"的体现者，既是有"德"之圣人，还是有"位"之君王；唯有孔子作为有德之圣人却"无位"（后世称之为"素王"）。在此谱系之中，如何给孔子一个"合法"的地位？是孟子着力解决的问题。孟子的高明之处就在于提出了"治权在士"的理论，以"名世者"来"搁置"圣王，坚决认为"圣王系统"之外还有一个"名世者"的传承谱系：

> 彼一时，此一时也。五百年必有王者兴，其间必有名世者。由周而来，七百有余岁矣；以其数则过矣，以其时考之则可矣。夫天，未欲平治天下也；如欲平治天下，当今之世，舍我其谁也？吾何为不豫哉？①

总之，孟子笔下"道统"的承担者，就是以孔子、孟子等为代表的"名世者"即"士"，作为"王者师"②的"士"有自己应担当的"责任伦理"③。孟子曾援引商汤言论"天之生此民也，使先知觉后知，使先觉觉后觉"云云④，来解读"士"的历史使命与担当意识："思天下之民匹夫匹妇有不被尧舜之泽者，若己推而内之沟中，其自任以天下之重也。"⑤这里，"士"被赋有"以道抗势"的勇气与胆略。在巧妙地解决了孔子作为道统传承者身份的"合法性"之后，孟子本人也就顺理成章地成为继孔子之后"道统"的传承者。无怪乎，朱熹在《孟子章句集注》中提道："（孟子）于终篇，历序群圣之统，而终之以此，所以明其传之有在，而又以俟后圣于无穷也。其指（旨）深哉！"⑥

一般认为，唐代儒学家韩愈在其哲学名篇——《原道》一文中，为对抗佛老尤其是佛教"传灯式"的"法统"而提出了儒家的"道统"说，但其传承之学理依据仍为续接孟子的"道统"谱系：

---

① 《四书集注》，第373—374页。

② 同上书，第380页。

③ "责任伦理"概念最初由德国著名哲学社会学家马克斯·韦伯于20世纪初提出。"责任伦理"是指从政者必须备务实的态度，为自己言论行为的后果承担责任。在拙著之中，"责任伦理"指称"士"应当承担的社会责任。

④ 《四书集注》，第458页。

⑤ 同上书，第459、463页。

⑥ 《四书集注》，第556页。

　　博爱之谓仁，行而宜之之谓义，由是而之焉之谓道，足乎己无待于外之谓德。……"吾所谓道也，非向所谓老与佛之道也。"尧以是传之舜，舜以是传之禹，禹以是传之汤，汤以是传之文、武、周公，文、武、周公传之孔子，孔子传之孟轲；轲之死，不得其传焉。①

　　韩愈之"道"即尧、舜、禹、汤、文、武、周公、孔子、孟子等上古三代圣人相传之"仁义道德"，此乃吾华夏儒教文化（"道学"）之"学统"。

　　朱熹在《中庸章句序》中以为子思作《中庸》，亦是传承上古三代"道统"的表现：

　　《中庸》何为而作也？子思子忧道学之失其传而作也。盖自上古圣神继天立极，而道统之传有自来矣。其见于经，则"允执厥中"者，尧之所以授舜也；"人心惟危，道心惟微，惟精惟一，允执厥中"者，舜之所以授禹也。尧之一言，至矣，尽矣！而舜复益之以三言者，则所以明夫尧之一言，必如是而后可庶几也。②

　　朱熹以为，儒家"道统"所传之"道"的内涵即为"允执厥中"，也就是子思所阐发的中庸之道。循此，朱熹自己建构了一个"圣圣相传"的道统谱系：

　　（1）尧→舜→禹，（2）成汤→周文王→周武王，（3）皋陶→伊尹→傅说→周公→召公，（4）孔子→颜回→曾子→子思→孟子，（5）二程→朱熹。③

　　其中（1）尧、舜、禹作为"天下之大圣"，以天下相传并行天下之大事；（2）成汤、周文王、周武王，（3）皋陶、伊尹、傅说、周公、召公，则是以君、臣身份"圣圣相传"，以接道统之传；（4）孔子"虽不得

---

①　（唐）韩愈著，严昌校点：《韩愈集》，岳麓书社 2000 年版，第 145—147 页。

②　《四书集注》，第 21 页。引文着重号，系笔者添加。

③　《四书集注》，第 21—23 页。此示意图系笔者所绘。

其位，而所以继往圣开来学，其功反有贤于尧舜"，颜回、曾子、子思、孟子又代代相传；（5）二程兄弟据《中庸》而承续千载不传之绪，朱熹读《中庸》著《中庸章句》《中庸或问》以赓续"道统"之传。

关于大程即程颢上接孟子传承"道统"之事，朱熹还在《孟子集注》中记道："有宋元丰八年，河南程颢伯淳卒。潞公文彦博题其墓曰'明道先生'。而其弟颐正叔序之曰：'周公殁，圣人之道不行。孟轲死，圣人之学不传。道不行，百世无善治；学不传，千载无真儒。无善治，士犹得以明夫善治之道，以淑诸人，以传诸后；无真儒，则天下贸贸焉莫知所之，人欲肆而天理灭矣。先生生乎千四百年之后，得不传之学于遗经，以兴起斯文为己任，辨异端，辟邪说，使圣人之道涣然复明于世。盖自孟子之后，一人而已。'"① 这里，朱熹阐释了程颐称颂程颢作为"真儒"以复明圣人之"道"为己任的努力。

对于朱熹本人作为"道统"的继任者，朱子后学多有论及。当代历史学家余英时先生遍检南宋文献，指出朱熹的大弟子黄幹才是后世通行"道统"观念的正式建立者。② 黄幹在其撰写的《朱子行状》一文中，就以"绍道统、立人极，为万世宗师"语来评价朱熹，并在《徽州朱文公祠堂记》一文中重申朱熹在《中庸章句序》中绍述的儒家道统谱系图，进而把宋儒周敦颐、张载一并列入，与二程、朱熹并称：

> 尧、舜、禹、汤、文、武、周公生而道始行，孔子、孟子生而道始明。孔孟之道，周、程、张子继之；周、程、张子之道，文公朱先生又继之。此道统之传，历万世而可考也。③

明代学者胡广在永乐年间奉敕编纂的《性理大全》中所称"道统"，也是转述黄幹之言，从而把朱熹审定的儒家道统说以官方形式公布于世，遂成为近世封建国家意识形态的主线，"特别是朱子学，在其（朱熹）逝世之后，得以与国家权力相结合，获得了社会上的优越地位，其时道统论

---

① 《四书集注》，第 556 页。

② 余英时：《朱熹的历史世界》，第 16 页。

③ （宋）黄幹：《勉斋先生黄文肃公文集》卷十九，元延祐二年刻本。

便成为维护体制的正统论，并拥有治统与道统一体化的权威性与强制力"①。其实，在朱熹生活的同时代，就有学者对朱熹倡议的儒家道统谱系，提出质疑与批评。这以地处浙东南的永嘉学派的集大成者——叶适的"反对声"最大，他对理学家所建立的道统，不以为然，大力抨击。

二 叶适对朱熹"道统"的批评及其对黄绾的可能性影响

明代中期黄绾生活的台州，与叶适等永嘉学派学者的故乡——温州，同属浙东南地区，台州、温州接壤，南宋永嘉学派在台州亦有一定影响，因为叶适曾在台州一带进行过长时期的学术传播活动。叶适诗文集之中就有不少反映台州黄岩风土、记载台州历史人物的诗文。黄绾诗文集《石龙集》之中，也有多处提道叶适在台州的事迹。

叶适少年时代曾到台州黄岩侍从林鼐兄弟游学，林氏兄弟曾告诉叶适："（黄岩）县直北山，爽气浮动，花柳之丽，雪月之胜，无不在江北。"②而三百余年之后，黄绾则在黄岩江北开辟石龙书院，读书、讲学其中。值得一提的是，南宋嘉定四年（1211），连接黄岩县城与东南西北四方的黄岩县浮桥在时任县令杨圭主持下建成，为赞颂杨圭功绩，林鼐请叶适撰《利涉桥记》文。③而在嘉靖十五年（1536），时任黄岩县令康载重修黄岩"利涉桥"，应黄岩诸学者之请，黄绾作《重修黄岩县利涉桥记》文④，并重提当年杨圭修建"利涉桥"事，文中有"水心叶先生记（《利涉桥记》）之备矣"云云。可以断定，黄绾是阅读过叶适这位永嘉学派集大成者的著作的，且十分崇敬之，故尊称之为"水心叶先生"或"叶水心先生"。

据《洞黄黄氏宗谱》中载黄氏先人事迹，可知：黄氏家学渊源，受叶适影响不小。洞山黄氏第十世、黄绾八世祖黄轲为鼓励子孙读书，在洞黄建有"读书堂"，叶适曾受邀题诗。黄绾《先五世祖统五府君碑阴记》

---

① ［日］荒木见悟：《道统论的衰退与新儒林传的展开》，载吴震、吾妻重二主编：《思想与文献：日本学者宋明儒学研究》，第5页。

② （宋）叶适著，刘公纯、王孝鱼、李哲夫点校：《叶适集》，中华书局1961年版，第170页。

③ 《叶适集》，第170—171页。

④ 《石龙集》卷十四下，第11—12页；《黄绾集》，第288—289页。

云："启一府君讳轲，建读书堂，叶水心先生题诗，刻石尚存。"① 叶适在台州的影响一直持续到明清之际，比如在明末台州黄岩的乡贤祠之中，就有叶适的牌位。对此，黄宗羲《台雁笔记·叶水心》云："叶水心先生，永嘉人。今黄岩祀于乡贤。"② 黄绾晚年著作《家训》对黄氏先祖与叶适的交游有详述：

> 吾……七世叔祖柏四谏议府君恪，与柏十九洗马府君仍，与吾八世祖桂二处士和，同游叶水心先生之门，得《易》学之传。谏议府君与泉溪潘评事裎为友，评事卒，府君尝赋诗挽之，曰"水心心上《易》，同悟到玄真"之句。洗马府君与泉溪潘秘教起余为友，秘教卒，亦有诗挽之，曰"云路迟吾到，恩波及子多"之句。吾世祖慎，又创读书堂，专以读书教子弟为事。叶水心先生尝题诗于上，……③

故而基本可以判定，明儒黄绾对于宋儒叶适的生平、思想当有了解；而黄绾的《易》学理论，多多少少会受到叶适《易》学的影响。

叶适《习学纪言序目》文，有质疑曾子为孔子道统继承人的观点：

> 孔子殁，或言传之曾子，曾子传子思，子思传孟子。按：孔子自言德行，颜渊而下十人，无曾子。曰"参也鲁"……曾子之学，以身为本，容色辞气之外不暇问，于大道多所遗略，未可谓至。……而子思作《中庸》，若以《中庸》为孔子遗言，是颜、闵犹无是告，而独闶其家，非是；若子思所自作，则高者极高，深者极深，宜非上世所传也。然则言孔子传曾子，曾子传子思，必有谬误。孟子亟称尧、舜、禹、汤、伊尹、文王、周公，所愿则孔子，圣贤统纪既得之矣……后世以孟子能传孔子，殆或庶几。然开德广，语治骤，处己过，涉世疏，学者趋新逐奇，忽亡本统，使道不完而有迹。④

---

① 《石龙集》卷十四下，第1—2页；《黄绾集》，第279页。

② 《黄宗羲全集》第11册，第506页。

③ （明）黄绾：《家训·师友》，载《洞山黄氏宗谱》卷一，民国乙卯年重修本。又见拙著《黄绾年谱简编》，上海古籍出版社2017年版，第92页。

④ （宋）叶适：《习学记言序目》卷第四十九《皇朝文鉴三》，中华书局2009年版，第738—739页。

这里，叶适否定曾子、子思、孟子继道统，实质上也否定了程朱等人的道统论及道统继承权。当代新儒家学者牟宗三先生就指出："历来敢对程朱内圣道统提出质疑者，如明末顾亭林、颜元、李塨等人，实皆不及叶水心之勇敢与一贯，并曾子、子思、孟子、《易传》而一起皆反之也。"①如此，朱子一系的"道统"即受到同时代学者尤其是浙东事功学派学人的严重冲击，"这就使朱子所谓的道统论不得不从根基处发生崩溃"②。尽管如此，叶适对尧至孔子之间"道统"的传承不加否定，因为"自尧、舜、禹、汤、文、武、周公、孔，所传皆一道"③。

拙著第一章已论，朱熹曾经在黄绾家乡台州、黄岩一带创办书院、讲学弘道，培植门生。鉴于黄绾对叶适的关注，再加上叶适在台州、黄岩一带的学术活动。叶适"道统"主张之中"反（程朱）道学"的思想④，多多少少会对黄绾道学思想在晚年的转变产生一些影响。

以上梳理，就为我们理解中晚年时期的黄绾何以反对宋代道学家倡导的"道统说"，作了一番铺陈。

三　晚年黄绾的"道统"新论

本章开篇第一节即论黄绾任职南都礼部之时受到道友王廷相的学术影响，逐步认清了"圣人之学"之载体——以"六经四子"为代表的儒家经典才是"真儒""精神命脉"之所在。"功利之说""禅定之学"作为"异端"，已经严重危害到了"圣人之道"的传承，故而黄绾开始对程朱（"性即理"）、陆王（"心即理"）的道学主张予以质疑，进而把自己所信奉的"为学之的"（"艮止执中之旨"）看作是绝对唯一正确的。与此同时，对"他者"予以"排斥""拒绝"，"道统"与"道统"之间就发生了不可避免的冲突，最终必然使黄绾由"王学"的"信徒"成为"王学"

---

① 牟宗三：《心体与性体》，台北正中书局1996年版，第278页。

② ［日］荒木见悟：《道统论的衰退与新儒林传的展开》，载吴震、吾妻重二主编《思想与文献：日本学者宋明儒学研究》，第4页。南宋浙东学者除却永嘉学派集大成者叶适对朱子道统说予以攻击之外，永康学派的代表陈亮亦有"猛烈的"攻击、发难（同上书，第4—5页）。

③ （宋）叶适：《习学记言序目》卷第十三《论语》，第188页。

④ 关于叶适、朱熹道统主张的异同，可以参阅汤勤福《叶适与朱熹：道统论的异同及意义》一文，载吴光、洪振宁主编《叶适与永嘉学派》，浙江人民出版社2012年版，第250—262页。

的"叛徒"。

（一）中年黄绾的"道统"主张

毋庸置疑，青年儒者黄绾在浙南师从台州朱子学传人——谢铎研习程朱理学之时，其心目中的"道统"，即是程朱一系的"道统"架构。

对于王阳明的"道统"主张，我们可以从《传习录》中予以检索："见圣道之全者惟颜子。……颜子没，而圣学之正派遂不尽传矣。"此外，王阳明的"心之良知是谓圣"的提法，则明确告诉学人：其"道学"（"心学"）是以"良知"为"道体"的。中年黄绾从阳明先生游学，接受"致良知"之教，曾一度以为王阳明就是上古三代儒家道统（"圣人之学"）的赓续者。黄绾在正德十年所成《实翁先生寿序》有云："公（王华）子守仁，（黄）绾则从而赖其成，即所谓得圣人之学者。"① 尤其在嘉靖元年秋正式师从阳明先生之后，便更加坚信"致良知"之教就是孔孟圣人之学的"正法眼藏"。阳明先生本人亦自信地以为自己的"致良知是学问大头脑，是圣人教人第一义"②。

接续陆王一系"学脉"之后，中年黄绾便对自己在青年时代所"接受"的程朱理学的"道学话语""道统谱系"产生了质疑："向者所谓静坐、所谓主敬、所谓静中看喜怒哀乐未发作何气象，皆非古人极则功夫。"尽管如此，在黄绾看来，周敦颐、程颢尤其是陆九渊的道学主张则与"古圣极则功夫"相吻合，有"宋儒自濂溪、明道之外，惟象山之言，明白痛快，直抉根原"云云。这，集中体现在黄绾《寄阳明先生书》（四首之三）（成文于正德十三年）中③。

吊诡的是，早年黄绾曾渴慕承续陈献章"江门心（道）学"之学脉（见拙著第一章第五节），然而中年时期的黄绾与阳明、甘泉定交、共学之后，并经过一段时间的读书参悟与独立思考，却以为江门心学陈献章、湛若水一系所绍述的"静坐中养出端倪"并非"一贯之要"的"圣门宗旨"：

　　"笃志"一语，真万世为学之要诀也。近世如白沙诸公之学，恐

① 《石龙集》卷十一，第11—12页；《黄绾集》，第194页。

② 《传习录》卷中《答欧阳崇一》，《传习录校释》，岳麓书社2012年版，第107页。

③ 《石龙集》卷十七，第12—13页；《黄绾集》，第339—340页。

皆非圣门宗旨。……往年见甘泉颇疑（阳明）先生"拔病根"之说，凡遇朋友责过及闻人非议，辄恐乱志，只以静默为事，殊不知无欲方是真静。若欲无欲，苟非勇猛锻炼、直前担当，何能便得私欲净尽、天理纯全？此处若不极论，恐终为病。绾近寄一书，略论静坐无益，亦不敢便尽言及此。向见先生《送甘泉序》云："孔子传之颜子，颜子殁而不传，惟曾子以一贯之旨传之。"今日恐亦未然，夫一贯之要，只在反己笃志而已。颜、曾资禀虽或不同，其为一贯之传则必无二。①

通过亲身实践先儒时贤（程朱、陈献章等）所提倡的"静坐""无欲"的修道法门，黄绾得出了"无欲方是真静""静坐无益"的结论，从而对陈献章"静坐中养出端倪"说予以质疑，直至放弃了对江门心学陈献章、湛若水一系"学脉"的关注。

阳明先生过世之后，黄绾虽一度以"慎独以致良知"论来阐扬阳明先生开创的"致良知"之教；但是任职南都礼部之时，正如上文所述，黄绾受王廷相的学术影响，开始返归"六经四子"重新寻找"万古圣学之源"，最终对阳明先生的"道统"地位，也产生了怀疑。比如嘉靖十一年，游学于南都的田子中、萧时化、方居道、周本洪等四人将归，就如何"卒业"一事请教于黄绾，此时的黄绾并不是以"致良知"之教，而是以唐尧"惟精惟一"为万古圣学之源、孔子"学而不思则罔，思而不学则殆"为后圣用功之要，借此劝勉四子求证斯"道"：

尧授舜曰"惟精惟一"，此万古圣学之源也。孔子曰"学而不思则罔，思而不学则殆"，此后圣用功之要也。孟子深体认之，见其心之恻隐者而命之曰仁，羞恶者而命之曰义，辞让者而命之曰礼，是非者而命之曰智。恻隐也、羞恶也、辞让也、是非也，是之谓情。情非外铄，人自弗思，故指其用工之要曰"弗思"耳！斯情也，乃人心之独知、万善之所由、至诚之所根，故为天下之至一。非思则不精，非精则不一，不一则纷纷而思，要皆意、必、固、我之私而不足以立天下之大本，故曰"学而不思则罔，思而不学则殆"，此明"精一"

---

① 《石龙集》卷十七，第14页；《黄绾集》，第339—340页。

真旨，不可毫发差爽。①

黄绾在《赠王汝中序》（成文于嘉靖十三年）文中，已经表明自己已经"扬弃"了程朱道学家赓续先秦原儒"道统"的论见，明确地提出了以"虞廷十六字心传"所传"执中"之道为"万古道统之真传"的主张：

　　昔者，尧之授舜，初无别语，但曰"允执厥中"而已；舜之授禹，则加数语，曰"人心惟危，道心惟微，惟精惟一，允执厥中"，中即道也，道何在哉？在人独知，一念几希，故曰"道心惟微"。道而用之则有过、有不及，此恶之所由生也，故指其用力之方，曰"惟精惟一"。精者思也，一者道也，思得其道则无过、无不及矣，故曰"人心惟危"，所以戒而谨之。夫道心、人心一也，以一心而精之、一之，此万古道统之真传也。孔门"致知格物"之训、"克己复礼"之教，曾子、子思"慎独"之旨，孟子"乃若其情"之说，皆本诸此。②

嘉靖十四年左右，黄绾在所作《与人论学书》（三首之一）中再次重申了自己所主张的"道学"传承谱系：

　　孔门之学，虽资禀有明睿、鲁钝之不同，然实体深契，直见圣人全体本根，惟颜子、曾子能之。其他文学如子夏，政事如冉有，堂堂如子张，笃行如高柴，谨言如南容，勇往如季路，孝弟如闵子骞，皆得圣人之一体，故传之皆有弊。惟颜子、曾子为无弊。颜子早死而无传，曾子传之子思至于孟子，孟子没而又无传。③

如是以来，黄绾又重新回到唐、宋儒学"道统"的"原点"④，即有了以孔孟传人"自居"的"嫌疑"。

---

① 《石龙集》卷十，第 13 页；《黄绾集》，第 175 页。

② 《石龙集》卷十三，第 17—18 页；《黄绾集》，第 230—231 页。

③ 《石龙集》卷二十，第 16—22 页；《黄绾集》，第 391 页。

④ 韩愈《原道》、朱熹《中庸章句序》均以为："孟子没而道统之传绝"，千余年来，"异端之说日新月盛，以至于老佛之徒出，则弥近理而大乱真矣。"

总结上文，在嘉靖十一年至嘉靖十四年左右，黄绾通过研读、体悟《四书五经》，提出以"虞廷十六字心传"所传"执中"之道为"万古道统之真传"，进而主张"尧→舜→禹→（汤→文→武→周公→孔子）→颜子、曾子→子思→孟子"的道学相传谱系。黄绾之所以重提儒家经典所阐述的"道统"谱系，是因为此时（明代中后期）的"师道"已灭，追求禄利的功利之学（"禄学"）甚嚣尘上；在"世无师"的时代，学者唯一的出路就是"师经"，以经书（《四书五经》）为师①，从而超越时代的浊流，"继往开来"。

（二）黄绾《明道编》所描绘的道学传承谱系

一般认为，儒家所谓"道统"就是儒家圣人传"道"的脉络和谱系："须要明确真实的'道'由古及今具体地由谁传授给谁，直到自己为止又经过了怎样的过程，以此制定古圣至自己的一以贯之的系谱，并以此为据，使自己在思想史上的地位得以正当化。"②

黄绾在晚年著作《明道编》之中，以"艮止、执中"作为圣贤代代相传的"真实的'道'"，其对"由古及今具体地由谁传授给谁，直到自己为止又经过了怎样的过程"，是这样描述的：

> 伏羲、尧、舜以艮止、执中之学相传。……圣圣相承，率由是道。至仲尼出而大明厥韫，……艮止、执中之正脉。当时惟颜、曾二子独得其传，再传而得子思，又传而得孟子，轲之没而无传矣。……然功利之害人也浅，而禅学之害人也深，予恐圣人之道日晦，故恒思有以辩之。③
>
> 《大学》所言文王"缉熙敬止"者，此指止之体而言也。……文王之学，实原于伏羲；而孔子之学，又原于文王，皆在止其止而已矣。吾人于此而能存之，于此而能思之，道在是矣。④
>
> 圣人传心之学，始于伏羲八卦之《艮》。……文王作《艮》之

① ［日］土田健次郎：《道学的形成》，第471页。关于晚明的"师道"复兴运动场景，可以参阅邓志峰著《王学与晚明的师道复兴运动》，社会科学文献出版社2004年版。

② ［日］荒木见悟：《道统论的衰退与新儒林传的展开》，载吴震、吾妻重二主编：《思想与文献：日本学者宋明儒学研究》，华东师范大学出版社2010年版，第1页。

③ 《明道编》，第1页。

④ 同上书，第2页。

《象》曰：……此文王明伏羲重《艮》之义。孔子《象传》，先曰：……此所以明伏羲《艮》卦之义，兼体用而言也。[①]

尧之传舜，曰"允执厥中"，舜之传禹，曰"人心惟危，道心惟微，惟精惟一，允执厥中"，此万世圣学之的也。其传自禹至汤，至文、武，至皋、夔、稷、契，至伊、傅、周、召，至"允执厥中"也。由此言之，则孔门之传授可知矣。[②]

舜谓禹曰"人心惟危，道心惟微，惟精惟一，允执厥中"，禹谓舜曰"安汝止，惟几惟康"，伊尹曰"钦厥止"，文王曰"缉熙敬止"，孔子则明其旨于《艮·象》，授之曾子，著于《大学》，……曾子授之子思，子思授之孟子，孟子殁而无传。故至有宋诸儒，其学皆由于禅。[③]

宋儒之学，自是宋儒之传，原非尧、舜之传；尧、舜之传，至孟子而绝，在今则无传矣。[④]

象山云："韩退之言，轲死不得其传。直至濂洛诸公，得千载不传之学，但草创未光明。"予谓，当时禅学盛行于天下，虽在诸公，亦不免禅学之汩，至于圣人心传之要，或不能无憾，亦不但草创未光明而已。此言，予极知僭妄，但属尧、舜、禹、汤、文、武、周公、孔、孟道脉所在，故敢言之，以启后世有志者之精求也。[⑤]

根据以上所征引文献，我们可以清楚地发现，晚年黄绾关于真正的"道"（"道体"）即"艮止、执中之旨"的传承谱系（"道统"），相比于他在嘉靖十一年至嘉靖十四年左右所提揭的"执中之道"，又有补充。即是以"艮止之旨""执中之旨"为依据，分为两条"道统"谱系，并以伏羲作为"艮止之旨"一系之发端：

1. 艮止之旨：伏羲→文王→孔子→曾子→子思→孟子。

2. 执中之旨：尧→舜→禹→汤→文→武王→皋、夔、稷、契→伊、傅、周、召→孔子→曾子→子思→孟子。

---

① 《明道编》，第3页。

② 同上书，第5页。

③ 同上书，第6页。

④ 同上书，第5—6页。

⑤ 同上书，第22页。

与韩愈、程朱所倡"道统"一样，黄绾也认为"圣人传心之学"即"真理的传统"至孟子已经终结而不传：韩愈《原道》有仁义之"道"最后由"孔子传之孟轲；轲之死，不得其传焉"云云，程颐有"孟轲死，圣人之学不传"之言。为了在儒教（"圣人之学"）内部争夺得"正统"的地位，即"使得自己在思想史上的地位得以正当化"，黄绾还以宋儒（包括明儒王阳明、湛若水）之学皆受到"禅学""异端"之熏陶、影响，而指称其皆"非尧舜之传"。值得注意的是，黄绾虽然否定了宋儒群体苦心孤诣所营建的"道统"谱系，但还是承认了"宋儒之学，自是宋儒之传"的"本然性存在"。

一言以蔽之，在黄绾这里，"道统"的谱系抑或"圣人之学"（即道学）的真精神、真血脉就在伏羲、尧、舜、禹、商汤、文、武、周、孔、颜、曾、思、孟。自孟子而后，"道脉"千载不传，生于自己以前的汉唐、宋明诸儒均受"功利之说""禅定之学"的"异端"之害①，而致使"圣学不明""圣人之道日晦"而不传。质言之，黄绾的"艮止、执中"之学，作为宋明道学之一种，与道学各派一样，也声称自家的"道统"接续了圣学的"真精神""真血脉"。因此之故，可以说，以发觉、复兴"圣人之学"为志业的黄绾，在极强的卫道意识和"道统"精神的支配之下，俨然以孔孟道学谱系传承人的身份自居，已经自觉地担当起了传统士大夫所特有的"为天地立志，为生民立道，为去圣继绝学，为万世开太平"②的历史使命。

第三节　"宋儒之学，其入门皆由于禅"
——黄绾对宋儒的批判

海内外学界关于"道统"研究的已有成果表明：作为"道统"核心的"道"无非就是所谓的"绝对真理"③；狭隘的正统（"道统"）观念具

---

① 《明道编》，第1—2页。

② （宋）张载：《张子语录》中，载《张载集》，中华书局1978年版，第320页。

③ ［日］重泽俊朗：《原始儒家思想与经学》，日本岩波书店1949年版，第244页。转引自荒木见悟：《道统论的衰退与新儒林传的展开》注释①，载吴震、吾妻重二主编《思想与文献：日本学者宋明儒学研究》，第1页。

有排他性，只认为自己是正统的，态度是保守的而且是权威主义的[1]。同理，黄绾基于自己的"道统谱系"之说及"艮止—执中"之论，对宋明诸儒乃至汉唐诸儒学（"他者"）进行了"排他性"的批判，认为自家所揭之"道"才是"绝对真理"。

如所周知，儒家"道统"说一向严"华夷之辨"，尤其视"佛教"这一"西方之学"为"异端"[2]。宋明道学家文献之中，视佛、禅（包括道教）以及先秦杨、墨之学为"异端"的论述比比皆是，比如朱熹、吕祖谦编订的《近思录》卷十三"辨异端"即摘录有北宋四子对佛老、杨墨等"异端邪说"的批判[3]。朱熹《论语或问》有"孰视异端之害，而不一言以正之，则亦何以祛习俗之弊而反之于经哉！盖正道、异端，如水火之相胜，彼盛则此衰，此强则彼弱"云云[4]。罗钦顺《困知记》有论："异端之说，自古有之，考其为害，莫有过于佛氏者矣。"[5]

与宋明其他道学家一样，黄绾也认为儒家道统自孟子之后不传而"渐以淹沦"的"罪魁祸首"，即是佛教禅学从中作梗。进而言之，为了能从根本上动摇韩愈、程朱等儒者意欲承续至孟子而中断失传"道脉"的观念，黄绾采取了"以其人之道还治其人之身"的套路，干脆给宋儒扣上一顶"由释老入门"的"帽子"。作为道学中人即道学家的黄绾，同样视"异端"为儒家"道统"论的"敌人"，且以佛教禅学为乱惑并致使"圣人之道"日晦、不传的"最主要敌人"："禅学之害人也深"，"异端莫甚于禅学，自禅学兴，而圣人之道日为所乱惑，近理而失真。"[6] 关于佛教作为"异端"之说混淆、扰乱"圣学"的前后经过，黄绾《明道编》有详尽分析：东汉明帝时，摩腾、竺法兰以佛经传入中国，而其说亦淆于中

---

① ［美］狄百瑞著，［日］山口久和译：《朱子学与自由的传统》，日本平凡社1987年版，第52页。转引自荒木见悟：《道统论的衰退与新儒林传的展开》注释①，载吴震、吾妻重二主编《思想与文献：日本学者宋明儒学研究》，第1页。

② "异端"一词最早见于《论语·为政篇》："攻乎异端，斯害也已。"朱熹《四书章句集注》云："异端，非圣人之道，而别为一端，如杨墨是也。其率天下至于无父无君，专治而欲精之，为害甚矣！"

③ （宋）朱熹、吕祖谦编订，陈永革注评：《近思录》，江苏古籍出版社2001年版，第327—338页。

④ （宋）朱熹：《论语或问》卷二，《朱子全书》第6册，第652页。

⑤ 阎韬译注：《困知记全译》，巴蜀书社2000年版，第284页。

⑥ 《明道编》，第1页。

国；南北朝梁武帝时，达摩入中国，以其法行于中国；历唐迄宋而盛，当时学士大夫无有不事禅学者。① 既便是"圣人之学"在有宋一代再次复兴，是为"道学"（"新儒学"），"亦自禅学而来"，并"以虚无为根"而失圣学"艮止、执中之本"，且致使孔孟之"道脉"依旧失传。

其实，黄绾在嘉靖十三年所成《赠王汝中序》文中已经明言："宋儒学之始，皆假禅为入门，高者由其上乘，下者由其下乘。"② 黄绾《与人论学书》（三首之一）（成文于嘉靖十四年左右）有云："（有）宋诸儒，始由释老入门而后求圣人之经，经又多为汉唐儒者所乱，故语焉而不精、择焉而不详者有之。"③ 在晚年所著《明道编》中，黄绾再次重申："宋儒之学，其源流皆本于宋儒，而非尧舜以来之传"④，"有宋诸儒，其学皆由于禅"⑤，"宋儒之学，其入门皆由于禅：濂溪、明道、横渠、象山则由于上乘；伊川、晦庵则由于下乘"⑥。

这里，黄绾借"禅学"为"判教"依据，分"宋儒之学"为上乘、下乘"二系"。下面，我们以《明道编》为主，并结合黄绾存世诗文集《石龙集》《久庵先生文选》《家训》中所涉评论宋儒文字，解读一下晚年黄绾对宋明诸儒的"排他性"批判。

一　黄绾对周敦颐的批评

青年黄绾在翻阅王安石《文集》之时，有读到王安石关于"周元公（周敦颐）以荫补官，不失为亚圣"⑦ 的评论，遂以自己"有官复事科举"为耻；因自己可以承袭"祖（黄孔昭）荫"而入仕，遂主动放弃科举之业，并专志于圣人之学。

晚年黄绾对于周敦颐的批评，主要表现为：认定周氏《太极图说》所言"无极而太极"⑧ 之"无"源于"佛、老"，与圣学道脉所传"艮止

---

① 《明道编》，第 2 页。

② 《石龙集》卷十三，第 18 页；《黄绾集》，第 231 页。

③ 《石龙集》卷二十，第 16 页；《黄绾集》，第 391 页。

④ 《明道编》，第 41 页。

⑤ 同上书，第 6 页。

⑥ 同上书，第 12 页。

⑦ 《石龙集》卷十五，第 1—2 页；《黄绾集》，第 299 页。

⑧ （宋）周敦颐著，谭松林、尹红整理：《周敦颐集》，岳麓书社 2002 年版，第 3 页。

之旨"之"有"相抵牾。先是,陆九渊在"朱陆之辩"之时,以为周氏之"无极",既出于老氏,也出于禅宗;黄绾对于陆说予以认可,以为"其说皆有据":"无,名天地之始",显系老氏之言①;"有物先天地,无形本寂寥"②,则系禅宗之诗。而与佛老相反,儒家圣人之言则不曰"无""无形",而言"有",比如《易》曰"《易》有太极",《尚书·洪范》曰"皇建其有极",《诗》曰"天生烝民,有物有则",皆言"有"而不曾言"无"。简言之,言"无"则容易堕于佛老之空虚(即"无"),而不等同于圣人"艮止之旨"③。

此外,周敦颐《通书》对"圣学之要"也有解读:"'圣可学乎?'曰:'可。'曰:'有要乎?'曰:'有。''请问焉。'曰:'一为要。一者,无欲也。无欲则静虚动直。静虚则明,明则通;动直则公,公则溥。明通、公溥,庶矣乎!'"④ 周敦颐此言以"一"即"无欲"作为圣学之要。黄绾《明道编》基于《尚书》所载尧舜、《论语》所记孔子等"圣人"之言予以回应:"尧之授舜,曰'允执厥中';舜之授禹,曰'人心惟危,道心惟微,惟精惟一,允执厥中。'"⑤ 在黄绾的道学体系之中,"允执厥中"("执中")才是"圣学之要";而"欲"之一字,则系中性用语,有发于"人心"、有发于"道心",发于"人心",可谓之"私欲";发于"道心",诸如"己欲立而立人,己欲达而达人"之类则不可谓之"私欲",若求其"无"则与孔圣人之言相左。进而言之,"至若危微之当谨,惟精惟一之不可废,皆必以心体之而后得",故而宋儒周敦颐之言与先圣尧舜之言,必当有分辨与区分。显而易见,在黄绾看来,周氏之"无欲",非尧舜之言的"本真义"。简言之,周氏之言源自"异端",即禅学的"本来无物"之旨,其"非圣人之学",自不待言。

---

① 语出《老子》第一章,相关解释可参阅陈鼓应《老子注译及评介》,中华书局2003年重印本,第53—57页。

② 此诗系南朝梁禅宗大师傅大士的悟道偈。宋僧释普济所编《五灯会元》载:"有物先天地,无形本寂寥。能为万象主,不逐四时凋。夜夜抱佛眠,朝朝还共起。起坐镇相随,语默同居止。纤毫不相离,如身影相似。欲识佛去处,祗这语声是。空手把锄头,步行骑水牛。人从桥上过,桥流水不流。"(《五灯会元》卷十六,《卍续藏》第80册,第67页中)

③ 《明道编》,第13页。

④ 《周敦颐集》,第40页。

⑤ 转引自《明道编》,第13页。

二 黄绾对张载的认识

黄绾在少年习举业之时（约在弘治十、十一年，时年18、19岁），即仔细阅读了家藏宋儒张载的著作文集，当读到张载论“荫袭”语处，忽然茅塞顿开，弃举业而不为①。黄绾《谢陈御史招应举书》有言为证：“一日读家书，得横渠张子曰：‘世禄之荣，王者所以录有功，尊有德，爱之厚之，示恩遇之不穷。为人后者，所宜乐职劝功、服勤任事，长廉远利、似述世风。近代公卿子孙，方且下比布衣，工声病，雠有司，不知求仕非义，反羞顺理为无能；不知荫袭为荣，反以虚名为善继。诚何心哉！’……绾尝反复思之，芒背骇愕，以见闻之晚而尝辛勤为举业为悔。今者既知，何可耻其过而作非，舍其同而求异？”②

关于张载“荫袭为荣”之言，今本《张载集·文集佚存·策问》有录：

> 世禄之荣，王者所以录有功，尊有德，爱之厚之，示恩遇之不穷也。为人后者，所宜乐职劝功以服勤事任，长廉远利以嗣述世风。而近世公卿子孙，方且下比布衣，工声病，售③有司，为不得已为贫之仕，诚何心哉？盖孤秦以战力窃攘，灭学法，坏田制，使儒者风义寖弊不传，而士流困穷，有至糟粰不厌。自非学至于不动心之固，不惑之明，莫不降志辱身，起皇皇而为利矣。求口实而朵其颐，为身谋而屈其道，习久风变，固不知求仕非义，而反羞循理为不能，不知荫袭为荣，而反以虚名为善继。……④

对于黄绾受张载语影响，并以“荫袭为荣”并弃举子业之事，有“黄绾传记”云：“一日，（黄绾）因感横渠先生论‘荫袭’语，遂弃举

① 转引自王棻：《台学统》卷四十四《性理之学》三十二，民国七年吴兴刘氏嘉业堂刻本，第4页。

② 《石龙集》卷十五，第1—2页；《黄绾集》，第298—299页。

③ 《石龙集》引文作“雠”。

④ 《张载集》，第355—356页。

子业，毅然以圣贤自期，隐居紫霄山中十余年，勤读苦思，学益充裕。"①这里，我们还可以得出一个结论：对于张载存世诗文集，黄绾曾认真拜读过。

黄绾晚年之时，虽然认为张载之学，其"入门由于禅"，且由其"上乘"；但是，《明道编》对张载《正蒙》以阴阳二气升降、消长、凝合来解释天地生成、运化之法则，则持肯定性态度：

> 气之轻而清者为天，轻清上浮，此天之所以为高也；气之重而浊者为地，重浊下坠，此地之所以深也。天包于地，是轻清者外运而动健也；地藏于天，是重浊者中凝而静顺也。动静者，天地之气质也。健顺者，天地之性情也。②

> 天地者，阴阳二气之凝合也。合而言之，则天地同一阴阳；分而言之，则天地各具一阴阳。若以其性而言之，则天者纯阳，故至健而动；地者纯阴，故至顺而静，非曰天之体即阳也、地之体即阴也。③

> 草木孕育于冬，发生于春，盛长于夏，萎落于秋，此一气之消长也，于此知天地之运化。④

宋儒之中，张载有对"鬼神"观念的阐发：

> 鬼神者，二气之良能也。圣者，至诚得天之谓；神者，太虚妙应之目。凡天地法象，皆神化之糟粕尔。⑤

> 天道不穷，寒暑也；众动不穷，屈伸也；鬼神之实，不越二端而已矣。⑥

> 鬼神，往来、屈伸之义，故天曰神，地曰示，人曰鬼。（神示者归

---

① （明）施沛《南京都察院志》卷三十九《人物三·经历列传·黄绾传》，日本内阁文库藏明天启刻本，第46页。

② 《明道编》，第63—64页。

③ 同上书，第64页。

④ 同上。

⑤ 《正蒙·太和篇第一》，《张载集》，第9页。

⑥ 同上。

之始，归往者来之终）①

此外，程颐《伊川易传》有云："天地者，道也；鬼神者，造化之迹也。"② 黄绾《明道编》则据张载之论予以阐发，称"鬼神"为阴阳二气之主宰：

> 鬼神者，阴阳二气之主宰，而即其发见之象、变动之几是也。故程子曰"造化之迹"，张子曰"二气之良能"。然分而言之，则神为阳而鬼为阴；合而言之，则阴阳之长而伸者为神，消而屈者为鬼，长而伸故神显，消而屈故鬼幽；又合而言之，则神之伸而未见者为幽，伸而可见者为显，鬼之屈而犹可见者为显，屈而不可见者为幽。③
>
> 以其形体而言之，谓之天；以其主宰而言之，谓之帝。形体者、物也，主宰者、鬼神也。④

张载《经学理窟》有对"祭祀"先人鬼神的记载："祭接鬼神，合宗族，施德惠，行教化，其为备须是豫，故至时受福也。"⑤ 对于生者（后人）祭祀先人"精神""魂魄"之事，黄绾《明道编》亦有阐发："祖考既死，魂升魄降，则精神已散而不在。祭祀之际，全以我之思慕诚敬之心，感其既散之精神而聚之。盖我之精神即祖考之精神也，我之精神既聚，则祖考之精神不外矣。祭祀而不诚敬，与不祭何异？"⑥ 此处关于"诚敬""祭祀"之语，则出自于孔子的"祭如在，祭神如神在"云云。

《张子语录》中又载"教养小儿之训"：

> 勿谓小儿无记性，所历事皆能不忘。故善养子者，当其婴孩，鞠

---

① 《正蒙·太和篇第一》，《张载集》，第16页。

② （宋）程颢、程颐著，王孝鱼点校：《二程集》，中华书局1981年版，第705页。朱熹《论语集注》亦称："鬼神，造化之迹，虽非不正，然非穷理之至，有未易明者，故亦不轻以语人也。"（见《四书集注》，第146页）

③ 《明道编》，第64页。

④ 同上。

⑤ 《经学理窟·祭祀》，《张载集》，第293页。

⑥ 《明道编》，第64页。

之使得所养，令其和气；及长而性美，示以好恶有常。至如养犬者不欲其升堂，则待其升堂而扑之；若既扑其升堂，又复食之于堂，则使孰从？虽日挞而求其不升，不可得也。养异类且尔，况人乎？故养正者，圣功也。①

黄绾晚年所成《家训》，对张载教养小儿之训，颇为赞赏，特誊录之并供黄氏家人在鞠养子孙之时所效法。②

三　黄绾对程颢的论说

黄绾在早年研习程朱理学之时，一度对程颢所力主"主静"的为学功夫予以认可并实践之。《程氏外书》记载："人向其（程颢）问学，曰：'且静坐。'伊川每见人静坐，便叹其善学。"③ 早年笃信程朱理学的黄绾曾用"静坐"功夫作为"修道"路径，但成效甚微，后经砥砺，"觉向者所谓静坐""非古人极则功夫"，"徒知静坐……而不先之以立志，不免动静交违、灭东而生西也。夫才说静便有不静者在，……如此用工，虽至没世，无所税驾"④。在此，黄绾经过对"静坐"功夫的实践，得出"静坐无益"的教训，遂放弃之；进而得出自己对"圣学""极则功夫"的真实理解："但知本心元具至善，与道吻合，不假外求，只要笃志于道，反求诸己而已。"⑤

在体知、证悟向内（"心"）用功的"极则功夫"之后，青年黄绾一度受程颢《定性书》之影响，"以为真圣人之学在是"。其《与人论学书》（三首之二）云：

> 绾初年之学，只守旧说，专求典籍，将十载而无所得。乃专求诸心，及读《定性书》，见云"天地之常以其心普万物而无心，圣人之常以其情顺万事而无情。是故君子之学莫若廓然而大公，物来而顺

---

① 《张子语录·语录上》，第315—316页。
② （明）黄绾：《家训·教养》，载《洞山黄氏宗谱》卷一，民国乙卯年重修本。
③ 《二程集》，第432页。
④ 《石龙集》卷十七，第12页；《黄绾集》，第339页。
⑤ 同上。

应"，以为真圣人之学在是矣。①

　　黄绾沿循《定性书》提示的以"无心""无情"发明"圣学"的
"修道"路数，"用工又几二十载"，收效依旧甚微，且无所得。此时的黄
绾已届暮年，在友人王廷相的点拨之下，幡然醒悟，遂"回归经典"，进
而得出"圣人传心之学"的根本宗旨乃是"艮止、执中"。在《明道编》
一书中，黄绾以儒、佛"有无之辨"的理论对自己曾经实践过的《定性
书》之功夫路数予以"否定"，并坚决认为程颢之说源自于佛教：

　　　　孟子曰："学问之道无他，求其放心而已矣。"求其放心者，收其
　　心而已矣，存其心而已矣。若欲廓然而大公，其谓之收心乎？其谓之
　　放心乎？若必欲放其心而使廓然而大公，则与孔氏所传"戒慎不睹，
　　恐惧不闻，莫见乎隐，莫显乎微"之旨戾矣。岂当时禅学之盛，虽明
　　道（按：程颢）亦不免溺于见闻，不觉其非，而言之如此耶！矧以
　　无心无情，发其本旨，此乃上乘颖悟之旨。今不辩之，则禅学之源终
　　不可塞，皆将以明道之言藉口矣。②

　　综上，对于程颢的"修道"功夫，黄绾早年是有深刻的体验、实践
的。值得注意的是，晚年黄绾虽然认为程颢（包括程颐）之学源于禅学，
但是对于"二程文集"所涉部分言论，则又是完全赞同的。比如《明道
编》卷六就对《河南程氏外书》卷一所涉"仁学"予以征引：程子曰：
"去不仁则仁存。"③ 又曰："仁载此四事，由行而宜之谓义，履此之谓礼，
知此之谓智，诚此之谓信。"④ 又曰："仁者在己，何忧之有？凡不在己，
逐物在外，皆忧也。'乐天知命故不忧'，此之谓也。若颜子箪瓢，在他
人则忧，而颜子独乐者，仁而已。"⑤ 此处，黄绾对于二程"仁"论的评
价则是："此言最切！"⑥ 程颢有言："忠信为基本，所以进德也；修辞立

　　① 《石龙集》卷二十，第 18 页；《黄绾集》，第 393 页。

　　② 《明道编》，第 14 页。

　　③ 《二程集》，第 352 页。

　　④ 《二程集》，第 352 页。

　　⑤ 同上。

　　⑥ 《明道编》，第 61 页。

其诚，所以居业也。此乃《乾》道，由此可以至圣人。"黄绾《明道编》又予以摘录①，视之为"修道"功夫之一种。此外，程颢关于"为学"之"道"，还有"性静者可以为学"②的教诲；黄绾以为程颢此处所论之"静"，是"寡欲"的意思。

四 黄绾对程颐的批判

黄绾早年志于圣学，并以程朱理学为"修道""证道"入手处；然而在师从王阳明之后，则对程朱之学加以批判。黄绾对程颐的批判，在参与嘉靖三年的"大礼议"活动中，最为明显。

正德十六年"大礼议"事件发生之时，"护礼派"（以杨廷和、毛澄为代表）主张明世宗"继嗣以继统"的法理学依据，系朱熹《资治通鉴纲目》所及程颐"濮议"之论："惟宋儒程颐'濮议'最得义理之正，可为万世法。"程颐"濮议"，即是《代彭思永上英宗皇帝论濮王典礼议》③。

我们知道，嘉靖三年的黄绾作为"议礼派"成员之一，是明确反对以程颐之论作为"继嗣以继统"的"法理依据"。黄绾在《寄王定斋书》中指出："此（护礼派）亦别无所据，只以《纲目》追尊悼考小注为正，不知此注甚不可通。既云宣帝追尊悼考为非，不知宣帝当考何人为是。况引伊川数语乃论'濮议'，非论悼考，恶可执以断千古公案？反为圣经、祖训皆不如。"④相反，黄绾等"议礼派"则主张以明太祖朱元璋之祖训"凡朝廷无皇子，必兄终弟及"为准，支持世宗"继统而不继嗣"。易言之，"大礼议"事件的发生，促使黄绾对程朱道学产生了质疑。

再有，程颐（包括下文所论朱熹）的"修道"哲学主张"涵养须用敬，进学则在致知"⑤："如何为主，敬而已矣"，"所谓敬者，主一之谓

---

① 《明道编》，第63页。

② 《河南程氏外书》卷一，《二程集》，第351页；又见《近思录》卷二《为学》，江苏古籍出版社2001年版，第64页。

③ 《二程集》，第515—518页。《明史·毛澄传》转引程颐之论："为人后者，谓所后为父母，而谓所生为伯、叔父母，此生人之大伦也。然所生之义，至尊至大，宜别立殊称。曰皇伯、叔父某国大王，则正统既明，而所生亦尊崇极矣。"（《明史》[简体字本]，第3367页）

④ 《石龙集》卷十八，第11页；《黄绾集》，第353页。

⑤ 《二程集》，第188页。

敬。"即在"尊德性"的方法上,强调"主敬"的为学路数。其实,青年黄绾在研习程朱道学之时,也曾实践"主敬"的为学之方;但在中年时期师从阳明先生之后,经过"向内用功"的"修道"实践之后,遂对"主敬"的路数便产生了怀疑,其在《寄阳明先生书》(四首之三)文中指出:"迩来又觉向者……所谓主敬……非古人极则功夫。……若徒知……主敬……而不先之以立志,……才说敬便有不敬者在……如此用工,虽至没世,无所税驾。"① 这里,黄绾以为"立志"即笃志于"圣学",较之于"主敬"更具有本体论意义。

晚年的黄绾"回归原典",揭"艮止执中之旨"为圣人传心之要(详见本章第五节),排斥宋儒,故而在《明道编》中对程颐所持"主敬""致知"的道德修养实践理路予以批评:"其伊川为涵养而用敬也,则常瞑目而端坐;其为进学则在致知也,则必考求而检阅。……吾尝持此质诸圣人之学,其所谓'敬'者,实非文王'缉熙敬止'之'敬';其所谓'致知'者,实非《大学》所谓'致知'。"② 对于"缉熙敬止"之"敬",《明道编》是这样界定的:"'敬'者,天命之所以流行也,衽席之上,一有不敬,则天命为之窒也。"③ 《明道编》对"致知"的解读,亦不同于程颐所持的"考求而检阅"。黄绾以为:《大学》所言"致知"实乃格物功夫。进而言之,程颐之"敬"即是"瞑目端坐",实源于佛禅公案,因持公案,故不见其心体固有之明、万物皆备于我之理;其"致知"的"道问学"功夫,即是"求之书册,求之外物",于心体之发明、天理之呈现,终难实现。黄绾进而断言:"伊川之学,非濂溪、明道上乘之旨,乃由下乘而来。"④

尽管中晚年时期的黄绾对程颐存有一些"偏见",但是对于这位道学家毕生实践道学的努力与执着,黄绾还是予以肯定的。《程氏遗书·伊川先生年谱》载:"大观元年九月庚午,(程颐)卒于家,年七十有五。于疾革,门人进曰:'先生平日所学,正今日要用。'先生(程颐)力疾微视曰:'道着用,便不是。'门人未出寝门而先生没。"⑤ 黄绾《明道编》

---

① 《石龙集》卷十七,第12页;《黄绾集》,第339页。

② 《明道编》,第14页。

③ 同上书,第61页。

④ 《明道编》,第14页。

⑤ 《二程集》,第345页。

卷六之中，对于程颐临终遗言予以摘录，认为"此乃伊川晚年进处"；借此又对圣人的"为己之学"进行阐发："盖人之所以为学，皆分内当自尽者，非是欲如此用，方去如此学。才有一毫欲用之意，便根本不是，便为外驰，便非圣人为己之传，后世出处不明，皆由于此。且圣贤用处，惟尽其在我，皆是物来顺应，如治国、平天下，如居一官、尽一职，皆尽其心之所知，无所不用其极耳！故自然定当，自无纤芥凝滞，而功业先被于天下后世矣。"① 与程颐一样，黄绾也反对视"圣人之道"为功利之学；因为以功利之心，学"道"、修"道"，终将一事无成。

五　黄绾对朱熹的批判

拙著第一章已论，黄绾在青年时代志于圣贤之学，尤对朱子著作（《四书集注》《四书或问》《朱子语类》等）多有涉猎，浸润其中达十年之久。其《答邵思抑书》有云："仆（按：黄绾）于朱书曾极力探讨，几已十年，虽只字之微，必咀嚼数四，至今批抹之本、编纂之册皆可验也。"② 此外，黄绾还精读过朱子的礼学著作《仪礼经传》，并有"宋紫阳朱子为《仪礼经传》，欲成一家之典，然不过据陈言于尺素，因讹谬以踵袭，及其门人黄勉斋传之吾乡戴大监"云云。③

中晚年时期的黄绾对朱熹及其学说颇多"微词"，主要体现以下三个方面。

1. 对"朱陆之辩"持中立态度

中年黄绾在师从王阳明之后，对朱学开始质疑。比如正德九年左右，魏校、王阳明并双方门人弟子在南都发生了一场学术论辩，王道、邵锐等支持"宗朱"的魏校；而此时的黄绾则不遗余力地支持"宗陆"的道友王阳明，并对朱子学有"微词"。其在《复王纯甫书》（二首之一）中言道：

> 昨兄（王道）书云，讲于子才（魏校），参之《论语集注》，无有不合。仆不敢易，但谓兄更能以我观书，深求至当，以为先贤忠

---

① 《明道编》，第61—62页。
② 《石龙集》卷十七，第5页；《黄绾集》，第333页。
③ 《石龙集》卷十五，第4页；《黄绾集》，第301页。

臣，岂不尤妙！仆尝曰："苟求之能变吾气质而有益于得，虽百家众说皆可取也；苟求之不能变吾气质而无益于得，虽圣言不敢轻信。若朱有益于此则求之于朱，陆有益于此则求之于陆。何彼我之间、朱陆之得亲疏哉！"今若不求其至、不究其是，妄立门户以为异，自矜功能以夸耀，各相离合以为党，圣人之学决不如此，吾人又可以此谓之学哉！①

黄绾对待"朱陆之辩"的学术路径之争，基本上守持中立、理性的态度，并对曾经的阳明门人——王道"偏执朱学"而"妄立门户"之举，予以规劝。因为在黄绾看来，无论朱学抑或陆学，两者任何一方，只要有益于"变化气质"、合乎圣贤之道，均可归之于"圣人之学"。

2. 对"涵养须用敬"的批评

众所周知，朱熹的道学（"理学"）理论主要承袭程颐而来，并予以拓展；其德性修养（"修道"）理论，更是对程颐所持的"涵养须用敬，进学则在致知"路数的无条件信奉、践履。黄绾晚年读书笔记《明道编》有云："伊川曰：'涵养须用敬，进学则在致知。'其为涵养而用敬也，则常瞑目而端坐；其为进学则在致知也，则必考求而检阅。晦庵平生所尊信，以为学问切要，只在于此。故晦庵平居，常瞑目端坐，以为涵养用敬功夫；终日考求检阅，以为进学致知功夫。"②

更为重要的是，朱熹著《调息箴》以发明程颐"涵养用敬"之旨：

> 鼻端有白，我其观之。随时随处，容与猗移。静极而嘘，如春沼鱼。动极而翕，如百虫蛰。氤氲开辟，其妙无穷。孰其尸之？不宰之功。云卧天行，非予敢议。守一处和，千二百岁。③

不难发现，《调息箴》充满了道家、道教静坐养生的意味，力主通过眼观鼻、鼻观心等方法，来调整呼吸，收心止念。朱熹正是源于对道家、道教静坐养生理论的关注，曾化名"空同道士邹沂"，注解道教典籍《周

---

① 《石龙集》卷十七，第9页；《黄绾集》，第336页。

② 《明道编》，第14页。

③ 朱杰人等主编：《朱子全书》第24册，第3997页。

易参同契》《阴符经》。与此同时，朱熹"窃取程子之意"撰《大学补传》①，以发明伊川"致知格物"之旨。尔后，朱子作《大学或问》，则并"用敬""致知"之旨而详释之。

晚年经过"回归经典"而重新发现"道脉"、发明"道统"的黄绾，又以朱子所论质诸"圣人之学"，以为朱熹所谓"敬"者，实非文王"缉熙敬止"之"敬"；其所谓"致知"者，也非《大学》所谓"致知"。②承上言，朱熹一生所笃信"惟伊川而已"，若以佛教上、下乘判之，只能视之为"渐悟"的下乘佛学，而非"顿悟"一系的上乘之学。

总之，在黄绾看来，朱熹继承程颐而有的"主敬""致知"的"修道"哲学，皆非"圣人之学"。

3. 对《大学·格物补传》的非议

如所周知，私淑程颐的朱熹以为《大学》传文在流传过程中，至宋代之时，"释'格物致知'之义"，已佚而不存，遂"窃附己意，补其阙略"③，即"窃取程子之意以补之"而成《格物补传》："所谓致知在格物者，言欲致吾之知，在即物而穷其理也。盖人心之灵莫不有知，而天下之物莫不有理，惟于理有未穷，故其知有不尽也。是以《大学》始教，必使学者即凡天下之物，莫不因其已知之理而益穷之，以求至乎其极。至于用力之久，而一旦豁然贯通焉，则众物之表里精粗无不到，而吾心之全体大用无不明矣。此谓物格，此谓知之至也。"④

可以确定，早年的黄绾对朱熹"即物穷理"即向外用功的修道功夫是认可的；但是中年结识、师从王阳明之后，以为《古本大学》才符合曾子的本意，故而对朱子《格物补传》所论"格物""致知"之义产生了怀疑，并极力主张重新疏读与诠释。嘉靖十四年左右，黄绾在《与人论学书》（三首之三）之中，就提出了"致知则是格物功夫，格物则是致知功效"的论断：

　　　夫独知者，人心本体也。致知则是格物功夫，格物则是致知功

---

① 《四书集注》，第10页。

② 《明道编》，第14页。

③ 《四书集注》，第2页。

④ 同上书，第10页。

效。"习察"即是致知，"行著"即是格物。"喜怒哀乐未发谓之中"，于此戒恐乃"致知"也。"发而皆中节谓之和"，得其中和乃"格物"也。"物"者，吾之君臣、父子、夫妇、长幼、朋友之事也。"格"者，停当而不可易也。事至于格则至善矣，故上文云"在止于至善"，即下文云"致知在格物"也。此一"在"字实管上文三"在"字。《大学》之道，只在尽性尽伦而已，故曰"在明明德，在亲民"。尽性尽伦必皆至于至善而后无余蕴，故曰"在止于至善""在格物"也。此谓成己成物，皆止于至善也。于此存心以求其中，是谓"至善"，于此用工以求其道是谓"允执厥中"。中即道也，道即中也，既无贤智之过，亦无愚不肖之不及。故尽道、尽中则"物格"矣，故"格物"二字只可言功效不可言功夫也。古人言"格"字极不容易，学问到得"格"处，即所谓"声为律、身为度"矣。故言则谓之格言，行则谓之格行，人则谓之格人，王则谓之格王，故曰："动而世为天下道，行而世为天下法，言而世为天下则。远之则有望，近之则不厌。"以此事天则皇天格，以此事鬼神则鬼神格，以此治庶民则庶民格，以此御夷狄则有苗格，以此事君则君心格。故知"格"字之义，实为"至善"之名，灼然知其为功效而非功夫也。故学问功夫只有致知而已，自无自欺，至没世不忘。五节专论"致知格物"之义：其曰"毋自欺"者，致知也；"如恶恶臭，如好好色"者，致知之实工也；"此之谓自谦者"，致得其知，不待勉强而谦，谦以自牧也；"故君子必慎其独"者，此提撕致知之所在也；小人不知致知，故闲居而自欺，人皆见其肺肝，则愈见不致知之无益也。然此独知之地，人不睹闻，最为隐微，即其自知而言则莫见莫显，虽"十目所视，十手所指"，不是过也，恶可欺之？故曰："其严乎。"苟能于此戒恐，以至于"德润身"而"心广体胖"，此"致知"之极功也。继之以"淇澳""烈文"二引诗则备。以格物之在于一身，及于一家、及于一国、及于天下，以及万世者言之，然紧要只在一"独"字。知于此致力，则心体归一，乱虑不生，故曰"知止"。"知止"二字，实千古作圣心学之秘诀也。夫人之心必有所止，若非其所自止而强欲止之，思虑稍动即"憧憧往来，朋从尔思"，而不可遏矣。今欲为圣学而不得其"止"之诀，则此心必不能定。能静能安，释老空虚公案之说，恶得不为所惑而不从事其间哉！故自昔儒先以至今

日，宗旨源流，鲜不出此。而反使尧舜以来列圣相传致知格物之学晦
而不明，只缘不知"知止"二字故也。不知此诀，则"致知"之工
无所措，故以格物为功夫而不知其为功效也。二者既不明，谓其有物
者则滞于物，专于物上穷究其理，必俟"众物表里精粗无不到"，然
后"吾心全体大用无不明"，方谓"知止"。殊不知天则之在人心者，
毫发不爽，终天地不可磨灭。因其自持公案，梏其心官，不暇致思，
故见物理不明，不足以应天下之物，乃谓人心之知固有不明，岂不谬
哉！谓其无物者，则以物为外物，而必欲克去其物，谓之格物，必使
一物不存、一意不起，方为无私，方为无意、必、固、我，谓之无声
无臭至矣，然后良知自明，方能廓然大公，物来顺应。殊不知"天生
烝民，有物有则。民之秉彝，好是懿德"，其谓"物"者，实不外吾
性分之物；其谓"则"者，实不离吾独知之则，恶可外之、离之，
使克去之以至于无？此乃《观音经》所谓"四大非有，五蕴俱空"、
《六祖坛经》所谓"本来无一物"之旨，非吾圣人之旨也。近日海内
学者多宗此说，皆自为得圣人之适传，殊不知"差之毫厘，谬以千
里"，故知"知止"二字真不可忽，若知所止，则此心自然能定、能
静、能安，故虑即得之。"虑"者，思也，即所谓"致知"是也。
"得"者，得其道也，即所谓"格物"是也。故曰："天下何思何虑？
天下同归而殊途，一致而百虑。"于此真能体认，努力而有所得，学
问决不差，真所谓"百世以俟圣人而不惑"者。[1]

　　黄绾在晚年所成《明道编》中，同样重视对"致知在格物"的解释，
并有"《大学》之要，在'致知在格物'一句"的论断。再次重申：致知
乃格物功夫，格物乃致知功效。"致知在格物"之"在"者，意谓"志
在""志在于有功效也"；"致知"之"致"，即作"思"讲，《孟子》
"心之官则思，思则得之，不思则不得也"；"格物"之"格"，作"法"
讲，就是《诗经》"有典有则"之义。[2]借此，黄绾对朱熹《大学补传》
再次提出批评："先儒（按：朱熹）不明，乃以格物为致知功夫，故以格
物为穷究事物之理，而不知'有典有则'之为格物，所以求之于物，失

---

[1]　《石龙集》卷二十，第19—21页；《黄绾集》，第394—396页。
[2]　《明道编》，第21页。

之于外，支离破碎，而非圣人之学矣。"① 这当然属于黄绾的"一家之言"。

4. 对"分戒慎、恐惧为静存，分隐微、慎独为动察"的不满

《中庸》关于君子的"修道"方式有如下陈述："君子戒慎乎其所不睹，恐惧乎其所不闻。莫见乎隐，莫显乎微。故君子慎其独也。"② 朱熹《中庸章句》的解读，意在主张"分戒慎、恐惧为静存；分隐微、慎独为动察""分慎独、戒惧为二事"。详而言之，君子之心在静存之际，为耳无所闻、目无所见，须常存敬畏，故曰"虽不见闻，亦不敢忽"③；进而有"迹虽未形，几则已动；人虽未知，而己独知之"云云④。黄绾以为朱熹《中庸章句》的解读，析分"慎独""戒惧"为二事，而在解释"致中和，天地位焉，万物育焉"句时，又曰："自戒惧而约之，以至于至静之中，无少偏倚，而其守不失，则极其中而天地位矣。自谨独而精之，以至于应物之处，无少差谬，而无适不然，则极其和而万物育矣。"⑤ 在黄绾看来，朱熹所强调的是：在人心独知之先，而别有一个所谓的"虚静之体"，如能在"无闻无见"的"至静"之时，"致其静守之工"，便可通晓、获得"天理之本"。

黄绾对于朱熹的这种解读，相当不满意，甚至有"岂不谬哉"之语。因为朱熹此说，同其对"用敬""主敬"的阐发一样，还是受下乘佛学影响而有。禅宗之诗曰："有物先天地，无形本寂寥。能为万象主，不逐四时凋。"朱熹在教诲门人之时，多有诵之，这还体现在其所著《太极图解》及《调息箴》文中。黄绾还指出，朱熹视《调息箴》最为其平生用功之得力者，由此区分"静存""动察"的功夫；这样一来，朱熹所讲的"独知"便不是"本体之知""万物皆备于我之心"，"故不得不更于外物旧迹之间、求其格式形似者而依仿之，而别为穷理致知之说"⑥。

应该指出，黄绾、朱熹之所以在解释"慎独"之时有差别，是因为二人对"独知"的理解不同：前者视"独知"为"人心本体"（"夫独知

① 《明道编》，第 21 页。

② 《四书集注》，第 24 页。

③ 同上书，第 25 页。

④ 同上。

⑤ 同上。

⑥ 《明道编》，第 59 页。

者，人心本体也"），后者称"独知"为"独知之地"（"独者，人所不知而己所独知之地"）。

最后需要补充的是，尽管晚年黄绾以为朱子之学"由禅学而来"，非"圣人之学"；但是对朱子所倡导的一些"为学之法"，尤其是做迟钝功夫而"用力"于"学"的理念，则大为欣赏。《朱子语类》卷八《学二》有云："大抵为学虽有聪明之资，必须做迟钝功夫，始得。"① 《明道编》就援引朱子此言，以为朱子"此言最切，无天资者既不足以窥其大，有天资者又不能自力以致其精，此圣人之学所以难也"②。

六 黄绾对陆九渊的评论

这里，我们以黄绾的中年、晚年为分野，检讨一下黄绾对于宋儒陆九渊的评价。

1. "象山之言，明白痛快，直抉根原"：中年黄绾对"陆学"的赞叹

在正德五年冬结交王阳明、共倡圣学之后，黄绾曾用功于宋儒陆九渊的著作，一度极力推崇"陆学"。这可能与王阳明对"陆学"的推崇有关，阳明《与席元山书》有"象山之学简易直截，孟子之后一人"云云③，其《答友人问》论及象山"于学问头脑处，见得直截分明"④，其《象山文集序》云："象山陆氏，……简易直截，真有以接孟子之传。其议论开阖，时有异者，乃其气质意见之殊，而要其学之必求诸心，则一而已。故吾尝断以陆氏之学，孟氏之学也。"⑤ 阳明对陆氏心学的推崇，必定会感染、熏陶"矢志于圣学"的道友黄绾。

正德九年左右，供职南都的王阳明与众弟子讲论"陆学"（"心即理"）；与此同时，宗朱学的魏校在南都宣讲"朱学"（"性即理"），王、魏门生双方因"门户之见"而相互指责，并就"尊德性""道问学"等论题展开论辩，颇似当年"鹅湖之会"上的"朱陆之辩"的"翻版"。此时身在黄岩家居的黄绾得知此事之后，颇似当年的吕祖谦，从中斡旋、调停，其在《答邵思抑书》中就自己对"陆学"的看法发表了意见：

---

① （宋）黎靖德编，王星贤点校：《朱子语类》，中华书局1986年版，第135页。

② 《明道编》，第62页。

③ 《王阳明全集》（新编本），第193页。

④ 同上书，第221页。

⑤ 同上书，第261页。

　　吾人学问惟求自得以成其身，故曰："诚者自成也，而道自道也。"实无门户可立，名声可炫，功能可矜。与朱陆之同异有如俗学者也，苟求之能成吾身而有益于得，虽百家众说皆可取也，况朱陆哉！苟求之不能变吾气质而无益于得，虽圣言不敢轻信，况其他哉！故曰："君子之道本诸身、征诸庶民、考诸三王而不谬，建诸天地而不悖，质诸鬼神而无疑，百世以俟圣人而不惑。"吾何求哉！求得于此而已矣。若朱有益于此则求之于朱，陆有益于此则求之于陆，何彼我之间、朱陆之得亲疏哉！……请兄于陆书姑读之，久看所得，比之于朱何如？又比之濂溪、明道何如？则可知矣。世皆以陆学专尊德性而不及道问学，故疑之曰禅。凡其有言，概置之不考；有诵其言者，辄命之曰禅，不复与论。是以德性为外物，圣学有二道哉？殊不知象山每以善之未明、知之未至为心疚，何不道问学之有？又其言曰："束书不观，游谈无根。"何不教人读书也？但其所明、所知与所读有异于人者，学者类未之思耳！①

　　此函之中，黄绾一方面以"吾人学问惟求自得以成其身"为立论前提，反对"是朱而非陆""是陆而非朱"的"门户之见"；另一方面还为时人关于"陆子禅"的说法开脱，以陆子"教人读书"为例，指出陆学并非扬"尊德性"而抑"道问学"。于此可见，中年黄绾对"陆书""陆学"所主"德性之教"的重视与推崇。随后，黄绾又在《复李逊庵书》中表达了同样的观点："晦翁、象山始有异辩，然亦未尝不相为重。至晦翁门人专事简册，舍己逐物，以争门户，流传至今，尽经纂辑为举业之资，遂满天下，三尺童子皆能诵习，腾诸颊舌。或及德性，即目为禅，乃以德性为外物、圣学为粗迹，道之晦蚀，一至此矣。殊不知古人所谓问学者，学此而已。学不由德性，其为何学？"②不难看出，在"朱陆之辩"的为学路径问题上，黄绾明显是倾向于"陆学"的。

　　正德十三年左右，身在黄岩的黄绾有书函与远在江右督军的王阳明，就宋儒之学发表评论，其中对"陆学"评价甚高："宋儒自濂溪、明道之外，惟象山之言，明白痛快，直抉根源，世反目之为禅而不信，真可恨

---

① 《石龙集》卷十七，第5—6页；《黄绾集》，第332—333页。
② 《石龙集》卷十七，第8页；《黄绾集》，第335页。

也。伊川曰：'罪己责躬之意不可无，亦不可留胸中为悔。'象山则不然，曰：'旧过不妨追责，益追责益见不好。'又曰：'千古圣贤，何尝增损？得道只为人去得病。今若真见得不好、真以为病，必然去之，去之则天理自在，道自流行，所谓'一日克己复礼、天下归仁'者也。"① 这里，黄绾以"象山之言，明白痛快，直抉根源"为结论，与王阳明"象山之学，简易直截"的评判一样，均以为"陆学"就是孔孟圣学的嫡传。

此外，黄绾《复广福观记》文，还径称陆九渊为一代"学宗"："史公（史浩）尝荐江浙士十五人，如陆九渊、杨简、叶适、袁燮诸人皆为时选，而九渊则为学宗。"② 这可作为中年黄绾偏爱"陆学"的一条佐证。

2. "象山之学，亦未精详"：晚年黄绾对"陆学"的责难

晚年的黄绾在"跨出王门"，以"回归经典"的方式摆脱"性即理""心即理"孰是孰非的"争辩"，重建道统、重寻道脉，完成了以"艮止、执中"为道体的"道学"重构。

如所周知，陆象山作为南宋道学家，以孟子主张的"先立乎其大""学问之道无他，求其放心者而已""心之官则思"之言，作为"优入圣域"的门径，以承续"曾子传之子思，子思传之孟子"的道脉，"为往圣继绝学"。尽管如此，陆九渊生活的南宋距"北宋五子"的生活场景毕竟不远，对于"伊洛渊源"亦不加否认。《象山语录下》载："韩退之言：'轲死不得其传。'固不敢诬后世无贤者，然直是至伊洛诸公，得千载不传之学。但草创未为光明，到今日若不大段光明，更干当甚事？"③ 言中之义，陆九渊以"草创未为光明"之言表示了对"伊洛渊源"的暧昧态度，又有接续"伊洛诸公"道统之意向。如此这般表态，对于陆九渊而言，也合乎传统儒者思维，本无可厚非；但是明代儒者黄绾在晚年所成的《明道编》中发言了：

象山云："韩退之言，轲死不得其传，直至濂洛诸公，得千载不传之学，但草创未光明。"予谓，当时禅学盛行于天下，虽在诸公，亦不免禅学之汩，至于圣人心传之要，或不能无憾，亦不但"草创未

---

① 《石龙集》卷十七，第13页；《黄绾集》，第339—340页。
② 《石龙集》卷十四上，第16页；《黄绾集》，第271页。
③ 《陆九渊集》，第436页。

光明"而已。此言，予极知僭忘，但属尧、舜、禹、汤、文、武、周公、孔、孟道脉所在，故敢言之，以启后世有志者之精求也。①

黄绾《明道编》以"宋儒之学，其入门皆由于禅：濂溪、明道、横渠、象山则由于上乘；伊川、晦庵则由于下乘"② 为评判标准，得出"宋儒之学，其源流皆本于宋儒，而非尧舜以来之传"③ 的论断。言外之意，在晚年黄绾的道统传承谱系之中，陆九渊与其他宋儒一样，暂被"悬置"而不论。

宋明儒者的道学语境，均重视对《大学》"致知在格物"一语的解读，比如程朱有"即物穷理"之说，王阳明有"格君心""致吾心之良知于事事物物"之论。陆九渊也有自己的解读："所谓格物致知者，格此物、致此知也，故能明明德于天下。"④ "《中庸》言博学、审问、慎思、明辨，是格物之方。"⑤ 晚年通过"回归经典"而有所得的黄绾，其《明道编》以为无论程朱、抑或陆王，他们对"致知在格物"的解读均非《大学》作者曾子之本真义，因为："致知，乃格物功夫；其云格物，乃致知功效。'在'者，志在也，志在于有功效也；'致'者，思也，'心之官则思，思则得之，不思则不得也'；'格'者，法也，'有典有则'之谓也。"⑥ 借此，黄绾以自己对"致知在格物"的解读，否定了陆九渊对此一语的诠释：

> 致知是格物功夫，格物是致知功效，先儒失之。虽象山亦以格物、致知并为《大学》下手处，而无所分别。又以《中庸》言博学、审问、慎思、明辨为格物之方，笃行则无所属而置不言，于此则知象山之学，亦未精详。殊不知博学、审问、慎思、明辨、笃行五者，皆为学之所当先知者，皆致知之方也。由此则知致知不以为功夫、格物不以为功效，其来久矣，亦无怪乎今日之难明也！盖学固不可无功

---

① 《明道编》，第 22 页。
② 同上书，第 12 页。
③ 同上书，第 41 页。
④ 《陆九渊集》，第 238 页。
⑤ 同上书，第 263 页。
⑥ 《明道编》，第 21 页。

夫，亦不可无功效，若不知有功效，则必不知所抵极矣。①

　　《大学传》在解释"修身齐家"之时有言："人之其所亲爱而辟焉，之其所贱恶而辟焉，之其所畏敬而辟焉，之其所哀矜而辟焉，之其所敖惰而辟焉。"此句中共有五个"辟"字，对其音训之解，后世儒者有分歧：比如朱熹"集注"以为："辟，读为僻。……辟，犹偏也。"②而陆九渊则以为此处五个"辟"字皆当读作去声，以"譬"字训之。对于"辟"字之音训，黄绾同意朱熹的看法，以为陆氏之解读"非也；不若读作入声，为'僻'字，'僻'乃偏僻，于义尤明也，于此见'僻'之害为大"③。

　　应该指出的是，虽然晚年的黄绾不同意陆九渊对于宋儒道统"草创未为光明"以及"格物致知"《大学》"辟"之音训的解读，但是《明道编》还是多援引《象山语录》之言，以为自己的"道学"张目。比如《明道编》引陆九渊"后世言学者须要立个门户。此理所在，安有门户可立？学者又要各护门户，此尤鄙陋"云云④，以批评"今日朋友"即阳明门人、后学"门户之争"的弊端："今日朋友专事党护勾引，以立门户，自相标榜，自为尊大，不论人之贤否、事之是非、情之诚伪，凡与其意合者，辄加称重回护，以为贤、为是、为诚，而尊大之；凡与其意不合者，辄不论其贤、其是、其诚，概加毁讪排抑而卑小之，所以致人之怨恶不平，皆在于此。"⑤又比如在阐述《论语》"据以德"义时，援引陆九渊之言："德则根乎其中，达乎其气，不可伪为。"⑥黄绾做进一步的解读："盖必气质变化，表里如一，方可言德。"⑦陆九渊云："《孝经》十八章，孔子于曾子践履实地上说出来，非虚言也。"⑧黄绾通读《孝经》并"实地践履"之后，即"信乎象山之知学、知道也，人若不实践，岂知《孝

---

① 《明道编》，第 22 页。
② 《四书集注》，第 13 页。
③ 《明道编》，第 22 页。
④ 《陆九渊集》卷三十四《语录上》，第 400 页。
⑤ 《明道编》，第 18 页。
⑥ 《陆九渊集》卷三十四《语录上》，第 403 页。
⑦ 《明道编》，第 19 页。
⑧ 《陆九渊集》卷三十四《语录上》，第 432 页。

经》之切于身而为圣学之的也"①，从而得出结论：《孝经》一书真不在
《大学》《中庸》之下。此外，陆九渊有"见人标末盛，便荒忙，却自坏
了"云云，黄绾以为陆氏"此言极切今日之弊，不可不深味也"②。

总之，"陆书"（以《象山语录》为主）、"陆学"对黄绾的影响是相
当深刻而又有理性说服力的。

七　黄绾对杨简的不满

杨简（1141—1226）③，字敬仲，学者称慈湖先生，浙江宁波慈溪人。
南宋著名思想家、哲学家。乾道五年（1169）进士，初调富阳任主簿。
后历任绍兴府理掾、乐平知县、国子博士、著作佐郎兼兵部郎官、将作少
监、实录院检讨官等，官至宝谟阁学士、太中大夫。师事陆九渊，折服
"本心"之说，与袁燮、舒璘、沈焕，并称"甬上四先生"。创慈湖学派，
主要弟子有袁甫、冯兴宗、史弥坚、钱时、洪梦炎、陈埙、桂万荣等。主
要著作有《杨氏易传》《五诰解》《慈湖诗传》《先圣大训》《石鱼偶记》
《慈湖遗书》等。《四库全书》《四明丛书》有收录，今有《杨简全集》
（浙江大学出版社2015年版）整理出版。

黄绾在其晚年读书笔记《久庵日录》（后由门人汇编成《明道编》）
之中对杨简的学术思想进行了评论。在详细检讨黄绾评论杨简之前，我们
不妨先从王畿讲学记录之《慈湖精舍会语》谈起。

1. 从王畿《慈湖精舍会语》谈起

据王畿《龙溪王先生会语·慈湖精舍会语》记载：冯纬川（生卒年
待考，《王畿集》中有王畿有《与冯纬川》《答冯纬川》《寄冯纬川》等
书信）建慈湖精舍，"集乡之同志每月六会，以求相观之益"④。王畿至句
章一地，恰逢会期，冯纬川力邀王畿莅会主讲，致力于以"会讲"方式
传播阳明良知心学的王畿自然乐意为之。

---

① 《明道编》，第36页。

② 同上书，第39页。

③ 相较于濂洛关闽"北宋五子"而言，读者朋友对"甬上四先生"之一的慈湖先生杨简可
能略为生疏，《明道编》中，黄绾对宋儒杨简的评论较之其他宋儒更多，故而拙著在此对杨简生
平、著作略做说明。关于杨简的生平详况，可参阅《慈湖先生年谱》（载《慈湖先生遗书》卷二
十二）。

④ 吴震编校整理：《王畿集》，凤凰出版社2007年版，第113页。

会讲开始，冯纬川叩请王畿阐述"师（王阳明）门宗说"，王畿遂以宋儒杨简提倡的"不起意"之学来疏解阳明心学"良知"含义："知慈湖'不起意'之意，则知良知矣。意者本心自然之用，如水鉴之应物，变化云为，万物毕照，未尝有所动也。惟离心而起意则为妄，千过万恶，皆从意生。不起意是塞其过恶之原，所谓防未萌之欲也。不起意则本心自清自明，不假思为，虚灵变化之妙用，固自若也。"① 接着，冯纬川以"或以不起意为灭意，何如"发问，王畿答曰："非也。灭者有起而后灭，不起意原未尝动，何有于灭？"又以"或以不起意为不起恶意，何如"问，王畿再答曰："亦非也。心本无恶，不起意，虽善亦不可得而名，是为至善。起即为妄，虽起善意，已离本心，是为义袭，诚伪之所分也。"而后，冯纬川还"或以不起意为立说过高，非初学所能及，何也"发问，王畿又答曰："亦非也。初学与圣人之学只有生熟、安勉不同，原无二致，故曰'及其成功一也'。譬之行路，初学则驯习步趋于庭除之间，未能远涉；圣贤则能纵步千百里之外，虽远且险，亦无所阻。生熟则有间矣，然庭除之步与百里之步，未尝有异也。此入圣之微机也。"②

行文至此，我们不难发现，在此次慈湖精舍会讲之中，王畿对杨简的"不起意"说是极为推崇的，其以"不起意"解读乃师良知学的学理依据即王阳明晚年提倡的"四句教"："无善无恶心之体，有善有恶意之动，知善知恶是良知，为善去恶是格物。"更为重要的是，"不起意"之说与王畿本人提倡的"四无说"更是不谋而合。在阳明学发展史上著名的"天泉证道"事件之中，王畿认为"四句教"系师门教人权法，未可执着："体用显微只是一机，心意知物只是一事，若悟得心是无善无恶之心，意即是无善无恶之意，知即是无善无恶之知，物即是无善无恶之物。盖无心之心则藏密，无意之意则应圆，无知之知则体寂，无物之物则用神。天命之性，粹然至善，神感神应，其机自不容已，无善可名。恶固本无，善亦不可得而有也，是谓无善无恶。若有善有恶，则意动于物，非自然之流行，着于有矣。自性流行者，动而无动，着于有者，动而动也。意是心之所发，若是有善有恶之意，则知与物一齐皆有，心亦不可谓之无

---

① 《王畿集》，第113页。

② 同上书，第113—114页。

矣。"① 这里，我们应该体会到，王畿不但在阳明生前主张"四无说"，而且在阳明殁后多年仍然坚持宣讲，尤其坚持"意"是无善无恶的，不具有价值判断属性。易言之，这既是王畿与钱德洪"四有说"分歧之所在，也是王畿一再为杨简"不起意"辩护的学理依据。

在《慈湖精舍会语》之中，还记录有冯纬川一条重要的发问："或以慈湖之学为禅，何也？"王畿答曰："慈湖之学得于象山，超然自悟本心，乃易简直截根源。说者因晦庵之有同异，遂哄然目之为禅。禅之学，外人伦、遗物理，名为神变无方，要之不可以治天下国家。象山之学，务立其大，周于伦物感应，荆门之政，几于三代，所谓儒者有用之学也。世儒溺于支离，反以易简为异学，特未之察耳。知象山则知慈湖矣。"② 这里，针对有学者"以慈湖之学为禅"的看法，王畿予以反驳。其反驳的依据是杨简之学承继象山之学（陆学），象山之学"易简直截"，与禅学"不可以治天下国家"有别，乃是"儒者有用之学"。正是因为象山之学是儒学，那么，继承象山之衣钵的慈湖之学是儒学而非禅学。

基于以上王畿为杨简之学"非禅学"的辩护以及他对杨简"不起意"为宗的高扬前提，下面我们来分析一下浙江王门另一主将黄绾③对"慈湖之学"的看法。

2. "慈湖之学禅也"

黄绾在晚年读书笔记汇编《久庵日录》（后汇编成《明道编》刊行于世）之中明确指出："朋友有辩杨慈湖之学为非禅者，云禅之与儒，其本实同，但有私己、同物之不同耳。禅则专事私己，慈湖则事同物。"④ 为便于行文，笔者在这里点明一下，此处"朋友"主要指王阳明（也包括王畿）。在王阳明看来，禅学、慈湖之学本质相同，区别之处只是禅学

---

① 《王畿集》，第1页。

② 同上书，第114页。

③ 明代浙江大儒黄宗羲（1610—1695）在《明儒学案》之"浙中王门学案三"中为久庵先生黄绾立传，尤其对黄绾师从阳明的经过略有交代："先生初师谢文肃，及官都事，闻阳明讲学，请见。阳明曰：'作何功夫？'对曰：'初有志，功夫全未。'阳明曰：'人患无志，不患无功夫可用。'复见甘泉，相与矢志于学。阳明归越，先生过之，闻致良知之教，曰：'简易直截，圣学无疑。先生真吾师也，尚可自处于友乎？'乃称门弟子。"（见《黄宗羲全集》第7册《明儒学案》，第318页）

④ 《明道编》，第15页。

"事私己"，以追求自身解脱为标的；慈湖之学以"事同物"为追求。所以，杨简之学是儒学，非禅学。但是，严"儒佛之辨"的黄绾不同意，认为禅虽然"私己"，但是其本来意愿是"传于其徒，行于天下"，禅学也追求"事同物"。如此一来，禅也好、慈湖（儒）也罢，二者就没有本质区别。借此，黄绾否定了王阳明、王畿为杨简之学非禅学的辩驳。

上文提到王畿沿袭师说，对杨简"不起意"的学术宗旨大为嘉许，黄绾则与之相反，基于"道不同不相为谋"的立场，以为："慈湖以不起意为宗，以《易传》议拟成变化为非圣人之言，则必欲废思与学，及志道、据德、依仁、游艺之事，乌得而非禅哉？"[1] 在黄绾看来，如果提倡"不起意"，势必造成对孔孟元儒"思与学""志道、据德、依仁、游艺之事"的否定。因为在黄绾以"艮止""执中"为宗旨的学理体系之中，"思与学"的功夫占有相当的分量，不仅《论语》之中对"学""思"有论述：《论语·为政篇》："子曰：'学而不思则罔，思而不学则殆。'"《论语·卫灵公篇》："子曰：'吾尝终日不食，终夜不寝，以思，无益，不如学也。'"《论语·述而篇》："子曰：'志于道，据于德，依于仁，游于艺。'"而且《孟子·告子上》也有"心之官则思，思则得之，不思则不得也"的论述。如果按照阳明"良知学"的路数，"今因良知之说而欲废学与思，以合释氏'不思善、不思恶'、杨慈湖'不起意'之旨，几何不以任情为良能，私智为良知也哉"[2]！再有，关于"志道、据德、依仁、游艺之事"，黄绾以为这是"圣学（儒学）之所有事者也"[3]。一言以蔽之，"不起意"之学关于"废思与学，及志道、据德、依仁、游艺之事"的提法，无疑就是禅学的立场。另外，早于《明道编》之成书时间，黄绾在嘉靖十三年所成《赠王汝中序》之中对杨简"不起意"予以批评："其论'无声无臭'也，则曰'心若起意则为有声有臭，心不起意则为无声无臭，则为无思无为、无意无必无固无我'，殊不知声臭即云声色，皆指其外者而言，意必固我，皆指其邪者而言。'心之官则思，思则得之，不思不得。'得者，得其中、得其道而已。既得其中、得其道，即已'止于至善'。过此，又何思、何为、何意、何必、何固、何我哉？于此而复

① 《明道编》，第15页。
② 同上书，第10页。
③ 《明道编》，第19页。

有思有为则皆外而邪矣，所谓'差之毫厘，谬以千里'，不可以不辩者也。"① 黄绾表面上批评宋儒杨简，实则规劝同门王畿应放弃杨简"不起意"说的"禅学"倾向。

上文提道，王畿反驳"以慈湖之学为禅"的论据是杨简之学承继象山之学，象山之学是"儒者有用之学"，故杨简之学是儒学而非禅学。黄绾与此针锋相对，"慈湖之学，出于象山，象山则不纯禅，至慈湖则纯禅矣"②。在黄绾看来，宋儒之学（包括象山）入门皆由于禅："濂溪、明道、横渠、象山则由于上乘；伊川、晦庵则由于下乘。"③ 虽然象山由"上乘禅"入门，但是象山"不纯禅"，杨简则是"纯禅"。这里需要提上一笔的是，湛若水在《寄崔后渠司成》文中有论："盖象山之学虽非禅，而独立高处。夫道中正而已矣，高则其流之弊不得不至于禅，故一传而有慈湖，慈湖真禅者也，后人乃以为远过于象山。"④ 湛氏关于"禅学"之于陆九渊、杨简影响的判定，与黄绾则是不谋而合。

需要注意的是，黄绾本人之所以揭示"宋儒及今日朋友禅学之弊"确有不得已的苦衷："盖因年来禅学之盛，将为天下国家之害，尝痛辩之，皆援先儒为据，皆以朋友为难言，故于其根本所在，不得不深明之，世有君子，必知予之不得已也。"⑤ 这也是黄绾冒着不惜得罪"今日君子""朋友"的风险，严"儒佛之辨"的根本原因。

还需要指出的是，晚年时期的黄绾自许的"上接孔孟之真传"的"艮止""执中"之学所传承的道统与宋儒之学迥异："伏羲尧舜以艮止、执中之学相传。……自是圣圣相承，率由是道。至仲尼出，而大明厥韫，以知止之止指心体，以致知示功夫，以格物示功效，以克己为致知之实，以复礼为格物之实，皆艮止、执中之正脉。当时惟颜曾二子独得其传，再传而得子思，又传而得孟子，轲之没而无传矣。是以艮止之旨不明而失存心之要，执中之止不明而失体道之要，故异端足以惑之，而伏羲尧舜之相传者渐以湮沦。由是功利之说兴，由是而禅定之学起，后之学者，出此则入彼，非一日之故矣。然功利之害人也浅，而禅学之害人也深，予恐圣人

① 《石龙集》卷十三，第 19 页；《黄绾集》，第 231—232 页。

② 《明道编》，第 19 页。

③ 同上书，第 12 页。

④ （明）湛若水：《泉翁大全卷》十《文集》，第 308 页。

⑤ 《明道编》，第 12 页。

之道日晦，故恒思有以辩之。"① 这里，黄绾揭示出了一条以"艮止""执中"为传承宗旨的"伏羲→尧→舜→禹→孔子→颜回→曾子→子思→孟子"的道统谱系，有别于韩愈及宋儒程朱的道统。因为黄绾以为："宋儒之学，自是宋儒之传，原非尧舜之传；尧舜之传，至孟子而绝，在今则无传矣。"详而言之："宋儒之传，则云：'无极、太极'，又云'无欲则静虚动直、明通公溥'，又云'清虚一大'，又云'太虚无形，至静无感'，又云'廓然大公，物来顺应'，又云'主一谓敬，无适谓一'，又云'其心收敛，不容一物'，又云'不起意'，又云'起意则昏'，又云'涵养须用敬，进学则在致知'，又云'今日格一物，明日格一物，众物之表里精粗无不到，然后吾心之全体大用无不明'。"② 这里所谓的"宋儒之学"，不属于"艮止""执中"这一道统谱系的继承者，主要在于"有宋诸儒，其学皆由于禅"。对于"宋儒之学"的学理渊源，黄绾在《明道编》中以为其源于汉儒之学，以"礼""治"之道的传承为例："宋儒之论礼，原于汉儒，汉儒之论礼，原于叔孙通；宋儒之论治，原于汉儒，汉儒之论治，原于管商，其名虽曰唐虞三代邹鲁，而其实精神命脉皆非矣。"③ 所以，作为宋儒的杨简，既然以"不起意"为宗旨而认为"起意则昏"，已经与禅学无异，也就不可能是尧舜之传。当然，黄绾也摆脱不了俨然以孔孟道统传人自居的"嫌疑"。

3. 黄绾之学与杨简之学异同

在判定杨简之学系"禅学"的命题之后，黄绾在《明道编》中还详细阐释了二人学术旨趣的同异。基于孟子心学这一共同的学术立场，黄绾以为"我之学与慈湖之学初无异"，这是因为慈湖有云："人心自善，人心自灵，人心自明。人心即道，人心即神。人皆有恻隐之心，恻隐即仁；皆有羞恶之心，羞恶即义；皆有恭敬之心，恭敬即礼；皆有是非之心，是非即知；愚夫愚妇与圣人皆同，圣人非有余，愚夫愚妇非不足。"④ 杨简此段论述的出处系《二陆先生祠记》文："道心大同，人自区别，人心自善，人心自灵，人心自明，人心即神，人心即道。……人皆有恻隐之心，

① 《明道编》，第 1 页。

② 同上书，第 5—6 页。

③ 同上书，第 20 页。

④ 《明道编》，第 16 页。

皆有羞恶之心，皆有恭敬之心，皆有是非之心，恻隐、仁，羞恶、义，恭敬、礼，是非、知。仁义礼知，愚夫愚妇咸有之，奚独圣人有之，人人皆与尧舜禹汤文武周公孔子同。"① 我们知道，先秦儒家以"四端""四心"立论"仁义礼智"四德，经典出处系《孟子·公孙丑章句》："恻隐之心，仁之端也；羞恶之心，义之端也；辞让之心，礼之端也；是非之心，智之端也。人之有是四端也，犹其有四体也。"② 传承孔孟道统的儒者黄绾，对于"其学皆由于禅"的宋儒杨简能有这样的论见自然十分赞同，然而在严"儒佛之辨"的黄绾看来——"慈湖之学禅也"，即"不起意禅也"。晚年排斥佛教学说的黄绾以为：自家的"艮止""执中"之学与杨简"不起意"之学的区别有三。

（1）"我有典要，慈湖无典要"

"典要"即指经常不变的准则、标准。最早出自于《易·系辞下》："《易》之为书也不可远，为道也屡迁，变动不居，周流六虚，上下无常，刚柔相易，不可为典要。"韩康伯注："不可立定准也。"孔颖达疏："上下所易皆不同，是不可为典常要会也。"③ 关于黄绾文本中"我有典要，慈湖无典要"的"典要"，可以理解为个人学理体系的学术宗旨。基此，黄绾以为自己的"艮止""执中"之说有一以贯之的学理脉络与思想体系，杨简的"不起意"则称不上有"典要"。

黄绾的"艮止"之立论来源之一系《大学》中的"知止而后有定，定而后能静，静而后能安"。在黄绾这里，"定、静、安皆本于止，止在于心而有其所，故万物、万事皆从我止而不可乱"④。他认为"艮止"之"止"所系"心"，以"心"为"止"之所，方有"定""静""安"，万事万物由此而有确定不移的生成秩序。对于黄绾此论，黄绾高弟林文相在《明道编·序》中指出："夫子（黄绾）之学，超然独悟，以知止为圣学之要诀。……存之于心，则常定、常静、常安，主宰在我而虚灵之体不昧；应之于世，则能虑、能精、能一，巨细曲当而不失时措之中。"⑤ 而

---

① 杨简：《慈湖遗书》卷二，《文渊阁四库全书》本。

② 《四书集注》，第 356 页。

③ （汉）王弼著，（唐）孔颖达疏，《十三经注疏》整理委员会整理：《周易正义》，北京大学出版社 2000 年版，第 371—372 页。

④ 《明道编》，第 16 页。

⑤ 《明道编》，第 15 页。

在杨简"不起意"的学理体系中，只是"随其所至而止，止于泛而无所，故万物万事皆由其自止而不可约，故慈湖辩孔子'止其所'之言，则曰：'止得其所者，言不失其本，止非果有其所也'"。① 黄绾以为杨简不认为有"止之所"的存在，自然不能察觉到"心"为"止之所"。既然"艮止"之"止之所"为"心"，黄绾自然主张"立心"："我之立心在诚意，去私意。"这样一来，杨简的"不起意"就失去了立论基点："慈湖则并诚意而去之，而曰'不起意'，又曰'起意则昏'。"②

（2）"我有功夫功效，慈湖无功夫功效"

上文已经提道，黄绾的"艮止""执中"之学对"学""思"，尤其是对"思"的功夫路径格外看重，所以有"我之功夫在思，去其不当思者"云云③。《大学》所谓"诚其意者毋自欺，如恶恶臭，如好好色，君子必慎其独，必诚其意"，箕子所谓"思则睿，睿作圣"，孔子所谓"思无邪"，"君子有九思"，《大学》所谓"安而后能虑，虑而后能得"，孟子所谓"心之官则思，思则得之，不思则不得"，如此等等关于"思"的论述皆可视作达成黄绾"艮止""执中"之学的"功夫功效"。此外，黄绾在论述"尧舜执中之学即伏羲艮止之学"的过程中，对《尚书》中"安思"的提法颇为倚重："其具于《书》者，曰'危微'，以阐艮止之端；曰'精一'，以为用功之要。曰'安思'者，以见危之安而微之著也；曰'钦明'者，以见精之极而一之常也，无非所以求止其止而已。自危微之故不明，而人不知所致力之地；自精一之学不明，而人不知所用力之方，由是而不能安思矣，由是而不能钦明矣。"④ 可见，"思"在传承"伏羲尧舜之道""穷艮止之本"的路径之中有着十分重要的方法论意义。

与此相反，黄绾认为慈湖则"并当思而去之，而曰'不思'，又曰'无思则万物毕照'"⑤。的确如此，杨简的心学体系中有是论："忠信之心即道心、即仁义礼智之心，即不勉而中，不思而得之。"⑥ 在《永嘉郡学永堂记》文中，杨简在论述"修思永"时，多次强调"不思""无思则万

---

① 《明道编》，第16页。

② 同上。

③ 同上。

④ 同上书，第1页。

⑤ 《明道编》，第16页。

⑥ 《慈湖遗书》卷七《家书一》，《文渊阁四库全书》本。

物毕照"的观点:"皋陶曰:'谨厥身,修思永。'始如此、终不如此,非永也;静如此、动不如此,非永也;昼如此、夜不如此,非永也;今日如此、他日不如此,非永也;思如此,不思则不如此,非永也;永非思之所可及也,而必曰思者,思夫不可得而思也者,斯永也;永非思之所可及也,思而忽觉,觉非思也,斯永也。孔子曰'天下何思何虑'谓此也,曰'毋意'谓此也,曰'吾有知乎哉,无知也'谓此也。意虑不作,澄然虚明,如日月之光,无思无为而万物毕照,此永也。一日意虑不作,澄然虚明,如日月之光,无思无为而万物毕照,此一日之永,是谓日至;一月意虑不作,澄然虚明,如日月之光,无思无为而万物毕照,此一月之永,是谓月至;三月意虑不作,澄然虚明,如日月之光,无思无为而万物毕照,此三月之永,是谓颜子三月不违仁。"① 简言之,杨简以"不起意"为宗,故而突出强调"不思""无思"的修养路径。

(3)"我有日新次第,慈湖无日新次第"

关于圣学修养功夫的顺序即"次第",在黄绾的"艮止""执中"之道学体系中,主要在于"志道、据德、依仁、游艺"②。另外,林文相在《明道编·序》中指出:"夫子(黄绾)之学,超然独悟,以知止为圣学之要诀,以精思为致知之功夫,以格物为致知之功效。志必于道,据必于德,依必于仁,游必于艺。"③ 在黄绾看来,"志道、据德、依仁、游艺"的为学次第对于一个人的"处事""气性""心术""所守"具有重大意义:"人为学若不知止,则必流于禅;若不知志道,则处事必不中节;若不知据德,则气性必不好;若不知依仁,则心术必不良;若不知游艺,则所守必不固。纵或勉为苦节以终身,后必不可继也。"④

在《明道编》中,黄绾还对"道""德""仁""艺"的内容有详细的界定:"行之于身,无不中节,谓之道;成之于身,温、良、恭、俭、让,谓之德;全其仁、义、礼、智、信于心,谓之仁;切于民生日用,衣食居处必不可无,谓之艺。故道曰志,德曰据,仁曰依,艺曰游。此乃圣学之所有事者也。"⑤ 对于作为"圣学之所有事"的"道""德""仁"

---

① 《慈湖遗书》卷二,《文渊阁四库全书》本。

② 《明道编》,第16页。

③ 同上书,第15页。

④ 同上。

⑤ 《明道编》,第19页。

"艺"，黄绾认为杨简则"一切皆不欲其有"，因为"慈湖之学，禅也。禅则所谓'无修证，无污染'可也，若在圣学则不可矣"。这里，必须指明一点，黄绾对杨简的批评是有根据的，《慈湖遗书·家记》有言："子曰：'志于道，据于德，依于仁，游于艺。'孔子当日启诲门弟子之时，其详必不如此。""子曰：'志于道，据于德，依于仁，游于艺。'此盖本旨次第而言，记者误条列而为四。"① 不难发现，杨简以为《论语》关于"志道、据德、依仁、游艺"的记载是不确定的，"其详必不如此"。这也是黄绾判定"慈湖之学，禅也"的一大论据。

第四节 对"今日朋友禅学之弊"的揭橥
——黄绾对王阳明、湛若水的批判

拙著第二章已用大量篇幅考论了黄绾与王阳明、湛若水三人之间交游、论学的详细经过。下面，我们主要考察一下晚年黄绾《明道编》对阳明学的核心命题——"致良知""知行合一""万物一体论"以及湛若水"随处体认天理"说的学理性批判。

黄绾晚年赋闲家居之时，已经完全放弃了阳明先生的"致良知"之教，"回归经典"以重新发掘"圣人之学"之原旨，终以"艮止、执中之旨"作为道学千古相传的"真精神""真学脉"。"道不同，不相为谋"，黄绾视自己体证、发明的"艮止、执中之旨"为圣门开示切要之诀，据而判定王阳明的"致良知"、湛若水的"体认天理"与宋儒之学一样，已经遭受"异端"之侵袭而有"空虚之病""禅学之弊"，故非"圣学"之真传。黄绾在《明道编》中有论：

> 予言宋儒及今日朋友禅学之弊，实非得已，盖因年来禅学之盛，将为天下国家之害，尝痛辩之，皆援先儒为据，皆以朋友为难言，故于其根本所在，不得不深明之，世有君子，必知予之不得已也。②

晚年黄绾还曾谓四方来学者曰：

---

① 《慈湖遗书》卷一一《家记五》，《文渊阁四库全书》本。
② 《明道编》，第12页。

　　予尝与阳明、甘泉日相砥砺，同升中行。然二公之学，一主于致良知，一主于体认天理，于予心尤有未莹，乃揭艮止、执中之旨，昭示同志，以为圣门开示切要之诀，学者的确功夫，端在是矣。外是更无别玄关可入也。①

　　下面，我们详细考察一下，晚年黄绾基于自己的"道学"（"道统""道体"）主张而对王阳明、湛若水这两位"今日朋友""今日君子"的批判。

一　黄绾对王阳明的批判

　　一般认为，王阳明良知学的理论架构由三大部分组成，即良知本体论、致良知的方法论、知行合一的功夫论。② 其实，在阳明先生病逝之后，黄绾曾在不同场合（奏疏、祭文之中）对阳明心学（"道学"）的三大核心命题——"良知""亲民""知行合一"有解读：

　　惟我（阳明）先生，负绝人之识，挺豪杰之资，哀斯道之溺，哀斯道之疵。指良知，以阐人心之要；揭亲民，以启大道之方；笃躬允蹈，信知行之合一。(《祭阳明先生文》)③

　　道丧既久，圣远言微，千载有作，聿开其迷，（阳明先生）指良知为下手之方，即亲民为用力之地，合知行为进德之实。(《祭阳明先生墓文》)④

　　守仁之学，其要有三：其一曰"致良知"，……其二曰"亲民"，……其三曰"知行合一"，…… (《明是非定赏罚疏》)⑤

---

　　① 《明道编》，第 75 页。

　　② 吴光：《吾心自有光明月：王阳明的生平事功与思想学说简介》，载《王阳明全集》（简体版）卷首，上海古籍出版社 2012 年版，第 28—29 页。近年来，吴光教授又主张把"明德亲民"的民本政论论，补充到王阳明良知心学的理论架构中来。详见其发表在《光明日报·国学版》（2017 年 2 月 4 日）上的理论文章《王阳明良知心学：结构·精神·启示》。

　　③ 《石龙集》卷二十八，第 3 页；《黄绾集》，第 563 页。

　　④ 《石龙集》卷二十八，第 3—4 页；《黄绾集》，第 564 页。

　　⑤ 《久庵先生文选》卷十五，第 1—7 页。又见《阳明先生年谱》"嘉靖八年二月"条目下的征引（《王阳明全集》[新编本]，第 1337—1339 页）。

黄绾在赋闲家居之后，以读书、著述终老，成《四书五经原古》而发明"艮止执中之学"为"道学"真血脉。故而对中年时期所服膺的阳明良知心学基本上全盘予以否定，并对其核心命题"（致）良知""亲民""知行合一"等展开了学理性的批评。

1. 对"（致）良知"的批评

我们知道，王阳明继承并发挥了孟子的"良知"说，提出"致良知"的为学、证道之大旨。在阳明心学体系中，"良知"既是先天的道德天理，也是七情的自然流露；"致良知"则是推致实行良知的功夫与教法，做到"知行合一"，便是"即本体即功夫"。那么，阳明先生"从百死千难中得来"的"良知之说"，其究竟义是什么呢？

（1）王阳明口中的"良知"

下面，我们拟从阳明诗文集中采掠数条语录，以"参"良知作为"真吾圣门之正法眼藏"的"究竟话头"：

①良知是尔自家底准则："尔那一点良知，是尔自家底准则。尔意念着处，他是便知是，非便知非，更瞒他一些不得。尔只不要欺他，实实落落依着他做去，善便存，恶便去。"①

②良知乃千古圣贤相传之理："此理简易明白若此，乃一经沉埋数百年。……我此良知二字，实千古圣贤相传一点骨血也。"② 又，"千圣皆过影，良知乃吾师。"③

③良知乃天理之昭明灵觉："夫心之本体，即天理也。天理之昭明灵觉，所谓良知也。"④ 并，"心者身之主也，而心之虚灵明觉，即所谓本然之良知也。"⑤ 又，"良知是天理之昭明灵觉处，故良知即是天理。"⑥

④良知乃是非之心："所谓良知，即孟子所谓'是非之心，知也'。人孰无有？但不能致此知耳。能致此知，即所谓充其是非之心，而知不可胜用矣。"⑦

---

① 《王阳明〈传习录〉详注集评》，第 173 页。

② 《王阳明全集》（新编本），第 1287 页。

③ 同上书，第 1319 页。

④ 《王阳明〈传习录〉详注集评》，第 144 页。

⑤ 《王阳明〈传习录〉详注集评》，第 105 页。

⑥ 同上书，第 72 页。

⑦ 《王阳明全集》（新编本），第 1581 页。

⑤良知即是独知："良知即是独知时，此知之外更无知。谁人不有良知在，知得良知却是谁？知得良知却是谁？自家痛痒自家知。若将痛痒从人问，痛痒何须更问为？"①

⑥良知即是乐之本体："乐是心之本体。仁人之心，以天地万物为一体，欣合和畅，厚无间隔。……谨独即是致良知。良知即是乐之本体。"②

⑦良知之外别无知："良知之外，别无知矣。故'致良知'是学问大头脑，是圣人教人第一义。"③

⑧良知是造化的精灵："良知是造化的精灵，这些精灵，生天生地，成鬼成帝，皆从此出，真是与物无对。人若复得他完完全全，无少亏欠，自不觉手舞足蹈，不知天地间更有何乐可代。"④

⑨良知还是你的明师："道即是良知。良知原是完完全全，是的还他是，非的还他非，是非只依著他，更无有不是处。这良知还是你的明师。"⑤

⑩人的良知就是草木瓦石的良知："人的良知，就是草木瓦石的良知。若草木瓦石无人的良知，不可以为草木瓦石矣。……天地无人的良知，亦不可为天地矣。盖天地万物与人原是一体，其发窍之最精处，是人心一点灵明。"⑥

在这里，我们不难发现，王阳明的良知本体论已经包含着丰富的内涵：既有外在超越义，又有内在主体义；既有"本源—生成"式的宇宙生成论，且又有了"本体论"之依据；从而体现了一种以"即体即用、主客合一"为特征的辩证理性思维方式。

（2）中年黄绾对王阳明"（致）良知"之教的护持

阳明先生病逝之后，明世宗（嘉靖帝）不喜阳明良知心学，故而以桂萼为首的权臣诋毁阳明早年平宸濠之乱是"军功滥冒"，又借机诽谤"守仁事不师古，言不称师。欲立异以为高，则非朱熹格物致知之论；知众论之不予，则为《朱熹晚年定论》之书。号召门徒，互相倡和。才美

---

① 《王阳明全集》（新编本），第 827 页。

② 同上书，第 207 页。

③ 《王阳明〈传习录〉详注集评》，第 143 页。

④ 同上书，第 193 页。

⑤ 同上书，第 194 页。

⑥ 同上书，第 197 页。

者乐其任意，庸鄙者借其虚声。传习转讹，背谬弥甚。但讨捕畲贼，擒获叛藩，功有足录，宜免追夺伯爵以章大信，禁邪说以正人心。"① 世宗也明言："（王）守仁放言自肆，诋毁先儒；号召门徒，声附虚和；用诈任情，坏人心术。"② 下诏停世袭，恤典俱不行。

阳明先生无辜受冤，此时作为门生且任职京师的黄绾，冒着不惜得罪明世宗及昔日好友桂萼的风险，上《明是非定赏罚疏》以进谏，希望世宗"以视萼者视守仁，以白萼者白守仁。敕下该部，查给恤典，赠谥，仍与世袭。并开学禁，以昭陛下平明之治"。其中在为"守仁事不师古，言不称师，欲立异以为高"之"罪"开脱之时，明言"'致良知'实本诸先圣先贤之言"：

> "致良知"，实本诸先圣先贤之言也。孟轲谓人之所不虑而知者其良知，又以恻隐、羞恶、恭敬、是非四端为人之固有，盖由发动而言则谓之情，由知觉而言则谓之良知，所谓"孟轲道性善"者此也。且孔子尝读"有物有则"之《诗》，而赞其为知道也；良知者，物则之谓也。其云"致"者，何也？欲人必于此用力以去其气习之私、全其天理之真而已矣。所谓"必慎其独"，所谓"扩而充之"是也。③

（3）《明道编》对王阳明"致良知"的批评

晚年黄绾所成《明道编》对于"今日君子"王阳明"致良知"之教的解构性批判，主要是基于其经学著作《孟子原古》《大学原古》对"良知良能""格物致知"本真义的解读而有：

> 孟子言"良知、良能"，专明性善之本如此，非论学问止如此也。若一一求中节以尽其爱亲、敬长之道，非学则不至，非思则不得。孟子岂欲人废学与思而云尔哉？今因良知之说而欲废学与思，以合释氏

---

① 《明史》（简体字本）卷一百九十五"王守仁传"，第 2443 页。

② 《明世宗实录》卷九十八"嘉靖八年二月甲戌"条。

③ 《久庵先生文选》卷十五，第 1—7 页；《黄绾集》，第 626 页。又见《阳明先生年谱》"嘉靖八年二月"条目的征引（《王阳明全集》[新编本]，第 1337—1339 页）。

"不思善、不思恶"、杨慈湖"不起意"之旨，几何不以任情为良能，私智为良知也哉？①

今日君子，于禅学见本来面目，即指以为孟子所谓"良知"在此，以为学问头脑。凡言学问，惟谓"良知"足矣。故以致知为至极其良知，格物为格其非心。言欲致知以至极其良知，必先格物以格其非心；欲格物以格其非心，必先克己以去其私意；私意既去，则良知至极，故言功夫，惟有去私而已。故以不起意、无意必、无声臭为得良知本体。良知既足，而学与思皆可废矣！而不知圣门所谓志道、据德、依仁、游艺为何事。又文其说，以为良知之旨，乃夫子教外别传，惟颜子之资，能上悟而得之，颜子死而无传；其在《论语》所载，皆下学之事，乃曾子所传，而非夫子上悟之旨。以此鼓舞后生，固可喜而信之，然实失圣人之旨，必将为害，不可不辩。②

晚年的黄绾已经走出中年时代对王阳明"致良知"之教的个人崇拜，尤严"儒佛之辨"，以为"致良知"说已失圣人之旨，且废"学"与"思"，以合释氏"不思善、不思恶"、杨慈湖"不起意"之旨，必然会流向"以任情为良能，私智为良知"的弊端，必将为害"圣学""误人非细"，故而需要警惕！

2. 对"致知为至极其良知，格物为格其非心"的批评

前文已论，对于《大学》"致知、格物"的解读，是宋明时期任何道学家都无法回避的一大学术论题；而每一位道学家在对"致知、格物"进行诠释之时，总是围绕着如何成就、证得自家所认定的"道体"（"性即理"抑或"心即理"）而进行。王阳明亦不例外，以"心即理"为立论基石，以"致吾心之良知于事事物物"来疏解"致知、格物"：

若鄙人所谓致知格物者，致吾心之良知于事事物物也。吾心之良知，即所谓天理也。致吾心良知之天理于事事物物，则事事物物皆得其理矣。致吾心之良知者，致知也；事事物物皆得其理者，格物也。

是合心与理而为一者也。(《传习录》卷中《答顾东桥书》)①

致知必在于格物。物者，事也，凡意之所发必有其事，意所在之事谓之物。格者，正也，正其不正以归于正之谓也。正其不正者，去恶之谓也。归于正者，为善之谓也。夫是之谓格。(《大学问》)②

晚年的黄绾以"艮止执中之学"为道学之本义，其《明道编》也有对《大学》"致知在格物"的解释："其云致知，乃格物功夫；其云格物，乃致知功效。'在'者，志在也，志在于有功效也；'致'者，思也，'心之官则思，思则得之，不思则不得也'；'格'者，法也，'有典有则'之谓也。"③ 这里，黄绾对"致知在格物"一语的解读既不同于程朱，也不认同于其中年业师阳明先生的"致吾心之良知于事事物物"之说，而是径称"致知是格物功夫，格物乃致知功效"。借此，黄绾对作为"今日君子"王阳明的"致知格物"论进行了批评：

今日君子，又不能明之，亦以格物为致知功夫，故以格物为格其非心，谓格其不正以归于正，又谓夫子教颜子克己，功夫皆在"格"字上用，亦不知"有典有则"之为格物，所以求之于心，失之于内，空虚放旷，而非圣人之学矣。④

予昔年与海内一二君子讲习，有以致知为至极其良知，格物为格其非心者。又谓格者，正也，正其不正以归于正；致者，至也，至极其良知，使无亏缺障蔽。以身、心、意、知、物，合为一物，而通为良知条理；格、致、诚、正、修，合为一事，而通为致良知功夫。又云，克己功夫全在格物上用，克其己私，即格其非心也。又令看《六祖坛经》，会其本来无物，不思善、不思恶，见本来面目，为直超上乘，以为合于良知之至极。又以《悟真篇后序》为得圣人之旨。以儒与仙、佛之道皆同，但有私己、同物之殊。以孔子《论语》之言，

---

① 《王阳明〈传习录〉详注集评》，第102页。黄宗羲《明儒学案》卷十《姚江学案》"王阳明传"有言："（阳明）先生以圣人之学，心学也。心即理也，故于'致知格物'之训，不得不言'致吾心良知之天理于事事物物，则事事物物皆得其理。'"

② 《王阳明全集》（新编本），第1019页。

③ 《明道编》，第21页。

④ 同上。

皆为下学之事，非直超上悟之旨。予始未之信，既而信之，又久而验之，方知空虚之弊，误人非细。信乎"差之毫厘，谬以千里"，可不慎哉！①

由此可知，中年时期的黄绾对于阳明先生力主的"致知为至极其良知，格物为格其非心"的"致良知"之教，的确是下过一番实践与体验；并且又遵从阳明先生建议而用功于禅宗的《六祖坛经》、道教《悟真篇后序》，结果无所成而放弃，最终得出"致良知"之教"空虚之弊，误人非细"的教训。

3. 对《大学问》"大人者以天地万物为一体""亲民者达其天地万物一体之用"的批评

王阳明在《大学问》中提出了"大人者，以天地万物为一体"的论断：

> 大人者，以天地万物为一体者也，其视天下犹一家，中国犹一人焉。若夫间形骸而分尔我者，小人矣。大人之能以天地万物为一体也，非意之也，其心之仁本若是，其与天地万物而为一也。岂惟大人，虽小人之心亦莫不然，彼顾自小之耳。是故见孺子之入井，而必有怵惕恻隐之心焉，是其仁之与孺子而为一体也；孺子犹同类者也，见鸟兽之哀鸣觳觫，而必有不忍之心焉，是其仁之与鸟兽而为一体也；鸟兽犹有知觉者也，见草木之摧折而必有悯恤之心焉，是其仁之与草木而为一体也；草木犹有生意者也，见瓦石之毁坏而必有顾惜之心焉，是其仁之与瓦石而为一体也；是其一体之仁也，虽小人之心亦必有之。……故夫为大人之学者，亦惟去其私欲之蔽，以自明其明德，复其天地万物一体之本然而已耳；非能于本体之外而有所增益之也。②

> 明明德者，立其天地万物一体之体也。亲民者，达其天地万物一体之用也。故明明德必在于亲民，而亲民乃所以明其明德也。是故亲吾之父，以及人之父，以及天下人之父，而后吾之仁实与吾之父、人

---

① 《明道编》，第10—11页。
② 《王阳明全集》（新编本），第1015页。

之父与天下人之父而为一体矣；实与之为一体，而后孝之明德始明矣！亲吾之兄，以及人之兄，以及天下人之兄，而后吾之仁实与吾之兄、人之兄与天下人之兄而为一体矣；实与之为一体，而后弟之明德始明矣！君臣也，夫妇也，朋友也，以至于山川鬼神鸟兽草木也，莫不实有以亲之，以达吾一体之仁，然后吾之明德始无不明，而真能以天地万物为一体矣。①

阳明先生逝世之后，中年黄绾曾在《明是非定赏罚疏》中为阳明"亲民"说辩白：

> "亲民"亦本诸先圣先贤之言也。《大学》旧本曰"在亲民"，《尧典》曰"克明峻德，以亲九族。平章百姓，协和万邦，黎民于变时雍"，孟轲曰"君子亲亲而仁民，仁民而爱物"。此守仁所据以复"亲民"之旧而非近日"新民"之讹也。夫天地立君，圣王为治，皆因人情之欲生，因致其亲爱以聚之，故为田里宅居以为之养焉、礼乐刑政以为之治焉，尽至诚之道以顺其欲生之心耳！此所谓王道也。舍此而云治则伯功之术，而非王政之醇也。②

晚年时期的黄绾已不认同阳明先生关于"大人之道之学"的解读，故而在《明道编》中对昔日道友、业师——阳明先生《大学问》中所讲授的"大人者以天地万物为一体""亲民者达其天地万物一体之用"之论，予以毫不客气的批评：

> 究其说，则以吾之父子，及人之父子，及天下人之父子为一体；吾之兄弟，及人之兄弟，及天下人之兄弟为一体；吾之夫妇，及人之夫妇，及天下人之夫妇为一体；吾之朋友，及人之朋友，及天下人之朋友为一体；乃至山川、鬼神及鸟兽、草木、瓦石皆为一体，皆同其爱，皆同其亲，以为一体之仁如此。审如此言，则圣人之所谓"亲亲而仁民，仁民而爱物，情有亲疏，爱有差等"者，皆非矣。实不知其

① 《王阳明全集》（新编本），第1016页。
② 《久庵先生文选》卷十五，第1—7页；《黄绾集》，第626—627页。

说已堕于墨氏之兼爱，流于空虚，荡无涯涘。①

这里，黄绾对阳明"万物一体说"对后世学者（包括"阳明后学"）可能造成的流弊予以揭示："由是好名急功利之徒，因藉其说以为是，而得以行其欲；残忍刻薄者，因反其言以为非，而得以骋其私。而大人之道之学，于此亡矣。"② 与此同时，黄绾还列举东汉廉吏——第五伦③关于"己子病，一夕一起，心犹不安；兄子病，一夕十起，而心安"的言论，以阐发"大人之道之学"的本真义。因为有论者以为第五伦"心不安""心安"非"天性人情之真"，黄绾的观点恰与之相反："盖兄子固当爱，然视己子则有差等。其十起、一起者，乃其私心，由好名急功利而来。其安与不安者，乃其本心，此天性人情之真。"

要之，在黄绾看来："大人之学，皆由其真者，因其差等，处之各不失其道，此所谓仁，此所谓大人之道也。"王阳明《大学问》所阐"大学之道之学"以"心即理"作为立论前提、非由"情有亲疏，爱有差等"的"天性人情之真"作基石，故而非孔孟"圣学"之本义；阳明学话语"以天地万物为一体"云云，实则已经堕于墨氏"兼爱"这一"异端"之论，进而"流于空虚，荡无涯涘"④。

4. 对"知行合一"说的不满

王阳明的良知心学提倡"知行合一"的"修道"功夫论。

"知行合一"是王阳明"修道"哲学中的一个实践论的命题，主要侧重道德修养、道德实践的意义，并非单纯指我们"哲学原理"教科书中"理论与实践相结合"的"认识论"云云。

据《阳明先生年谱》记载，正德四年左右，王阳明"龙场悟道"之后的一大理论收获，就是对"知行合一"功夫论的发明。⑤ 正德五年冬，黄绾结识阳明之后，阳明当告以"知行合一"说。据《传习录》卷上记

---

① 《明道编》，第11页。

② 同上。

③ （宋）范晔：《后汉书》卷四十一《第五伦传》，中华书局1965年版，第1395—1403页。

④ 《明道编》，第11—12页。

⑤ 《王阳明全集》（新编本），第1235页。

载：正德六年左右，徐爱因未能"默会"① 阳明先生的"知行合一"之
训，便与时在京师任职的道友黄绾、顾应祥往复论辩，然未能决，遂请教
阳明先生。阳明即答曰："知是行的主意，行是知的功夫；知是行之始，
行是知之成。若会得时，只说一个知，已自有行在；只说一个行，已自有
知在。"② 这也是王阳明传世文献中第一次对"知行合一"说的完整阐述。

此后，王阳明还在《答友人问》中，就友人"知行合一之说，是先
生（阳明）论学最要紧处。今既与象山之说异矣，敢问其所以同"之问，
有过答复："知行原是两个字说一个功夫，这一个功夫须着此两个字，方
说得完全无弊病。"③ 此外，阳明又补充道："知之真切笃实处，便是行；
行之明觉精察处，便是知。若知时，其心不能真切笃实，则其知便不能明
觉精察；不是知之时只要明觉精察，更不要真切笃实也。行之时，其心不
能明觉精察，则其行便不能真切笃实；不是行之时只要真切笃实，更不要
明觉精察也。知天地之化育，心体原是如此。乾知大始，心体亦原是
如此。"④

可以说，黄绾从结识阳明，直至阳明病逝，对"知行合一"的修道
实践之路径，是深信不疑的。比如其《明是非定赏罚疏》还曾为阳明的
"知行合一"说并非"放言自肆，诋毁先儒"，进行辩解：

> "知行合一"亦本诸先圣先贤之言也。颜渊问仁，孔子告之曰
> "克己为仁"；颜渊请问其目，曰"非礼勿视、听、言、动"。夫颜渊
> 之问，学也；孔子之教之，学也，非他也。觉非礼者，知也；勿非礼
> 者，行也。如此而已矣。盖古人为学务实，知之所在即行之所在也。

---

① 拙著此处"默会"意指"暗自领会"。明初学者方孝孺《医原》云："术之精微可以言
语授，而非言语所能尽；可以度数推，而非度数所能穷。苟不默会于心，而欲持昔人一定之说，
以应无涯之变，其不至于遗失者寡矣。"（《方孝孺集》，浙江古籍出版社 2013 年版，第 229 页）
波兰尼在 1958 年在其名著《个体知识》中提出了"默会知识"（Tacit Knowledge）的范畴，可与
中国传统哲学语境下使用的"默会"一词互相诠释。比如，当代哲学史研究专家陈卫平教授以
"儒家哲学研究三题——默会维度"为题，对"儒家的理想人格与现代哲学的默会知识论"进行
比较，可以参阅。

② 《王阳明〈传习录〉详注集评》，第 19 页。王阳明此语中"若会得时"之"会"可作
"默会"讲。

③ 《王阳明全集》（新编本），第 223 页。

④ 同上书，第 223—224 页。

故知克己则礼复矣，未尝分知行而二之。他日孔子又自语其学曰"吾十有五而志于学，以至七十从心所欲不逾矩"，亦未分知行而二之也。守仁发此，无非欲人言行必顾，弗事空言如后世之失也。①

令人不解的是，晚年的黄绾，在《明道编》中，笔锋一转，对王阳明"知行合一"的"修道"功夫论径予批评：

> "乾以易知，坤以简能。"象山常与门人言曰："吾知此理即乾，行此理即坤。知之在先，故曰'乾知大始'；行之在后，故曰'坤作成物'。"近日朋友有为象山之言者，以为知即是行，行即是知，以知行合为一事而无先后，则失象山宗旨矣。②

黄绾此处对"近日朋友"的批评，无疑是指向了昔日道友、业师——阳明先生。

5. 对"仙、释与圣学同"说的批评

早年王阳明在志于"圣人之道之学"之后，一度"出入佛老"二十载，并有一定的佛禅、道教修行体验，并与圣人之"道"相印证。故而王阳明在与黄绾定交之后，曾令黄绾等友人、门生翻阅佛教禅宗的《六祖坛经》，以默会其"本来无物""不思善、不思恶"；并以为修证到如此境界，方可见圣人之"道"的本来面目，是为"直超上乘""合于良知之至极"。王阳明还宣称，北宋道教金丹派道士张伯端的《悟真篇·后序》，已得"圣人之旨"。一言以蔽之，在王阳明看来，儒、仙、佛三教言称之"道"皆同，但有"私己""同物"之殊罢了；进而言之，孔子《论语》之言，"皆为下学之事，非直超上悟之旨"③。

对于王阳明的上述言论，在正德五六年间，即黄绾与阳明结交共学之时，便表示质疑而"未之信"；正德八年至嘉靖元年在台州（黄岩）紫霄山读书证"道"之时，"既而信之"；晚年赋闲家居，"回归经典"之后，以圣人之言"验之"，方知阳明先生所倡"仙、释与圣学同"之说有"空

---

① 《久庵先生文选》卷十五，第1—7页；《黄绾集》，第627页。

② 《明道编》，第18页。

③ 同上书，第10—11页。

虚之弊，误人非细"，不可不慎！① 对此，《明道编》有言："今之君子，有谓仙、释与圣学同者，传于人则多放肆而无拘检。"② 此处的"今之君子"即指王阳明，"传于人则多放肆而无拘检"意指阳明以"仙、释与圣学同"之说传授于门弟子（尤其是以王畿、王艮等为代表的"左派王学"）之后，多"放肆而无拘检"，致使真正的"圣人之学之道"不传，岂不谬哉！

客观地讲，王阳明在与门生讲授之时，曾警告过门人：佛、道二氏之学，其妙与"圣学"只在"毫厘之间"，唯有"笃志圣学"，方可辨析。据《阳明先生年谱》载，正德九年五月，王阳明至南京，同志日亲，其中王嘉秀、萧惠好谈仙、佛，阳明先生警之曰："吾幼时求圣学不得，亦尝笃志二氏。其后居夷三载，始见圣人端绪，悔错用功二十年。二氏之学，其妙与圣人只有'毫厘之间'，故不易辨，惟笃志圣学者始能究析其隐微，非测忆所及也。"③ 又据《阳明先生年谱》载，嘉靖三年，门人张元冲向阳明先生请益："二氏与圣人之学所差毫厘，谓其皆有得于性命也。但二氏于性命中着些私利，便谬千里矣。今观二氏作用，亦有功于吾身者，不知亦须兼取否？"阳明答道：

> 说兼取，便不是。圣人尽性至命，何物不具，何待兼取？二氏之用，皆我之用：即吾尽性至命中，完养此身谓之仙；即吾尽性至命中，不染世累谓之佛。但后世儒者不见圣学之全，故与二氏成二见耳。譬之厅堂三间共为一厅，儒者不知皆吾所用，见佛氏，则割左边一间与之；见老氏，则割右边一间与之；而己则自处中间，皆举一而废百也。圣人与天地民物同体，儒、佛、老、庄皆吾之用，是之谓大道。二氏自私其身，是之谓小道。④

这里，王阳明的本意是说儒释道三家言"性"（"体"）皆同，但言"用"则异；进而主张以"圣人之学"为本（"体"），以儒、佛、老、庄

---

① 《明道编》，第10—11页。

② 同上书，第17页。

③ 《王阳明全集》（新编本），第1243页。

④ 同上书，第1298—1299页。

皆为"用"。如果我们仔细分析上述二则基于《阳明先生年谱》而征引的史料，进而检讨黄绾对王阳明"仙、释与圣学同"之论调的批评，可以评定：黄绾之论，既有一定道理，也有偏颇失真之处。

6.《明道编》对"今日士友"（即阳明后学）的批评

在讨论晚年黄绾对"今日士友"的批评之前，我们先阅读《明道编》所载一段言论：

> 今日学者，皆云晦庵之学未得圣人之传。然以其徒考之，虽至下者，比今日士友自立何如？无他，盖晦庵虽云未得圣人之传，然教人皆在实言、实行上做功夫，又皆有兢兢业业之意付嘱，又皆勉之勤励古训，所以自立比今日不同。①

无疑，此处"今日学者"云云指的是王阳明；"今日士友"则是（部分）王学门人。在黄绾看来，"今日士友"一大弊病即在于"好胜矜傲"，具体表现为："士友之间，略谈学问，即自高以空人，遂有俯视天下之心，略无谦下求益之意"，这与孔子《论语》所论"以能问于不能，以多问于寡，有若无，实若虚"②，相去甚远；甚者，持有"好胜矜傲"之心的"今日士友"，或有过失，辄以智术笼络，大言欺人，自以为阳明先生的"良知妙用"如此。或"至私与之人，甚至污滥苟且，人不齿录，亦称同志，曲为回护，使人疾为邪党"，还自以为阳明先生《大学问》中的"一体之仁"如此。即便是同道中人，偶有一言非及"良知"，其人本系君子，亦一并排斥、攻击，必欲抑之，使无所容，还以此"排斥"为"卫道"。对于"今日士友"的上述举动，黄绾则是不屑，统以"好胜矜傲"之弊批评之③。因为怀"好胜矜傲"之心，是不可以也不可能入"优入圣域"的。

如所周知，阳明先生去世之后，（部分）阳明门人即有"立个门户，自相标榜，自为尊大"的宗派习气。对此，晚年的黄绾作为曾经的王学

---

① 《明道编》，第17页。

② 《论语·泰伯篇》曾子语，见《论语译注》（杨伯峻译注，中华书局1980年版），第80页。

③ 《明道编》，第18页。

"信徒"，则是极力反对，并援引陆九渊之言："后世言，学者须要立个门户。此理所在，安有门户可立？学者又要各护门户，此尤鄙陋。"在此，黄绾以为陆氏之言正切中"今日之弊"：

> 今日朋友专事党护勾引，以立门户，自相标榜，自为尊大，不论人之贤否、事之是非、情之诚伪，凡与其意合者，辄加称重回护，以为贤、为是、为诚，而尊大之；凡与其意不合者，辄不论其贤、其是、其诚，概加毁讪排抑而卑小之，所以致人之怨恶不平，皆在于此。且勾引日众，类多浮欺，至有恶少，亦不知择，皆谓"一体之仁"如此。共谈清虚，遗弃人道，切恐将来为患不细，或致"伪学"之禁，以为衣冠之忧，吾党可不戒哉！①

此外，黄绾在《明道编》中对阳明门徒以"圣尊"称谓王阳明的举动提出了批评："每见今之学者，动以圣居，其徒皆以'圣尊'称之，稍有不称，辄肆攻诋，予诚不知其何心，谓何为也？"②

于此，可见黄绾规劝"今日士友"的一大良苦用心，还在于不忍看到昔日道友、业师阳明先生所开创的以"良知"为"道体"的道学（"心即理"）为时政所绑架，冠以"伪学逆党"之名而遭禁。

实则，浙中王门另一主将钱德洪对部分王学"同道"共谈清虚之举，也有过批评与规劝：

> 师既没，音容日远，吾党各以己见立说。学者稍见本体，即好为径超顿悟之说，无复有省身克己之功。谓"一见本体，超圣可以跂足"，视师门诚意格物、为善去恶之旨，皆相鄙以为第二义。简略事为，言行无顾，甚者荡灭礼教，犹自以为得圣门之最上乘。噫！亦已过矣。自便径约，而不知已沦入佛氏寂灭之教，莫之觉也。③

黄宗羲在《明儒学案·黄绾传》中提到：黄绾晚年对阳明后学虚无

---

① 《明道编》，第18页。
② 同上书，第20页。
③ （明）钱德洪：《大学问·跋》，转引自《王阳明全集》（新编本），第1020—1021页。

落空的弊病（主要针对王龙溪等"虚无派"）予以揭发，进而规劝同门；同门（如钱德洪）对此批评，亦予以认可："按先生（黄绾）规其同门，谓'吾党于学，未免落空'，同门皆敬信无异言。"①

无怪乎，在黄绾批评王畿"近禅化"的学术倾向之后，王畿本人也有一定的感慨。嘉靖二十一年秋，王畿曾至台州寻访黄绾，自台归越（绍兴）后，有《与张叔学书》，相告此次游学收获：

> 此行受久庵公真切之教，向来凡情习气顿觉消灭，可谓不虚行矣！同志中多言此公未尽精蕴，区区向来亦有此疑，细细体究，殊觉未然。且道先辈长者肯以此学自任终身者，有几？肯以此学谆谆诲人、惟恐不能及者，有几？吾辈但当领其恳切之心，间或议论见解有未同处，且当存之，不必深辨。②

晚年的黄绾，在创作《四书五经原古》的过程中已经放弃了先师阳明先生的"致良知之教"，还批判宋明诸儒，以开创自己对"道学"理解、参证的路子。尽管王畿不认可黄绾的"艮止执中之学"，但是对黄绾这位"先辈长者"的良苦用心，表示了理解与敬意。

晚年黄绾对于"王学"的批评，一方面，体现了其重树"道统"、为"往圣继绝学"的"卫道"情怀；另一方面，还有对阳明良知之学"持续、健康发展"的关注。简言之，即是出于对儒家圣人之"道"（"学术真理"）得以赓续的"焦虑"与"担忧"。

二　黄绾对湛若水的批评

鉴于拙著第二章第二节对黄绾与湛若水的交游、论学场景已有过翔实的解读，在此，拙著也没有饶费口舌的必要，不妨直接转入晚年黄绾对昔日道友湛若水的批评话题。

黄绾对江门心学创始人陈献章、主要传人湛若水学说的批判始于正德十三年（1518）左右，此时，黄绾隐居紫霄山刻苦用功圣贤之学亦有五

---

① 《明儒学案》卷十三《浙中王门学案三·尚书黄久庵先生绾》，载《黄宗羲全集》第7册，第320页。

② 吴震编校整理：《王畿集》，凤凰出版社2007年版，第337—338页。

六年之久，并小有心得。主要体现为对宋儒之学（尤其是程朱一系）的质疑，其《寄阳明先生书》（四首之三）云：

> 绾领教入山，颇知砥砺。迩来又觉向者所谓"静坐"、所谓"主敬"、所谓"静中看喜怒哀乐未发作何气象"，皆非古人极则功夫。所谓极则功夫，但知本心元具至善，与道吻合，不假外求，只要笃志于道，反求诸己而已。……"笃志"一语，真万世为学之要诀也。近世如白沙诸公之学，恐皆非圣门宗旨。①

黄宗羲《明儒学案》有言："（陈献章）之学，以虚为基本，以静为门户"；这是因为献章在受学于康斋先生吴与弼之后，归家而绝意科举，"筑春阳台、静坐其中，不出阈外者数年"②。而陈献章的"静坐"功夫，则来源于程朱道学中"涵养须用敬"所倡导的"静坐"方法。弘治八年（1495），湛若水在江门师从陈献章之时，陈即授以程子之书。③ 这可视为陈、湛之学源自程朱道学的一个佐证。湛若水在弘治十年（1497）十月所成《上白沙先生启略》书中，也不讳言"随处体认天理"的体悟，即源于程颢"吾学虽有所受，'天理'二字却是自家体贴出来"和李延平"默坐澄心，体认天理"之论：

> 自初拜门下，亲领尊训至言，勿忘勿助之旨，而发之以无在无不在之要，归而求之，以是持循，久未有著落处。一旦忽然若有开悟，感程子之言："吾学虽有所受，天理二字却是自家体认出来。"李延平云："默坐澄心，体认天理。"愚谓"天理"二字，千圣千贤大头脑处。尧、舜以来，至于孔、孟，说中，说极，说仁、义、礼、智，千言万语都已该括在内。若能随处体认真见得，则日用间参前倚衡，无非此体，在人涵养以有之于己耳云云。④

---

① 《石龙集》卷十七，第12—13页；《黄绾集》，第339页。

② 《〈明儒学案〉〈宋元学案〉黄宗羲案语汇辑》，第15页。

③ 黎业明：《湛若水年谱》，第12页。

④ （明）湛若水：《甘泉先生文集》"内编"卷十七，嘉靖十五年刻本，第28—29页。

黄绾通过对"静坐"功夫的切身实践，收效甚微，倒是得出"本心元具至善，与道吻合，不假外求"的体悟，进而以为"静坐""主敬""静中看喜怒哀乐未发作何气象"的修道路径皆非"古人极则功夫"。这是因为"笃志"一语，才是万世为学之要诀；易言之，以"反己笃志"为标尺，陈献章、湛若水诸公之学（"主静""随处体认天理"），"皆非圣门宗旨"。

应该肯定，此时（正德十三年左右）的黄绾对阳明心学兴趣正浓，而对王阳明、湛若水二人学术的分歧也能洞见："往年见甘泉颇疑先生（王阳明）'拔病根'之说，凡遇朋友责过及闻人非议，辄恐乱志，只以静默为事，殊不知无欲方是真静。若欲无欲，苟非勇猛锻炼、直前担当，何能便得私欲尽净、天理纯全？此处若不极论，恐终便病。绾近寄一书，略论'静坐无益'，亦不敢便尽言及此。"① 总之，中年时代的黄绾在追随阳明先生求"道"之后，经过一番真修实证的"为学"与"为道"，得出"反己笃志"为万世为学之要诀的"体验式"收获，从而对江门心学即陈、湛之学予以批评。

上文已论，程朱的"用敬""主静"式的"修道"实践方法由佛禅之学而来。既然江门心学所主"为学""为道"路数由程朱一系而转来，那么，湛若水的"随处体认天理"之旨也难逃与禅学的瓜葛。黄绾在晚年所成《明道编》中明论"今日君子"（"今日朋友"）——湛若水的"随处体认天理说"实为"下乘禅学"：

> 今之君子，有为下乘禅学者，不见物则之当然皆在于己，以为天下之理皆在于物，故云"随处体认天理"，故谓"功夫全在格物"。其云"格物"，曰："格者，至也。物者，事理也。此心感通天下之事理也。格之者，意、心、身皆至也。即随处体认天理也。"其学支离，不足以经世，乃伊川、晦庵之为弊也。予尝扣其"随处体认"之旨。彼云："随处体认天理者，皆在外而不在内。"然明道曰："某学虽有所受，至于'天理'二字，却是自家体贴出来。"此言甚切，皆在内而不在外也。由是观之，则其所谓"体认"者，果何如哉？②

---

① 《石龙集》卷十七，第13—14页；《黄绾集》，第340页。

② 《明道编》，第12页。

根据湛若水的言论，"随处体认天理"的入手处与程朱一系对《大学》"格物"之"即物穷理"功夫一致，《大科堂训》"第二条"即曰："诸生用功须随处体认天理，即《大学》所谓'格物'，程子所谓'至其理'。将意、心、身、家、国、天下通作一段功夫，无有远近彼此，终日终身，只是'体认'这'天理'二字。"① 程颐关于"格物致知"的解读是："格者，至也；物者，理也，至其理乃格物也"；"致知在所养，养知莫过于寡欲。"故而黄绾认为湛若水的"体认天理"说与程（伊川）朱（晦庵）的"即物穷理"说功夫路数一致，即侧重向外推进。问题在于，"体认天理"说最早是由程颢而非程颐所提揭："吾学虽有所受，'天理'二字，却是自家体贴出来。"② 程颢经"自家体贴"后告诉世人，其"体认天理"的功夫取向"在内而不在外"；然而，黄绾曾当面请教过湛若水"随处体认天理"的用工路径，有"随处体认天理者，皆在外而不在内"之告。承上，黄绾以为"宋儒之学，其入门皆由于禅……伊川、晦庵则由于下乘"③，沿循此说，湛若水"随处体认天理"说亦由"下乘禅学"而来。

总之，晚年的黄绾宁可使自己的学术声誉受损，也要以"不得已"的学术态度、展开对宋明儒包括"今日朋友""今日君子"（王阳明、湛若水）的批判："予言宋儒及今日朋友禅学之弊，实非得已，盖因年来禅学之盛，将为天下国家之害，尝痛辩之，皆援先儒为据，皆以朋友为难言，故于其根本所在，不得不深明之，世有君子，必知予之不得已也。"④ 这里，黄绾援引了《孟子·滕文公下》中孟子"予岂好辩哉？予不得已也"⑤ 的呐喊，面对明代中叶"圣人之道日衰"的情景，感慨之至，抱着"为往圣继绝学"式的古代士大夫特有的责任伦理意识，返归"四书五经"，赓续孟子所开"道统"，而创立"艮止""执中"之学。

---

① 《泉翁大全集》卷五，第99页。

② 《二程集》，第128页。

③ 《明道编》，第12页。

④ 同上。

⑤ 张定浩、祝柯杨编著，祝鸿杰审订：《孟子选读》，杭州出版社2011年版，第78页。

第五节　黄绾的"艮止、执中"之学

上文已论，宋明道学家对儒家原始经典中的"道"的认知与追求，用今天的话说，就是对"绝对真理"的认知与追求。而"真理是由争论确立的"[①]，黄绾也正是在与宋明诸儒关于"道统"即"真理传统""话语权"的"争论"之中，提出了自己的"道学传承谱系"（上文已论）。

一般认为，道学家是把"道统"与"道学"（包括"道体"）作为"表、里一体"的关系来看待。易言之，道学家坚信：研习儒家经典，即是通向"真理"之门；道学家从不认为儒家经典与"道"是相互隔绝的，"许多时候，正是儒家经典的某些字词激发了他们的灵感和彻悟"[②]。黄绾回归韩愈《原道》所揭的"道统"论说之后，又通过回归以《四书五经》为代表的儒家经典，《易》之"艮止"《书》之"执中"这两组"字词激发了"他的"灵感和彻悟"，从而坚信"艮止、执中之旨"系"圣门开示切要之诀，学者的确功夫，端在是矣"[③]。黄绾《明道编》开篇即说：

> 伏羲尧舜以艮止、执中之学相传。伏羲之学具于《易》，尧舜之学具于《书》。《易》之微言，莫要于艮止；《书》之要旨，莫大于执中。自是圣圣相承，率由是道。至仲尼出而大明厥韫，以"知止"之"止"指心体，以"致知"示功夫，以"格物"示功效，以"克己"为"致知"之实，以"复礼"为"格物"之实，皆艮止、执中之正脉。[④]

下面，我们析"艮止""执中"为两条脉络，对黄绾晚年所揭橥、推崇的"圣人之学"予以阐述。

[①]　《马克思恩格斯通讯集》（第1卷），生活·读书·新知三联书店1958年版，第567页。

[②]　姜广辉：《论宋明理学与经学的关系》，载氏著《义理与考据：思想史研究中的价值关怀与实证方法》，第464页。按：文中着重号系笔者添加。

[③]　（明）吴国鼎：《明道编·跋》，载《明道编》，第75页。

[④]　《明道编》，第1页。

一 "《易》之微言，莫要于艮止"

黄绾"艮止"思想的理论来源，即是《诗经》《尚书》中"止"与《周易》之"艮"两者的结合，其自言道："《书》《诗》所云'止'字及《大易》所示'艮'卦之义，皆深契于心而有不可以言语形容者。"

详而言之，就《大学经》而论，"止于至善"之"止"字足涵"至善"之义，而"至善"之内涵则不可包"止"之义。因为心知所"止"，则"至善"即在其中；徒云"至善"而不知所"止"，则是憧憧杂乱而无所寓①。申言之，黄绾对《大学经》"止于至善""知止而后有定"二语②，所含二"止"字看得明白："止于至善"之"止"，虽兼"体""用"，而功夫全在"体"上用；"知止而后有定"之"止"，专指"体"而言，且贯下文"定""静""安"三字。"定"者，心不憧憧而能止；"静"者，心如止水而能明；"安"者，心随所寓而能安，所谓"动亦定、静亦定"。"定""静""安"三字，正是对《易》"憧憧往来"③语的诠释。一言以蔽之，"圣学之心诀"即在一"止"字④。

1. 伏羲、文王、孔子对《艮》卦的疏读

"艮止"的经典文本依据是伏羲、文王、孔子三圣人共成之《易》。艮止之学经由伏羲始创、文王发明、孔子传述而成："文王之学，实原于伏羲；而孔子之学，又原于文王，皆在止其止而已矣。"⑤

上古时期，伏羲通过仰观俯察，近取诸身、远取诸物，乃画《艮》卦之象䷳；文王拘而演《易》，对䷳卦象的描述（即卦辞）为："艮其背，不获其身；行其庭，不见其人，无咎。"⑥孔子作"十翼"，其《象传》对《艮》卦辞的阐发是："艮，止也，时止则止，时行则行，动静不失其时，其道光明。艮其止，止其所也，上下敌应，不相与也，是以'不获其

---

① 《石龙集》卷二十，第28页；《黄绾集》，第402页。

② 《四书集注》，第4页。

③ 《易·咸》九四爻辞："贞吉，悔亡，憧憧往来，朋从尔思。"

④ 《石龙集》卷二十，第28—29页；《黄绾集》，第402页。

⑤ 《明道编》，第2页。

⑥ （魏）王弼、（晋）韩康伯注，（唐）孔颖达疏：《周易正义》，九州出版社2004年版，第483页。

身。行其庭，不见其人，无咎'也。"①

《明道编》中，黄绾首先对《艮》之伏羲"卦象"☶、文王"卦辞"予以揭示：

> 圣人传心之学，始于伏羲八卦之《艮》。艮而重之，内艮之止，心也；外艮之止，背也。故文王作《艮》之《彖》曰："艮其背，不获其身；行其庭，不见其人，无咎。"不言"心"而言"背"者，内艮之一阳，不啻如粟之微，止于心窍之内；由是外艮之一阳，益于背而洋溢，故曰"艮其背"。所以见外艮由于内艮，内艮之一阳，止于内而至静，故不外获其身而不出见其人，至静不动，故无咎也。此文王明伏羲重《艮》之义。②

在对文王"卦辞"梳理完毕之后，黄绾着重对孔子所作《艮·彖传》之要义进行解读。

《艮·彖传》可析分为前后两句。

（1）前句："艮，止也，时止则止，时行则行，动静不失其时，其道光明。"

这句是孔子用来阐明伏羲《艮》卦之义，兼体、用而言。分而言之，"艮，止也"，言其体之止；"时止则止"，言其用之止；"时行则行"，言其用之行；"动静不失其时"，言其用之动静不失其时；"其道光明"，因动静不失其时而得其"道"之光明。

（2）后句："艮其止，止其所也，上下敌应，不相与也，是以'不获其身，行其庭不见其人，无咎'。"

此句是孔子用来阐明文王《彖》辞之义，专言体而不及用。"艮其止，止其所也"，言止非泛止，止必有"所"；"所"即心中之窍，一阳如粟；所止之处，即所谓天地之根，阴阳之门，五性皆备于此。故曰："成性存存，道义之门"③，故谓之为"气机"，又谓之为"魂魄之合"，又谓之为"帝衷之降"，又谓之为"天命之性"，又谓之为"神"，又谓之为

---

① 《周易正义》，第485页。

② 《明道编》，第3页。

③ 《易·系辞上》，《周易本义》，第230页。

"仁"，皆在此"所"。"上下敌应，不相与也"，是讲《易》之八纯卦皆上下敌应，其余七卦皆初、四，二、五，三、六爻相与，唯独《艮》卦不相与："盖《艮》言天地人之心、一也，不可有二，二则非心。合内外而言之，故谓外艮之背，由于内艮之盫，艮止于内而不动，此乃性之真也。"①

与此同时，黄绾还认为《易·系辞下》"《易》无思也，无为也，寂然不动，感而遂通天下之故"云云，可以视作对《彖辞》《象传》的解释。分而言之："无思无为，寂然不动"，系用以揭示文王《彖辞》"艮其背，不获其身；行其庭，不见其人，无咎"之旨，即《象传》所谓"艮，止也"，此言其体，言其止而不动如此，非言无也；"感而遂通天下之故"，即《象传》所谓"时止则止，时行则行，动静不失其时，其道光明"之旨，此言其用，言其动而变通如此。②

2. "艮止"释义

在对《艮》之卦象、卦辞、《象传》进行一番疏读之后，黄绾以为一部《易》书（包括经、传）的微言大义，集中体现在"艮止"一词："《易》之微言，莫要于艮止。"黄绾于《易》六十四卦之中唯独对《艮》卦格外重视，还可能受到孔子《说卦传》"始终万物莫盛乎《艮》"云云的影响："《艮》，东北之卦也，万物之所成终而所成始也"③"终万物始万物者莫盛乎《艮》"④。

《明道编》还以为，圣人"传心之学"的"要诀"，即圣人的"存心之要"，还是"艮止"一词。下面，我们主要通过五个论域来分析一下黄绾对"艮止"内涵的解读。

（1）《易》"艮止"之"止"与《大学传》引《诗》"敬止"之"止"的比较

《明道编》尝试着把《易》"艮止"之"止"与《大学》"止于至善"传文所引《诗》"敬止"之"止"义打通，以为此二"止"字，可以进行"双向诠释"。

---

① 《明道编》，第3—4页。

② 同上书，第37页。

③ 《周易本义》，第263页。

④ 同上书，第264页。

《大学传》释"止于至善"文时，援引了《诗经·大雅·文王》"穆穆文王，於缉熙敬止"句。《明道编》以为，此"止"之含义，有"体"（"止之体"）、"用"（"止之用"）之别。详而言之：《大学传》所言文王"缉熙敬止"①之"止"，系就"止之体"而言；"止"之"体"既立，由此应用于君臣、父子、国人之间，即是"为人臣，止于敬；为人子，止于孝；为人父，止于慈；与国人交，止于信"②。如此，则君臣、父子、国人皆"各得所止"，这便是"止之用"。简言之，先有"敬止"之"止"，而后厥有"各得所止"之"止"。

《明道编》在这里使用了"双向诠释"的学思理路，以为《大学传》所言文王"敬止"之"止"，即是《易》"艮其止，止其所"；《大学传》"各得所止"之"止"，即是《易》"动静不失其时，其道光明"的意蕴。③

（2）《易·象传》"艮止"与《大学经》"知止"之"止"的比较

黄绾还用《大学经》"知止"之"止"来诠释《易·象传》之"艮止"："吾学之要，在于知止。"④

《大学经》有云："知止而后有定，定而后能静，静而后能安。"⑤朱熹《大学章句》对于"知止"之"止"的理解是："止者，所当止之地。"对此，黄绾的理解是："其定、静、安皆本于止。止在于心，而有其所，故万物、万事皆从我止而不可乱。"⑥与此相应，《艮·象传》有"艮其止，止其所也"之言，黄绾的解读是，如果"艮止"之"止"知其"所当止之地"，则理气兼备、体用俱全，而圣学之"本"即在此；知圣学之"本"，则知所存之"心"，故《大学经》曰："知止而后有定，定而后能静，静而后能安。"进而言之，知其"本"而能"安"，则体立而气顺，气顺而心之用则行，故《大学经》又曰："安而后能虑，虑而后能得。"

---

① 《诗经·大雅·文王》："穆穆文王，於缉熙敬止。"

② 《四书集注》，第8页。

③ 《明道编》，第2页。

④ 《明道编》，第2页。黄绾《与人论学书》（三首之三）有云："'知止'二字，实千古作圣心学之秘诀也。"（《黄绾集》，第395页）

⑤ 《四书集注》，第4页。

⑥ 《明道编》，第16页。

此外，《明道编》还指出：《易》"艮其止"是言《艮》之德在于"止"，"止其所"、言止得其所；《大学经》"知止"，言知其止之所。凡物之止，"皆不可强，皆有自然之止"。再有，"心之神明，出入无时，不知其所出之所"，即不能得其自止。故《大学经》又曰："知止而后有定，定而后能静，静而后能安。""安"者，人心之动，唯"安"为难，得其"安"，则得心之体，故曰"安而后能虑，虑而后能得"。不安而动，皆系妄动，故曰"憧憧往来，朋从尔思"，此极言妄动之非，所以去道也远。能不妄动，故曰："时止则止，时行则行，动静不失其时，其道光明。"此即是千古圣学之准的。①

（3）《易·象传》"时止则止，时行则行，动静不失其时，其道光明"与《孟子》"心之官则思，思则得之，不思则不得"的双向诠释

黄绾《明道编》认为：《艮·象传》"时止则止，时行则行，动静不失其时，其道光明"句，还可以与《孟子·告子上》"心之官则思，思则得之，不思则不得"② 云云，进行双向诠释。

详而言之："时止则止"，当无事之时而不思；"时行则行"，遇有事之时而思；"动静不失其时"，当思当不思，皆得其时；"其道光明"，语默、辞受、取与、出处、死生，皆得光明者；其止当止，其行当行，行止皆当，故曰"时"。③ 这里，黄绾突出了"行""止"之"时"的重要性。

（4）《易》"艮止"与《论语》"天何言哉？四时行焉，百物生焉"的双向诠释

《论语·阳货篇》："子曰：'予欲无言。'子贡曰：'子如不言，则小子何述焉？'子曰：'天何言哉？四时行焉，百物生焉。天何言哉？'"④

一般以为，孔子"天何言哉"之"天"，作为一个"至诚"之体，就是一个生生不已的"本体"。在此意义之下，黄绾视"天之至诚存于中者"为艮止之"体"；而此"体"，天人皆同：

盖孔子每以言语训弟子，弟子皆以言语求夫子，不知夫子之道，

---

① 《明道编》，第43—44 页。

② 《四书集注》，第492 页。

③ 《明道编》，第2—3 页。

④ 《论语译注》，第188 页。

皆在于德行。故夫子以此警之，使励于德行，此与"不言而信，存乎德行"意旨实同。盖天以至诚默存于中，并无言语告诏于人，但见其"四时行，百物生"，则天之至诚皆可见矣。其诚而存于中者，即艮止之体也。此体天人皆同，所谓"上帝降衷于下民""皇建其有极"者此也。①

这里，黄绾是把"天"之至诚而默存于中者，称之为"艮止之体"。

（5）"艮知其止，以存其心"释义

前文已论，圣学系"传心之学"，而此"心"体现在《艮》卦之九三这一阳爻："内艮之止，心也。"② 对于"艮止"如何"存心"，黄绾也有着自己的理解。

"艮知其止，以存其心"，具体到"修道"的功夫论视域，就是要求学者时常收拾"精神"（"心"）、使之归缩在腔子内，一刻也不得放纵而使此"精神"散乱。稍起妄念，即思究破；若放散乱，便成荒失，渐堕肆戾，气质则无由变化。《明道编》进而认为"常知收拾精神、归缩在腔子内"的"修道"功夫，即《大学经》所谓"知止而后有定，定而后能静，静而后能安"，文王《艮》卦辞所谓"艮其背，不获其身；行其庭，不见其人，无咎"。而"性之体"，即是孔子《艮·象传》"艮其止，止其所也"、《系辞下》"无思无为，寂然不动"。若言"止"（"心"）之"用"，即《大学经》所云"安而后能虑，虑而后能得"、孔子所谓"感而遂通天下之故"之义。

总之，在黄绾看来，"艮止存心"之"要"，就是"常知收拾精神、归缩在腔子内"这一句十二个字。这也就是孔子《易传》所说的"成性存存，道义之门"③。

3. 黄绾对"艮止之学的"的探索历程

根据笔者目前掌握的关于黄绾论著的第一手文献资料，基本可以推断出黄绾"艮止"之"学的"的探索历程。"艮止"之提法酝酿于《石龙集》、勾勒于《四书五经原古》（主要见之于《易经原古》《书经原古》

---

① 《明道编》，第 38 页。

② 《明道编》，第 3 页。

③ 《周易本义》，第 230 页。

《大学原古》)、成型于《明道编》、总结于《家训》之中。也就是说，对"艮止"之"止"的寻究、体证，黄绾是经过刻苦用功、辛勤磨砺而有，其自言道："（予）自少妄立此志，亦尝听诸公讲论，误入禅学数十年，辛勤磨砺，久之始觉其非，偶尔有见，故见得'止'字亲切。"①

黄宗羲《明儒学案》对黄绾学术思想之"宗旨"②（"学的"）以"艮止"二字来"定"之："先生（黄绾）立'艮止'为学的。"这里，黄宗羲还援引了黄绾本人的论说予以坐实：

> 先生立"艮止"为学的，谓："中涉世故，见不诚非理之异，欲用其诚，行其理，而反羞之。既不羞而任诸己，则愤世疾邪，有轻世肆志之意。于是当毁誉机阱之交作，郁郁困心，无所自容，乃始穷理尽性以求乐天知命，庶几可安矣。久之自相凑泊，则见理性天命皆在于我，无所容其穷尽乐知也，此之谓'艮止'。"③

毋庸讳言，黄宗羲判定黄绾"艮止"之"学的"的文献依据即是黄绾晚年经学名作《易经原古》之"序"文。下面我们主要以《易经原古·序》文为例，结合黄绾对于圣人之"道"的追寻足迹，初步检讨一下其对于"艮止"之"道"的体悟历程。

在《易经原古·序》文中，黄绾首先指出"《易》为圣人之学、忧患之枢"，进而讲述自己早年于《易》昧焉无知，中年历经坎坷的仕宦生涯之后，晚年乃"知《易》之在予，皆因忧患而得之"。其中，黄绾中涉世故（出任后军都督府都事）之后，初见不诚、非理之异，"欲用其诚、行其理而反羞之，既不羞而任诸己，则皆愤世疾邪，有轻世肆志之意"。因"愤世疾邪"，黄绾结束了自己三年（正德四年至正德六年）任后军都事的初次仕宦之旅，开始了"家居十载"的隐居读书生活："既知愤疾轻肆之不可，则反而修诸己。"嗣后，黄绾又在嘉靖二年重新踏上仕宦之旅，奔走于两京，印证自己"修诸己"之所学、所悟，然而"修诸己未得，

---

① 《石龙集》卷二十，第28页；《黄绾集》，第402页。

② 黄宗羲《明儒学案·发凡》："大凡学有宗旨，是其人之得力处，亦是学者之入门处。天下之义理无穷，苟非定以一二字，如何约之，使其在我？"（《黄宗羲全集》第7册，第5页）

③ 《明儒学案》卷十三《浙中王门学案三·尚书黄久庵先生绾》，载《黄宗羲全集》第7册，第318—319页。

每遭毁誉机阱之交，则多郁郁疑思，幽忧困心，苦无所容其生者，则进之于穷理尽性，以求乐天知命，庶几可安矣。然犹未也，又求而进之，则见理在于我，性在于我，天在于我，命在于我，无容穷于我，无容尽于我，无容乐于我，无容知于我，乃一而无二矣。惟艮其止，止于其所，时止而止，时行而行，以观万象，以进观天健，以进观地厚，又观辞变象占，以进观天崇，以进观地卑，然后动静可不失其时，其道可光明矣"。①

总之，黄绾对于《易》"艮止"之"道"的体悟、证成，是经历了一番功夫的。先是"用其诚、行其理"，再是"修诸己"，而后"进之于穷理尽性，以求乐天知命"，又求而进之以证成"理、性、天、命"皆在于我（犹如孟子笔下的"万物皆备于我"），唯有如此，方可进入《易》"艮止"之境域："惟艮其止，止于其所，时止而止，时行而行。"黄绾"《易》之在予"的证成功夫，是与自己长达三十年的生活历练、仕宦经历伴随而成。

4. 黄绾"艮止"与王畿"艮止精一之旨"的初步比较

王畿《王龙溪先生全集》卷八《艮止精一之旨》文也有对"艮止之旨"的论述。

与黄绾以"内艮之止"作为"心"，侧重《艮》卦九三这一阳爻不同；王畿则以"外艮之止"即上九阳爻之"艮其背"，作为对《艮》卦解读的关键所在。王畿《艮止精一之旨》文以为："'艮其背'三字，是孔子提出千圣立命真根子。艮，止也，艮其背，止其所也。"②易言之，几乎与黄绾同时，王畿亦注意到从《易》之《艮》卦中提炼圣人"慎独宗旨"以阐发"先天独知"之义，其《答王鲤湖》书有"《大易》'艮背行庭'之旨，煞有精义，静中时时默观有得"云云③。

王畿与黄绾一样，均以"无思而无不思、何思何虑，常寂而感"为"千圣学脉"。但是，王畿是从王阳明晚年四句教"四无说"的立场出发来认定良知之体本是"无是无非"："睿为良知，'心之良知是为圣'，知是知非而实无是无非。知是知非者，应用之迹；无是无非者，良知之体

---

① 《明儒学案》卷十三《浙中王门学案三·尚书黄久庵先生绾》，载《黄宗羲全集》第7册，第320—321页。

② 《王畿集》，第183页。

③ 同上书，第264页。

也。……良知无知，然后能知是非，圣学之宗也。"① 与王畿以"无"判定心学（"良知"）相反，黄绾是从"艮知其止，以存其心"即"存存谓之有"的角度切入，以"儒学"乃"经世之学"为基调，指出："有为，正圣人所以经世"，"儒则经世之学也"②。毫无疑问，黄绾是反对王畿《艮止精一之旨》"无者，圣学之宗也"的提法的。

顺便带一句，《河南程氏遗书》卷六载有二程关于佛教《华严经》与《易·艮》的见解："看一部《华严经》，不如看一《艮》卦。（《经》只言一止观）"③ 这也为我们从宋明道学家文献文本入手，检录《易》之"艮止"的丰富内涵提供了一条线索。易言之，以"艮止"作为道学之"学的"，在宋明儒者那里，并非黄绾一个儒者的"专利"。④ 但是，我们可以确认，"艮止"（包括"执中"）一词带给黄绾的"灵感和彻悟"，在宋明儒者的思想体系中体现的最为淋漓尽致。

二　"《书》之要旨，莫大于执中"

黄绾道学话语体系中的"执中"二字，系《伪古文尚书·虞书·大禹谟》"允执厥中"一词的简称。下面，我们择要回顾一下历代学者对"允执厥中"的疏读。

（一）《伪古文尚书》中的"允执厥中"

《伪古文尚书·虞书·大禹谟》云：

> 来，禹。降水儆予，成允成功，惟汝贤。克勤于邦，克俭于家，不自满假，惟汝贤。汝惟不矜，天下莫与汝争能；汝惟不伐，天下莫与汝争功。予懋乃德，嘉乃丕绩。天之历数在尔躬，汝终陟元后。人心惟危，道心惟微，惟精惟一，允执厥中。无稽之言勿听，弗询之谋勿庸。可爱非君？可畏非民？众非元后何戴？后非众罔与守邦。钦

---

① 《王畿集》，第184页。

② 《明道编》，第37页。

③ 《二程集》，第81页。

④ 2015年8月29日，中山大学哲学系陈立胜教授来函，对拙著的后期修改提出建议。其中提道："'二程看一部《法华》不如看一《艮》卦'，未予展开。这个说法可追溯到周敦颐，《艮》卦在宋儒理学建构中作用不容小觑，阳明心学一系讲《艮》卦与宋儒讲《艮》卦虽有承继，但旨趣尚有区别，大作如能由此再做引申，则黄绾的艮止之学的思想史意义会更加显豁。"

哉！慎乃有位，敬修其可愿，四海困穷，天禄永终。惟口出好兴伐，朕言不再。①

据《尚书》文本及后世学者的注疏分析：大禹因为治水有功，且恶衣薄食、卑其宫室而竭力为公，执心谦冲、不自盈大；"禹推善让人而不失其能，不有其劳而不失其功"。缘此之故，舜对禹的功绩、品德大加赞赏，"天道在汝身，汝当升为天子"，禅让传位之际，舜以十六字相告于禹，"虞廷十六字"即"人心惟危，道心惟微，惟精惟一，允执厥中"由此而来。

对于"虞廷十六字"的解释，孔安国《传》以为："危则难安，微则难明，故戒以精一，信执其中。"孔颖达等《正义》以为："居位则治民，治民必须明道，故戒之以'人心惟危，道心惟微'。道者，经也，物所从之路也。因言'人心'，遂云'道心'。人心惟万虑之主，道心为众道之本。立君所以安人，人心危则难安。安民必须明道，道心微则难明。将欲明道，必须精心。将欲安民，必须一意。故以戒精心一意。又当信执其中，然后可得明道以安民耳。"②

对于《尚书》的成书年代及真伪判断，宋元明诸儒不大究心留意。清代考据学的兴起，促使当时学者对《古文尚书》之真伪展开了进一步的"疏证"，清代考据学家阎若璩所成《尚书古文疏证》最具代表性。阎氏以为《尚书》二十五篇"最精密绝伦者在'虞廷十六字'"，但是并非《伪古文尚书》的首创，纯属抄袭沿用《荀子》的观念，然"世举未之察也"③。

行文至此，我们不妨来检录一下《荀子》文本关于"人心""道心"的论述。《荀子·解蔽篇》："昔者舜之治天下也，不以事诏而万物成。处一危之，其荣满侧；养一之微，荣矣而未知。故《道经》曰：'人心之危，道心之微。'危微之际，惟明君子而后能知之。"④ 荀子这里为"人心之危，道心之微"（"人心惟危，道心惟微"）提供了一个文本出处即《道

---

① （汉）孔安国传，（唐）孔颖达正义，黄怀信整理：《尚书正义》，上海古籍出版社2007年版，第132页。

② 黄怀信整理：《尚书正义》，第134页。

③ （清）阎若璩：《尚书古文疏证》卷二。

④ （清）王先谦：《荀子集解》，中华书局1988年版，第400页。

经》。《道经》是怎样的一部著作呢？王先谦以为《道经》"盖有道之经也"，郝懿行以为"《道经》，盖故言道之书"。与阎若璩的主张一致，郝懿行亦指出："今《书·大禹谟》有此，乃梅赜所采窜也。惟'允执其中'一语为尧传舜、舜传禹之辞耳。"①

此外，阎若璩还通过对校《荀子》与《书》文，得出结论："'人心之危，道心之微'，必真出于古《道经》，而《伪古文（尚书）》盖袭用"，"'人心之危，道心之微'，此语不知创自何人？而见之《道经》，述之荀子。至魏晋间，窜入《大禹谟》中。"② 而后在沉埋七八百年之后，被宋一代程朱等道学家详加推明演绎，即以"虞廷十六字"上承尧统、下启孔教，并成为"万世心学之祖""万世传心之要"。

（二）朱熹、王阳明对"中道"的解释

关于"执中"之"道"在上古圣人尧舜二帝之间的授受，孔子在《论语·尧曰篇》有述："尧曰：'咨！尔舜！天之历数在尔躬，允执其中。四海困穷，天禄永终。'舜亦以命禹。"③ 朱熹《论语集注》的解读为：

> 此尧命舜，而禅以帝位之辞。咨，嗟叹声。历数，帝王相继之次第，犹岁时气节之先后也。允，信也。中者，无过不及之名。四海之人困穷，则君禄亦永绝矣，戒之也。④

在此，朱熹以"无过不及之名"释"中"。

在儒家经典之中，"中"多作"中道""中正之道"的意思讲。比如《中庸》："中也者，天下之大本也。"在《中庸》中，"中"多与"和"并称，即"中和"："喜怒哀乐之未发谓之中，发而皆中节谓之和。中也者，天下之大本也。"⑤ 易言之，中庸兼中和之义。朱熹在《中庸章句集注》中引程子对"中庸"的解释："不偏之谓中，不易之谓庸。中者，天

---

① 转引自王先谦：《荀子集解》，第400页。

② （清）阎若璩：《尚书古文疏证》卷二。

③ 《论语译注》，第207页。

④ 《四书集注》，第297页。

⑤ 同上书，第24页。

下之正道；庸者，天下之定理。"从而认定《中庸》篇乃孔门传授心法。①一方面，朱熹对于"中庸"之"中"的解读是与"执中"之"中"画等号的；另一方面，朱子还把"中"视作形而上的"道体"，并予以重视。《近思录》卷一"道体"目下就把"中"作为"道体"之一种②。朱熹在论述"时中"的观念时，多与君子"慎独"时的修养功夫联系在一起使用："君子知其在我，故能戒谨不睹、恐惧不闻，而无时不中。"③ 而时时刻刻都能持守"中道"，就是君子成就其理想人格的"不二法门"。

王阳明在《传习录》中把"未发之中"视作"良知"："未发之中即良知也，无前后内外而浑然一体者也。"④ 王阳明《象山文集序》对"中道"有论述："圣人之学，心学也。尧、舜、禹之相授受曰：'人心惟危，道心惟微，惟精惟一，允执厥中。'此心学之源也。中也者，道之谓也；道心精一之谓仁，所谓中也。"⑤ 阳明心学对"中道"的重视，于此可见。

无独有偶，江右王门学者聂豹对乃师阳明先生以"良知"解"执中"之论予以张扬，其在《复古书院记》有"'执中'一语，万世心学之源也。中者，何也？天地之心也，人得之而为人心。其未发也，五性具焉，天下之大本也，本立而天下之能事毕矣。……阳明先生……倡导东南，而以良知为宗。盖良知者，未发之中也，不学不虑，自知自能，故曰：'良知是未发之中，寂然大公的本体。'又曰：'有未发之中，便有发而中节之和。'又曰：'圣人到位天地、育万物也，只从未发之中养来'"云云⑥。此外，聂豹在继承先师阳明先生注重发挥《古本大学》的基础之上，历经数年推衍之，著成《大学古本臆说》，得出"孔门之学，一以贯之，孔之'一'即尧舜相传之'中'，'中'者，心之本体"⑦ 的结论。

下面，我们再来了解一下，黄绾晚年著作《明道编》对"执中之道、

---

① 《四书集注》，第24页。

② （宋）朱熹、吕祖谦编订，陈永革注评：《近思录》，江苏古籍出版社2001年版，第16、18页。

③ 《四书集注》，第26页。

④ 《王阳明〈传习录〉详注集评》，第131页。

⑤ 《王阳明全集》（新编本），第260页。

⑥ （明）聂豹著，吴可为编校整理：《聂豹集》，凤凰出版社2007年版，第133—134页。

⑦ 《聂豹集》，第53页。

之学"内涵的揭示。

（三）《明道编》中的"执中之学"

《明道编》中，黄绾把"执中"一词，同"艮止"一样，视作"万世圣学之的"。当然了，黄绾所论"执中之学"的经典文本依据，依旧是《尚书》中所述的尧舜禹递相传授之心法——"十六字心传"。尧舜以"执中之学"相传，"尧舜之学具于《书》"，"《书》之要旨，莫大于执中"。

1. "允执厥中"："万世圣学之的"

关于"执中之学"的传承次第，黄绾有言：

> 尧之传舜，曰"允执厥中"，舜之传禹，曰"人心惟危，道心惟微，惟精惟一，允执厥中"，此万世圣学之的也。其传自禹至汤，至文、武，至皋、夔、稷、契，至伊、傅、周、召，至"允执厥中"也。①

朱熹的业师延平先生李侗有曰："但长存此心，勿为他事所胜，即欲虑非僻之念自不作矣。"② 黄绾《明道编》以为，李侗此言"亦'允执厥中'之意欤！"③

而与朱熹相仿，黄绾在解释《尚书》"执中"之时，也与《中庸》之"中庸"二字进行双向诠释：

> "中"字即尧所谓"允执厥中"。"庸"字乃夫子所添。夫子于"中"字之下添一"庸"字，千古至道，皆在于此；圣学之明，无过于此。但人终日终身在此"庸"之中而不知其为"庸"，此君子之道所以难也。故曰："中庸其至矣乎！民鲜能久矣。"④

---

① 《明道编》，第5页。

② （宋）李侗著，朱熹编：《延平答问》"丁丑六月二十六日书"云："承谕涵养用力处，足见近来好学之笃也，甚慰甚慰。但常存此心，勿为他事所胜，即欲虑非僻之念自不作矣。孟子有夜气之说，更熟味之，当见涵养用力处也。于涵养处着力，正是学者之要。若不如此存养，终不为己物也。更望勉之。"

③ 《明道编》，第63页。

④ 同上书，第36页。

2. "执中之学"即"艮止之学"

"艮止之学""执中之学"作为黄绾道学思想的两大主干，不是相互分割，而是道学一体的两面，不可截然分离："尧舜执中之学，即伏羲艮止之学也。"①

"执中"还是"体道之要"②。易言之，"艮止"侧重"道"之"本体"的描述，"执中"则系"道"之"用"（"功夫"）。详而言之：《尚书》之"危微"，以阐"艮止"之端；"安思"以见"危"之安而"微"之著也；"精一"为用功之要，"钦明"以见"精"之极而"一"之常也。《尚书》之"危微""安思""精一""钦明"则是"求止其止"的功夫路径。③

此外，在《书经原古序》一文中，黄绾基于儒家关于上古三代的理想政治模型，对于与"艮止"之心法相生而成的"执中"之王道，进行过勾勒：

> 盖自伏羲以来，以"艮止"启存心之法，至尧以"允执厥中"示由道之要，至舜、禹以"人心道心、危微精一、安止几康"，明"允执厥中"之要，至汤、文、武以"钦止艮背"明"建中绥极"之要，其实皆艮止也。④

在此，黄绾把儒家主张的"修己安人""内圣外王""修己治平"之道提炼成以"艮止"之心体行"执中"之王道，并且"执中"之王道的成就须以"艮止"之心体的证得为前提："夫功业由道德，道德由其学，其学由于其心，必知其学，然后其心可得知也。"这也可以看作是黄绾对儒家政治哲学的所做的一种诠释。

---

① 《明道编》，第1页。

② 同上。

③ 同上。

④ 《明儒学案》卷十三《浙中王门学案三·尚书黄久庵先生绾》，载《黄宗羲全集》第7册，第321—322页。

第六节 黄绾的"修道"哲学之内涵

《中庸》篇首即有"天命之谓性，率性之谓道，修道之谓教"① 云云，在对黄绾道学之形式——"道统"、内容——"道体"阐述完毕之后，下面我们有必要基于《明道编》的文本，对黄绾的"修道"哲学即证"道"之路径予以简要勾勒。

一 "圣人之学，以志道、据德、依仁、游艺为务"

对于如何"为道"？也是黄绾"道学"思想的一个重要组成部分。

《论语·述而篇》："子曰：'志于道，据于德，依于仁，游于艺'。"② 在黄绾看来，孔子所言"志道""据德""依仁""游艺"，即是圣学的全部内容。《明道编》有言："道曰志，德曰据，仁曰依，艺曰游。此乃圣学之所有事者也。"③ "人为学……若不知志道，则处事必不中节；若不知据德，则气性必不好；若不知依仁，则心术必不良；若不知游艺，则所守必不固。纵或勉为苦节以终身，后必不可继也。"④

黄绾还以"我之所学在志道、据德、依仁、游艺"⑤，批评宋儒杨简的"不起意""今日君子"王阳明的"良知"，皆是"不知圣门所谓志道、据德、依仁、游艺为何事"⑥，故而滑向了"禅学"一边。下面，我们依次梳理一下黄绾对"志道""据德""依仁""游艺"之内涵的诠释。

1. 志道

朱熹《论语集注》对"志于道"的解读是："志者，心之所之之谓。道，则人伦日用之间所当行者是也。如此而心必之焉，则所适者正，而无他歧之惑矣。"⑦

黄绾《明道编》对"志"的理解就是"立志""笃志"，进而又对儒

---

① 《四书集注》，第 24 页。
② 《论语译注》，第 67 页。
③ 《明道编》，第 19 页。
④ 同上书，第 15 页。
⑤ 同上书，第 16 页。
⑥ 同上书，第 9—10、15 页。
⑦ 《四书集注》，第 139 页。

家的"道德之志"与佛教"出离生死之志"进行了区分:"释氏之志,在于出离生死,以全神无漏为事,以此为大;……吾儒以道德为志,而不外乎天下国家;苟非坚苦勤劬,以至至精至一之地,何以能有得也?"① 对于"道"的含义,黄绾的解释是"行之于身,无不中节,谓之道"②,也就是"中道"的意思。对于如何成就"中道"?黄绾以"立志""择志"为前提,"笃志""励志"为关键。

(1)"择志"与"立志"

黄绾以为"为学之道,莫先于择志",因为"择志既精而一,则学不期进而自进,不期得而自得矣"③。对于"择"何"志"?黄绾的答案是"上古三代圣人之志"。申而言之,作为一个君子,"立志"就是立上古三代圣人之志,以"希贤希圣"为自己的理想人格之追求:"君子立身,必以圣人自待,三代以下人品恶足为志?眼前流俗声利之习,可一毫容心哉!未有立志不高而能成身者。"④

(2)"笃志"与"励志"

圣贤之所以能够成就圣贤,就在于"笃志⑤不息"。这里,《明道编》援引《孟子·离娄下》所引上古三代圣贤之例予以说明:"禹恶旨酒而好善言;汤执中,立贤无方;文王视民如伤,望道而未之见;武王不泄迩,不忘远;周公思兼三王,以试四事,其有不合者,仰而思之,夜以继日,幸而得之,坐以待旦。"⑥《明道编》还多次以孔颜"笃志"于"修道"之案例,鞭策后之学者:

> "十室之邑,必有忠信如丘者焉,不如丘之好学也。"盖不如者,不如圣人之笃志也。⑦
>
> 志,气最易汩没,略放下即颓坠不振,孔子平生只笃志而已。"其为人也,发愤忘食,乐以忘忧,不知老之将至。""在齐闻韶,三

---

① 《明道编》,第71页。

② 同上书,第19页。

③ 同上书,第71页。

④ 同上书,第67页。

⑤ 《论语·子张》:"子夏曰:'博学而笃志,切问而近思,仁在其中矣。'"

⑥ 《四书集注》,第437页;又见《明道编》,第69页。

⑦ 《明道编》,第67页。

月不知肉味。"当时弟子孰能及此？惟颜子"语之不惰"，庶几似之，不幸短命而死，此圣学所以无传也。①

孔子"在齐闻韶，三月不知肉味"，"发愤忘食，乐以忘忧，不知老之将至"，"饭疏饮水，曲肱而枕之，乐亦在其中矣"；颜子"不迁怒，不贰过"，"终日不违如愚"，"既竭吾才，如有所立卓尔"：同一精勤之心。由此观之，圣贤之为圣贤，岂有他哉？只在笃志不息而已。②

为了使自己"笃志"的论证更有说服力，黄绾援引宋儒程颐"不学则便老而衰"语劝勖学人，并认为"此言极切"！又援引唐儒韩愈《五箴·序》"聪明不及于前时，道德日负于初心"云云，告诫自己并当时学者、后之学人，"今日身上分明见得是如此，只是不笃志为学故也"③。言中之义：学者为学，只在"励志"。④

此外，黄绾晚年著作《家训·志学》开篇即云："古人云：'学莫先立志。'故古人之学，志于仁、志于道、志于德而已。孔门之言曰：'苟志于仁矣，无恶也。'世儒之言曰：'志于道德者则功名不足以累其心，志于功名者则富贵不足以累其心。'知志于仁而无恶，则知不志于仁则不免于恶矣；知志道德不可累于功名，况可累以富贵乎？知仁之必当志、知道德之必当志，则知所立志矣。"⑤ 在这里，黄绾的"志道"说有两层含义：一是就每一个普通的生命个体而言，当立志成为一个有道德的人；二是作为一个学者、一个读书人，当立圣人之志，笃志于圣人之学，以希贤希圣为自己的终身志业。

2. 据德

朱熹《论语集注》对"据于德"做如下解释："据者，执守之意。德者，得也，得其道于心而不失之谓也。得之于心而守之不失，则终始惟一，而有日新之功矣。"⑥ 简言之，"据德"就是"道得于心而不失"

---

① 《明道编》，第67页。

② 同上书，第69—70页。

③ 同上书，第69页。

④ 同上书，第68页。

⑤ 拙著：《黄绾年谱简编》，上海古籍出版社2017年版，第86页。

⑥ 《四书集注》，第139页。

之义。

有别于朱熹，《明道编》视"德"为一总目，并援引"四子五经"具体之德目诸如温、良、恭、俭、让等，予以说明：

> 成之于身，"温、良、恭、俭、让"，谓之德。①
> 尧曰"安安，允恭克让"，舜曰"浚哲文明，温恭允塞"，文王曰"徽柔懿恭"，孔子曰"温、良、恭、俭、让"，此乃四圣人之德也。观此，则古人之学可知矣。②
> 《书》之言"宽而栗，柔而立，愿而恭，乱而敬，扰而毅，直而温，简而廉，刚而塞，强而义"，与《论语》之言"温而厉，威而不猛，恭而安"、子贡之言"温、良、恭、俭、让"，皆德也。③

与此同时，黄绾又援引了宋儒陆九渊论"德"之言："德则根乎其中，达乎其气，不可伪为。"这就要求学者通过变化气质之性的修身功夫，穷理尽性，达之"天地之性"，表里如一，方可言"德"。此外《孟子·尽心上》有言："君子所性，仁义礼智根于心。其生色也，睟然见于面，盎于背，施于四体，四体不言而喻。"在黄绾看来，学者只有成就了仁、义、礼、智诸全德，才有可能实现君子人格的道德理想；"德成而身修，身修而齐家、治国、平天下之本立"的道理，也在于此。

上文提道，"礼"也是诸德目之一："不学礼，无以立。"《明道编》特别强调了"威仪"之"礼"为君子之盛德："君子之道，以德为据，德之彰、在威仪，故君子在位可畏，施舍可爱，进退可度，周旋可则，容止可观，作事可法，德行可象，声气可乐，动作有文，言语有章。此威仪之成所以为德之彰。"④《礼记·中庸》"礼仪三百，威仪三千"，《孟子·尽心下》"动容周旋中礼者，盛德之至也"，是说：如果君臣上下、父子兄弟、内外大小，举止、仪容和进退揖让皆符合"礼"的要求，即各有威仪、各处其所、各安其分，便是"道德"的最高境界。总之，"威仪为君

---

① 《明道编》，第19页。
② 同上。
③ 同上。
④ 同上书，第19—20页。

子之盛德"① 的道理，即源于此。

在《明道编》的"修道"哲学中，"乐道""尊德"对于君子人格的养成居于基础性的地位："人须知尊德、乐道，方能自立，若不知尊德、乐道，汩没世事，终为流俗而已。"② 学者在立志为学、据德修道的目标、方向确定之后，"由仁义行"的道德自觉行为，便展现出来。下面，我们再来了解一下《明道编》对"依于仁"的理解。

3. 依仁

如所周知，"仁"是孔子"修道"哲学的核心范畴，孔门之学可用"仁学"一词概而论之。

黄绾《明道编》对于"仁"的解读，没有也不可能超越《论语》对"仁"的解读："全其仁、义、礼、智、信于心，谓之仁"③，"君子无终食之间违仁，造次必于是，颠沛必于是"④，"苟志于仁矣，无恶也"⑤，"仁以为己任，死而后已"⑥。

此外，宋儒二程对孔子仁学也格外重视，比如程颢就有《识仁篇》。黄绾《明道编》在解读"依仁"法则之时，还大量引用了二程"论仁"之"语录"予以说明：程子曰："去不仁则仁存。"⑦ 又曰："仁载此四事，由行而宜之谓义，履此之谓礼，知此之谓智，诚此之谓信。"⑧ 又曰："仁者在己，何忧之有？凡不在己，逐物在外皆忧也，'乐天知命故不忧'，此之谓也。若颜子箪瓢，在他人则忧，而颜子独乐者，仁而已。"⑨ 黄绾对于二程"仁"论的评价是："此言最切！"⑩

黄绾晚年著作《家训》视"仁""道""德"三者为学人（包括黄氏子孙后裔）"立志、为学"的标的与方向："夫仁，犹木之有根；道，犹

① 《明道编》，第20页。
② 同上书，第68页。
③ 同上书，第19页。
④ 转引自《明道编》，第17页。
⑤ 同上。
⑥ 同上。
⑦ 《二程集》，第352页。
⑧ 同上。
⑨ 同上。
⑩ 《明道编》，第61页。

行之有路；德，犹居之有宅。木而无根，可乎？行而无路，可乎？居而无宅，可乎？知斯三者决不可无，则知所立志矣。……若舍仁、舍道、舍德，则无可以为志、为学矣。"①

4. 游艺

"依仁""志道""据德"之于"为学"，主要侧重于德行修养的功夫论层面，而圣学也对"民生日用、衣食居处"等基本的物质生活保障有关注，《尚书·大禹谟》就有"正德、利用、厚生、惟和"云云。"利用、厚生"即是就"治生"层面而言。

孔子《论语》有"游于艺"之说，关于"艺"即"六艺"所指为何？《周礼·保氏》云："掌养国子，教之六艺，一曰五礼，二曰六乐，三曰五射，四曰五驭，五曰六书，六曰九数。"朱子《论语集注》以为："艺，则礼乐之文，射、御、书、数之法，皆至理所寓，而日用之不可阙者也。"②

黄绾《明道编》对"艺"的理解主要侧重于"治生"的"民生日用、衣食居处"方面："切于民生日用、衣食居处必不可无，谓之艺。"③ 对于孔门"游艺"之训的必要性，《明道编》也有说明：

> 君子为学，岂不治生、岂无所取？皆视其分所当为、义所当得、力所当勤、用所当俭者，尽其心而已，此孔门所以有"游艺"之训，《大学》所以有生众食寡、为疾用舒之道也。于此而知盈缩节约之方，常留有余，以待公私缓急之需，则财可足，虽不至于丰余，亦可免他日饥寒之患、求人滥取之失矣。如此，则守可终身，子孙后学皆有所赖而有恒心也。④

为了强调"治生"的重要性，黄绾还有亲身实践的经历。比如宋儒陆九渊在解读《孟子》"深耕易耨⑤之法"之时有言："吾家治田，每用

---

① 转引自《洞山黄氏宗谱》卷一，民国乙卯年重修本；《黄绾年谱简编》，第86页。

② 《四书集注》，第139页。

③ 《明道编》，第19页。

④ 同上书，第29页。

⑤ 《孟子·梁惠王上》："王如施仁政于民，省刑罚，薄税敛，深耕易耨，壮者以暇日修其孝悌忠信。"

长大镢头，两次锄至二尺许深，一尺半许外，方容秧一头。久旱时，田肉深，独得不旱。以他禾穗数之，每穗谷多不过八九十粒，少者三五十粒而已，以此种禾穗数之，每穗少者尚百二十粒，多者至二百余粒。每一亩所收，比他处一亩不啻数倍。盖深耕易耨之法如此。"① 黄绾以为，陆氏的记载与《汉书》赵过"代田之法"亦相吻合。如此说来，孔门的"游艺"之道就是"深耕易耨之法""代田之法"之类的"治生"活动。晚年黄绾曾因家用不给，就以为陆氏介绍的"深耕易耨之法"颇有道理，遂推而试之于树艺、畜牧，也正如所言，颇有收获。②

需要注意的是，在孔子儒家这里，"艺"与"道""德""仁"三者还是有所区别的，前者系"末"、后三者为"本"，樊迟因不知孔子"游"字之意，欲舍"道""德""仁"而专志"学稼"，故孔子言其为"小人"③。

二 "我有功夫、功效"

冯友兰先生在论述"道学"定义之时，就以《大学》所提"格物致知"为道学的"方法"。④ 而在黄绾的"修道"哲学体系中，也是以对"致知在格物"的重新诠释作为自己"道学"的"功夫"与"功效"。黄绾曾自负地认为"艮止、执中之学"有别于宋明诸儒之学的一大亮点，就是"我有功夫、功效"。比如《明道编》在论述"艮止执中之学"与杨简"不起意之学"的区分之时，就有"我有功夫、功效"云云⑤。

毋庸置疑，黄绾对"格物致知"的解读，主要是就批判"先儒"（程朱）、"今日君子"（王阳明）而来。鉴于上文对程朱、陆王的"格物、致知"论已做大量的文献引用与解读，下面我们在分析黄绾对《大学》"致知在格物"一句的解读之时，不再赘述程朱、陆王的观点。

---

① 《陆九渊集》，第 424 页；又见《明道编》，第 30 页。

② 《明道编》，第 30 页。

③ 《论语·子路篇第十三》：樊迟请学稼。子曰："吾不如老农。"请学为圃。曰："吾不如老圃。"樊迟出。子曰："小人哉，樊须也！上好礼，则民莫敢不敬；上好义，则民莫敢不服；上好信，则民莫敢不用情。夫如是，则四方之民襁负其子而至矣，焉用稼？"

④ 冯友兰：《中国哲学史新编》（第五册），载《三松堂全集》第十卷，河南人民出版社 2000 年版，第 21 页。

⑤ 《明道编》，第 16 页。

《明道编》直言：

> 致知是格物功夫，格物是致知功效。……学固不可无功夫，亦不可无功效，若不知有功效，则必不知所抵极矣。①
> 《大学》之要，在"致知在格物"一句。其云致知，乃格物功夫；其云格物，乃致知功效。在者，志在也，志在于有功效也；致者，思也，"心之官则思，思则得之，不思则不得也"；格者，法也，"有典有则"之谓也。先儒不明，乃以格物为致知功夫，故以格物为穷究事物之理，而不知"有典有则"之为格物，所以求之于物，失之于外，支离破碎，而非圣人之学矣。今日君子，又不能明之，亦以格物为致知功夫，故以格物为格其非心，谓格其不正以归于正，又谓夫子教颜子克己，功夫皆在"格"字上用，亦不知"有典有则"之为格物，所以求之于心，失之于内，空虚放旷，而非圣人之学矣。②

"先儒""今日君子"之所以"误读"《大学》本义，就在于：不以"致知在格物"之"在"字为"志"在于格物，而皆以"在格物"之"在"字为功夫在于格物，误认"致知"之"致"字同于下文"知至"之"至"字，故皆不谓之为"功效"，而皆谓之为"功夫"。总之，《明道编》以为："《大学》先务，只在于致知；圣功之本，只在于独知，故功夫皆在知字上用。"③

黄绾的"以格物为功效"说，突出了"道德动机"（"志"）与"道德效果"（"功"）的统一，也符合先秦儒家的本义。据此，《明道编》指出："圣人之学，不为则已，为之必要其成；学而不成，不如无学。故曰'五谷不熟，不如荑稗'。若无功效，更说何学？此功效所以决不可无，功夫所以决不可错用。若错用而不求功效，此所谓'毫厘之差，千里之谬'，所以必堕于支离空虚而无归也。"④ 这也是对"圣人之学，经世之学"的一种解读方式。

---

① 《明道编》，第22页。
② 同上书，第21页。
③ 同上。
④ 同上。

在明确以"致知"示功夫、以"格物"示功效之后，《明道编》还套用了孔门"克己复礼"之语，来解释"致知在格物"一语，即以"克己"为"致知"之实、以"复礼"为"格物"之实。①

承上，在黄绾这里，"致知"功夫的指向系"格物"，而"格物"即"有典有则"，要求必真见"物则之当然"方可为"实"（"有"）。何谓"物则之当然"？黄绾在《明道编》中列举了以下三种情况：一是"自语默动静，至辞受出处，至利害死生"，无一而非"物则之当然"；二是"若尧之禅舜，舜之禅禹，禹之传子，汤之放桀，武王之伐纣，文王之三分事殷，伊尹之放太甲于桐，微子之去纣，箕子之佯狂为奴，比干之谏而死，太伯、仲雍之逊季历"，皆属于"物则之当然"；三是孟子所言"伊尹、伯夷、孔子，使行一不义、杀一不辜得天下，不为"、子思言"威仪三百，礼仪三千""庸言之信，庸行之谨"，亦皆"物则之当然"②。

三 "以思为学"，"思得其中"

先秦儒家文献向来提倡"学、思并重"的为学之方、为道之法。《论语》中对"学""思"关联的经典论述，主要有两处：

子曰："学而不思则罔，思而不学则殆。"（《论语·为政篇》）③
子曰："吾尝终日不食，终夜不寝，以思，无益，不如学也。"（《论语·卫灵公篇》）④

由此可知，孔子儒家在为学的方法论路数上提倡"学""思"并重，二者不可偏废；特别反对悬空无实般的妄思，而主张"学"系"思"之源，"思"又是建立在"学"的基础之上的。另外，《中庸》所讲"道问学""尊德性"⑤与《论语》所言"学""思"也是一脉相承的。

下面我们主要依据《明道编》这一文献，分析一下黄绾对"学"与"思"的解读。

---

① 《明道编》，第1页。
② 同上书，第39页。
③ 《论语译注》，第18页。
④ 同上书，第168页。
⑤ 《四书集注》，第50页。

1. "学"

少年黄绾曾就如何学习程朱道学这一问题，请教过业师谢铎。谢铎借用黄幹训诫何基之语劝勉黄绾："必有真实心地，克苦用功而后可。"① 闻得此训，黄绾便益励"真实心地"，益加"克苦用夫"，乃有所得。故而黄绾以为"真实心地，克苦用功"此二种为学之方，颇有效用，决不可忘。

（1）"学而知之"

《论语·季氏篇第十六》："孔子曰：'生而知之者，上也；学而知之者，次也；困而学之，又其次也。困而不学，民斯为下矣。'"② 现实生活中的"生而知之者"毕竟属少数，即便是像孔子那样的圣人，也是"学而知之者"：

> 子曰："我非生而知之者，好古，敏以求之者也。"（《论语·述而篇第七》）③
> 子曰："盖有不知而作之者，我无是也。多闻，择其善者而从之，多见而识之，知之次也。"（《论语·述而篇第七》）④
> 子曰："十室之邑，必有忠信如丘者焉，不如丘之好学也。"（《论语·公冶长篇第五》）⑤
> 子曰："若圣与仁，则吾岂敢？抑为之不厌，诲人不倦，则可谓云尔矣。"（《论语·述而篇第七》）⑥
> 子曰："德之不修，学之不讲，闻义不能徙，不善不能改，是吾忧也。"（《论语·述而篇第七》）⑦

在黄绾看来，孔子上述称己之"学"语既非"迟钝之意"，亦非"谦己诲人"之语，是符合孔子本人实际情况的。这就意在告诫那些仗恃天资

---

① 《明道编》，第23页。
② 《论语译注》，第177页。
③ 同上书，第72页。
④ 同上书，第73页。
⑤ 同上书，第53页。
⑥ 同上书，第76页。
⑦ 《论语译注》，第67页。

而不肯用力于"学"的学人，成就"圣人之学、之道"，须下迟钝功夫方可有得："夫天资莫过于夫子，其言自尚如此，今之恃天资而不用力者，果何为哉？"① 朱子"读书法"提倡"虽有过人天资，也下迟钝功夫始得"的为学之法，黄绾就以为朱子"此言最切"②。

（2）"困而知之"

《中庸》也有孔子在《论语》中所言"生知、学知、困知"的论述："子曰：'……或生而知之；或学而知之；或困而知之：及其知之，一也。或安而行之；或利而行之；或勉强而行之：及其成功，一也。'"③ 学人在现实的学道、修道过程中，除却"生而知之者""学而知之者"以外，"困而知之者"也是大量存在的。这就需要"勉强而行之"即"勉行"的功夫。

为了说明"学"中"困知、勉行"功夫的重要性，《明道编》援引了《孟子·告子下》"舜发于畎亩之中，傅说举于版筑之间，胶鬲举于鱼盐之中，管夷吾举于士，孙叔敖举于海，百里奚举于市"云云④，因为此六人皆具"生知""学知"之资，至语其成，皆以"困知勉行之工"为言⑤。此亦意在说明学人在"为学"之时，"困知勉行"功夫是不可避免的。此外，子思《中庸》在解释"笃行"之时有言："人一能之，己百之；人十能之，己千之。果能此道，虽愚必明，虽柔必强。"⑥ 总之，后世学人不可恃"生知""学知"之天资而不用"困知勉行"之功夫。

《明道编》强调"困知、勉行"的为学方法，意在批评"今日学者"略涉险阻、不敢承当的懦夫行为："今学者稍遇利害，略涉险阻，便欲躲避，不敢承当，乌可以言学而云作圣也？"⑦ "学者于凡日用事为之间，勉勉其志，必有以见其当然之理而不容已处，方为有益。若有一毫可以学、可以不学，可以为、可以不为之心间之，则虽终日端坐，终岁诵习，皆为

①　《明道编》，第 62 页。
②　同上。
③　《四书集注》，第 40 页。
④　同上书，第 510 页。
⑤　《明道编》，第 23—24 页。
⑥　《四书集注》，第 41 页。
⑦　《明道编》，第 25 页。

无益矣。"① 黄绾此言,意在鼓励"今日学者"要在不断克服困难中求得知识,有了知识就去勉力实行,这才是正确的为学、为道之法。

其实,黄绾中年时期的道友、业师阳明先生作为一名教育家,也是强调"困知勉行"的为学、为道功夫路数的。比如《传习录》卷上"王阳明答徐爱语":"尽心、知性、知天,是生知安行事;存心、养性、事天,是学知利行事;夭寿不贰,修身以俟,是困知勉行事。"②《传习录》卷中《答顾东桥书》:"夫尽心、知性、知天者,生知安行,圣人之事也;存心、养性、事天者,学知利行,贤人之事也;夭寿不贰,修身以俟者,困知勉行,学者之事也。"③ 王阳明在此也视"困知勉行"为"学者之事",这确实是切合实际的。

(3)"学问之道,必在于兢兢业业"

对于道学提倡的"为学""为道"之态度,《明道编》也有说明,那就是"学问之道,必在于兢兢业业"。为了阐明此理,黄绾又以孔孟之言为例:

> 孔子曰:"《易》之兴也,其于中古乎? 作《易》者,其有忧患乎?"④
>
> 又曰:"《易》之兴也,其当殷之末世,周之盛德邪? 当文王与纣之事邪? 是故其辞危,危者使平,易者使倾。"⑤
>
> 孟子曰:"人之有德慧术知者,恒存乎疢疾。独孤臣孽子,其操心也危,其虑患也深,故达。"⑥

黄绾从上引孔孟之言中得出结论:"学问之道,必在于兢兢业业。"进而批评、训诫"今之言学者":"不思圣贤之兢兢业业,乌能变化气质,

---

① 《明道编》,第62页。

② 《王阳明〈传习录〉详注集评》,第21页。

③ 同上书,第100页。

④ 《易传·系辞下·第七章》,转引自朱熹撰、廖名春点校:《周易本义》,中华书局2009年版,第254页。

⑤ 《易传·系辞下·第十一章》,转引自《周易本义》,第258页。

⑥ 《四书集注》,第519—520页。

以成其德哉！"①

（4）"学者莫先于自守"

"古之学者为己，今之学者为人。"② 上古三代的圣人力主"为己之学"，反对向别人炫耀、卖弄的"为人之学"。

生当明代中后期的儒者黄绾以学"圣人之学、之道"即以"明道"为毕生志业，其"道学"的实质义，自然是"为己之学"。然而，"学术不明、心术不正"③、"士习日颓，人怀利其身图，苟刻躐名以为贤，苟且自便以为得"④ 则是一个不争的社会现实。君子如何在"衰世"成就"为己之学"？也是黄绾"修道"哲学所关注的一个现实问题。对此，《明道编》提出了"学者莫先于自守"的建议：

> 衰世，人情是非、毁誉皆不足凭，君子惟先自守，勉力为善，求尽其理而已。……君子惟自守自修之志，不可不笃。稍不笃，则疑贰生而方寸乱矣。乱或不能无，惟益精其理则安矣。此皆用工最要之事也。⑤
>
> 学者莫先于自守，然此事甚难。至于有守矣，或失其中，而饥寒切身，又切父母妻子，于是情不能堪，或有所取，或有所求，义利之间，分毫不辨，则辱身致咎莫甚焉。谚所谓"要一钱，不值一钱"，如之何则可？且此理不明已久，往往见前辈非为利、则为名，为利固不可学，为名又可学哉？……务名之过，决非圣人中道。⑥

一言以蔽之，"为利、为名"之学，害人不浅；"自守、为己"之学，方近"道学"！

（5）"为学"之方

《明道编》中还有对具体的"为学"之方的记载。

比如，对何为"善学"以及如何"善学"的问题，黄绾建议"今之学

① 《明道编》，第25—26页。

② 《论语译注》，第154页。

③ 《明道编》，第45页。

④ 《石龙集》卷十三，第15页；《黄绾集》，第228页。

⑤ 《明道编》，第28页。

⑥ 同上书，第28—29页。

人"与古人之学、之志相互"印证"："学者能以圣人之志深自体究，以验在我之志何如，忽焉不知？其心常若有所持循，不能一刻放下，方为善学。"①

此外，黄绾还对孔子主张的"阙疑""阙殆"为学方法予以称赞。《论语·为政第二》："子曰：'多闻阙疑，慎言其余，则寡尤；多见阙殆，慎行其余，则寡悔。……'"②《明道编》中，黄绾对"多闻阙疑""多见阙殆"即对疑惑不解的东西不妄加评论的为学之法，表示了认同："凡为学才有纤毫未明、未安处，即当阙其疑殆，益加笃志反躬，思索弊病之源，然后所知益明而所行必固。如不阙疑殆而苟焉迁就，则旧学皆废，所见反为之病，故孔子以阙疑殆教子张，其示学者至切矣。"③

2. "思"

对于如何"为道"？除却"为学"之外，黄绾还主张"慎思"。

《中庸》对于如何"修道"？有"戒慎、恐惧"之法则："道也者，不可须臾离也，可离非道也。是故君子戒慎乎其所不睹，恐惧乎其所不闻。"④ 有论者以为"戒谨恐惧"，"只是此心不忘，心存处便是思"。黄绾对此论予以批评，以为"此心不忘，心存处便是思"系"禅说也"，而非圣人之说。进而，《明道编》提出"思是功夫，乃心之用，与心之体不同"的观点："体是心之静，用是心之动。若欲合动静而一之，则体用不分，功夫莫措矣。道其可明乎？今但当曰：'戒谨恐惧，乃此心不忘，由是用则有思，而思亦不忘，此之谓慎思之学。'"

黄绾《明道编》所述之"思"，主要来源于"四子五经"，盘点一下，主要包括以下内容：箕子所谓"思则睿，睿作圣"⑤，孔子所谓"思无邪"⑥"君子有九思"⑦，《大学》所谓"安而后能虑，虑而后能得"⑧，孟

---

① 《明道编》，第 63 页。

② 《论语译注》，第 19 页。

③ 《明道编》，第 65 页。

④ 《四书集注》，第 24 页。

⑤ 《尚书·洪范》："五事：一曰貌，二曰言，三曰视，四曰听，五曰思。貌曰恭，言曰从，视曰明，听曰聪，思曰睿。恭作肃，从作义，明作哲，聪作谋，睿作圣。"

⑥ 《论语·为政第二》："子曰：诗三百，一言以蔽之，曰：'思无邪'。"

⑦ 《论语·季氏篇第十六》："孔子曰：'君子有九思：视思明，听思聪，色思温，貌思恭，言思忠，事思敬，疑思问，忿思难，见得思义。'"

⑧ 《四书集注》，第 4 页。

子所谓"心之官则思,思则得之,不思则不得"①。

黄绾还以孔孟之学中关于"学""思"之于成就"圣人之学"的重要论断为依据,认为"今日君子"——王阳明的良知说是主张废"学"与"思":"良知既足,而学与思皆可废矣!"② 故而称其为"禅学"的"变种","今日君子,于禅学见(现)本来面目":

> 孟子言"良知、良能",专明性善之本如此,非论学问止如此也。若一一求中节以尽其爱亲、敬长之道,非学则不至,非思则不得。孟子岂欲人废学与思而云尔哉?今因良知之说而欲废学与思,以合释氏"不思善、不思恶"、杨慈湖"不起意"之旨,几何不以任情为良能,私智为良知也哉?③

与此同时,黄绾还指出:宋儒杨简以"不起意"为宗、以《易传》"议拟成变化"为非圣人之言,则必欲废"思"与"学",及志道、据德、依仁、游艺之事。而杨简"不起意"之学,其实质即是"禅学"④。

四 "义利之辨"

冯友兰先生有"道学通论"文,指出宋明"道学"的入手处是"义利之辨",也称"理欲之辨",就是"去人欲,存天理"。⑤ 作为明代道学家的黄绾,在建构自己的道学体系之时,对"义利之辨"或曰"理欲之辨"等问题也多有论述。这里,我们就从黄绾对"道心""人心"与"天理""人欲"范畴的界定开始谈起。

(一)"道心""人心"与"天理""人欲"

黄绾晚年所著《家训》有言:"艮止执中之学"是"以'人心'、'道心'以辩其体"⑥,那么,黄绾道学语境下的"人心""道心"从何而来的呢?

---

① 《明道编》,第16页。

② 同上书,第9—10页。

③ 同上书,第10页。

④ 同上书,第15页。

⑤ 冯友兰:《中国哲学史新编》第五册,载《三松堂全集》第十卷,第21—22页。

⑥ (明)黄绾:《家训》,载《洞山黄氏宗谱》卷一,民国乙卯年重修本。

心，一也，以其发于人欲，故谓之人心；以其发于天理，故谓之道心。人欲亦本体之有，常动而不安，故曰"危"；天理易汩没于欲，常隐而不明，故曰"微"；惟能"精"而"一"之，"一"以守之，念念不失，圣学之方也。①

进而言之，"心"自克、伐、怨、欲②而动者，则表征为"人心"；自仁、义、礼、智而动者，则表征为"道心"。在黄绾看来，克、伐、怨、欲这四种恶德，既非人性天生所固有，也非形气之中（"气禀"）所自有，而是"习闻习见"所导致："禀之清者，则闻见无自入；禀之浊者，则为闻见所染而有克、伐、怨、欲之私。四者之来，皆人事之所必有者。贤愚寿夭，贫富贵贱，众寡强弱，常参错而不齐者，乃克、伐、怨、欲之所由生也。"③ 这里，黄绾在解释"人欲"何以由来之时，套用了汉儒王充的"气禀人性论"："人禀气而生，含气而长，得贵则贵，得贱则贱。"④ 而"纯从天理用心"，以"惟精惟一"的道德实践功夫祛除"克、伐、怨、欲之私"，则是成就"圣学"的路径所在。

《明道编》以为，学者在"修道"之时，"用心"之维度有二：若纯从天理用心，愈用则精神愈完而心愈明；若略向人欲用心，用之则精神日耗而心日昏。前者纯从天理"用心"，则可以成为圣贤；后者略向人欲"用心"，则是普通之众。作为"今日学者"如志于学"圣人之学"，则应从天理"用心"⑤。此外，《明道编》还以为"君子小人之辨"，也是由"理欲之辨"这一问题产生："君子从天理，而日进乎高明，故上达；小人狥利欲，而日流于污下，故下达。君子小人，殆毫厘间耳，可不谨哉！"⑥

（二）"义利之辨"

"义利之辨"亦称"公私之辨"，是传统儒学价值体系中的一个重要

---

① 《明道编》，第73页。

② 《论语·宪问篇第十四》："宪问耻。……'克、伐、怨、欲不行焉，可以为仁矣？'子曰：'可以为难矣，仁则吾不知也。'"

③ 《明道编》，第73页。

④ （民国）黄晖校释：《论衡校释》，中华书局1990年版，第48页。

⑤ 《明道编》，第62页。

⑥ 《明道编》，第66页。

议题："义"（"公"）注重全局、整体利益与道德诉求，"利"（"私"）则考虑个体、私人利益。孔子强调"君子以义为质""以义为上""见得思义"等；《易·乾·文言》："利者，义之和也。……利物足以和义"①；孟子有"舍生而取义"②、"上下交争利而国危矣"③ 的论断；《大学》有"国不以利为利，以义为利也"④ 之言；《荀子》有"分，何以能行？曰义，……义以分则合"⑤，"义与利者，人之所两有也"⑥ 的主张。据此可知，先秦儒家的"义利之辨"主张"义利合一""公私兼顾""自利利他"的"折中主义"价值取向。

汉儒董仲舒则把儒家的"义利之辨"推向了一个极端，其有名句："正其谊而不谋其利，明其道而不计其功。"⑦ 董氏之论被后世儒者所继承，演变成为"道义为上"的"绝对利他主义"，宋儒朱熹将其发挥而有"义为天理之公，利为人欲之私"的命题，突出强调了"义"与"利"对立性，也就忽视了"义"与"利"的统一性。与朱熹同时代的浙南学者叶适，破天荒地对董仲舒的"正其谊而不谋其利，明其道而不计其功"之论提出批评："'仁人正谊不谋利，明道不计功'，此语初看极好，细看全疏阔。古人以利与人而不自居其功，故道义光明。后世儒者行仲舒之论，既无功利，则道义者乃无用之虚语尔；然举者不能胜，行者不能至，而反以为诟于天下矣。"⑧ 在叶适这里，孔子等原始儒家提倡的"利者，义之和"的价值主张重新得到张扬。前文曾经提道，黄绾道学思想的形成曾经受到过叶适的影响，而晚年黄绾对于"义利之辨"的解读则与叶适"如出一辙"，并在《明道编》中提出了"义，利二者皆不可轻"的论断。

其实，黄绾在青年时期即受到叶适"崇义养利"义利观的影响，而备受学人关注。台州学者夏镟曾为青年黄绾编著的《恐负卷》一书题跋即

---

① 《周易本义》，第35页。

② 《四书集注》，第488页。

③ 同上书，第307页。

④ 同上书，第16页。

⑤ （清）王先谦：《荀子集解》，中华书局1988年版，第164页。

⑥ 《荀子集解》，第502页。

⑦ 《汉书·董仲舒传》，转引自袁长江等编校：《董仲舒集》，学苑出版社2003年版，第441页。

⑧ （宋）叶适：《习学记言序目》，中华书局1977年版，第324页。

《书〈恐负卷〉后》，跋文有言："予（按：夏镔）无似，无以助宗贤（黄绾），惟辨义利以始终，差可与宗贤道。然义利之辨亦宗贤所自得，尝以为言，予以无以易也。求其进于宗贤之义，惟'始终'二字。"① 据此可知，对于传统儒家的"义利之辨"，黄绾在青年时代即已关注，并有不同与前贤的看法，并得到了前辈学者（夏镔）的赞许。

黄绾晚年在《明道编》中对"义利之辨"的申述即是承续其青年时期在《恐负卷》一书所阐述的"义利并重"之论：

> 义，利二者皆不可轻：饥寒于人最难忍，至若父母妻子尤人所难忍者，一日二日已不可堪，况于久乎？由此言之，则利不可轻矣，然有义存焉。今未暇他论，姑以其至近者言之：如父母之于子，子之于父母；夫之于妻，妻之于夫；可谓一体无间矣。然于取与之际，义稍不明，则父母必不乐其子，子亦不乐其父母矣；夫必不乐其妻，妻亦不乐其夫矣。由此言之，则义岂可轻乎？二者皆不可轻，如之何其可也？君子于此处之，必当有道矣。此皆学问之不可不讲者。②

与"见得思义"的义利观一样，儒家的贫富观亦以"道"义为取舍标准。《论语·里仁篇第四》："子曰：'富与贵，是人之所欲也；不以其道得之，不处也。贫与贱，是人之所恶也；不以其道（得）[去] 之，不去也。……'"③ 黄绾沿循了孔子关于富贵、贫贱的判断标准，主张以"道、义"作为"辞受、取与""治生、作务"的行为准则，并称之为"圣人之道"：

> 人之用财，固不可奢侈浪费，亦不可悭吝鄙啬；人之生财，固不可孜孜为利，亦不可矫激沽名：皆非君子之道。君子之道，辞受、取与视其义，治生、作务视其道，如此则守可以终身，教可以行于世，此圣人之道所以为无弊也。反此，则弊有不可胜言者矣。

---

① （明）夏镔：《夏赤城先生文集》卷二十一，清乾隆三十七年映南轩活字印本，第4页。
② 《明道编》，第29页。
③ 《论语译注》，第36页。

对于黄绾主张的财富观，我们可以用今日俗语予以归纳，那就是："君子爱财，取之有道；视之有度，用之有节。"

（三）"道德"与"名节"之辨

我们知道，孔孟儒学以"仁""义"二字作为生命个体行为的道德判断标准，孔子有"杀身成仁"之言，孟子有"舍身取义"之语。传统儒家的"仁义"观很容易被人误解，以"立名、尚气节"为大、为上，从而忽视了"圣人之学"在根本上是以"志道、据德、依仁、游艺"为务。

在《明道编》中，黄绾把"今日学者""气质难变"的根源，归咎于"好名、尚气节"的"风声气习"：

> 我（明）朝立国以来，不知何自变为好名、尚气节之习，如当时前辈及吾乡前辈有务此者，其居官居乡，虽在人伦至亲，上下交际，为之已甚，言之可骇，至今历历在人耳目，不可胜数。其风声流传，故至后进之士与吾乡之士，每以好胜急功利之心，文以立名，尚气节之为，以行其私，虽语之以道德，终身不悟。[1]

这里，黄绾对"气质最为难变"的缘由进行了分析："立名、尚气节者，但知名节为大，而不知圣人之于君臣、父子、夫妇、长幼、朋友、亲戚、故旧，上下交际，处之皆有其道。"详而言之："古者忠臣去国，不洁其名；大夫出疆，必使人先导，使之可仕；父为子隐，子为父隐；黜妇不显其恶，使之可嫁；绝友不出恶声，使之可交；小愤不废懿亲，故旧无大故不遗：上下交际，皆有忠厚之道。"与古者相反，"今之学者为人"，不知有"道"存之于"上下交际"，惟以"立己之名、成己气节"为要务；"一切反之而不恤，忍心残薄，乃自以为贤、为得计，其弊遂至不可救。"

"古之学者为己"，古人以"名、气、节"为道德之薄，为学者之戒。然而后世学者论学则偏离古人"为己"之则，以"名、气、节"作为判定"圣贤事业""理学名臣"的标准，从而致使后世学人养成了"好名、尚气节之习"。更为严重的是，此等风声习气，自一方传至四方，致使学者专以"好胜、急功利"为事；虽语以"道德"之义，亦无济于事，还

---

① 《明道编》，第 31 页。

以虚名势利视之。总之，今日学者"气质难变"的根本就在于："不知圣贤所务，在道德而不在立名、尚气节也。"申而言之，今日学者若能以"志道、据德、依仁、游艺为务"，道德既成，名、气、节三者亦自然而成："名"为大德之名，"气"为浩然之气，"节"为甘节之节①。

学者志于"圣人之学"（"道学"）、成就圣贤事业，必须摆脱功名富贵之窠臼；若此窠臼不脱，纵使凌高厉空，也只是世俗之凡人。对此，黄绾还以孔颜师徒之间的对话，来说明摆脱功名、富贵窠臼之不易："孔子谓颜渊曰：'用之则行，舍之则藏，惟我与尔有是夫。'"② 黄绾也坦承："夫子分明见得当时之人与在门者皆不能脱此窠臼，惟己与颜子能脱之耳！"③ 总之，后世学者如以求圣人之学为职志，"好名"之习务必去除："圣人之学，以志道、据德、依仁、游艺为务，才云好名，则必为名所夺，而不知有道、有德、有仁、有艺矣。此后世所以人才之衰，风俗之坏，皆由于好名。好名可不为深戒哉！"④

坦率地说，拙著主人公黄绾，其本人尽管以"笃志、明道"为终身的价值追求，但也有被气习熏染的经历："（黄绾）每因家用不给，内外嗟怨，逼迫不堪，遂起货殖之心；久而不返，骎骎变志，与市井鄙夫何异？若不猛省，痛自扫除，将何入道？"⑤ 这里，黄绾"以身说法"的目的，意在告诫今日乃至后之学者："人我之心，为害极大，败性隤身，坏乱天下国家，无不由此。"⑥

（四）"诚意"与"私意"之辨

在道学家"义利之辨"的问题域中，还往往涉及"诚意"与"私意"的辨析。

《大学》有"诚意正心"云云，黄绾"修道"哲学中对"诚意"的界定，基本沿用了曾子《大学》的原文："所谓诚其意者：毋自欺也，如恶恶臭，如好好色，此之谓自慊，故君子必慎其独。"⑦《明道编》还有对

---

① 《明道编》，第31—32页。

② 《论语译注》，第68页。

③ 《明道编》，第73—74页。

④ 同上书，第33页。

⑤ 同上书，第71页。

⑥ 同上书，第68页。

⑦ 《四书集注》，第11页；又见《明道编》，第16页。

"诚意"论的进一步补充："圣人之学，以诚为本，诚之为工，以毋自欺为要，毋自欺之实，皆在独知之中致力，虽衽席之上，不可忽也。"①

　　与"诚意"相对立的"私意"，表现为利欲、私邪之心，是对以"诚"为本的"圣人之学"的"反动"与"破坏"，不可不慎！《明道编》有言：

　　　　处事少宽裕气象，只是私心太以事为重。②

　　　　慢易之态，戏谑之言，利欲私邪之心所由生也。③

　　　　人于是非固要明，但专以私意与世俗争口舌，求胜负则非矣，极当戒！④

　　　　凡百嗜欲之念，才有一丝之微，萌动于心，不痛搜抉澄去，近则数日，远则旬日及数月，虽无所为，必于梦寐见之；既形梦寐，则精神意气可知矣，更说何学？可惧，可惧！⑤

　　在《明道编》中，黄绾还以自己的"修道"实践为例，告诫学者"少年豪负之气"也是"私意"的一种表征：

　　　　日间偶与友朋观旧作，不觉少年豪负之气涌塞腔子；夜深痛醒，痛自惩察，才知年来过尤悔吝，皆为此气所使。此等气本来刚锐，欲以上人，凡百所遇，必欲求胜，皆从此起，此所谓意、必、固、我之私，若不痛自洗刮一番，虽日用工，终为此气所汩，能有成哉？⑥

唯有祛除利欲、私邪之心，以"立诚意"，才符合"圣人之学之道"的标准。

　　对于如何以"诚"立身、处世？《明道编》也有阐发："君子之大道，

---

①　《明道编》，第23页。

②　同上书，第65页。

③　同上书，第61页。

④　同上书，第18页。

⑤　同上书，第71—72页。

⑥　《明道编》，第72页。

诚也；人之应事接物，只宜以诚，且不可用术。"①

而对于如何"明诚"？黄绾也有建议，那就是由"敬"为入手处："心存无适者，敬也；常存而无失者，致知穷理之要也。敬者，明诚之本也，明而诚，圣人之学在我矣。"② 一言以蔽之，君子修道，唯勉其诚而已③；精诚一致，日新无已，圣贤之心可见、圣人之道亦可证。

行文至此，我们有必要对本章所涉话题进行一个简要总结。

黄绾在晚年时期，由于受到学术道友王廷相的影响，转而批判宋明诸儒之学。与此同时，对于"性即理"（程朱）、"心即理"（陆王）二说，究竟哪一方更符合"圣人之学"的本意？黄绾采取了"回归经典"（"回向原典"），即从理学、心学转入经典考证的为学路数，并在"四子五经"中寻找到了失传已久的千古圣贤传心之学——"艮止、执中之学"。

以赓续圣学"道统"自居的黄绾，对于自己历经苦心孤诣而追寻到的"圣学"真血脉——"艮止、执中之学"，在其晚年所著《家训》之中有过这样的总结：

> 圣人之学，艮止以存其心，执中以尽其道，云"人心、道心"以辨其体，云"危、微"以明其体之所以辨，云"精、一"以致其工之所用，此乃圣学之要也。自伏羲、尧、舜、禹、汤、文、武、周公、孔子及颜、曾、思、孟没而圣学无传，至东汉摩腾、竺法兰以其经入中国而其说闻于中国，至南北朝达摩入中国［而］其法行于中国，历唐迄宋而盛，故当时士大夫无不事禅学者。虽圣学之兴，亦自禅学而来，以至于今，凡圣学皆以虚无为本，而失圣人"艮止执中"之旨。吾幸得之遗经而验之于身心，涉历星霜，每尝笔之于《大学》《中庸》《论语》《孟子》及《易》《诗》《书》诸经，谓之"原古"。又尝笔之于《日录》及诸门人所记，人谓之《明道编》，颇明千古圣学之要。④

---

① 《明道编》，第38—39页。

② 同上书，第63页。

③ 同上书，第59页。

④ 黄绾：《家训·志学》，载《洞山黄氏宗谱》卷一，民国乙卯年重修本。

而师从黄绾最久的门人林文相，在《明道编·序》文中，对于乃师成熟的道学思想也进行了总结，兹移录于下：

> 夫子之学，超然独悟，以知止为圣学之要诀，以精思为致知之功夫，以格物为致知之功效。志必于道，据必于德，依必于仁，游必于艺。体用有内外，知行有先后，有动有静，有始有终。存之于心，则常定、常静、常安，主宰在我，而虚灵之体不昧；应之于世，则能虑、能精、能一，巨细曲当，而不失时措之中。端绪简易，旨归明白，有以继绝学于千载之下，而上接孔孟之真传。至于晚年，从容纯粹，不激不勉，一行一言，莫非妙道、精义之发越，视近世专事高远玄妙之谈而不可措诸日用行事之实者，何如也耶？①

诚如黄绾本人所言，《四书五经原古》作为黄绾晚年也是其一生最主要的学术著作，为"艮止执中之学"提供了坚实的学理、法理依据。所以，拙著下章（第四章）拟对黄绾"经学思想"的理论创获进行一番检讨。

---

① （明）林文相：《明道编·序》，载《明道编》卷首，第15—16页。

第四章

"圣人之道，莫备于经"
——黄绾经学思想拾遗

上一章，我们对黄绾所提出的"道统"谱系以及与之相匹配的道学主张即"艮止执中之学"进行了阐述。日本学者曾提出这样的论断："道统是将经学体系化的手段之一。"① 申而言之，黄绾基于自己的"道统"主张，跳出"性即理"（程朱）与"心即理"（陆王）的聚讼争论，从而"回向原典"（retuen to sources）②，以《四书五经原古》为经典诠释之文本，从而构建了"体系化"的经学思想。

一般认为，经学是一门关于"四书五经"（"六经""十三经"等称谓亦可）这类儒家经典的训诂注释、义理阐释以及学派、传承、演变的学问。经学包括两大方面的内容：一是学术层面，即经师对于经书的文字训读，对经书所涉人物事件、名物制度的注解，微言大义的阐发以及关于经学学派、传承、演变的研究；二是信仰层面，"经典"一词，特指圣贤所作之书，是人们尊信奉行的人生箴言，而对经典尊奉是通过对经典价值观的自觉认同来实现的，这属于信仰的层面，也可以说属于价值的层面。③

近十多年来，随着"国学热""儒学热"的不断升温，有学者就倡导国学的主流是儒学，儒学的核心是经学④。本章（第四章）主要探讨作为

---

① ［日］重泽俊朗：《原始儒家思想与经学》，岩波书店 1949 年版，第 244 页。转引自荒木见悟：《道统论的衰退与新儒林传的展开》，载吴震、吾妻重二主编《思想与文献：日本学者宋明儒学研究》，第 1 页。

② 拙著"回归原典"的提法，来自于余英时先生的大作《清代学术思想史重要观念通释》以及林庆彰的《中国经学史上的回归原典运动》（载《中国文化》，2009 年第 2 期）。

③ 姜广辉：《经学思想研究的新方向及其相关问题》，载氏著《义理与考据：思想史研究中的价值观怀与实证方法》，中华书局 2010 年版，第 132—133 页。

④ 李学勤：《中国文化的核心是儒学和经学》，《新京报》，2013 年 7 月 26 日。

传统儒学核心以及作为中国文化的根基与价值本原的"经学"，对黄绾道学思想体系建构的基础性意义，在为宋明道学研究中关于"经学与道学"的课题研究提供一个"经典诠释学"的案例与样本的同时，进而阐发黄绾回归"经学原典"的学术价值与信仰价值。

第一节　黄绾体知、默会"六经四子之道"的历程

有学者以为："经典告诉人们一种生存样法，信仰什么样的经典，也就有什么样的生存样法。"① 毫无疑问，毕生以"明道"为志业追求的儒者黄绾，正是通过自觉认同"圣人之学之道"之载体——"经典"，并视之为"意义信仰"，进而确立并践行传统儒学的"经典价值观"。

青年黄绾隐居紫霄山中，读书十年之久，即多用功于"六经四子"之"大道"，并且以为大贤君子历经艰难所得之"道"及其"传心之学"，后世学者可以通过"修道"的功夫实践去身心默会、体验之，并独得"大道"之"妙"与"巧"。至明代中叶，信仰意义上"经学"（"圣学"）基本上已经被科举时制所吞噬，进而致使"六经四子之道""久之不传"，并有"斯道绝望"的信仰危机。黄绾在《谢东白先生书》中曾指出："道之不传""经之不明"的根本原因，并不在于时人"不学经（典）"，而是科举时制、场屋之文的功利之习对"今之学人"的戕害："今之人不可谓不学经也，究其所以，不过割裂文义，俳优其语言，以为场屋谋身之资，甚者假以为济恶文身之具，反俾六经四子之道晦而不显，则六经四子之道不亡于秦火而亡于今日矣。何则？昔人谓京房溺于名数，以为世岂复有《易》？孔、郑专于训诂，以为世岂复有《诗》《书》？董仲舒流于灾异，以为世岂复有《春秋》？大、小戴氏之杂取泛记，以为世岂复有全《礼》？夫经之无，非真无经也。以其说之之偏、学之之缪，是以云尔，又岂有昏塞不救之甚如今日者哉！"② 对于如何匡救明代中晚期的经学流弊（"学术之弊"），有着强烈的儒家"卫道"意识的青年学者黄绾，建议：当返归于"六经四子"经典文本之本身，以"心"求"道"、解"道"、证"道"。

---

① 姜广辉：《中国经学思想史·前言》，中国社会科学出版社 2003 年版，第 1 页。
② 《石龙集》卷十五，第 7—9 页；《黄绾集》，第 305 页。

中年黄绾与王阳明、湛若水结交并"相与矢志于学"①，在以"心"求证"圣人之学之道"的过程中，依旧坚信"圣贤之心"存之于"六经四子"之中；而"求诸己以得斯心"，当以"六经四子"之言为阶梯："圣贤之心，因言始见。六经四子者，言也。求心必自知言始，知言必自为己人。故昔儒者以身求遗经而得之。"② 这是因为在黄绾看来，以"四书五经"为代表的儒家经典（尤其是"遗经"）乃是圣贤道学得以传世、存续的基本载体、媒介。其《祭张东白先生文》有云："圣人之道，莫备于经，经存，圣人之心存。今之家传人诵者，盖不过耳入口出，疏注其辞，媒猎利禄，阶梯富贵而已矣。孰能反之于心，以求圣贤之心哉？"③黄绾此处关于"圣经"的描述是就经学的"信仰层面"即儒家的"意义的信仰"而言的。而黄绾此处对于时人（明代学者）视"经学"为"工具"的批评、对于"圣贤之心"的向往、对于"经典信仰"的提揭，则是其作为一个"真儒"对于"圣人传心之学之道"可能失传、失真的一种"忧患"与"焦虑"④。

晚年黄绾归林、家居之后，构筑藏书阁楼于黄岩翠屏山中，特名之曰"家经阁"，并有《家经阁记》⑤；还用"思古堂"为自己书房命名，且成《思古堂记》⑥。而黄绾晚年正是在"思古堂"中、通过阅读"家经阁"所藏经典（"圣经"），"验之于身心"，重加笺注、疏读圣贤"遗经"，厥成其经学代表名作——《四书五经原古》；并在经典的宝库之中，觅得失传已久的圣学之本——"艮止执中之旨"。对此，黄绾在《家训》中，予以坦白：

> 圣人"艮止执中"之旨，吾幸得之遗经而验之于身心，涉历星霜，每尝笔之于《大学》《中庸》《论语》《孟子》及《易》《诗》《书》诸经，谓之"原古"。又尝笔之于《日录》及诸门人所记，人

---

① 《明儒学案》卷十三《尚书黄久庵先生绾》，《黄宗羲全集》第7册，第318页。

② 《石龙集》卷十一，第9页；《黄绾集》，第191页。

③ 《石龙集》卷二十七，第1页；《黄绾集》，第550页。

④ 拙著此处关于"忧患""焦虑"的使用，参考了姜广辉《新思想史：整合经学与子学》一文（载王中江主编《新哲学》[第一辑]，大象出版社2003年版，第90—110页）的提法。

⑤ 《久庵先生文选》卷八，第12—13页；《黄绾集》，第294—295页。

⑥ 《久庵先生文选》卷八，第11—12页；《黄绾集》，第294页。

谓之《明道编》，颇明千古圣学之要。①

令人惋惜的是，《四书五经原古》已佚而不存；因"文献不足征"，作为后之学人，原原本本地梳理、解读黄绾的"经学思想"已不可能。

第二节 黄绾与"四书"学

一般认为，"四书"学是指以《大学》《中庸》《论语》《孟子》四部儒家经典文献为研究对象，并阐发其所蕴义理的一门学问。宋儒尤其是朱熹的《四书章句集注》之作，奠定了"四书"以及"四书"学在"中国经学思想"发展史上的"基础"地位②。

关于黄绾"四书学"的文献史料，笔者曾试图从黄绾存世文献《石龙集》《久庵先生文选》中爬梳衰辑，然收效甚微。不过，令人稍感欣慰的是，笔者从其《家经阁记》文找到了一句黄绾对于其"四书"学要义的概括："《大学》，道圣学之方"；"《中庸》，道圣学之要"；"《论语》，尽圣人之道"；"《孟子》，明圣人之用"。③

《四书原古》系黄绾晚年对《大学》《中庸》《论语》《孟子》重新加以笺注、疏解的经学著作。依据《明儒学案》所存《五经原古·序》，可以推知《四书原古》之子目，当为：《大学原古》《中庸原古》《论语原古》《孟子原古》。如上所述，《四书原古》今皆佚而不存，《两浙名贤录》《千顷堂书目》《台学统》中仅录有书目。

黄绾"四书学"著作除却《四书原古》之外，还有两种。

一种是《大学古本注》：卷数不明，今不存世，系黄绾于嘉靖十四年至十六年（1535—1537）在黄岩丁内艰之时所成批注古本《大学》的经学著作一种。黄绾《与孙太守书》（成文于嘉靖十五年左右）云："向者不自量力，尝于蠡测之余，僭为《大学中庸古本注》。《大学》刻已将毕，

---

① 《家训》载《洞山黄氏宗谱》卷一，民国乙卯年重修本。

② 蔡方鹿先生以为：朱熹"通过集注'四书'阐发道统处甚多，使'四书'成为整个经学的基础"，并且指出：在程朱道学体系之中，"四书"重于、高于"六经"。详见氏著《中华道统思想发展史》，四川人民出版社2003年版，第364—371页。

③ 《久庵先生文选》卷八，第22页；《黄绾集》，第295页。

俟他日奉请益也。"① 嘉靖十五年左右，黄绾在《大学古本注》刊刻之后还曾寄赠与浙中王门学者王畿，王畿在拜读之后有书函与黄绾商榷，有"《大学古本注》'至善'之旨、有所'忿懥'之说，细体会，终未能尽契于衷"云云。嗣后黄绾有《复王汝中书》，予以回应。② 可以推断，《大学古本注》至迟于嘉靖十六年已经刊刻。

另外一种是《中庸古本注》：《千顷堂书目》《台学统》《经义考》称《中庸古今注》③，一卷，今佚而不存。上引黄绾《与孙太守书》文提道《中庸古本注》，可以推断，该书成文、刊刻亦当在嘉靖十四年至十六年间。《千顷堂书目》卷二《三礼类》：黄绾《中庸古今注》一卷。《台学统》据此，录有书目，称"见《千顷堂书目》，疑即《四书原古》之一"④。又，朱彝尊撰《经义考》卷一百五十四《礼记》："黄氏（绾）《中庸古今注》一卷，未见。"⑤

黄绾的"四书学"文献——《四书原古》《大学古本注》《中庸古本注》尽管佚而不存；但是其晚年读书笔记汇编文稿——《明道编》中，还是存有不少"四书"学文献史料。兹拣择于下，于《四书原古》庶几可略窥一斑。

一 《大学》：道圣学之方
——《明道编》对《大学》的解读

《明道编》关于《大学》要义的把握是："《大学》之道，'成己''成物'而已。……其用工之要，只在'致知在格物'一句。"⑥ 下面，我们对黄绾所理解的"成己、成物""致知在格物"义予以梳理。

1. 《大学》之道，"成己""成物"而已

"成己""成物"云云见之于《中庸》关于"诚"的解读："君子诚

---

① 《石龙集》卷二十，第25页；《黄绾集》，第399页。

② 《石龙集》卷二十，第27—29页；《黄绾集》，第401—403页。

③ 笔者窃以为《中庸古今注》《中庸古本注》二书名，当依据黄绾《与孙太守书》所称，以"中庸古本注"提法为定称。

④ （民国）王棻：《台学统》卷四十四《性理之学》三十二，民国七年吴兴刘氏嘉业堂刻本，第15页。

⑤ 《经义考》此书目之下有陆元辅夹注："绾，息县人，正德丁丑进士。"显系误记，如前所述，黄绾从未参加科举，不可能中所谓的"正德丁丑进士"。

⑥ 《明道编》，第55页。

之为贵。诚者非自成己而已也，所以成物也。成己，仁也；成物，知也。性之德也，合外内之道也，故时措之宜也。故至诚无息。"① 在这里，"诚"是一个本体论意义上的范畴，即自然、社会运行之法则，还是终极意义上的"道德境界"的指称。"成己"是指对人的本质的认识和君子人格的完成，是谓"仁"；对于"诚"的实践不仅仅在于"成己"的"主体"层面，还应把"诚"推行到"客体"，认识并把握"客体"的属性、规律，这就是"成物"，是谓"知"。君子只有推行"中道"使"仁知合一""尊德性、道问学合一"，才是"主体"和"客体"的内外合一，这就是"成己成物、合内外而一之"的本义。

《明道编》关于"《大学》之道，'成己''成物'而已"的提法借鉴了《中庸》对于"成己成物"的解读，以为："'成己'者，'明德''亲民'之事也；'成物'者，'齐家''治国''平天下'之事也；'成己'所以'成物'，合内外而一之也。"② 这里，黄绾把《大学》三纲领之"明德""亲民"归之于"成己"的"仁"学之中，"明德"是对"仁者，人也"即人的本质的把握，而"亲民"则是对"仁"的伦理学意义的把握，即"仁者爱人"。与此同时，黄绾又把《大学》"八条目"之"齐家""治国""平天下"，以"成物"之事称之，如果说"成己"之仁是对君子道德层面（"主体"）上的要求，那么，"成物"则强调"推己及人"，以"道德"之"仁"来"齐家""治国""平天下"了。这就是"'成己'所以'成物'，合内外而一之"的内涵。

《明道编》还认为："成己"所以"成物"的用工之要，在"致知在格物"一句。

2.《大学》之要，在"致知在格物"一句

上文（第三章第六节）已讲，黄绾与其他宋明儒者一样，在构建自己的道学体系之时，也强调"格物致知"的方法论，并有"《大学》之要，在'致知在格物'一句"③ 论断。这是因为，黄绾对于"致知在格物"（"格物致知"）的解读有别于先儒（程朱）与时贤（王阳明、湛若水）：

---

① 《四书集注》，第47—48页。
② 《明道编》，第56页。
③ 同上书，第21页。

其云"致知",乃"格物"功夫;其云"格物",乃"致知"功效。"在"者,志在也,志在于有功效也;"致"者,思也,"心之官则思,思则得之,不思则不得也";"格"者,法也,"有典有则"之谓也。①

与黄绾的解读迥异,宋儒程颐、朱熹"以格物为致知功夫""以格物为穷究事物之理"。对此,《明道编》以"先儒不明""不知'有典有则'之为格物"评议程朱:"所以求之于物,失之于外,支离破碎,而非圣人之学矣。"②与之相仿,"今日君子"王阳明,也不大明白(黄绾所讲的)"致知在格物"的本义,还是"以格物为致知功夫":"以格物为格其非心,谓格其不正以归于正,又谓夫子教颜子克己,功夫皆在'格'字上用。"如此,王阳明也不能以"有典有则"来阐释"格物","所以求之于心,失之于内,空虚放旷,而非圣人之学矣"③。

总之,在《明道编》看来,"先儒""今日君子"皆不以"致知在格物"之"在"字为"志在于格物",而皆以"在格物"之"在"字为"功夫在于格物";原因在于他们误认"致知"之"致"义同于《大学》下文的"知至"④之"至",故而不称"格物"为"致知"的功效,而称之谓"功夫"。

《明道编》对《大学》"致知在格物"一句的解读:一方面,提出了"致知"功夫的实践路径:"《大学》先务,只在于致知;圣功之本,只在于独知,故功夫皆在'知'字上用。"⑤另一方面,讲明了"以格物为功效"的意义:"圣人之学,不为则已,为之必要其成;学而不成,不如无学。"⑥而后者则突出了黄绾所言的"道学"("圣学")的"实学"性格——"夫圣学者所以经世,故有体则必有用,有功夫则必有功效,此所

---

① 《明道编》,第21页。

② 同上。

③ 同上。

④ 《大学》:"……致知在格物。物格而后知至,知至而后意诚,……"(见《四书集注》,第4页)

⑤ 《明道编》,第21页。

⑥ 同上。

以齐家而治国平天下也。……圣学功夫则在体上做，事业则在用与功效上见。"① 这也是对上文所揭 "《大学》之道，'成己''成物'而已" 的一个回应。

3. 对 "修身在正其心" 传文的解读

《大学传》文对 "修身在正其心" 作如下解读："所谓修身在正其心者，身有所忿懥则不得其正，有所恐惧则不得其正，有所好乐则不得其正，有所忧患则不得其正。心不在焉，视而不见，听而不闻，食而不知其味。"②

《明道编》对曾子的传文又有一系列阐发，主要是援引《中庸》《论语》《尚书》等相关经典文本进行诠释：以为 "忿懥" "恐惧" "好乐" "忧患" 四者皆人情之所有，即《中庸》所谓 "喜" "怒" "哀" "乐" 之四心；即便是像虞舜、孔子、颜回、曾子、子思、孟子这样的古之圣贤，"其学皆此学也，其传皆此传也"。比如《论语·颜渊篇第十二》载有孔子向颜回传授为仁之方的问答，即颜渊问仁，孔子教以 "克己复礼"；颜渊请问其目，孔子教以 "非礼勿视，非礼勿听，非礼勿言，非礼勿动"③。在《明道编》看来，知视、听、言、动者，即是《尚书》所云 "人心"；进而知视、听、言、动之非礼而克之者，即 "人心" 之 "精"；复视、听、言、动而无非礼者，即是 "道心" 之 "一" 而得 "厥中"。进而言之，曾子所言 "身有所忿懥、恐惧、好乐、忧患而不得其正者" 之因，就在于 "人心之未精"；使忿懥、恐惧、好乐、忧患皆得其正，即是 "道心" 之 "一" 而得 "厥中"。④

对于如何使忿懥、恐惧、好乐、忧患四者皆得其正？《明道编》援引了子思《中庸》关于 "中" "和" 的理论，即 "喜、怒、哀、乐未发，谓之中；发而皆中节，谓之和"⑤ 予以说明：一方面，喜、怒、哀、乐未发而得其 "中" 者，是 "人心" 之 "精"；另一方面，喜、怒、哀、乐发而皆中节且得其 "和" 者，是 "道心" 之 "一"。这就可以得出如下推断："精" 则 "中"，"中" 则 "一"，"一" 则 "和"。详而言之，"精"

① 《石龙集》卷二十，第27页；《黄绾集》，第401页。

② 《四书集注》，第12页。

③ 《论语译注》，第123页。

④ 《明道编》，第7页。

⑤ 《四书集注》，第24页。

者，"思"也；于此"思"，则得其"中"，此心之所以"一"也，心之所以"安"也。基于"道心在人心中"之前提，于"人心"之中发明"道心"，"其机之萌，皆在独知而已，然其机才萌，而其气已动，气即身也，故各言身有以发之"。学者当在忿懥、恐惧、好乐、忧患四者（"人心"）萌动之初，即致其思（"精"），则忿懥、恐惧、好乐、忧患皆得其正，则心无不在、视无不见、听无不闻、食无不知其味。①

以上便是《明道编》对《大学传》"修身在正其心"一句的阐释。

二 《中庸》：道圣学之要
——《明道编》对《中庸》的解读

《明道编》对《中庸》的解读，主要有以下三处：

一是对"中庸"的题解。黄绾以为"中庸"之"中"字即《尚书》所谓"允执厥中"；"中庸"之"庸"字，乃孔子所添加。汉代学者郑玄《中庸注》："庸，用也"，"庸，常也。用中为常道也。"申言之，孔子于"中"下添一"庸"字，意在表明，"千古至道，皆在于此；圣学之明，无过于此"②。令人惋惜的是，学人终日在此"庸"（"用"）之中而不知其为"庸"（"用"），这类似《易传》"百姓日用而不知"云云，而这也是"君子（中庸）之道"难以推行、实践的原因，无怪乎孔子发出"中庸其至矣乎！民鲜能久矣"的无限感慨！

二是对《中庸》首句"天命之谓性"的解读。一方面，黄绾引用了二程道学的"性即理"说："性即理也。所谓理，性是也。"③ 由此又对《中庸》文句中所涉"命""性"二字做如下解读："天赋人此理谓之命，人受天此理谓之性，性即理也。"④ 另一方面，《明道编》又对"理""性"进行了区分："理是泛言事物之理，性是专言在我之性；虚的是心，实的是性。"⑤

三是对"慎独"义的梳理。《中庸》以"慎独"作为君子修道之教："道也者，不可须臾离也，可离非道也。是故君子戒慎乎其所不睹，恐惧

---

① 《明道编》，第7—8页。
② 同上书，第36页。
③ 《二程集》，第292页。
④ 《明道编》，第61页。
⑤ 同上。

乎其所不闻。莫见乎隐，莫显乎微，故君子慎其独也。"① 《明道编》称"戒慎不睹，恐惧不闻"，是用来解释"慎独"义的；而"莫见乎隐，莫显乎微"，则是对"慎独"的进一步补充、说明。君子于此，笃志于道，"不使纤毫有忽"，即是尧舜"精一"之传。②

三 《论语》：尽圣人之道
——《明道编》对《论语》的解读

《论语》作为孔子及其弟子言行的语录汇辑，出身于书香门第的黄绾自童年至晚年，对《论语》用功颇多；并在诵读《论语》之时，时时冥思、默会至圣先师孔夫子的容貌气象："每读《论语》，辄思夫子容貌气象，朴实谨慎，谦虚温厚，略无一毫声色圭角外见，所以其德之大如天地然，无不覆载包含也。"③ 于此，可见黄绾对夫子的景仰与尊崇。

前文已讲，黄绾关于《论语》的笺注之文——《论语原古》已不存世。尽管如此，《明道编》相关文句之中，还是保留有若干种对《论语》文句的阐述。兹摘录于下，读者庶几于《论语原古》可略窥一斑。

1. 曾子有疾，召门弟子曰："启予足！启予手！《诗》云：'战战兢兢，如临深渊，如履薄冰。'而今而后，吾知免夫！小子！"

语出《论语·泰伯篇第八》④。而"战战兢兢，如临深渊，如履薄冰"，语出《诗经·小雅·小旻》，喻君子行事存有戒心，极为谨慎。《明道编》以为："此曾子一生慎独致知之工如此也。"⑤

2. 子曰："默而识之，学而不厌，诲人不倦，何有于我哉！"

语出《论语·述而篇第七》⑥。《明道编》以为夫子此言乃自检其学，唯"默而识之""学而不厌""诲人不倦"三者为难，故有感而发。易言之，"凡人之学，有之必欲发露，故以能默为难；既默则易忘，故以能识为难；处常而能不厌，历久而能不倦，皆人之难也"⑦。夫子自检而知此

---

① 《四书集注》，第24页。
② 《明道编》，第73页。
③ 同上书，第26页。
④ 《论语译注》，第79页。
⑤ 《明道编》，第26页。
⑥ 《论语译注》，第66页。
⑦ 《明道编》，第26页。

三者之难，故曰"何有于我哉"，这都是对文王"望道未见"①之心迹的描述。

3. 子贡曰："君子之过也，如日月之食焉：过也，人皆见之；更也，人皆仰之。"

语出《论语·子张篇第十九》②。子贡对孔夫子"过而能改"的评论，《明道编》以为："子贡之言，可谓知夫子矣！"③子贡所谓"君子"，即指夫子。具体说来，就是："夫子之心，如青天之日月，或有过误，无小掩护，亦如日月之食于上，故人人皆得而见之；及更而改之，无小迁就，故人人皆得而仰之。"《明道编》还以为子贡此言最得"圣人之心"，进而劝勉今之学者有志于自修者，当知"圣人之心"如此。与"圣人之心"相反，后之学者"或至有过，必欲掩护文饰；或思更改其过，必欲隐忍迁就"，对于"学而不知改过"之人，"则不足以言学矣"。故曰："圣贤不难于无过，难于改过；过而能改，遂为无过矣。"④《明道编》还认为：《孟子》所言"禹拜昌言"⑤"仲由喜闻过"⑥，也是对圣贤"过而能改"之箴言的诠释。⑦

4. 樊迟问仁，孔子曰："居处恭，执事敬，与人忠。虽之夷狄，不可弃也。"

语出《论语·子路篇第十三》⑧。《明道编》引用《论语》夫子之言，意在批评与规劝后世学者："今之云学，则异于是。居处则以清虚亢傲为高尚，而所谓恭者无有；执事则以慢易不屑为豪杰，而所谓敬者无有；与人则以出入二三为才智，而所谓忠者无有。"⑨"居处恭，执事敬，与人忠"之三言，夫子谓："虽之夷狄，不可弃也。"问题在于，后世学人既

---

① "望道未见"语，出自《孟子·离娄下》："文王视民如伤，望道而未之见。"

② 《论语译注》，第203页。

③ 《明道编》，第26页。

④ 《左传·宣公二年》："（晋灵公曰：）'吾知所过矣，将改之。'（士季）稽首而曰：'人非圣贤，孰能无过！过而能改，善莫大焉。'"

⑤ 《尚书·大禹谟、皋陶谟》均有"禹拜昌言"云云。

⑥ 《孟子·公孙丑上》："子路，人告之以有过则喜。禹闻善言则拜。"

⑦ 《明道编》，第26页。

⑧ 《论语译注》，第140页。

⑨ 《明道编》，第28页。

便是处在君臣之际、父兄之前、妻子之上、朋友、亲戚、乡党之间，"皆不知所谓恭、所谓敬、所谓忠者为何事，犹谓圣人之学当然"，故而《明道编》发出了"其为弊可胜言哉"① 的感叹！

5. 子曰："吾十有五而志于学，三十而立，四十而不惑，五十而知天命，六十而耳顺，七十而从心所欲，不逾矩。"

语出《论语·为政篇第二》②。如所周知，这是夫子对自己一生心路历程的总结。《明道编》着重对"从心所欲不逾矩"句有解读："此孔子年十五志学，历三十而立，历四十而不惑，历五十而知天命，历六十而耳顺，至七十而始云'从心所欲不逾矩'，盖由积累之久，义精仁熟之后，而后云此；若在当年为学，则不可云此。盖圣人于事非不思，但较众人为省力耳！"③

6. 子曰："予欲无言。"子贡曰："子如不言，则小子何述焉？"子曰："天何言哉？四时行焉，百物生焉。天何言哉？"

语出《论语·阳货篇第十七》④。对此一句的解读，《明道编》指出：夫子每以言语训弟子，弟子皆以言语求夫子，不知夫子之"道"，不在"言语"而在于"德行"。夫子以"天何言哉？四时行焉，百物生焉。天何言哉？"之语回应子贡，意在警示门人弟子要励于"德行"，以默会、参悟天道之至诚而存于中者。此与"不言而信，存乎德行"⑤ 意旨实同。申言之，天以至诚默存于中，并无言语诏告于人，但见"四时行，百物生"，如此，则天之至诚可见。《明道编》以为，天之至诚而存于中者，即是"艮止之体"⑥；此"体"天人皆同，所谓"上帝降衷于下民"⑦ "皇建其有极"⑧ 者，亦是此理。

7. 邦君之妻，君称之曰夫人，夫人自称小童；邦人称之曰君夫人，称诸异邦曰寡小君；异邦人称之亦曰君夫人。

---

① 《明道编》，第 28 页。

② 《论语译注》，第 12 页。

③ 《明道编》，第 37 页。

④ 《论语译注》，第 187—188 页。

⑤ 《易·系辞上》："神而明之，存乎其人；默而成之，不言而信，存乎德行。"

⑥ 《明道编》，第 37—38 页。

⑦ 《书·商书·汤诰》："惟皇上帝，降衷于下民。"

⑧ 《书·洪范》："皇建其有极。"

语出《论语·季氏篇第十六》①。朱熹不知《论语》此句含义，《四书集注》中引用了吴氏之言："凡（《论》）语中所载如此类者，不知何谓。或古有之，或夫子尝言之，不可考也。"② 对于朱熹的疑惑，《明道编》的解读是："盖圣门之学，以言行为先，此乃言也。言之称谓，皆学者事，不可不知。夫子偶因弟子有不明者，故举以教之，记之于此。可见圣人之学，小大精粗，无所不尽，此亦'入太庙，每事问'意也。"③

8. 子张问政。子曰："居之无倦，行之以忠。"

语出《论语·颜渊篇第十二》④。《明道编》以夫子"居之无倦，行之以忠"语作为官吏治理政事的行动指南："今之为政者，皆谓能读书，……只能尽此两句，则民受其福泽，有不可胜言矣。"⑤

9. 子曰："十室之邑，必有忠信如丘者焉，不如丘之好学也。"

语出《论语·公冶长篇第五》。⑥《明道编》的解读是："盖不如者，不如圣人之笃志也。"⑦

10. 子曰："不知命，无以为君子也。……"

语出《论语·尧曰篇第二十》⑧。《明道编》以为夫子"此言最切"："人而不知命，则日用事为无往而非害心者也。不知命则凡事放不过、打不开，其为害心非细。"⑨

11. 子路、曾皙、冉有、公西华侍坐。子曰："以吾一日长乎尔，毋吾以也！居则曰'不吾知也！'如或知尔，则何以哉？"子路率尔而对曰："……"夫子哂之。"求！尔何如？"对曰："……""赤！尔何如？"对曰："……""点！尔何如？"鼓瑟希，铿尔，舍瑟而作。对曰："异乎三子者之撰！"子曰："何伤乎？亦各言其志也。"曰："暮春者，春服既成，冠者五六人，童子六七人，浴乎沂，风乎舞雩，咏而归。"夫子喟然叹

---

① 《论语译注》，第 179 页。

② 《四书集注》，第 267 页。

③ 《明道编》，第 42 页。

④ 《论语译注》，第 129 页。

⑤ 《明道编》，第 47 页。

⑥ 《论语译注》，第 53 页。

⑦ 《明道编》，第 67 页。

⑧ 《论语译注》，第 211 页。

⑨ 《明道编》，第 68 页。

曰："吾与点也！"……

语出《论语·先进篇第十一》①。《明道编》对于"曾点狂者，行有不掩，言志，而夫子独取之"的解读是："盖取其（曾点）奋发超迈，恬然事物之表，有似天地气象，非复势利之可拘也。……夫子取狂獧，以其无利欲之心，便可以进道，非谓狂獧足以尽道。曾点言志之时，盖已得夫子磨砻裁正之力，故其所见超然如此，不可概谓行有不掩。"②

12. 子张学干禄。子曰："多闻阙疑，慎言其余，则寡尤；多见阙殆，慎行其余，则寡悔。禄在其中矣。"

语出《论语·为政篇第二》③。《明道编》解读如下："凡为学才有纤毫未明、未安处，即当阙其疑殆，益加笃志反躬，思索弊病之源，然后所知益明而所行必固。如不阙疑殆而苟焉迁就，则旧学皆废，所见反为之病，故孔子以阙疑殆教子张，其示学者至切矣。"④ 此外，二程于诵读《论语》《孟子》之法，也提倡"阙疑"："句句而求之，书诵而味之，中夜而思之，平其心，易其气，阙其疑，则圣人之意可见矣。"⑤

四 《孟子》：明圣人之学

——《明道编》对《孟子》的解读

《明道编》文中对《孟子》文本的引用，主要有以下数处。

1. 孟子曰："养心莫善于寡欲。"

语出《孟子·尽心下》⑥。《明道编》认为这是孟子"体认至道之言"⑦。

2. 曹交问曰："人皆可以为尧舜，有诸？"孟子曰："然。"

语出《孟子·告子下》⑧。孟子对"人皆可以为尧舜"之论的认可⑨，

---

① 《论语译注》，第118—119页。

② 《明道编》，第70页。

③ 《论语译注》，第19页。

④ 《明道编》，第65页。

⑤ 转引自《四书集注》，第62页。

⑥ 《四书集注》，第551页。

⑦ 《明道编》，第70页。

⑧ 《四书集注》，第497页。

⑨ 朱熹以为："人皆可以为尧舜，疑古语，或孟子所尝言。"（《四书集注》，第498页。）

《明道编》以为"此言分明实理",然而现实中并非人人都可以成为像尧舜那样的圣贤,这是因为凡人"只是将就过"所致:"一刻将就则错一刻光阴,一日将就则错一日光阴,一岁将就则错一岁光阴,若不及早自振奋、自克励,等闲过去,到百岁亦只如此。"① 黄绾意在告诫学人当及早立志于学"圣人之学",笃志于道,振奋精神,克制私欲,力求精进。

3. 孟子曰:"说大人,则藐之,勿视其巍巍然。堂高数仞,榱题数尺,我得志弗为也;食前方丈,侍妾数百人,我得志弗为也;般乐饮酒,驱骋田猎,后车千乘,我得志弗为也。在彼者,皆我所不为也;在我者,皆古之制也。吾何畏彼哉?"

语出《孟子·尽心下》②。《明道编》以为孟子"说大人则藐之"云云,"在当时必有所为而发,非是教人交接大人之道当如此"③。黄绾以为学者("士")与尊贵者("大人")在正式场合见面时交谈的态度,当如孔夫子"与上大夫言,訚訚如也;与下大夫言,侃侃如也"云云④,反对一概持藐视之状。因为学者凡与"王公大人"会面之时,不分场合,均以藐视、轻蔑之态度处之,是不明事理、有悖君子之道的;"若理明之人,使见王公大人,不须藐之,而自无畏摄;有所畏摄而徒欲藐之,只是理不明"⑤。申言之,观"堂高""侍妾""般乐"之言,则知孟子当时确系"有所为而发";后世学者于此,亦可以见孟子英迈之禀。

4. 舜发于畎亩之中,傅说举于版筑之间,胶鬲举于鱼盐之中,管夷吾举于士,孙叔敖举于海,百里奚举于市。故天将降大任于斯人也,必先苦其心志,劳其筋骨,饿其体肤,空乏其身,行拂乱其所为,所以动心忍性,曾益其所不能。人恒过,然后能改;困于心,衡于虑,而后作;征于色,发于声,而后喻。入则无法家拂士,出则无敌国外患者,国恒亡。然后知生于忧患而死于安乐也。

语出《孟子·告子下》⑥。《明道编》对孟子此章有详尽的考证与

---

① 《明道编》,第69页。

② 《四书集注》,第551页。

③ 《明道编》,第70页。

④ 《论语·乡党篇第十》:"朝,与下大夫言,侃侃如也;与上大夫言,訚訚如也。君在,踧踖如也,与与如也。"

⑤ 《明道编》,第70—71页。

⑥ 《四书集注》,第510页。

诠释：

"舜发于畎亩"者，乃其耕于历山，怨慕父母之时之事也；"傅说举于版筑"者，乃为胥靡筑于傅险之事也，岩，险也；"胶鬲举于鱼盐"者，乃贫窭为捕鱼煎盐之事也；"管夷吾举于士"者，乃子纠见杀、囚于士师之事也；"孙叔敖举于海"者，叔敖、楚人，楚国无海，是其流窜海滨之事也；"百里奚举于市"者，乃以五羖羊皮鬻于楚之事也。此皆天有意于此数人而使之如此，以成就之也。①

"苦其心志"者，物之苦必云荼蓼，心志所遭，虽荼蓼不足喻，此苦之至也；"劳其筋骨"者，劳役疲倦，至于筋骨，此劳之至也；"饿其体肤"者，饿至于体肤消瘦，此饿之至也；"空乏其身"者，贫匮至于赤身，此空乏之至也；"行拂乱其所为"，凡有欲为，必遭颠沛背戾，跬步不可行也；然后"能动心、忍性、曾益其所不能"者，言必至此方能耸动其心，坚忍其性，增加培益其所不能也，此皆其事也。释氏所谓"非忍能忍，难行能行"，亦此意也。②

"人恒过然后能改"者，夫人非自修之笃，不能常知己之有过，知常有过，则愧耻积而悔悟深，惩创切而改之必矣；"困于心"者，其心无可奈何而昏闷也；"衡于虑"者，欲为不可，欲已不能，而横于虑也；"作"，振作也，"而后作"者，然后能振作也；"徵于色"者，见人怒之见于颜色也；"发于声"者，见人诮让毁讪之发于声音也；"喻"者，深晓也，"而后喻"者，必至此而后深晓也。如此言之不足，而又以有国之事为喻："言人之有国，若内无法度之家，拂谏之士；外无攻敌之国，外来之患，其国必多安逸，恣意般乐怠傲，必至于亡而已。""生于忧患"者，因忧患而知思、知慎、知节、知畏、知谨、知保、知修，所以能生也；"死于安乐"者，因安乐而不知思、不知慎、不知节、不知畏、不知谨、不知保、不知修，而至于死也。③

---

① 《明道编》，第24页。
② 同上。
③ 同上书，第25页。

《明道编》以为上述圣贤所经历、遭受的种种磨难、历练，皆人世所必有、人生所不免，若非身履深历，决不能知。再有，亚圣孟子也是笃志坚苦、身历艰难、备尝世故，而得知圣贤之事、言之真切如此。《明道编》还指出，与古之圣贤相反，今之学者稍遇利害、略涉险阻，便欲躲避、不敢承当，如此这般言行，无论如何也无法成就、达致"圣人之学、之道"的。虞舜与傅说、胶鬲、管夷吾、孙叔敖、百里奚这六位圣贤，皆由"身履深历"而成为圣贤；孟子尽管生当衰世，"不待文王而能兴"[①]，亦由"身履深历"而成就。后之学者，不可不知![②]

第三节　黄绾与《五经》

与《四书原古》一样，黄绾晚年编撰的经学名作——《五经原古》，亦佚而不传。倒是黄宗羲编著的《明儒学案》卷十三《浙中王门学案三》"黄绾学案"之中，收录了弥足珍贵的五篇序文，即《易经原古·序》《书经原古·序》《诗经原古·序》《春秋原古·序》《礼经原古·序》文[③]。再有，黄绾存世文献《石龙集》《久庵先生文选》《明道编》之中还存留有一些与"五经"有关的杂论、引文，这也为我们了解、把握黄绾的"经学思想"提供了不少素材。

下文主要依据上列文献，对黄绾关于"五经"的诠释进行一番检讨。

一　《易》：道三才之德

如上所言，黄绾的易学专著——《易经原古》已不存世。对于黄绾的《易》学思想，我们只能通过《易经原古·序》文以及《石龙集》《久庵先生文选》《明道编》等文本中相关"易学"专论，予以盘点、解读。

---

① 《孟子·尽心上》："待文王而后兴者，凡民也。若夫豪杰之士，虽无文王犹兴。"(《四书集注》，第516页)

② 《明道编》，第25页。

③ 黄宗羲：《明儒学案》卷十三《浙中王门学案三·尚书黄久庵先生绾》，载《黄宗羲全集》第7册，第320—328页。

（一）《易经原古》

《易经原古》系黄绾晚年隐居黄岩翠屏山、读书于"家经阁"[1]、著书于"思古堂"[2]时所成。原著尽管佚失，但黄绾本人撰《易经原古·序》文一种存录于黄宗羲编著《明儒学案》之中[3]。

在《易经原古·序》文中，黄绾首先对《易》的性质、宗旨，以"三才之道，圣人之学，忧患之枢"予以揭橥，并对《易》"先天、后天之教"详加辨析；进而回顾自己少年、中年、晚年学《易》、玩《易》、解《易》的心路历程，得出"《易》之在予，皆因忧患而得之"的结论。

1. "先天""后天"之教

一般以为，《易》"先天""后天"之说源自宋儒邵雍[4]。《易》之先天八卦图系伏羲根据"河图"和"洛书"研创而有，因出自伏羲氏，又称"伏羲八卦"；后天八卦图由先天八卦图演变生成，因源自文王，故称"文王八卦"。相关阐发均见之于《易·说卦传》。

先天八卦讲究"对待"，《易·说卦传》："天地定位，山泽通气，雷风相薄，水火不相射。八卦相错。"[5]乾、坤对待，称之为"天地定位"；震、巽对待，称之为"雷风相薄"；艮、兑对待，称之为"山泽通气"；坎、离对待，称为"水火不相射"。"先天"卦的数字排法是："乾一、兑二、离三、震四、巽五、坎六、艮七、坤八。"

后天八卦讲究"流行"，《说卦传》："帝出乎震，齐乎巽，相见乎离，致役乎坤，说言乎兑，战乎乾，劳乎坎，成言乎艮。万物出乎震，震东方

① 黄绾《家经阁记》文："黄子修《四子五经》于山阁，谓其阁曰'家经'。"（《久庵先生文选》卷八，第12页；《黄绾集》，第294页）

② 黄绾《思古堂记》文称"思古堂"系黄绾在嘉靖十九年（1540）之后，迁家翠屏山中所筑之书堂名："黄子山栖之堂，名曰'思古'。"（《久庵先生文选》卷八，第10—11页；《黄绾集》，第294页）

③ 《明儒学案》卷十三《浙中王门学案三》，载《黄宗羲全集》第7册，第320—321页。

④ 关于邵雍及其易学思想之研究，读者可参阅邵雍研究专家郭彧先生的论著，比如孔子2000网站上的"郭彧文集"。郭彧还编校整理了《邵雍集》（《理学丛书》本，中华书局2010年版）、《邵雍全集》（上海古籍出版社2015年版），并有《邵雍全书附注》等。至于邵雍哲学思想之研究最新成果，可参阅王成的博士学位论文：《先天后天：邵雍哲学思想研究》（北京大学，2009年，指导教师：陈来教授）。

⑤ 转引自金景芳、吕绍刚：《周易全解》（修订本），上海古籍出版社2005年版，第611页。

也。齐乎巽，巽东南也；……离也者，明也，万物皆相见，南方之卦也，……坤也者，地也，……兑，正秋也，万物之所说也，……坎者水也，正北方之卦也，……艮，东北之卦也。万物之所成终而成始也。"①后天数次为："坎一、坤二、震三、巽四、中五、乾六、七兑、八艮、离九"。

与上述看法有异，黄绾《易经原古·序》文以"气流行，忧患尚浅""事成用，忧患日深"作为"先天""后天"之教的分疏：

（1）先天之时："以气流行，忧患尚浅""流行者，以象效法"，"先天，以天、地、山、泽、雷、风、水、火八者为象，变为六十四，以示人之效法。非此则忧患兴，人道不彰。效而法之，其要始终于天地。观天行健，以自强不息；观地势坤，以厚德载物"。以上便是黄绾对于"先天之教"的认识。

（2）后天之时："以事成用，忧患日深""成用者，以象趋避"，"后天，以言、动、制器、卜筮四者为事，变为六十四，以示人之趋避。非此则忧患甚，人道危。趋而避之，其要亦始终于天地，为知崇、为礼卑，崇效天以厉志，卑法地以受物"。以上系黄绾所理解的"后天之教"。

据黄绾讲，以上关于《易》"先天、后天之教"的见解，系其少年读书之时所学。

2. 忧患学《易》之历程

《易》之作者对于"易"之创作动机就有"忧患"意识，比如《易传·系辞下》"作《易》者，其有忧患乎"②"《易》之为书也……又明于忧患与故"③云云，讲的就是这个道理。在《易经原古·序》文中，黄绾还结合自己少年为学、中年从政、晚年著述的生命历程，讲述了自己毕生致力于"学《易》""玩《易》""注《易》"的"忧患"过程：

> 先天、后天之教，予少学也，观其卦，考其图，玩其辞，绎其义，昧焉无知也。
> 中涉世故，乃试于世，初见不诚、非理之异，欲用其诚、行其

① 转引自《周易全解》（修订本），第611页。
② 同上书，第588页。
③ 同上书，第594页。

理，而反羞之。既不羞而任诸己，则皆愤世疾邪，有轻世肆志之意。既知愤疾、轻肆之不可，则反而修诸己。修诸己未得，每遭毁誉机阱之交，则多郁郁疑思，幽忧困心，苦无所容其生者，则进之于穷理尽性、以求乐天知命①，庶几可安矣。

然犹未也，又求而进之，则见理在于我，性在于我，天在于我，命在于我，无容穷于我，无容尽于我，无容乐于我，无容知于我，乃一而无二矣。惟艮其止，止于其所，时止而止，时行而行，以观万象，以进观天健，以进观地厚，又观辞变象占，以进观天崇，以进观地卑，然后动静可不失其时，其道可光明矣。然亦不敢为足，实不知予之为予、《易》之为《易》、圣人之为圣人、众人之为众人，执此其往，以履忧患，惟健惟厚、惟崇惟卑之当，孳孳日见其未已。然后知《易》之在予，皆因忧患而得之。学之不易，有如此者。②

总而言之，《易经原古》正是黄绾毕生忧患学《易》的理论发明与心得体会："（予）历数十年，敢以生平所得之艰难者释其义，或先儒之说有同者亦不敢废，谓之曰《易经原古》，故缀以俟君子。"这也是黄绾以"易经原古"为自己所笺注的"易经"命名的原因。

3.《易经原古》的编纂体例

关于《易经原古》的编纂体例，黄绾在《易经原古·序》文中也有简要阐述。黄绾因不满意、不盲从先儒（主要是宋儒）对于"易经"章节之安排与疏读，从而以《先天》诸图为蓝本，对"易"之作者、卦序、传文进行厘辨。

（1）对于《易》作者的厘定

黄绾以《先天》诸图③为文本依据，称：有图无书为伏羲《易》；以"彖辞"为文王《易》；以"爻辞"为周公《易》；以《彖传》《小象传》《系辞传》《文言》《说卦》《序卦》《杂卦》为孔子《易》，还改称《大

---

① "穷理尽性以至于命"语，初见于《易传·说卦传》（《周易本义》，第261页）。

② 文载黄宗羲《明儒学案》卷十三《浙中王门学案三》，见《黄宗羲全集》第7册，第320—321页。

③ 先天诸图，包括《伏羲八卦次序图》《伏羲八卦方位图》《伏羲六十四卦次序图》《伏羲六十四卦方位图》等。详参（宋）朱熹撰，廖名春点校《周易本义》，中华书局2009年版，第11—17页。

象传》为《大象辞》，《大象辞》则系孔子为阐明伏羲《先天易》而作。

（2）《易》六十四卦卦序排列

《易》六十四卦之次序，黄绾《易经原古》主张依《先天横图》即"伏羲六十四卦次序"（详参下图）① 之先后，进行排序：坤、剥、比、观、豫、晋、萃、否、谦、艮、蹇、渐、小过、旅、咸、遁、师、蒙、坎、涣、解、未济、困、讼、升、蛊、井、巽、恒、鼎、大过、姤、复、颐、屯、益、震、噬嗑、随、无妄、明夷、贲、既济、家人、丰、离、革、同人、临、损、节、中孚、归妹、睽、兑、履、泰、大畜、需、小畜、大壮、大有、夬、乾。据此，我们可以对黄绾《易经原古》一书的章目予以把握。

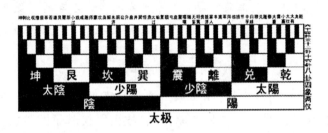

对于上古三代不同时期圣人——神农、黄帝、尧、舜、周（周文王、周公）《易》之厘定，《易经原古》则以孔子《系辞》"包牺氏没，神农氏作。……神农氏没，黄帝、尧、舜氏作"② 云云为依据，以阐明神农、黄帝、尧、舜、周《易》之蕴含。

关于夏、商《易》之卦位次序，《易经原古》以孔子《说卦传》"始终万物莫盛乎《艮》"的表述，即"《艮》，东北之卦也，万物之所成终而所成始也"③"终万物始万物者莫盛乎《艮》"④，以及《系辞上传》"阖户谓之坤，辟户谓之乾"云云⑤；再结合《先天图》《后天图》而推究之。这样，夏《连山》、商《归藏》二"易"的卦位次序即可推出。

此外，黄绾《易经原古》还把《文言》之错于《系辞》者，归置于

---

① 引自《周易本义》，第15页。

② 《周易本义》，第246页。

③ 同上书，第263页。

④ 同上书，第264页。

⑤ 同上书，第240页。

《文言》；《系辞》之错于《说卦》者，归置之《系辞》，及凡诸错序者皆厘正复位。

通读《易经原古·序》全文，读者可以发现，黄绾对自己以"先天"诸图为厘定标准而进行的伏羲《易》、文王《易》、周公《易》、孔子《易》之拣择分类，六十四卦次序的调整，《文言》《系辞》《说卦》错文的辨正等，确实是"历数十年"而"以生平之所得之艰难者释其义"而成。窃以为，中华传统易学思想史发展上，当有黄绾这位经学家的"一席之地"。

然而，明清之际的经史学大家黄宗羲对黄绾《易经原古》的编纂体例，则以"师心自用、颠倒圣经"之语予以鄙弃："夫《先、后天图》说，固康节一家之学也，朱子置之别传，亦无不可。今以《先天诸图》即为伏羲手笔，与三圣并列为经，无乃以草窃者为正统乎？《大象传》之次第，又复从之，是使千年以上之圣人，俯首而从后人也。"① 总之，黄宗羲以《先、后天图》说系宋儒邵雍一人之说辞，而明儒黄绾以所谓的"伏羲《先天诸图》"之说对《易》经、传文次序重新编订，"是使千年以上之圣人（伏羲、文王、孔子），俯首而从后人（邵雍、黄绾）也"。至于黄宗羲的评判是否恰当，拙著在此，存疑而不论，因为黄绾《易经原古》书不存世，无法与黄宗羲《易学象数论》② 进行勘比、解读。

（二）"《易》之微言，莫要于《艮》"

语出《明道编》，详见拙著上章第五节相关论述，此处从略。

（三）《易》学散论

除却《易经原古·序》文献之外，黄绾存世著作《石龙集》《久庵先生文选》《明道编》之中还有不少诗文，涉及黄绾本人对《易》学的理解。兹依相关文本成文时间先后顺序，迻录、阐释于下，以观照黄绾《易》学思想的理论创见。

1. 《上西涯先生书》对《易》之征引

正德二年（1507），时年 28 岁的黄绾在《上西涯先生论时务书》中

---

① 《明儒学案》卷十三《浙中王门学案三·尚书黄久庵先生绾》，《黄宗羲全集》第 7 册，第 319 页。

② 关于黄宗羲对邵雍《先天图说》的评论，可参见黄宗羲《易学象数论》"论先天图"。关于黄宗羲、黄百家父子对邵雍"易"学的评论，还可参见《宋元学案》卷九、十，《百源学案》上、下（见《黄宗羲全集》第 3 册，第 437—584 页）。

论及：明正德初年，内忧外患的时局，使得社会矛盾频频激化，诸如"国门之外，盗贼时时窃发"云云；进而建议朝廷"有司"当及时镇压叛乱。这里，黄绾援引了《易》"防微杜渐"的理论：

> 《易·坤·文言传》："臣弑其君，子弑其父，非一朝一夕之故，其所由来者渐矣。"①
> 《大畜》六四："童牛之牿，元吉。"②
> 《姤》初六："系于金柅，贞吉。有攸往，见凶。羸豕孚蹢躅。"③

上引《文言传》文，意在说明"绝恶者当防之于几微也"；《大畜》《姤》爻辞的本意是说"羸豕之孚诚在于蹢躅"，又言"止恶者不可徒以一时偃伏而忽之"④。从中，黄绾得出结论："凡事未有不起于细微而生于所忽。""星火不灭，终必燎原；蚁孔不塞，久且溃堤"，说明的也是这个道理。

嗣后，黄绾在《再上西涯先生书》中又征引《易·蛊》九二爻辞："干母之蛊，不可贞。"⑤对此，程颐《伊川易传·蛊》解曰："'干母之蛊不可贞'。夫子之于母，当以柔巽辅导之，使得于义。不顺而至败蛊，则子之罪也。从容将顺，岂无道乎？……若伸己刚阳之道，遽然矫拂则伤恩，所害大矣，亦安能入乎？在乎屈己下意，巽顺将承，使之身正事治而已。"⑥黄绾在这里即援引了程颐的注解："说者（按：程颐）谓母为妇人，非刚明之资，当以柔巽辅导，从容将顺，使之身正事治。若伸己刚阳，遽然矫拂，则伤恩反大，安能有所入哉！比刚阳之臣事少主、处疑国，道当如此也。"⑦黄绾本意，意在劝谏恩师李东阳作为"刚阳之臣"（即顾命大臣）在"事少主"（辅佐年幼的正德皇帝）之时，当依循《易·蛊》九二爻辞之义，"屈己下意，巽顺相承，使之身正事治"，进而

---

① 《周易本义》，第47页。

② 同上书，第116页。

③ 同上书，第164页。

④ 《石龙集》卷十六，第13页；《黄绾集》，第321—322页。

⑤ 《周易本义》，第94页。

⑥ 《二程集》，第791页。

⑦ 《石龙集》卷十六，第21—22页；《黄绾集》，第328页。

以委婉的方式规劝国君（正德皇帝）的过失，尽心竭力，以不负先帝（明孝宗）所托。这里，黄绾还举周公辅佐成王之例，"一饭三吐哺，一沐三握发，以急求天下之贤，惟恐不至，隳其辅理，以至成王于有过之地"；接着，又举诸葛孔明相后主之例，"必引一时名流以集众思广忠益，虽阍弱如后主，终孔明之世而无败"。周公、诸葛亮二例，即是古之大臣尽心侍主、不负先帝托付的案例，故而黄绾也希望李东阳效仿周公、诸葛亮。

2. 《复王纯甫书》对《易》之本体论的解读

正德九年（1514），时年35岁的黄绾在《复王纯甫书》（二首之二）中有言，自己"于《易》亦尝用心，但求下手之实"，并以"心地精一"为"立天下之大本"。① 这里，黄绾连用三个诘问来论说《易》之"本体"的重要性："本既不立，则将何变易、随时以从道哉？且《易》为洁净精微之教，舍此不求，不知所谓洁净者何所，而所谓精微者何有？况体用一源、显微无间，未有体不立而用独行、显微而二致者。"②

值得关注的是，黄绾此《书》第一、第三个诘问源自于程颐《伊川易传·序》："《易》，变易也，随时变易以从道也。……至微者，理也；至著者，象也。体用一源，显微无间。"③ 在程颐这里，"本""体"，"体""用"二字连用。"本""体"均指本原；"用"，指显现、作用。隐微的"理"（"体"）与显著的"象"，二者统一，没有间隙。无形的"理"，当以物象来显示其意义和功能（"用"）；有形之物（"用"），源本于无形之理（"体"），故谓"一源"，即源于一"理"，"理"为根本。黄绾引用程颐之论，意在突出"立天下之大本"之于为学、为道的本体论意义。

黄绾所用的第二个诘问即"《易》为洁净精微之教，舍此不求，不知所谓洁净者何所，而所谓精微者何有？"源于《礼记·经解》："洁静精微，《易》教也。……洁静精微而不贼，则深于《易》者也。"④ 孔颖达《礼记正义》云："《易》之于人，正则获吉，邪则获凶，不为淫道，是洁

---

① 《中庸》以"中"为"天下之大本"，还以为："唯天下至诚，为能经纶天下之大经，立天下之大本。"（《四书集注》，第54页）

② 《石龙集》卷十七，第10页；《黄绾集》，第336—337页。

③ 《二程集》，第582页。

④ 杨天宇：《礼记译注》，上海古籍出版社2004年版，第650页。

静。""洁静",言《易》是教导人们从善去邪的洁净之道;"精微",言《易》阐明宇宙万物变易之"理"("本"),深奥精当,广大悉备,无微不尽。"精微"较之于"洁静",更具有"本体论"的意义,前者系"体",后者显"用"。故而黄绾的第二个诘问同第一、第三个一样,皆在阐述对于"易"之"本体"把握的重要性。

3.《寄阳明先生书》对《易》之征引

正德十四年(1519),王阳明因在江西平定宁王朱宸濠叛乱而成有功于社稷之臣。时年40岁的黄绾自浙南台州有《寄阳明先生书》,其中援引了《易·乾》之上九爻辞"亢龙有悔"①,告诫阳明先生在"奸欺盈朝"的时局之中,切记要明哲保身:"闻隆勋绝世,位宠不卜可知。《乾》之上九曰:'亢龙有悔。'此不独人君之象,凡为臣子,处功名位望之极,理亦如此。况危疑之际,事势可忧,不但亢龙而已。……今奸欺盈朝,欲为宗社深虑而事权在人,惟在外可以终济明哲。煌煌君子,其留意焉。"②于此,可知黄绾对时局的担忧和对道友阳明先生的关心。

而此后的事情进展,亦果如黄绾所料:王阳明在擒获宁王朱宸濠之后,拟亲自北上献俘。然正德帝昏庸荒唐,再加上佞臣张忠、许泰等从中怂恿、作祟,正德帝自命为"威武大将军",率军开赴前线。张忠、许泰得知朱宸濠被擒,勒令王阳明把朱宸濠重新放回其被擒地——鄱阳湖,由正德帝"御驾亲征"亲自去捉拿。阳明不从,后把朱宸濠等要犯押解至杭州,交给太监张永。张忠、许泰未能如愿,诬蔑王阳明"抗命不从,蓄谋反叛"。正德帝不信,曰:"以何验反?"张忠等对曰:"召必不至。"有诏面见,阳明即行。张忠等恐语相违,又百般阻挠正德帝与王阳明之间的君臣相见。阳明"不得已,入九华山,每日宴坐草庵中"。后来,正德帝遣人觇之,曰:"王守仁学道人也,召之即至,安得反乎?"在确认王阳明没有反叛之意后,乃命重返江西。③这就是王阳明所经历的"宸濠、忠泰之变"。

4.《学易轩记》疏读

嘉靖三年(1524),任南京都察院经历司经历的黄绾(时年45岁),

① 《周易本义》,第31页。

② 《石龙集》卷十七,第14页;《黄绾集》,第340页。

③ 《王阳明全集》(新编本),第1276—1278页。

在南都官邸寓所驻地——龙广山麓①，结庐以玩《易》，庐舍名之曰"学《易》轩"。嗣后，厥成《学易轩记》一文②，对自己近三十年学《易》、玩《易》的体会与人生经历相结合，阐发自己学《易》、演《易》、玩《易》的经验心得。

《学易轩记》文提道，黄绾本人在放弃科举入仕（20岁左右）之时，即已用功于《易》，以求会通辞义；尽管探赜颇深，然于《易》之精蕴实未能得，从而对《易》发出了"高坚莫及"的感叹。十年之后，即在正德五年（1510，时年31岁），黄绾以母之强命而出仕③，至京师任后军都督府都事；仕三载后，便归隐读书，以求证"道"；隐居十余载而复出仕，即出任南京都察院经历一职。此时的黄绾年未五十，然"衰病日侵"，遂回顾自己近三十年来的人生历程，可谓"多历困塞、备尝险阻"；且于《易》之道，"或潜思于横逆、或研志于悔吝、或精诚于饥寒、或穷虑于疾疢，惩忿窒欲，动心忍性，无所不至"④。据此，黄绾终于默会、体悟到古之圣贤作《易》之志：

> 《易》之兴也，其于中古乎？作《易》者，其有忧患乎？是故《履》，德之基也；《谦》，德之柄也；《复》，德之本也；《恒》，德之固也；《损》，德之修也；《益》，德之裕也；《困》，德之辨也；《井》，德之地也；《巽》，德之制也。《履》，和而至；《谦》，尊而光；《复》，小而辨于物；《恒》，杂而不厌；《损》，先难而后易；《益》，长裕而不设；《困》，穷而通；《井》，居其所而迁；《巽》，称而隐。《履》，以和行；《谦》，以制礼；《复》，以自知；《恒》，以一德；《损》，以远害；《益》，以兴利；《困》，以寡怨；《井》，以辨义；《巽》，以行权。⑤

---

① 南京龙广山，今称富贵山，系紫金山（即钟山）的支脉；位于今太平门外东侧，即南京市玄武区北安门街。

② 《石龙集》卷十四上，第12—13页；又见于《久庵先生文选》卷八，第9—10页；《黄绾集》，第268—269页。

③ 拙著《黄绾生平学术编年》，第46—47页。

④ 《石龙集》卷十四上，第12页；《黄绾集》，第268页。

⑤ 转引自《周易本义》卷三《系辞下传》，第254—255页。

　　这里，黄绾对孔子的《系辞传》文所论九卦之名，又有阐发："'《履》以和行，《谦》以制礼，《复》以自知，《恒》以一德，《损》以远害，《益》以兴利，《困》以寡怨，《井》以辨义，《巽》以行权'，何莫而非处忧患之道乎？非实践不足以明行，故取诸《履》；非谦不足以察礼，故取诸《谦》；非知微不足以进善，故取诸《复》；非常久不足以一德，故取诸《恒》；非损己不足以去害，故取诸《损》；非益善不足以盛德，故取诸《益》；非安困不足以达道，故取诸《困》；非凝定不足以辨义，故取诸《井》；非巽顺不足以适权，故取诸《巽》。盖时之所遭与事之所遇不同，故有九者之名。其为惩忿窒欲、动心忍性，则一而已。"①在得出《系辞传》所提揭的九卦之名缘起后，黄绾又由此联想到文王、周公、孔子等《易》之作者在著《易》之时的情景：文王小心翼翼②，望道未见③；周公夜以继日，坐以待旦④；孔子发愤忘食，乐以忘忧，不知老之将至⑤。这里，黄绾还把文王、周公、孔子的"为学"之况作为后世学者（包括黄绾自己本人）的学《易》之要；进而体悟出了《易》学之妙用与境界："君子于此洗心，退藏于密"，"圣人以此斋戒，以神明其德。"⑥

　　5.《读易》（九首）疏读

　　嘉靖七年至十二年间（1528—1533，即黄绾49—54岁时），黄绾任南京礼部右侍郎，其在政务闲暇之余，更是时常读《易》、玩《易》，并有读书笔记式的心得体会，汇编成杂文——《读易》（九首）⑦。

　　（1）《易》之"体"

　　在《读〈易〉》（九首之一）中，黄绾对《易》之本质（"体"）予以揭橥："《易》者，天地之道、圣人之心法也，其用至广，无所不

------

　　① 《石龙集》卷十四上，第13页；《黄绾集》，第268页。

　　② 《诗·文王之什·大明》："维此文王，小心翼翼。"

　　③ 《孟子·离娄下》："文王视民如伤，望道而未之见。"

　　④ 《孟子·离娄下》："周公思兼三王，以施四事，其有不合者，仰而思之，夜以继日。"

　　⑤ 《论语·述而》："叶公问孔子于子路，子路不对。子曰：'女奚不曰，其为人也，发愤忘食，乐以忘忧，不知老之将至云尔。'"

　　⑥ 《易·系辞下》，《周易本义》，第239页。

　　⑦ 《石龙集》卷十，第1—4页；《黄绾集》，第163—166页。值得注意的是，黄绾《读易》九首之文，又有两首（第六、八首）见于黄绾晚年编撰的《明道编》之中。

该。……欲学以尽圣人之道,舍《易》则无造矣。"① 这里,黄绾对世儒仅以"卜筮"论"易"之"用"的观点予以否认:"圣人用之(《易》)以卜筮,非专为卜筮设也。世儒以卜筮目之,何小《易》之甚也!"② 毋庸讳言,黄绾此论主要是针对朱熹"《易》本是卜筮之书"③ 的主张而有。

(2)《易》之"用"

在《读〈易〉》(九首之二)中,黄绾以孔子《系辞传》"《易》有圣人之道四焉:以言者尚其辞,以动者尚其变,以制器者尚其象,以卜筮者尚其占"④ 为基点,进一步从"言""动""制器""卜筮"四重维度对《易》之"用"进行发挥。

关于"以言者尚其辞",黄绾的解读是:"凡《易》之言,无有不时,即所谓'时然后言者'也,尚其辞则语默之道尽矣。"关于"以动者尚其变",黄绾的理解是:"凡《易》之动,无不循理,尚其变则动罔不时矣。"对于"以制器者尚其象",黄绾的看法是:"凡《易》之象,皆自然呈见,圣人处物用器,皆因自然为制,尚其象则虚器奇巧无所事矣。"对于"以卜筮者尚其占",黄绾的阐发是:"凡《易》之占,皆至诚先知,尚其占则知行法,俟命必由至诚,吉凶祸福皆人事,可先见矣。"⑤

(3)《易》以道阴阳

在《读〈易〉》(九首之三)中,黄绾主要对"阴、阳"之于"易"的意义,即"《易》者,阴阳而已""《易》以道阴阳"之内涵进行了解读。

黄绾以为伏羲"始作八卦"之灵感即是源于"阴、阳":"古之圣人,仰观象于天,俯观法于地,旁观鸟兽之文与地之宜,近取诸身,远取诸物,盖无往而非阴阳也。"⑥ 据此,黄绾得出"穷天地之物,阴阳尽之矣"

① 《石龙集》卷十,第1页;《黄绾集》,第163页。

② 同上。

③ 廖名春:《周易本义·前言》,第10页。张克宾有《朱熹"〈易〉本是卜筮之书"疏论》(《中国哲学史》2011年第2期)文,对朱子之论有研究,可参阅。

④ 《易·系辞上》,《周易本义》,第237页。

⑤ 《石龙集》卷十,第1页;《黄绾集》,第163页。

⑥ 《石龙集》卷十,第1页;《黄绾集》,第164页。《易传·系辞下》:"古者包牺氏之王天下也,仰则观象于天,俯则观法于地,观鸟兽之文,与地之宜。近取诸身,远取诸物。"(《周易本义》,第246页)

的结论。应该指出，朱熹《周易本义》也以为伏羲"俯仰远近，所取不一，然不过以验阴阳、消息二端而已"①，即也主张以"阴、阳"释"易"。

黄绾还注意到了孔子《易传》所阐述的"阴阳交感生万物"的道理："阴阳本一气，一气往来而二气分，交错凝合而万物生，万物变化而民用兴。"②《易传·系辞上》"《易》有太极，是生两仪，两仪生四象，四象生八卦，八卦定吉凶，吉凶生大业"云云③，讲的就是以"阴、阳二气"作为宇宙万物生成的基本质料。也正是对"阴、阳二气"相互作用的把握，使得八卦"通神明之德、类万物之情"成为可能，故曰："一阴一阳之谓道，继之者善也，成之者性也。仁者见之谓之仁，知者见之谓之知，百姓日用而不知。"④ 总之，以"《易》者，阴阳而已"之理，探究《易》理则《易》无遗蕴；伏羲画卦作《易》之始，也是受到"阴（爻）、阳（爻）"的启发。再有，以阴、阳之理稽查于《河图》《洛书》，亦无往而不合，故曰："《易》以道阴阳。"⑤

（4）读《易》之例

孔子对于君子学《易》、玩《易》之事有过说明："君子居则观其象，而玩其辞；动则观其变，而玩其占。"⑥《传习录》卷上载有徐爱所记王阳明对《易》之辞、变、象、占的解释："《易》之辞，是'初九，潜龙勿用'六字；《易》之象，是初画；《易》之变，是值其画；《易》之占，是用其辞。"⑦ 黄绾在《读〈易〉》（九首之四）中，对王阳明的这种看法予以称赞："古未有如此看者，可为读《易》之例。"⑧

（5）《易》合天人之道

《易传·系辞下》有"《易》之为书也，广大悉备。有天道焉，有人

---

① 《周易本义》，第 246 页。

② 《石龙集》卷十，第 1 页；《黄绾集》，第 164 页。

③ 《周易本义》，第 240 页。

④ 同上书，第 228 页。

⑤ 《石龙集》卷十，第 1—2 页；《黄绾集》，第 164 页。

⑥ 《周易本义》，第 225 页。

⑦ 《王阳明〈传习录〉详注集评》，第 49 页。

⑧ 《石龙集》卷十，第 2 页；《黄绾集》，第 164 页。

道焉，有地道焉"① 的论述。在《读〈易〉》（九首之五）中，黄绾主要针对是论，阐发了《易》是"圣人合天人之道以教人"之理："徒谓之天道则违人事，徒谓之人道则失天则。要之，天人同体，道无二致。人事之至乃为天道之尽，必皆有自然之则，不假毫发人力安排。人但为习染私意所汩，故失其则而鲜由之。苟能精思以得其本，实践以尽其道，则天人合一、《易》道在我，四圣之精蕴可见矣。"② 此外，黄绾晚年成《易经原古·序》文中"易者，三才之道，圣人之学"的论断，也与此有关。

（6）明《易》以明象为先

元代儒（经）学家黄泽（字楚望）解《易》，以明象为先，因孔子之言，上求文王、周公之意为主，而其机括则尽在《十翼》，并作《十翼举要》《忘象辩》《象略》《辩同论》等。③

黄泽对于明《易》之道有"明《易》以明象为先"的看法，其《象略》有云："一卦有一卦之象，一爻有一爻之象，或近取诸身，或远取诸物，或以六爻相推，或以阴阳消长。"④ 黄绾《读〈易〉》（九首之六）对黄泽"明《易》以明象为先"之论见予以认同，称"黄楚望论'明《易》以明象为先'，此意最是"⑤。对于"象"的本质，黄绾有言："盖象非别自一物，即理之形见而可象者，故谓之也。"⑥

（7）《彖》《象》之义无二致

孔子于六十四卦各卦象、卦名、卦辞之后，有《彖传》《象传》之作。《读〈易〉》（九首之七）主要对孔子《彖传》《象传》与卦名（"象"）、卦用（"性情"）之间的关系进行了诠释。

黄绾以为，《象传》是对卦之名的阐发，《彖传》是对卦之用的解读。与之相应，"名卦（'象传'）则主于取象，其义皆由于尚象；用卦（'彖

---

① 《周易本义》，第257页。

② 《石龙集》卷十，第2页；《黄绾集》，第164页。

③ （明）宋濂等：《元史》（简体字本）卷一百八十九《列传》第七十六"黄泽本传"，中华书局2000年版，第2889—2890页。

④ 转引自（元）赵汸：《春秋师说》卷下《附录下·黄楚望先生行状》，《文渊阁四库全书》本。

⑤ 《石龙集》卷十，第2页；《黄绾集》，第165页。黄绾关于"黄楚望"论"易"言论又载录于《明道编》（第67页）。

⑥ 《石龙集》卷十，第2页；《黄绾集》，第165页。

传'）则主于性情，其义皆由于性情"①。这里，黄绾举"识人求其性情"
为例：我们认识、了解一个人，必先记住他的形象，而后可以称其姓名；
必先了解、认识了这个人，而后才可以洞悉他的性情。同理，对于《易》
之一卦的把握，只有会通其《象传》《彖传》以掌握卦象、卦义，"会形
象、性情而一之"，而卦之用也便明了，"而后《易》之理具"。

总之，六十四卦各《彖》《象》之辞虽不同，其实《彖》《象》之义
无二致。申而言之，自孔子而上，伏羲、文王、周公之为《易》，其义皆
同，其道无二。② 黄绾以为，这应为后世学人学《易》所当察知。

（8）《同人》取六二、九五得中相应之义，为同人之至

《读〈易〉》（九首之八），主要对《同人》卦六二、九五爻辞进行
解读。

黄绾以为《同人》卦（☲）取六二、九五两爻得中相应之义，即
"六二是《同人》卦之主，从全卦的角度看，它柔得位得中而与九五正
应，是好的"③，是为同人之至，故卦辞曰："同人于野，亨。利涉大川，
利君子贞。"④ 六二与九五正应，正应本来是好的，但六二、九五在《同
人》卦则不好：六二爻辞曰"同人于宗，吝"，九五爻辞曰"同人先号啕
而后笑，大师克相遇"⑤。

问题在于，《同人》一卦之中，卦辞、爻辞（六二、九五），先后有异，
应当如何解释？在黄绾看来，这是因为《同人》全卦之体，无私心而理自
同，故为天下之至同；六二、九五二爻之同，有私心而欲同，这是不合理
的，故不得与"天下大同"之事。由《同人》卦辞、爻辞相异之事，黄绾
得出一个结论："圣人作《易》教人之意，于此切矣，所谓'毫厘之差，千
里之谬'。是故隐微之中、幽独之际，学《易》者可不畏哉！"⑥

（9）君子之学，莫先于言行

《读〈易〉》（九首之九）主要对"诚"之于君子人格养成的意义，

---

① 《石龙集》卷十，第 3 页；《黄绾集》，第 165 页。

② 同上。

③ 《周易全解》（修订本），第 133 页。

④ 《周易本义》，第 79 页。

⑤ 同上书，第 80、81 页。

⑥ 《石龙集》卷十，第 3 页；《黄绾集》，第 165 页。黄绾此处关于《同人》之诠释又转录于
《明道编》（第 67 页）。

进行解读。

黄绾以为，对《乾·文言传》"修辞立其诚"① 一语应作如是解读：修其内以达于外，君子所以"进德修业"②；修其外以亡其内，则所谓"巧言令色鲜矣仁"③。还有，《易传·系辞上》终于"默而成之"④，所以养其诚也；《系辞下》终于六"辞"字⑤，所以验其诚不诚也。故《中庸》曰："庸德之行，庸言之谨，有余不敢尽，有所不足，不敢不勉。言顾行，行顾言。"⑥

据上，黄绾得出结论："君子之学，莫先于言行。"⑦ 这也是学《易》的一大要诀。

6.《纪言赠浚川子》对《易》之征引

嘉靖十二年（1533），因好友王廷相离开南都北上任要职，时年 54 岁的黄绾作《纪言赠浚川子》。⑧ 其《纪言》文引用了《易·坎》六四爻辞"纳约自牖"⑨、《易·睽》九二爻辞"遇主于巷"⑩，来分析君（嘉靖帝）臣（王廷相）关系：

> 《易》云："纳约自牖"，"遇主于巷"。此实古人深知君臣势分之远、人情趋向之殊，然为大臣而欲尽格心匡辅之道，必有甚难而不易致力者，故指牖巷之理以示之。谓人心必有所明，人情必有所至，苟能察识，如见其牖则必纳约，如见其巷则必遇主，不独君臣，朋友之间亦有然者。⑪

---

① 《周易本义》，第 36 页。

② 同上书，第 37 页。

③ 《论语译注》，第 3 页。

④ 《周易本义》，第 243 页。

⑤ 《易传·系辞下》："将叛者其辞惭，中心疑者其辞枝。吉人之辞寡，躁人之辞多。诬善之人其辞游，失其守者其辞屈。"（《周易本义》，第 259—260 页）

⑥ 《四书集注》，第 32 页。

⑦ 《石龙集》卷十，第 3—4 页；《黄绾集》，第 166 页。

⑧ 拙著《黄绾生平学术编年》，第 243 页。

⑨ 《周易本义》，第 124 页。

⑩ 同上书，第 148 页。

⑪ 《石龙集》卷十，第 15 页；《黄绾集》，第 176—177 页。

据此可知，黄绾希望王廷相作为臣子，在嘉靖帝身边供职之后，当恪尽臣道，格君心之非、匡正辅助国君，以期实现"嘉靖中兴"的美好愿景。

7. 《遵圣谕敷王道以永定人心疏》对《易》之征引

嘉靖十三年（1534）夏，黄绾（时年56岁）在查勘、赈济大同兵变之时，拜《遵圣谕敷王道以永定人心疏》。① 其《疏》文有对《易·比》九五爻辞的征引：

> 《易》曰："王用三驱，失前禽，邑人不诫，吉。"此乃古帝王伐恶安人、保无后艰之道也。故臣昨于王福胜等则密切擒之以正典刑，其郭经等则书名、图形、悬榜晓知而后捕之。又戒有司毋事贪功、毋急追索、听其自逃，其逃而不脱者则获之，其逃而得脱者即徐待之，但使不敢入镇城、为地方之害则善矣。②

这里，黄绾借用《比》之九五爻辞"王用三驱，失前禽，邑人不诫，吉"③，来解读自己代表国君（"九五之尊"）对于逃犯所采取的宽大仁爱之策，"说明王者亲比天下，采取来者不拒，去者不追，不强求，无隐伏，一切听其自然"④ 的策略。

8. 《明道编》对"一阴一阳之谓道，继之者善也，成之者性也"的阐发

《易·大传》有曰："一阴一阳之谓道，继之者善也，成之者性也，仁者见之谓之仁，知者见之谓之知，百姓日用而不知，故君子之道鲜矣。"⑤ 黄绾晚年所成《明道编》中对此一句有解释，主要侧重点在于对"性"之一字的解读。黄绾先是援引程颢之言："论性不论气，不备，论气不论性，不明。"⑥ 进而得出"此夫子之言性所以为明且备也"的结论。详而言之：

---

① 《黄绾生平学术编年》，第 272 页。

② 《久庵先生文选》卷十六，第 1—2 页；《黄绾集》，第 638 页。

③ 《周易本义》，第 67 页。

④ 《周易全解》（修订本），第 100 页。

⑤ 《周易本义》，第 228 页。

⑥ 《二程集》，第 81 页。

"一阴一阳之谓道"，气也；"继之者善"，此指阴阳之流行也；"成之者性"，此指阴阳之成质也。其云"善"者，指二气中之"理"言也；其云"性"者，指形质知觉中之"理"言也。"仁者见之谓之仁，知者见之谓之知"，就其所至之等，见其所有之理也；"百姓日用而不知"者，日由斯气斯理之中，而不知斯气斯理之所以为用也。此君子所以成己成物之道难成而鲜遂也。①

总之，在黄绾看来，《易传》之论"性"，持之有故、言之成理，不禁发出了"世之言性，孰过此哉"的感叹！

9.《明道编》对《谦》之卦辞、象传的解读

《谦》之卦辞曰："谦，亨，君子有终。"② 孔子《象》："谦，亨，天道下济而光明，地道卑而上行。天道亏盈而益谦，地道变盈而流谦，鬼神害盈而福谦，人道恶盈而好谦。谦尊而光，卑而不可逾，君子之终也。"③黄绾在《明道编》中以"圣人相传之学，成始成终皆在于《谦》"为立论前提，对孔门高足曾子、颜回等圣贤君子"以《谦》为务"的美德大加赞颂。

曾子得《谦》之道于孔子，故作《大学》，有曰："所谓诚其意者，毋自欺也。如恶恶臭，如好好色，此之谓自谦，故君子必慎其独也。"④《明道编》以为这是曾子"明《谦》之学"："其要在于慎独以致其知；慎独以致其知，其要在于毋自欺；知自欺如恶恶臭，知不欺如好好色，则意诚而《谦》得矣。"⑤ 曾子作为孔门高足，见同门道友之中真知以《谦》为务者甚少，唯见颜回能之，故特称之曰："以能问于不能，以多问于寡，有若无，实若虚，犯而不校，昔者吾友尝从事于斯矣。"⑥ 在此，黄绾对于孔门"以谦为务"的为学、为道之方予以总结："此非颜子不能以此学孔子，非曾子不能以此知颜子，则曾子之潜心虚己以取友可知

---

① 《明道编》，第6—7页。

② 《周易本义》，第84页。

③ 同上书，第85页。

④ 《四书集注》，第11页。

⑤ 《明道编》，第9页。

⑥ 《论语译注》，第80页。

矣。"① 与此同时，黄绾真诚地希望后世学者放弃"以胜心为本""成名安身、谐世取宠"的不良习气，"深明圣人《谦》亨之学"②，以期实现立人、明道的儒者志业。

二 《书》：道群圣政要

如所周知，《书经》（亦称"尚书"）作为"上古帝王之书"，分《虞书》《夏书》《商书》和《周书》四部分，基本内容是上古三代帝王的文告和君臣之间谈话记录，有"典""谟""诰""训""誓""命"等多种文体。"典"主要记载当时的典章制度，"谟"以记载君臣之间谈话、策划、筹谋大事为主，"诰"是君王对臣民封王、大臣的劝告诫教之辞，"训"是臣下对君王的劝教之辞，"誓"记录了君王和诸侯的誓众之辞；"命"系帝王任命官员、赏赐诸侯的册命。③《书经》之中所记载的上古三代圣君贤臣之于"治国理政"的经验、心得，最为后世儒臣所津津乐道。

黄绾作为人臣，主要从"臣道"的角度出发，对《书经》中所描述的上古三代之功业道德大盛、君臣共治所成"雍熙太和""百姓昭明，协和万邦"的太平盛世景象，予以关注与思考："古言功业之大，道德之盛无过于唐、虞、三代，言君则无过于尧、舜、禹、汤、文、武，言臣则无过于皋、夔、稷、契、伊、傅、周、召。"④ 黄绾在中年进入仕途之后，"或出或处""南北靡常"，往来于家乡（黄岩）与两京（京师、南都）之间，尤致力于《书经》所描述的社会治理方案付诸于正德、嘉靖二朝的政治实践。这也是黄绾笺注《书经原古》的动机。

（一）《书经原古》

卷数不明，今佚而不存。《书经原古》系黄绾对《书经》"正其错简"、进行笺注的经学专著。《嘉庆太平县志》《台学统》中录有书目。其中《台学统》称"'此书但正其中错简'，于今文、古文不加考辨。见

---

① 《明道编》，第9页。

② 同上。

③ 李民、王健：《尚书译注·前言》，上海古籍出版社2000年版，第28—29页。

④ 《明儒学案》卷十三《浙中王门学案三·尚书黄久庵先生绾》，载《黄宗羲全集》第7册，第321—322页。

《明儒学案》《太平县志》"①。

　　黄宗羲《明儒学案》中存录有黄绾《书经原古·序》文一种，从中，我们可以了解到黄绾从少年、中年到晚年，一生研读、笺注《书经》而成《书经原古》的一些基本信息。《序》文提道：黄绾本人早年便关注、研读《书经》，并以其中上古三代君臣之功业、道德勉励自己，进而出仕，即"早尝有志，寤寐景行，黾勉从仕"云云。然而，现实官场的残酷混乱（正德五年至正德七年，1510—1512）与《书经》中所述"君臣雍雍济济、感德仰恩、相与揖让于一堂之上"的理想愿景，差距甚大，"虽幸有遭，命与心违"。故而黄绾托疾还乡，"归卧穷山，扫迹蓬户"，隐居读书，长达十年之久（正德八年至嘉靖二年，1513—1523），并专取《书经》之《典》《谟》《训》《诰》文，反复研读，以体究、默会、领悟其"微言大义""言外之旨"，终有所得："一旦恍然若有所启，若见言外之旨，目击其君臣雍雍济济、感德仰恩、相与揖让于一堂之上，皆有以见其道德高明如天、容物之所不能容，博厚如地、载物之所不能载，悠久无疆、成物之所不能成。逆顺万途，贤愚万类，公私取舍，皆不出其范围。"② 欣喜之余，黄绾发出了"斯学既绝，如斯道德所以久不明于人，如斯功业所以久不明于世，予何泪没"③ 的无限感慨！遂立"为往圣继绝学"之志，以便后世之君子证斯"学"、明斯"道"，黄绾决定订正《书经》篇、文之错简，并"随其所得，或因旧闻为笺"，名之曰《书经原古》。

　　简言之，黄绾在正德八年（1513）至嘉靖二年（1523）隐居台州黄岩紫霄山读书、著书之时，已经对《书经原古》发凡起例并草创成型。至嘉靖十九年（1540）结束仕宦生涯而迁居黄岩翠屏山之后，又于翠屏山之"思古堂""家经阁"中，润色定稿。

　　上文已论，在《书经原古·序》文中，黄绾还对《书经》之中所描述、后世儒者所推崇的上古三代之时，圣君贤臣所成就之盛大功业、高尚

---

　　① （民国）王棻：《台学统》卷四十四《性理之学》三十二，民国七年吴兴刘氏嘉业堂刻本，第14页。参阅笔者下段行文之中关于黄宗羲对《书经原古》的概述，可知王棻之语出自黄宗羲《明儒学案》。

　　② 文见（明清之际）黄宗羲《明儒学案》卷十三《浙中王门学案三》，载《黄宗羲全集》第7册，第322页。

　　③ 《明儒学案》卷十三《浙中王门学案三》，载《黄宗羲全集》第7册，第322页。

道德予以揭示：“古言功业之大、道德之盛，无过于唐、虞、三代，言君则无过于尧、舜、禹、汤、文、武，言臣则无过于皋、夔、稷、契、伊、傅、周、召。”进而告诉世人，三代君臣之所以成就如此盛大功业、高尚道德之原因：“夫功业由道德，道德由其学，其学由于其心，必知其学，然后其心可得知也。”①

申而言之，上古三代帝王之成就可以归结为以“艮止”之心行“执中”之道，“盖自伏羲以来，以‘艮止’启存心之法”，唐尧即以“允执厥中”示由道之要：

> 尧曰：“咨！尔舜！天之历数在尔躬，允执其中。四海困穷，天禄永终。舜亦以命禹。”（《论语·尧曰篇第二十》)②

至舜、禹，则以“人心道心”“危微精一”“安止几康”明“允执厥中”之要：

> 帝（舜）曰：“来！禹！降水儆予，成允成功，惟汝贤；克勤于邦，克俭于家，不自满假，惟汝贤。汝惟不矜，天下莫与汝争能；汝惟不伐，天下莫与汝争功。予懋乃德，嘉乃丕绩。天之历数在汝躬，汝终陟元后。人心惟危，道心惟微，惟精惟一，允执厥中。无稽之言勿听，弗询之谋勿庸。可爱非君？可畏非民？众非元后何戴？后非众罔与守邦。钦哉！慎乃有位，敬修其可愿。四海困穷，天禄永终。”（《书经·大禹谟》)③
>
> 禹曰：“安汝止，惟几惟康。其弼直，惟动丕应。徯志以昭受上帝，天其申命用休。”（《书经·益稷》)④

至商汤、周文、武，则以“钦止、艮背”明“建中、绥极”之要：

---

① 文见《明儒学案》卷十三《浙中王门学案三》，《黄宗羲全集》第 7 册，第 321—322 页。

② 《论语译注》，第 207 页。此处及下文着重号系笔者添加。

③ 《尚书译注》，第 32 页。

④ 《尚书译注》，第 43 页。

王（太甲）惟庸罔念闻。伊尹乃言曰："先王（成汤）昧爽丕显，坐以待旦。旁求俊彦，启迪后人，无越厥命以自覆。慎乃俭德，惟怀永图。若虞机张，往省括于度，则释。钦厥止，率乃祖攸行。惟朕以怿，万世有辞。"（《书经·太甲上》）①

艮：艮其背，不获其身；行其庭，不见其人。无咎。（《周易·艮》）②

王懋昭大德，建中于民，以义制事，以礼制心，垂裕后昆。（《书经·仲虺之诰》）③

惟皇上帝，降衷于下民。若有恒性，克绥厥猷惟后。（《书经·汤诰》）④

皇极：皇建其有极，敛时五福，用敷锡厥庶民。惟时厥庶民于汝极，锡汝保极。凡厥庶民，无有淫朋；人无有比德，惟皇作极。凡厥庶民，有猷有为有守，汝则念之。不协于极，不罹于咎，皇则受之。……曰皇极之敷言，是彝是训，于帝其训。凡厥庶民，极之敷言，是训是行，以近天子之光。曰天子作民父母，以为天下王。（《书经·洪范》）⑤

在黄绾看来，尧、舜、禹、汤、文、武历代圣人传心之要，其实就是伏羲氏所发明之"艮止"；"苟得其要，虽在数千载之下，可见数千载之上"⑥。也就是说，后世君臣只要把握了"艮止、执中之学"，便可用之治世，以成就不朽之功业。

需要说明的是，或许是未睹《书经原古》全文之故，明清之际的思想家黄宗羲仅根据黄绾《书经原古·序》文之"自序"而对《书经原古》作出一句看似无关痛痒的评价："《书》则正其错简而已。"⑦

---

① 《尚书译注》，第 128 页。
② 《周易本义》，第 186 页。
③ 《尚书译注》，第 113 页。
④ 同上书，第 116 页。
⑤ 同上书，第 221—222 页。
⑥ 《明儒学案》卷十三《浙中王门学案三》，《黄宗羲全集》第 7 册，第 321—322 页。
⑦ 同上书，第 319 页。

（二）"《书》之要旨，莫大于执中"

见本书第三章第五节相关论述，此处行文从略。

（三）《书经》散论

《石龙集》《久庵先生文选》等黄绾存世文献中，有对《书经》原文的援引。比如嘉靖十三年夏，黄绾在查勘、赈济大同兵变之时，有上《遵圣谕敷王道以永定人心疏》，其中有对《书经》的征引与解释。

1. 《书·洪范》曰："无有作好，遵王之道；无有作恶，遵王之路。"①

黄绾以为，此乃古帝王致治保邦以成雍熙之道也。故而黄绾"于大同乱军情罪之当必明者，决不敢畏难而为姑息；当勿论者，亦不敢作恶而为加增"②。

2. 《书·大禹谟》："宥过无大，罪故无小。"③

黄绾的解释是："人之为恶，如非本心，犹可以改，虽大亦当宥也；如出本心，即不可改，虽小亦当罪也。"④

3. 《书·胤征》："歼厥渠魁，胁从罔治。"⑤

黄绾以为："'渠魁必歼'，正谓恶由本心；'胁从罔治'，正谓恶非本心。其不宥与宥，一皆至理，而非若后世姑息惨刻之为也。"⑥

总之，在黄绾看来，自己在抚勘"大同兵变"之中，对要犯、胁从所采用的策略与处置方式，皆有经典（《尚书》）依据，既"合法、合理"，又"合情"。

三 《诗》：道古人性情

传统儒家提倡"礼乐教化"，而《诗经》正是"礼乐教化"得以推行的重要载体。

孔子曰："温柔敦厚，诗教也。"⑦ 孔子在《论语》中更是以《诗》

---

① 《尚书译注》，第 222 页。

② 《久庵先生文选》卷十六，第 1 页；《黄绾集》，第 637 页。

③ 《尚书译注》，第 30 页。

④ 《久庵先生文选》卷十六，第 1 页；《黄绾集》，第 638 页。

⑤ 《尚书译注》，第 100 页。

⑥ 《久庵先生文选》卷十六，第 1 页；《黄绾集》，第 638 页。

⑦ 《礼记译注》，第 650 页。

教人：

> 不学《诗》，无以言。①
> 诗三百，一言以蔽之，曰思无邪。②
> 小子何莫学夫《诗》？《诗》可以兴，可以观，可以群，可以怨。
> 迩之事父，远之事君，多识鸟兽草术之名。③

孟子也多论《诗》之用：

> 说《诗》者不以问害辞，不以辞害志，以意逆志，是为得之。④
> 颂其《诗》，读其书，不知其人可乎？是以论其世也。⑤

孔孟等儒家圣人之言，就决定了《诗经》在儒家经典中所扮演的举足轻重的地位与作用。

书香门第出身的黄绾，"耕读传家"，童年受家教（外祖父、祖父）影响，即学《诗》、习《诗》。二十岁左右，便能通晓《诗》之大义，"弱冠即优通《诗》义，尤善古诗文"⑥。晚年居家之时，黄绾对自己的《诗》学理论进行了系统总结，并有《诗经原古》之作。惜不存世，仅有"序"文一篇，存录于黄宗羲《明儒学案》之中。

（一）《诗经原古》

卷数不详，今佚而不存。《诗经原古》系黄绾晚年对当时（明代中期）传世流传的《诗经》诸版本重新加以编排、笺注而成的一部经学著作。《嘉庆太平县志》《台学统》录有书目。《台学统》记曰："以《南》《雅》《颂》合《乐》者次第于先，退《十三国》于后。去'国风'之

---

① 《论语译注》，第178页。
② 同上书，第11页。
③ 同上书，第185页。
④ 《四书集注》，第453页。
⑤ 同上书，第476页。
⑥ （明）施沛《南京都察院志》卷三十九《人物三·经历列传·黄绾传》，日本内阁文库藏明天启刻本，第46页。

名，谓之'列国'。《鲁颂》亦降为'列国'。见《明儒学案》。"①

《明儒学案》中存录有黄绾《诗经原古·序》文一种②，从中，我们基本可以窥知《诗经原古》之编排体例及其"诗"学大旨。黄绾在少年之时即学《诗》，但是直到"白首"即晚年迁居黄岩翠屏山、读书著书于"家经阁"时，才通晓"《诗》合于《乐》，古之教"以及孔子"删《诗》定《乐》"的真正意图。

在《诗经原古·序》文中，黄绾指出，在孔子之时（包括孔子之前），《诗》《乐》并称③："《诗》合于《乐》，古之教也。"《诗》《乐》二者，犹如'孪生'，相互和合、共生共存。而孔子"删《诗》定《乐》"即"定《乐》合于《诗》"之事，其及门弟子皆知之。对此，《论语》《史记》皆有载：

> 子曰："吾自卫反鲁，然后《乐》正，《雅》《颂》各得其所。"（《论语·子罕篇第九》）④
>
> 孔子语鲁大师："《乐》其可知也。始作翕如，纵之纯如，皦如，绎如也，以成。吾自卫反鲁，然后《乐》正，《雅》《颂》各得其所。"（《史记·孔子世家》）⑤

遗憾的是，"夫子没而微言绝，七十子丧而大义乖，则知之者鲜矣"⑥。后世即在两汉之时，《诗》分为鲁、齐、韩、毛四家，皆以为《乐经》亡佚而不存。尔后历代注《诗》者大都不知《乐》，更不知《诗》《乐》相互"和合"的基本常识。

---

①　（民国）王棻：《台学统》卷四十四《性理之学》三十二，民国七年吴兴刘氏嘉业堂刻本，第 14 页。参阅笔者下段行文之中关于黄宗羲对《诗经原古》的概述，可知王棻之评论出自黄宗羲《明儒学案》。

②　《明儒学案》卷十三《浙中王门学案三》，载《黄宗羲全集》第 7 册，第 323—324 页。

③　黄绾早年有礼乐之志，并对《乐经》有一定关注与研究，其《复二泉先生书》有云："绾无似，亦妄有礼乐之志，编讨穷探，已经数岁。初谓有得，既而思之，此皆古人糟粕，于我何有？故悉焚弃。《传》曰：'大乐与天地同和，大礼与天地同节。'又曰：'知礼乐之情者能作。'则知礼乐在人，可易言哉！（见《石龙集》卷十七，第 11 页；《黄绾集》，第 337—338 页）

④　《论语译注》，第 92 页。

⑤　（西汉）司马迁：《史记》，中华书局 1982 年版、2003 年重印本，第 1936 页。

⑥　《明儒学案》卷十三《浙中王门学案三》，载《黄宗羲全集》第 7 册，第 323 页。

对于《诗》《乐》二者如同"孪生"、相互"和合"的关系，黄绾也有详细说明："《诗》发之情而动之志，动之志而著之言，言永而依之声，声永而协之律，律和而谐之音，此五声、六律、八音之所不废而合于《乐》也。"① 如所周知，"五声"即宫、商、角、徵、羽，"六律"即黄钟太簇、姑洗蕤宾、夷则无射、大吕夹钟、仲吕林钟、南吕应钟，"八音"即金、石、丝、竹、匏、土、革、木。以"五声、六律、八音"言《诗》，而《诗》即同在。

为了进一步阐释"《诗》合于《乐》""言《乐》而《诗》在"的"《诗》《乐》为教"之理，黄绾试图以《诗经》文本阐发之：《周南》《召南》之诗，主要讲述了文王后妃之"德"与周、召二公之"化"，"故尝被之管弦，以为房中之乐，用之闺门、乡党、邦国"；《大、小雅》《周、商颂》之诗，主要歌颂周文、武二王之功德以及周部族先人后稷、公刘、太王、王季之功业积累，"故尝协之钟鼓管籥，以为朝廷郊庙之乐，用之燕飨、荐之神明"。如此一来，《诗》《乐》结合，以志感志，声、律、音三者无不"相感、相应"而"气"亦融入其中；气融情动，幽明共和，"以之治人，所以陶镕变化，养其性情，而莫知所为者；以之事神，上下和应，莫不孚格"。在黄绾看来，这就是在上古三代之时，《诗》《乐》之教共同发生作用的结果。

此外，传世《诗经》"国风"除却《周南》《召南》以外，其他"十三国"即邶、鄘、卫、王、郑、齐、魏、唐、秦、陈、桧、曹、豳，皆属九州之旧域，并有古圣贤之遗教，但其后"君非一人，贤否不一，教化亦异，风俗不能不变。然圣贤之遗，亦时有存者，或贤人贞妇之不得志、或里巷男子之道情，或时有可感、或事有当悯，及夫公刘之肇基王业，周公之克艰王室，《诗》之得失皆可见也。此虽可弦歌而《乐》不常用，但用之讽志，以备观省劝惩而已"②。可知，"十三国"之《诗》已经无法与《周南》《召南》《大、小雅》《周、商颂》相提并论；因为"十三国"之诗不常用《乐》，而《诗》《乐》并存共教之理复不在。所以，孔子删

---

① 《明儒学案》卷十三《浙中王门学案三》，载《黄宗羲全集》第 7 册，第 323 页。关于"五声、六律、八音"的文本出处，见之于《书经·益稷》："予（舜）欲闻六律、五声、八音，在治忽，以出纳五言，汝听。"（《尚书译注》，第 43 页）

② 《明儒学案》卷十三《浙中王门学案三》，载《黄宗羲全集》第 7 册，第 323—324 页。

《诗》之时，"特举其籍而讨论之，皆因其旧，去其重复，正其紊乱，明其善恶，以为万世教化之本"。《史记·孔子世家》载：

> 古者《诗》三千余篇，及至孔子，去其重，取可施于礼义，上采契后稷，中述殷周之盛，至幽厉之缺，始于衽席，故曰"《关雎》之乱以为《风》始，《鹿鸣》为《小雅》始，《文王》为《大雅》始，《清庙》为《颂》始"。三百五篇，孔子皆弦歌之，以求合《韶》《武》《雅》《颂》之音。礼乐自此可得而述，以备王道，成六艺。①

晚年的黄绾自以为在彻底通晓"《诗》合于《乐》，古之教"以及孔子"删《诗》定乐"的真正意图之后，便对传世流行的《诗经》文本重新编排而成《诗经原古》。具体做法是，以《南》《雅》《颂》合《乐》者，次第于先；退"十三国"于后，去"国风"之名，谓之"列国"；鲁之有《颂》，僭也，亦降之为"列国"②。黄绾以为，唯有如此编排《诗经》，才足以以明孔子之志，恢复三代（包括孔子）之时《诗》《乐》两全之原貌。

缘此之故，黄绾对《诗经原古》的学术定位是："以俾审音、讽志之有考，陶镕、孚格、劝戒之有法，以俟学《诗》、学《乐》者之两得。"对于黄绾的良苦用心，我们应该予以认可。然而，在明清之际的经史学大家黄宗羲看来，黄绾此举并非其本人首创，而是源自于南宋学者程大昌③："《诗》有《南》《雅》《颂》及'列国'之名，而曰'国风'者非古也，此说本于宋之程泰之。泰之取《左氏》季札观乐为证，而于《左

---

① 《史记》，第 1936—1937 页。杨伯峻的《论语译注》以为，《史记》所说"孔子曾把三千余篇的古诗删为三百篇，是不可信的"（氏著第 92 页）。周振甫的《诗经译注（修订本）·前言》也指出"孔子没有说过诗三千余篇的话，没有说过删诗的话。……音乐也不是孔子配的，……说孔子给《诗》配上音乐是不对的。……司马迁讲的话，都是不对的"（氏著第 2—3 页）。后生才疏学浅，对于杨、周二先生之言不加评论，特摘录于此，以便读者留意焉。

② 黄绾对把鲁由"颂"降为"列国"的解释是："鲁之有《颂》，实僭天子礼乐。夫子，鲁之臣子，故不削，使读者自知其非。今黜之于《列国》，以明夫子之志。"（转引自《黄宗羲全集》第 7 册，第 324 页）

③ 《宋史》卷四百三十三《列传》第一百九十二《儒林三·程大昌传》（见《宋史》[简体字本]，第 10039 页），称程大昌"笃学，于古今事靡不考究"。有《禹贡论》《易原》《雍录》《易老通言》《考古编》《演繁露》《北边备对》行于世。另有《程文简集》二十卷，已不传世。

氏》所云'《风》有《采蘩》《采苹》'，则又非之，是岂可信？然季札观乐次第，先《二南》，即继之以'十三国'，而后《雅》《颂》。今以《南》《雅》《颂》居先，'列国'居后，将复何所本乎？此又泰之所不取也。"①

"季札观乐"事，见之于《春秋·襄公二十九年》。《经》："吴公子札来聘。"② 即在鲁襄公二十九年（前544），吴公子季札到鲁国来聘问；他知道周天子已经把周乐送给鲁国，故而向时任鲁国大夫叔孙穆子请求一观周乐之风采，叔孙穆子同意了他的请求。《左传》记载："吴公子札来聘。……请观于周乐。使工为之歌《周南》《召南》，……为之歌《邶》《鄘》《卫》……为之歌《王》……为之歌《郑》……为之歌《齐》……为之歌《豳》……为之歌《秦》……为之歌《魏》……为之歌《唐》……为之歌《陈》……自《郐》以下无讥焉。为之歌《小雅》……为之歌《大雅》……为之歌《颂》……"③ 至于黄绾《诗经原古》对于诸诗的编排次序是否源自于程大昌，限于史料不足征，笔者无法判定；但是，可以肯定的是，黄绾对于《春秋左氏传》"季札观乐"这段史料是了然于胸并有所借鉴的，因为黄绾所成《春秋原古·序》文提及：自己编订《春秋原古》之时，曾参阅了《左传》的相关史料④。

程大昌、黄绾、黄宗羲三人对《诗经》内容编排次序，究竟孰是孰非，笔者限于学力与所掌握资料有限，难有定论。在此，我们不妨借用黄宗羲在创作《明儒学案》之时，所倡导的在学术研究中力主的"存同求异"的治学方法视之："学问之道，以各人之自用得着者为真。凡倚门傍户、依样葫芦者，非流俗之士，则经生之业也。"⑤ 作为后之学者，我们对于黄绾、黄宗羲各自"一偏之见""相反之论"的"不同处正宜着眼理会"。故而，对于黄绾的观点，持存一种保留意见的态度，也未尝不可。

（二）《读诗》（十九首）解读

除却《诗经原古·序》文外，《石龙集》中存有黄绾在任职南京礼部之时所撰读《诗》笔记摘录十九条，称《读诗》（十九首）。这为我们了

---

① 《明儒学案》卷十三《浙中王门学案三》，载《黄宗羲全集》第7册，第319页。

② 杨伯峻：《春秋左传注》（修订本），中华书局2000年版，第1153页。

③ 《春秋左传注》（修订本），第1161—1164页。

④ 《明儒学案》卷十三《浙中王门学案三》，载《黄宗羲全集》第7册，第326页。

⑤ 《明儒学案·发凡》，载《黄宗羲全集》第7册，第6页。

解黄绾的《诗》学创见及《诗经原古》的编纂之旨，也提供了若干素材。兹根据所述主题归类，解读于下。

1.《诗》本人情、关政事

《礼记·乐记》云："治世之音，安以乐，其政和；乱世之音，怨以怒，其政乖；亡国之音，哀以思，其民困。声音之道，与政通矣。"① 对《诗》之发生与效用的理解，黄绾借鉴了《乐记》"音"与"政"通的说法，以为《诗》的创作、产生"本人情、关政事"：

> 《诗》本人情、关政事。夫人情系所感，政事有降替，故有治世、乱世、亡国、欲治之不同。治世之政明，其人乐、其情和，其《诗》之音敬以清。乱世其政乖，其人困、其情愤，其《诗》之音悲以激。亡国之世，其政弛、其人荡、其情淫，其《诗》之音近以肆。欲治之世，或乱而思，或政未备，其人惕、其情远，其《诗》之音勤以深。②

正是基于以上判定，黄绾又根据《诗经》具体篇目，予以说明《诗》"本人情、关政事"之理。比如《关雎》《文王》《清庙》之音即是治世之诗所发，体现了"敬以清"的特质；《北门》《黍离》《正月》《雨无正》之音即是乱世之诗所发，体现了"悲以激"的性格；《静女》《桑中》《还》《卢》之音即是亡国之诗所有，有"近以肆"的特点；《七月》《定中》《鸿雁》之音即是欲治之诗所有，有"勤以深"的特征。也正是基于"《诗》本人情、关政事"的说法，黄绾在《读诗》（十九首）文中重申了孔子对《诗》之用的评论："故学《诗》，可以兴、可以观、可以群、可以怨，又可以事君父、可以达政事、可以专对、使四方也。"③

2.《诗》以道性情

《毛诗·大序》曰："《诗》者，志之所之也。在心为志，发言为

---

① 《礼记译注》，第468页。

② 《石龙集》卷十，第4页；《黄绾集》，第166页。

③ 《石龙集》卷十，第4页；《黄绾集》，第166页。《论语·阳货篇》："子曰：'小子何莫学夫诗？诗可以兴，可以观，可以群，可以怨。迩之事父，远之事君，多识于鸟兽草木之名。'"

《诗》。"① 宋儒朱熹在注《论语·泰伯篇第八》孔子"兴于诗"云云之时，也有"诗本性情"之论："兴，起也。《诗》本性情，有邪有正，其为言既易知，而吟咏之间，抑扬反复，其感人又易入。"② 意谓《诗》言志，其在人之内心世界即是"志"，而用言语表达出来就是"诗"，这就是古人所云"《诗》以道性情"原因之所在。

黄绾对于古人所论"《诗》以道性情"之语，颇为赞赏，并且指出：与古《诗》所主"《诗》言志"之旨趣不同，今之为《诗》者"专事模拟其言而不求其志"③。显而易见，今人作《诗》者，已经背离了古人《诗》作之本义。为了矫正今人作《诗》之动机，重申古《诗》"情物交感、托物言情"之创作理念，黄绾又援引了宋人李仲蒙对《诗》之写作手法即"赋、比、兴"三者的看法："叙物以言情，谓之赋，情物尽也。索物以托情，谓之比，情附物也。触物以起情，谓之兴，物动情也。"④ 这里，黄绾以为：李仲蒙以"叙物以言情""索物以托情""触物以起情"之说，论赋、比、兴，即是对"《诗》以道性情"的完美诠释。

为了论证"《诗》以道性情"，黄绾《东冈诗集序》有云："诗关人品，察其志之所安、以求其性情，人莫能遁之矣。"⑤ 而这还是对《孟子》"诵其《诗》，读其书，不知其人可乎"一句的注脚。为论证此说，黄绾还以自己读《诗》的体会，"现身说法"："余尝读《衡门》而知隐居者之无求也，读《伐檀》而知有志者之不苟食也，读《七月》而知有位者之尽其职也，读《陟岵》而知孝子之思也，读《黍离》而知忠臣之情也，读《伐木》而知朋友之笃也，读《抑》戒而知君子之进德也。"⑥ 总之，在黄绾看来，后世学人学《诗》、作《诗》，皆当效法"《诗》以道性情"的创作宗旨，以合乎古《诗》之写作手法。

---

① （汉）郑氏笺、（唐）陆德明音义、孔颖达疏：《毛诗注疏》卷一，《文渊阁四库全书》本。

② 《四书集注》，第 156 页。

③ 《石龙集》卷十，第 4 页；《黄绾集》，第 167 页。

④ 拙著转引自（明）杨慎：《升庵集》卷五十六，《文渊阁四库全书》本。读者对于李仲蒙关于"赋比兴"的解读，可以参阅齐社祥、袁淑俊：《李仲蒙情物交感说发微》，载《陕西师范大学学报》（哲学社会科学版）2001 年第 S1 期。

⑤ 《石龙集》卷十一，第 15 页；《黄绾集》，第 197 页。

⑥ 《石龙集》卷十一，第 15—16 页；《黄绾集》，第 197 页。

3. 读《诗》之要

对于读《诗》、学《诗》之法，《论语·先进篇》有"南容三复《白圭》"云云①。"白圭"二字见之于《诗经·大雅·荡之什·抑》："白圭之玷，尚可磨也；斯言之玷，不可为也。"② 黄绾以为，孔子所推崇的南容三复《白圭》之法，"最是古人学《诗》之法"。申而言之，《诗》之为教，"要在优游讽咏以得之"③。

宋儒程朱对于读《诗》、学《诗》之法也多有心得，朱子读《诗》之法有云："《诗》须并协韵读之，便见得他语自齐整。"黄绾以为朱熹"此说极好"④。此外，《孟子·万章上》云："说《诗》者，不以文害辞，不以辞害志。"⑤《荀子·大略》曰："善为《诗》者不说。"⑥ 董仲舒《春秋繁露·精华》说："《诗》无达诂。"⑦ 对于孟、荀、董三家所云读《诗》之要，黄绾也颇为支持，并以此三家说为立论依据对程颢的读《诗》之法予以嘉许："由此观之，则知程伯子之'优游玩味、吟哦上下'⑧，真得读《诗》之要矣。"⑨

4. 《诗》亡不必谓《雅》亡

春秋末季，"天下无道"，三代之礼尤其是周朝的礼乐制度处于崩盘状态，"礼坏乐崩"，已成事实；"唇亡齿寒"，与礼乐之教本是一体的《诗》教，亦岌岌可危。孔子删《诗》正乐乃至《春秋》之作，即导源于此。《孟子·离娄下》据此有"《诗》亡"之说："王者之迹熄而《诗》

---

① 《论语译注》，第 111 页。

② （宋）朱熹注：《诗集传》，中华书局 2011 年版，第 274 页。

③ 《石龙集》卷十，第 5 页；《黄绾集》，第 167 页。

④ 同上。

⑤ 《四书集注》，第 453 页。

⑥ （清）王先谦：《荀子集解》，中华书局 1988 年版，第 507 页。

⑦ （汉）董仲舒《春秋繁露·精华》："难晋昏事者曰：'《春秋》之法，未逾年之君称子，盖人心之正也。至里克杀奚齐，避此正辞，而称君之子，何也？'曰：'所闻《诗》无达诂，《易》无达占，《春秋》无达辞。……'"（袁长江等编校：《董仲舒集》，学苑出版社 2003 年版，第 86 页）

⑧ 《近思录》第三章"格物穷理"："谢显道云：明道先生善言《诗》。他又浑不曾章解句释，但优游玩味，吟哦上下，便使人有得处。"［（宋）朱熹、吕祖谦撰：《近思录》，中州古籍出版社 2008 年版，第 164 页］

⑨ 《石龙集》卷十，第 6 页；《黄绾集》，第 168 页。

亡，《诗》亡然后《春秋》作。"①

对于孟子"《诗》亡"之说，后世学者多有解读，比如汉赵岐《孟子注》："太平道衰，王迹止熄，颂声不作，故《诗》亡。"宋孙奭《孟子注疏》："孟子言自周之王者风化之迹熄灭而《诗》亡，歌咏于是乎衰亡。"可以这么说，"《诗》亡"即是诗歌创作衰竭、《诗》教功能逐渐丧失的意思。与孟子"《诗》亡"之论不同，《文中子》则不以为然，谓："《诗》者，人之情性，人之情性不应亡。"

对于"《诗》亡"之说，还有一种看法，以胡安国、朱熹为代表，认为孟子"《诗》亡"之意当作"《黍离》降为《国风》而《雅》亡"。胡安国谓："自《黍离》降于《国风》，而《雅》亡。"②朱熹《孟子集注》云："'《诗》亡'，谓《黍离》降为《国风》而《雅》亡也。"

究竟是"《诗》亡"，还是"《雅》亡"？孰是孰非？黄绾的解读是"《诗》亡"不必谓《雅》亡"："王迹既熄，则风俗益下、人情日荡、好恶日偏。《诗》虽有作，无复感发而惩创矣。谓之《诗》亡，岂不可乎？孟子之言必有据，不必谓《雅》亡。"③

5.《诗序》的作者

对于《毛诗·大序》的作者，向来是众说纷纭。或云"孔子作"，或曰"子夏作"。明代中叶的黄绾以为："孔子作""子夏作"的看法明显有误，"此皆不知《诗》之言也。若使知《诗》，则洙泗之旨自可识矣"。进而通读《大序》文字，黄绾断定"只是汉人文字"④。

《后汉书·儒林传》云："卫宏作《毛诗序》。"《隋书·经籍志》又修订之，以为《毛诗序》系卫宏和其他汉儒，将子夏、毛亨之作，加以补充润色而成："《毛诗序》，子夏所作。毛公及敬仲，又加润益。"《朱子语类》卷八十"诗"一在讨论《诗大序》之时对上述诸说予以采纳，有云："《诗序》，东汉《儒林传》分明说道是卫宏作。后来《经》意不明，都是被他坏了。某又看得亦不是卫宏一手作，多是两三手合成一序，愈说

---

① 《四书集注》，第438页。

② （宋）胡安国撰，王丽梅点校：《春秋传》，岳麓书社2011年版，第11页。对于"《黍离》降于《国风》而《雅》亡"，南宋诗论家杨齐贤《分类补注李太白诗》卷二注引有云："《大雅》不作，则斯文衰矣。平王东迁，《黍离》降于《国风》，终春秋之世，不能复振。"

③ 《石龙集》卷十，第5页；《黄绾集》，第167页。

④ 《石龙集》卷十，第5页；《黄绾集》，第167—168页。

愈疏。"① 对于朱熹所云，黄绾基本上予以认可，即《大序》非一人一时之作，而是由卫宏等汉儒不断润色、修正而作。

至于《小序》，由何人作于何时？亦是一大聚讼焦点。或云"卫宏增润，毛公分置诸《诗》之首，朱子去之"，对此说，黄绾认为"最为有见"②。

6. 鲁而有《颂》，实为僭王

上引《诗经原古·序》文已论，黄绾主张将鲁由"颂"降为"列国"："鲁之有《颂》，实僭天子礼乐。夫子，鲁之臣子，故不削，使读者自知其非，今黜之于《列国》，以明夫子之志。"③ 其实在《诗经原古·序》文撰著以前，黄绾在《读〈诗〉》（十九首）中已有此论：

> 《颂》乃宗朝乐歌、美盛德之形容，以其成功告于神明，皆王者事也。鲁而有《颂》，其为僭王，明矣。况所《颂》始于僖公，则知非周典之旧，尤明矣。概列于商、周二《颂》间，以为孔子删定之旧，可乎？意或《鲁风》而为汉儒增入，后世不考，遂列为三《颂》，岂不误哉！或又谓季札观乐于周，时无《鲁风》，盖鲁自成王赐周公重祭以来，其宗朝乐歌皆《颂》也，因仍后世，皆称为《颂》。夫子，鲁之臣子，不欲显正其失，姑仍其旧，岂删修之义哉！④

总之，对于"鲁颂"即将鲁国之诗置于《颂》中，"鲁颂"置于"周颂""商颂"之间的《诗经》编排体例，黄绾是极力反对的。

7. 用《诗》之意

古人书传，意有难言，辄引《诗》以明之。据此，黄绾对古人引《诗》之用有论："言典、辞达，意永而味深也。"⑤ "言典"即"引经"，引用《诗经》中先古圣贤之言辞。"辞达"一语出自《论语·卫灵公篇第

---

① （宋）黎靖德编：《朱子语类》，中华书局1986年版，第2074页。
② 《石龙集》卷十，第5页；《黄绾集》，第168页。
③ 《黄宗羲全集》第7册，第324页。
④ 《石龙集》卷十，第5—6页；《黄绾集》，第168页。
⑤ 《石龙集》卷十，第6页；《黄绾集》，第168页。

十五》："子曰：'辞，达而已矣。'"① 指的是《诗》之文辞表述，明白畅达，不贵多言。

8.《大雅》《小雅》之辨

对于《大雅》与《小雅》的区分、辨析，也是《诗》学的一大议题。

《毛诗·大序》云："雅者，正也，言王政之所由废兴也。政有小大，故有《小雅》焉，有《大雅》焉。"宋儒朱熹《诗集传》："雅者，正也，正乐之歌也。其篇本有大小之殊，而先儒说又各有正、变之别。以今考之，正《小雅》，燕飨之乐也。正《大雅》，会朝之乐，受厘陈戒之辞也。"②

与上述看法有异，陆九渊从"道""事"的角度来区别、理解"大雅""小雅"："《大雅》多是言道，《小雅》多是言事。《大雅》虽言小事，亦主于道。《小雅》虽言大道，亦主于事。此所以为《大雅》《小雅》之辨"。③ 对于陆氏之论，黄绾颇为认可，以"其义颇明"④ 称道之。

9.《雅》《风》之变

与《大雅》《小雅》之辨相关，《诗》学还有"《雅》《风》之变"的提法。王应麟《诗》论有云："《大雅》之变，作于大臣，召穆公、卫武公之类是也。《小雅》之变，作于群臣，家父、孟子之类是也。《风》之变也，匹夫匹妇皆得以风刺，清议在下，而世道益降矣。"⑤ 对于王氏之论，黄绾《读诗》（十九首）予以引录，并结合《春秋》之义对王氏关于"《雅》《风》之变"的缘起予以阐发："《春秋》之义，世道之责必自贵者始。夫上日失道，则朝廷无公议。清议之存，日在下矣。"⑥

10. 质疑"《风》终于周公，《雅》终于《召旻》"

承接上文，一方面，黄绾对王应麟"《雅》《风》之变"之论予以认同；另一方面，又对其"《风》终于周公，《雅》终于《召旻》。有周召

---

① 《论语译注》，第 170 页。

② 《诗集传》，第 129 页。

③ 《象山集·象山语录》卷一，《文渊阁四库全书》本。

④ 《石龙集》卷十，第 6 页；《黄绾集》，第 168—169 页。

⑤ （宋）王应麟：《困学纪闻》卷三《诗》，上海古籍出版社 2008 年版，第 340 页。

⑥ 《石龙集》卷十，第 7 页；《黄绾集》，第 169 页。

之臣，则变者可以复于正"① 的看法提出质疑。为了推翻王应麟之论断，黄绾以《豳风·七月》八章为例，对其进行批判：

> 今考《豳风·七月》八章，言后稷、公刘风化之由，或为公刘时诗，周公使瞽矇陈之以讽成王，然《篇》章有"豳雅""豳颂"之称，则此诗宜附《雅》《颂》《大田》《良耜》之间。或者非孔子删定之旧，只《鸱鸮》以下六篇乃周公时诗，为孔子删定之意。夫治必有本，周、召虽贤，若无文、武之君则有成、康之主，故变卒以正。苟无成、康，虽有周、召，又将何施？此后世有君无臣、有臣无君，世道所以日变日下而卒不可正者也。②

11. 对《诗》具体篇章的个案解读

除却《诗》论之外，《读诗》（十九首）中还有对《诗经》具体篇目的个案解读。兹罗列于下。

（1）《七月》：

> 七月流火，九月授衣。一之日觱发，二之日栗烈。无衣无褐，何以卒岁？三之日于耜，四之日举趾。同我妇子，馌彼南亩。田畯至喜。
>
> 七月流火，九月授衣。春日载阳，有鸣仓庚。女执懿筐，遵彼微行，爰求柔桑。春日迟迟，采蘩祁祁。女心伤悲，殆及公子同归。
>
> 七月流火，八月萑苇。蚕月条桑，取彼斧斨。以伐远扬，猗彼女桑。七月鸣鵙，八月载绩。载玄载黄，我朱孔阳，为公子裳。
>
> 四月秀葽，五月鸣蜩。八月其获，十月陨萚。一之日于貉，取彼狐狸，为公子裘。二之日其同，载缵武功。言私其豵，献豜于公。
>
> 五月斯螽动股，六月莎鸡振羽。七月在野，八月在宇，九月在户，十月蟋蟀入我床下。穹窒熏鼠，塞向墐户。嗟我妇子，曰为改

---

① （宋）王应麟：《困学纪闻》卷三《诗》，第 340 页。黄绾《读诗》（十九首）："或曰《风》终于周公，《雅》终于《召旻》，以为孔子删定之。微意谓世道之变，必有周、召之臣可以复正。"（《石龙集》卷十，第 7 页；《黄绾集》，第 169 页）

② 《石龙集》卷十，第 6 页；《黄绾集》，第 169 页。

岁，入此室处。

六月食郁及薁，七月亨葵及菽。八月剥枣，十月获稻。为此春酒，以介眉寿。七月食瓜，八月断壶。九月叔苴，采荼薪樗，食我农夫。

九月筑场圃，十月纳禾稼。黍稷重穋，禾麻菽麦。嗟我农夫，我稼既同，上入执宫功。昼尔于茅，宵尔索绹，亟其乘屋，其始播百谷。

二之日凿冰冲冲，三之日纳于凌阴。四之日其蚤，献羔祭韭。九月肃霜，十月涤场。朋酒斯飨，曰杀羔羊。跻彼公堂，称彼兕觥，万寿无疆！①

《七月》之诗出自《国风·豳风》。黄绾以为此诗，乃姬周家所以得民、兴王之本。对此，《毛诗序》云："《七月》，陈王业也。周公遭变故，陈后稷先公风化之所由，致王业之艰难也。"②《礼记·大学》用《周颂·烈文》"於戏，前王不忘"之诗，有"君子贤其贤而亲其亲，小人乐其乐而利其利，以此没世不忘也"③之论。周公之意，意在告诫周王室后人当关注农桑，以民为本，"以图继其后"。黄绾进而指出，孟子论王政，每以"农桑字畜为先"，"告于齐、梁之君"，盖亦周公之意欤！④

（2）《行露》：

厌浥行露，岂不夙夜？谓行多露。

谁谓雀无角，何以穿我屋？谁谓女无家，何以速我狱？虽速我狱，室家不足！

谁谓鼠无牙，何以穿我墉？谁谓女无家，何以速我讼？虽速我讼，亦不女从！⑤

《行露》之诗出自《国风·召南》。对于此诗的创作原委，《毛诗序》

---

① 《诗集传》，第117—121页；《诗经译注》（修订本），第199—203页。

② 转引自《毛诗正义》卷八。

③ 《礼记译注》（修订本），第802页。

④ 《石龙集》卷十，第7页；《黄绾集》，第170页。

⑤ 《诗经译注》（修订本），第23页。

曰："《行露》，召伯听讼也。衰乱之俗微，贞信之教兴，强暴之男，不能侵陵贞女也。"朱熹《诗集传》云："南国之人遵召伯之教，服文王之化，有以革其前日淫乱之俗。故女子有能以礼自守，而不为强暴所污者，自述己志，作此诗以绝其人。"①

黄绾不同意三家《诗》包括《毛诗》，把《行露》置于《召南》之中，进而对朱子的解读亦予以质疑。黄绾以为，《行露》之诗"当为变《风》之始，非《召南》之诗"：

> 今详《诗》意，当为变《风》之始，非《召南》之《诗》。盖文王、召伯之化行，当自在位始。必在位者，是非不辩，听讼不明，故强暴敢诬贞女，致其自执如此，决知非文王、召伯化行之日矣。②

为了论证《行露》"为变《风》之始"，黄绾作如是说明："古今治否，只系赏罚明暗。虽文王、召伯治本躬行，恶得无赏罚哉！若使赏罚已明，强暴焉敢讼之？贞女能自守者，先王之泽未泯也。强暴敢讼者，赏罚之暗、风俗之变也。"③

（3）《野有死麕》：

> 野有死麕，白茅包之；有女怀春，吉士诱之。
> 林有朴樕，野有死鹿；白茅纯束，有女如玉。
> 舒而脱脱兮，无感我帨兮，无使尨也吠。④

与《行露》之诗一样，齐、鲁、韩、毛四家之诗把《野有死麕》之诗置于《国风·召南》之中。黄绾对此坚决反对："《野有死麕》，盖淫乱之《诗》，犹存浮薄之口，为齐、鲁、韩、毛所录，误入《召南》中，实非孔子删定之《诗》。"⑤

---

① 《诗集传》，第13页。
② 《石龙集》卷十，第7页；《黄绾集》，第170页。
③ 同上。
④ 《诗经译注》（修订本），第30页。
⑤ 《石龙集》卷十，第7—8页；《黄绾集》，第170页。

朱熹《诗集传》解读《野有死麕》云："南国，被文王之化，女子有贞洁自守、不为强暴所污者。故诗人因所见以兴其事而美之。"① 黄绾对朱子"贞女自守、不为强暴所污，诗人美之"云云提出了质疑，以为朱子之说"穿凿甚矣"："只观《诗》词，可见既美贞女自守，又何以强暴为吉士，则非好善恶恶之情明矣。若以吉士为当求者，岂应用'诱'？又以后二章观之，情尤可见。"② 总之，在黄绾看来，《野有死麕》系"淫诗"，非"情诗"；非孔子删定之诗，乃齐、鲁、韩、毛四家所录，而误入《召南》之中。

（4）《何彼秾矣》：

> 何彼秾矣？唐棣之华。曷不肃雍？王姬之车。
> 何彼秾矣？华如桃李。平王之孙，齐侯之子。
> 其钓维何？维丝伊缗。齐侯之子，平王之孙。③

与《行露》《野有死麕》诗一样，齐、鲁、韩、毛四家把《何彼秾矣》之诗也置于《召南》之中。黄绾反对之，以为：根据诗意，《何彼秾矣》盖春秋时之《诗》，"当在《王风》之次"④。

为说明《何彼秾矣》系春秋之《诗》，黄绾引用《春秋·庄公十一年》冬书"王姬归于齐"云云。⑤ 左丘明《传》："齐侯来逆共姬。"⑥ 左氏称"王姬"为"共姬"，即齐襄公夫人，故而诗有"平王之孙，齐侯之子"云云。朱熹《诗集传》以平王为武王⑦，黄绾反对之，因为《何彼秾矣》诗中所云"以天子之女下嫁诸侯而能肃雍以敬者"意在说明"先王之教犹未泯也"⑧。

---

① 《诗集传》，第16页。
② 《石龙集》卷十，第7—8页；《黄绾集》，第170页。
③ 《诗经译注》（修订本），第31页。
④ 《石龙集》卷十，第8页；《黄绾集》，第170页。
⑤ 《春秋左传注》（修订本），第186页。
⑥ 同上书，第189页。
⑦ 《诗集传》，第17页。
⑧ 《石龙集》卷十，第8页；《黄绾集》，第170页。

（5）《驺虞》：

> 彼茁者葭，壹发五豝，于嗟乎驺虞！
> 彼茁者蓬，壹发五豵，于嗟乎驺虞！①

四家诗置《驺虞》之诗于《国风·召南》，对此，黄缩无疑义。与《毛诗序》所云"人伦既正，朝廷既治，天下纯被文王之化，则庶类蕃殖，搜田以时，仁如驺虞，则王道成也"一样，黄缩亦认为《驺虞》之诗，是歌颂文王教化之诗："南国诸侯仁民之恩足以及物，以致草木禽兽繁盛如此。故《诗》人美之，归功于驺虞。"②

在此，黄缩还有对"驺虞"的考证。《礼记·射义》曰："天子以驺虞为节。……驺虞者，乐官备也。"③ 以《射义》为是，黄缩判定："驺，掌厩之官。虞，掌山泽之官。二官能尽其职，故百物繁育，以为王道之成，作乐及此。故云'乐官备也'。"④ 此外，朱子《诗集传》有云："文王之化，始于《关雎》而至于《麟趾》，则其化之入人者深矣；形于《鹊巢》，而及于《驺虞》，则其泽之及物者广矣。"⑤ 黄缩对于朱熹"以驺虞为仁兽，以比诸侯之仁而附《麟趾》之义"提出了质疑，称其有牵强附会之嫌。⑥

12. 对"春秋百余国无《诗》而独十三国有《诗》"的质疑

春秋之世，列国并存，见于《春秋》者一百七十有余；然而传世《诗经》之中，其《诗》列于乐官者，《邶》《墉》以下仅十三国而已，即邶、鄘、卫、王、郑、齐、魏、唐、秦、陈、桧、曹、豳。对此，黄缩发出质疑："岂诸国皆无《诗》而独此数国有《诗》哉？"⑦ 也就是说春

---

① 《诗经译注》（修订本），第 32 页。

② 《石龙集》卷十，第 8 页；《黄缩集》，第 171 页。

③ 《礼记译注》，第 834 页。

④ 《石龙集》卷十，第 8 页；《黄缩集》，第 171 页。

⑤ 《诗集传》，第 17 页。

⑥ 《石龙集》卷十，第 8 页；《黄缩集》，第 171 页。

⑦ 同上。

秋列国一百七十余，除去十三国，尚有一百六十国（？）①；按照周制，"诸侯采《诗》，贡于天子，列于乐官，考其俗尚、究其政治以行黜陟"，那么，在传世《诗经》之中除去十三国之后剩余的一百六十国（？）不应无一《诗》篇之存。何况《邶》《墉》二国已亡，而《诗经》犹系其国名，岂诸国尚存而尽删之也？进而言之，孔子在《春秋》中尚存列一百七十有余国之名以示褒贬，而于《诗》则一百六十国（？）无一篇，"足为惩劝者哉？"

对春秋百余国无《诗》而独十三国有《诗》之疑问，黄绾的解释是："孔子删定三百篇（《诗》）者，既经秦禁之后，十亡七八。今所谓'三百'者乃汉儒搜缉之遗，决非孔子删定之旧。"② 据此，黄绾对后世学者之读《诗》者，以为"三百"篇《诗》为圣人孔子删定、不敢损易之举提出了委婉的批评："往往强为牵合、曲为迁就，遂使《诗》之为教，善不足以感发、恶不足以惩创，将谁咎哉！"③ 这，也是黄绾在晚年创作《诗经原古》动机之所在。

四 《春秋》：道帝王赏罚

《春秋》作为儒家经典文献之一种，记载了从鲁隐公元年（前722）到鲁哀公十四年（前481）的历史，相传是孔子根据鲁国"史记"修订而成。《史记·孔子世家》载：

> 鲁哀公十四年春，狩大野。叔孙氏车子鉏商获兽，以为不祥。仲尼视之，曰："麟也。"取之。曰："河不出图，雒不出书，吾已矣夫！"颜渊死，孔子曰："天丧予！"及西狩见麟，曰："吾道穷矣！"喟然叹曰："莫知我夫！"子贡曰："何为莫知子？"子曰："不怨天，不尤人，下学而上达，知我者其天乎！"
>
> ……
>
> 子曰："弗乎弗乎，君子病没世而名不称焉。吾道不行矣，吾

---

① （？），系笔者添加。因为"列国一百七十余"非确定数字，除去"十三国"，所得数字当在"一百五十国"至"一百七十国"之间，故而笔者权以"一百六十国（？）"来统计。

② 《石龙集》卷十，第8—9页；《黄绾集》，第171页。

③ 同上。

何以自见于后世哉?" 乃因史记作《春秋》,上至隐公,下讫哀公十四年,十二公。据鲁、亲周、故殷,运之三代。约其文辞而指博。故吴楚之君自称王,而《春秋》贬之曰"子";践土之会实召周天子,而《春秋》讳之曰"天王狩于河阳":推此类以绳当世。贬损之义,后有王者举而开之。《春秋》之义行,则天下乱臣贼子惧焉。

孔子在位听讼,文辞有可与人共者,弗独有也。至于为《春秋》,笔则笔,削则削,子夏之徒不能赞一辞。弟子受《春秋》,孔子曰:"后世知丘者以《春秋》,而罪丘者亦以《春秋》。"①

私淑于孔子及其门徒的孟子②,发明孔子作《春秋》之志,曰:"王者之迹熄而《诗》亡,《诗》亡然后《春秋》作。晋之《乘》,楚之《梼杌》,鲁之《春秋》,一也。其事则齐桓、晋文,其文则史。孔子曰:'其义则丘窃取之矣。'"③

对于《春秋》,后世历代大儒,围绕着孔子之云、孟子之言,不断加以阐述、解读、发挥,使《春秋》一经在中国传统知识分子("士大夫")心目中,占有极为崇高的地位。明代儒者黄绾于《春秋》之用功,用"白首穷经"④ 一词形容之,当不为过。下面让我们从黄绾晚年所作《春秋原古》及对其"序"文之解读谈起。

(一)《春秋原古》及其"序"文之解读

《春秋原古》,卷数不明,系黄绾晚年所成经学著作之一种,今佚而不存。《嘉庆太平县志》《台学统》录有书目,云,"'痛扫诸儒义例之鉴,一以圣经明文为据'。见《(明儒)学案》"。⑤ 黄绾《春秋原古·序》文一种⑥,今存录于黄宗羲《明儒学案》中。

---

① 《史记》,第 1942—1944 页。

② 《孟子·离娄下》:"予未得为孔子徒也,予私淑诸人也。"(《四书集注》,第 439 页)

③ 《四书集注》,第 438 页。

④ "白首穷经"一语,出自唐代学者韩偓《赠易卜崔江处士》诗:"白首穷经通秘义,青山养老度危时。"

⑤ (民国)王棻:《台学统》卷四十四《性理之学》三十二,民国七年吴兴刘氏嘉业堂刻本,第 14 页。

⑥ 《明儒学案》卷十三《浙中王门学案三》,《黄宗羲全集》第 7 册,第 324—326 页。

1. 孔子笔削鲁史而成《春秋》

黄绾《春秋原古·序》文，首先对孔子笔削鲁史成《春秋》一书的性质、功能予以界定："《春秋》者，夫子经世之志，处变之书也。"我们知道，《孟子·离娄下》篇用"其文则史"（孟子语）"其义则丘窃取之矣"（孔子语）云云来阐发孔子作《春秋》之"志"：

> 孟子曰："王者之迹熄而《诗》亡，《诗》亡然后《春秋》作。晋之《乘》，楚之《梼杌》，鲁之《春秋》，一也。其事则齐桓、晋文，其文则史。孔子曰：'其义则丘窃取之矣。'"①

黄绾对《春秋》之旨的把握与默会，则主要受孟子（包括文中引孔子语）影响而有。《春秋》一书，其所载之事取材于鲁史，即"其文则史"；然而其中所蕴含的"微言大义"（语出《汉书·艺文志》）则是通过孔子笔削之法而彰显，"其义则丘窃取之矣"即由此而来。

有人会问："《春秋》作为一部史书，孔子'经世之志''处变之心'在其笔削过程中是如何体现出来的呢？"黄绾的解读是："（鲁）史载当时天下之事，夫子观史而见其义，因义而见其所载之当否。其义有关于天下之故者，则书而存之，所谓'夫子笔之'也。其义无关于天下之故者，则削而去之，所谓'夫子削之'也。或笔或削，皆观其义，因其义设以身处之，以权其轻重、定其是非。则当时天下之事，皆夫子所以经纶裁制之宜也，故曰'其文则史'、'其义则丘窃取之矣'。"② 这便是黄绾对孔子"笔削鲁史而成《春秋》"之事的解读。

孔子儒家学派自开创之时，便以姬周之盛世为治道之模型。然而"君子之于天下也，处常易，处变难"。为何说君子"处常易"？黄绾的看法是："君子之道本诸身，原诸天，是之谓王道也。方周之盛也，文、武、成、康相继在上，周、召、毕、陈相继在下，以身奉天，绥德诸侯，溥善氓庶。此上以道揆，下以法守，是王道之行于世，犹元气之足于身，而百病不生，故曰'处常易也'。"③ 与之相反，呈衰退之势的姬周王朝，"幽、

---

① 《四书集注》，第438页。
② 《明儒学案》卷十三《浙中王门学案三》，《黄宗羲全集》第7册，第324—325页。
③ 同上书，第325页。

厉相继在上，荣、尹、番、聚、蹶、楀相败在下，以身拂天，播恶诸侯，流毒氓庶。此上无道揆，下无法守，是王道不行于世，犹元气之不足于身，而百病交生，故曰'处变难也'"。①

生当春秋乱世的孔子，"生不逢时"，目睹"天下无道""天下之乱迄无已时"的实况，"惧其不已"，"乃求在上之故，以其甚者而托始于平王之四十九年，感瑞物之虚出而绝笔于西狩之获麟"。周平王四十九年即鲁隐公元年（前722），"西狩获麟"之年系鲁哀公十四年（前481）。其间共242年，《鲁史》所记，"君人之虐，臣子之逆，妾妇之乱，夷狄之横，可胜言而可胜数哉！"为使"乱臣贼子惧"，孔子通过笔削《鲁史》，厥有"文成数万"的《春秋》一书。所以，孟子有云："王者之迹熄而《诗》亡，《诗》亡然后《春秋》作。"在黄绾看来，孔子之所以在晚年发出了"吾志在《春秋》"的感慨，实系"忧王道之不行也"，"不得已而为之"的无奈之举。要之，孔子"不堪世变之感，思欲正之，无可奈何，故托鲁史为《春秋》"，以期重现上古三代之王道，尤其是盛周之时的文、武、成、康之治。

2. 后世学者"通《春秋》之义"的路数

对于后世学者如何于《春秋》中求得"夫子经世之志、处变之道"，黄绾在《春秋原古·序》文中表达了自己的观点。

首先，"今之学《春秋》者"必须具备与孔子一样的"经世之志、处变之心"，是为"窥其门墙""入其阃奥"的基本前提。

其次，对于如何立"经世之志"、得"处变之心"？黄绾援引了西汉《春秋》公羊学大家董仲舒之言，曰："为人臣者不可以不知《春秋》。守经事而不知其宜，遭变事而不知其权，为人君父而不通《春秋》之义者，必蒙首恶之名，为人臣子而不通《春秋》之义者，必陷篡弑之罪。"② 值得一提的是，司马迁《史记·太史公自序》亦曾转引董子之言讲述"通于《春秋》之义"的必要性："为人臣者不可以不知《春秋》，守经事而不知其宜，遭变事而不知其权。为人君父而不通于《春秋》之义者，必蒙首恶之名。为人臣子而不通于《春秋》之义者，必陷篡弑之诛，死罪

---

① 《明儒学案》卷十三《浙中王门学案三》，《黄宗羲全集》第7册，第325页。

② 转引自《明儒学案》卷十三《浙中王门学案三》，《黄宗羲全集》第7册，第324—325页。

之名。……故《春秋》者，礼义之大宗也。"① 据此可知，黄绾对《史记·太史公自序》所论《春秋》之义，十分谙熟。

对于如何"通《春秋》之义"，两汉唐宋元明之儒大都主张以"义例之凿"观之。对此，黄绾极力反对："今欲知夫子经世之志、处变之道，而以义例之凿观之，则非所以为《春秋》矣。"详而言之，《春秋》之说，莫先于《三传》（即《春秋左氏传》《春秋公羊传》和《春秋穀梁传》），"而《三传》已不能无得失之议"。两宋之际学宗程子的儒者胡安国成《春秋传》三十卷②，并在元明之世成为科举取士之制的官方教科书，至明代中叶"家传人诵莫先于胡氏"。胡安国《春秋传·叙传授》自称其《春秋传》"事按《左氏》、义采《公羊》《穀梁》之精者，大纲本孟子，而微词多以程氏之说为证云"③，故而黄绾以为"胡氏已不能无沿袭之弊"④。要之，在黄绾看来，自汉、唐、宋迄今（明），凡学《春秋》者，"皆不出《三传》与胡氏之范围"⑤。

如所周知，《三传》解经（《春秋》）之法各有侧重，《春秋左氏传》侧重"以事解经"、《春秋公羊传》侧重"以例解经"、《春秋穀梁传》侧重"以义解经"，对此，胡安国有"事莫备于《左氏》，例莫明于《公羊》，义莫精于《穀梁》"云云⑥。论者以为"以义解经"，主要是指"通过分析孔子《春秋》笔法，解说《春秋》微言大义，索解圣人制作经典的批判法则和实践法则"⑦。关于《公羊传》"以例解经"的范式，我们可以通过《公羊传》文本予以了解，比如《僖公元年》"公何以不言即

---

① 《史记》，第 3298 页。

② 古典文献之中，对胡氏《春秋传》称谓不一，举其要者有《胡文定春秋传》《春秋胡氏传》《胡氏春秋传》《春秋胡传》等。目前浙江古籍出版社、岳麓书社出版有标点本的《春秋胡氏传》（繁体竖排）、《春秋传》（简体横排），供今之学人选读。

③ （宋）胡安国撰，王丽梅点校：《春秋传》，岳麓书社 2011 年版，第 7 页。

④ 《明儒学案》卷十三《浙中王门学案三》，载《黄宗羲全集》第 7 册，第 326 页。

⑤ 同上。

⑥ （宋）王应麟《困学纪闻》卷六《春秋》："'事莫备于《左氏》，例莫明于《公羊》，义莫精于《谷梁》。或失之诬，或失之乱，或失之凿。'胡文定之言也。"（栾保群等点校：《困学纪闻》，上海古籍出版社 2008 年版，第 785 页。）

⑦ 平飞：《经典解释的两个传统：以义解经和以事解经》，载《福建论坛》2009 年第 8 期。

位？继弑君，子不言即位。此非子也，其称子何？臣子一例也"① 云云。此外，胡安国《春秋传》也有"义例解经"的方法②。不知何故，"少有志于《春秋》"的黄绾，"颇厌义例之凿"，黄绾晚年所成《春秋原古》即是基于"以义、例解经"之反动而有。

3.《春秋原古》的编纂体例

黄绾少年之时即有志于《春秋》，然对"义例之凿"的解经方法甚为反感；待晚年隐居著述之时，继续用功于《春秋》，"学之白首，忽悟孟子与夫子之言而有省"③。"孟子与夫子之言"即上文所征引"王者之迹熄而《诗》亡，《诗》亡然后《春秋》作。……其文则史"，"其义则丘窃取之矣""吾志在《春秋》"云云。

在编撰《春秋原古》伊始，黄绾偶然发现了早年道友湛若水于嘉靖十一年所撰《春秋正传》一书，仔细拜读，发现自己关于"《春秋》者，夫子经世之志，处变之书也"的体悟，与湛氏之主张，尤其是反对"义例之凿"的解经方法，不谋而合：

> 今甘泉湛子独能一旦豁然、以孟子所述夫子之言为主，痛扫诸儒义例之凿，可谓难矣！但以周正改月、凡汉儒附会典礼之类皆以为是，又以左氏尽据国史而不疑其庞诞。此乃湛子之瑜瑕不可掩者。④

仔细阅读湛若水亲撰《春秋正传·序》文⑤，我们可以看出湛氏对于"孟子所述夫子之言"的重视，对"诸儒义例之凿"的批判。湛氏以为《春秋》乃"圣人之刑书""圣人之心、天之道也"，与黄绾《春秋原

---

① （战国）公羊高撰，顾馨、徐明点校：《春秋公羊传》，辽宁教育出版社 1997 年版，第 37 页。

② 对于春秋《三传》与胡氏《春秋传》的义例之凿，王江武教授的博士学位论文《胡安国〈春秋传〉研究》（复旦大学，2008 年）第一章第二节"胡安国之前《春秋》解经法"中有对"义例解经法"的解读（第 37—40 页）；又，第三章《胡安国的解经方法（上）》文中有胡氏"义例解经法"（第 64—76 页）。读者可以参阅。又及，笔者于上海师范大学攻读（中国）哲学博士学位期间（主要是 2011—2012 年）曾参加过王江武教授举办的《春秋经》读书会。

③ 《明儒学案》卷十三《浙中王门学案三》，载《黄宗羲全集》第 7 册，第 326 页。

④ 同上。

⑤ （明）湛若水：《春秋正传》，广西师范大学出版社 2015 年版，第 17—22 页。

古·序》一样，湛氏《春秋正传·序》亦称"后之知《春秋》者，亦莫如孟子"，同样征引了孟子所述夫子之言："其事则齐桓晋文，其文则史。孔子曰：'其义则丘窃取之矣。'"湛氏进而论及："夫其（《春秋》）文则史，经之谓也。其事则齐桓晋文，传之谓也。合文与事而义存乎其中矣，'窃取'之谓也。义取于圣人之心，事详乎鲁史之文。"令人惋惜的是："鲁史之文，世远而久湮。左氏之传，事实而未纯，其余皆多臆说耳。"借此，湛氏对《三传》及胡安国《春秋传》所沿袭的"以义、例解经"之法表示了极大的不满："自三氏百家以及胡氏之传，多相沿袭于义例之蔽，而不知义例非圣人立也，公、榖穿凿之厉阶也。是故治《春秋》者不必泥之于经，而考之于事。不必凿之于文，而求之于心。大其心以观之，事得而后圣人之心、《春秋》之义可得矣。"与黄绾编撰《春秋原古》的动机相似，湛氏自称：

> 予（湛若水）生千载之下，痛斯经之无传，诸儒又从而纷纷各以己见臆说而汨之。圣人"窃取"之心之义，遂隐而不可见，……叹其传之不全，独遗憾于千载之下。取诸家之说，而厘正焉，去其穿凿而反诸浑沦，芟其繁芜、以不汨其本根，不泥夫经之旧文，而一证诸传之实事。圣人"窃取"之心，似若洞然复明，如披云雾而睹青天也。幸与天下后世学者共商之，名曰《春秋正传》，夫"正传"云者，正诸传之谬而归之正也。①

这就是湛若水《春秋正传》编撰体例。《春秋正传》完成之后，湛若水高足洪垣评论乃师《春秋》学特色，有"《春秋》正公、榖义例之弊，论程、胡诸儒沿袭之非，'其事则齐桓晋文，其文则史，其义则丘窃取之'，昭然的案，更无可疑"云云②。

也正是偶然检录到湛氏《春秋正传》一书，进而发现湛氏的编撰意图、路径取向"多与予（黄绾）合"，黄绾乃取湛氏《春秋正传》及《春秋三传》、胡安国《春秋传》为蓝本，参以汉宋诸儒之说而折中焉、

---

① （明）湛若水：《春秋正传》，广西师范大学 2015 年版，第 17—22 页。

② （明）洪垣《甘泉先生墓志铭》，载《甘泉先生文集》卷三十二《外集·墓志铭》，广西师范大学出版社 2014 年版，第 1904 页。

一皆以圣经明文（《春秋经》文）为据，厥成《春秋原古》一书。此外，"虽云经、传，或由汉儒附会、后儒曲说"，黄绾撰《春秋原古》之时皆不敢信，有"必质诸真圣人之经（《春秋经》）而后敢安"云云①。对此，黄宗羲《明儒学案·黄绾传》明确指出《春秋原古》编撰方法就是："痛扫诸儒义例之凿，一皆以圣经明文为据。"②

（二）《读春秋》（二首）之解读

今存世黄绾诗文集——《石龙集》中载有黄绾在任南京礼部右侍郎之时，所撰读《春秋》笔记两条，即《读春秋》（二首）③。兹解读如下。

1. 孔子作《春秋》托始于"隐公元年""平王四十九年"之用意

《孟子·滕文公下》对孔子作《春秋》的时代背景与现实意义有论说："世衰道微，邪说暴行有作。臣弑其君者有之，子弑其父者有之。孔子惧，作《春秋》。《春秋》，天子之事也。是故孔子曰：'知我者，其惟《春秋》乎！罪我者，其惟《春秋》乎！'……孔子成《春秋》而乱臣贼子惧。"④ 孔子《易·坤·文言传》："臣弑其君，子弑其父，非一朝一夕之故，其所由来者渐矣。"⑤ 由此可见，孔子作《春秋》，是用来端正君臣、父子之大伦（"正名"）的。

黄绾《读〈春秋〉》（二首之一）以为，孔子作《春秋》之所以托始于"隐公元年""平王四十九年"，是为"正名"⑥ 即"正君臣、夫子之大伦"而特意安排的；申而言之，"所以著周室之大变，以讨平王宜臼之罪也"⑦。这是因为周平王宜臼得王位乃是弑其父周幽王以自立而有，"臣弑其君""子弑其父"，是为"无道"。

这里，据《史记·周本纪》，简要回顾一下西周灭亡、平王登位的经

---

① 《明儒学案》卷十三《浙中王门学案三》，载《黄宗羲全集》第 7 册，第 326 页。

② 同上书，第 319 页。

③ 《石龙集》卷十，第 9—11 页。

④ 《四书集注》，第 403 页。

⑤ 《周易本义》，第 47 页。

⑥ 孔子"正名"理论见于《论语·子路篇第十三》："子路曰：'卫君待子而为政，子将奚先？'子曰：'必也正名乎！'"

⑦ 《石龙集》卷十，第 9 页；《黄绾集》，第 171—172 页。

过：周幽王因宠褒姒而废申后（申侯之女），进而立伯服（褒姒所生）①为太子、黜逐太子宜臼（申后所生），申后、宜臼奔申以逃难。先是，幽王要求申侯放还宜臼，拟杀之；申侯作为宜臼外公，没有答应。幽王趁机讨伐申国，申侯大怒，召缯及西戎、犬戎追杀幽王于骊山下。《史记·周本纪》："（申侯、西戎）遂杀幽王骊山下，虏褒姒，尽取周赂而去。"②《史记·秦本纪》："西戎、犬戎与申侯伐周，杀幽王郦山下。"③嗣后，申侯等拥立太子宜臼为"天王"，是为周平王。因都城镐京经犬戎侵袭而残破，为避犬戎，平王在晋、郑等诸侯国的保护下，迁都洛邑，史称"东周"。

黄绾《读〈春秋〉》（二首之一）以为，身为臣子的宜臼于其君父幽王所犯之"过"有三宗：

一是，宜臼作为申侯外甥，初逃居于申，其君父幽王求之，宜臼作为臣子的选择有二，一是度其可见，则往见之；二是度其不可见，则当变名易服、逃匿山泽、泯绝其迹，庶几不重君父之过！结果，宜臼既不见君父，亦不变名逃匿，这是第一"过"。

二是，申作为诸侯国，联合缯及西戎、犬戎对时为周天子的幽王用兵；宜臼在申，自然知道诸侯国申国联合缯及西戎、犬戎攻打周天子，是为"大逆不道""以下犯上"。宜臼的选择又有二，一是直言谏止之；二是若谏止不听，宜臼则当以大义死之。结果，宜臼既不去谏止，亦不以大义死之，这是第二"过"。

三是，申侯已杀幽王，即"臣弑其君"；宜臼作为臣子，君父被弑，则当以大义正申侯之罪。结果，宜臼反受申侯之迎、僭周天子之位如固有，略无君父之念而反有成申之兵。这是宜臼的第三"过"，此"过"足以说明，申侯弑逆之事系宜臼所谋划，宜臼便犯了"杀父弑君"之罪。

黄绾以为，对于平王宜臼所犯之"过"，在孔子作《春秋》以前，无一人以为其"非"，直至四十九年而终。平王四十九年即鲁隐公元年，孔子据鲁史作《春秋》即托始于此；但是《春秋》又不明书宜臼之事，这

---

① 《史记·周本纪》："幽王嬖爱褒姒。褒姒生子伯服。"（《史记》，第 147 页）
② 《史记》，第 147—149 页。
③ 同上书，第 179 页。

是孔子"至忠至爱之心""不忍之至心"的体现①。因为孔子生于东周，乃平王宜臼的臣子，出于"为尊者讳"，不忍径数其过、辄书其事。

可问题在于，平王在位日久、达四十九年，昏乱失道，世衰道微，既不能改过以自新，又不能自强以立政，文、武二王开创的盛世基业于此扫地。孔子《春秋》托始于平王末年，"存其义而不论"，以使读《春秋》者观于赵盾、许世子止"弑君"之例②，即"许止虽弑君而不罪，赵盾以纵贼而见书"；读者由此二种"弑君"之事，可自得平王宜臼之罪过。

总之，孔子作《春秋》托始于平王四十九年而不辄书其"杀父弑君"之事，这是孔子"不忍之至心"的体现。这也是孔子作《春秋》，非子游、子夏之徒"不能赞一辞"的缘由③。而在黄绾看来，后世读《春秋》者，多于此不明，故"《春秋》之旨所以晦"④。

2. 对隐公"元年春王正月"句的解读

《春秋》正文第一句即书曰："元年春王正月。"《公羊传》的解读是："元年者何？君之始年也。春者何？岁之始也。王者孰谓？谓文王也。曷为先言王而后言正月？王正月也。何言乎王正月？大一统也。"⑤ 与公羊学"大一统"的理念不同，黄绾的解读是："元年"，即隐公即位之始年；"春"，即四时之始时；"王正月"，即周王一岁之始月⑥。

按照周制：各诸侯国虽皆有国史以记时政，然皆须奉"天子正朔"以纪年。诸侯薨，既殡之后，嗣子使人，禀命天子，天子命之，乃于枢前定位。逾年正月朔日，嗣子先谒祖庙，以明继祖。而后就阼阶之位，面见百官，以正君臣之礼。至终丧，嗣子朝于天子，申其受命，继承诸侯之

---

① 《石龙集》卷十，第9页；《黄绾集》，第172页。

② "赵盾弑君"见《春秋·宣公二年》："秋，九月乙丑，晋赵盾弑其君夷皋。""许世子止弑君"见《春秋·昭公十有九年》："夏，五月戊辰，许世子止弑其君买。"

③ （宋）王应麟：《困学纪闻》卷六《春秋》："《史记·孔子世家》：文辞有可与人共者，至于为《春秋》，笔则笔，削则削，子夏之徒不能赞一辞。曹子建《与杨德祖书》：昔尼父之文辞，与人通流。至于制《春秋》，游、夏之徒乃不能措一辞。李善注引《史记》曰：子游、子夏之徒，不能赞一辞。"

④ 《石龙集》卷十，第9—10页；《黄绾集》，第172页。

⑤ （战国）公羊高撰，顾馨、徐明点校：《春秋公羊传》，辽宁教育出版社1997年版，第1页。

⑥ 《石龙集》卷十，第10页；《黄绾集》，第172页。

位，大司马①治之。诸侯继位若符合此制，该国国史遂书曰："元年春，王正月，公即位。"

孔子作《春秋》于隐公就任鲁国国君第一年，书"元年春，王正月"六字，而不书"公即位"三字。对此，《春秋左传》的说法是："元年春，王周正月，不书即位，摄也。"② 黄绾则以为《春秋》于隐公即位之始年，但书"元年春，王正月"而不书"公即位"者，是"孔子削之，为天下万世法也"③。隐公即鲁国之位，系"离于道者"之行为，故当"削而去之"，此即孔子《春秋》笔削义法之明证。

《榖梁传》对孔子不书"公即位"作如是解："公何以不言即位？成公志也。焉成之？言君之不取为公也。君之不取为公，何也？将以让桓也。"④ 而黄绾对于《榖梁传》"因其摄位，将让桓，欲成其志，故不书即位"云云亦不以为然："若果有此，则史臣策书所能书者，又乌在为孔子笔削之旨哉！"⑤ 详而言之，鲁隐公之立，内无受父传国之命，外无使请朝王之礼，与周制不符，其行径无异于"篡而得国者"。故孔子削其"即位"，以正王法。

对于"春，王正月"的策书旧文，胡安国《春秋传》以为系"以夏时冠月，垂法后世。以周正纪事，示无其位，不敢自专"⑥，并且视之为"孔子特笔"。黄绾不同意胡安国"以夏时冠周月、正纪事，为孔子特笔"的看法："四时始春终冬，所以成岁。夫三代建朔虽不同，然正月必为岁首，岁首必为孟春，其序可见也。今若曰'周月'则《春秋》所书'正月'为建子之月矣。谓建子之月为春，何夏时之有？"⑦

同时，胡安国还以"孔子答颜渊为邦之问"作《春秋》"以夏时冠周

---

① 《周礼·夏官司马第四》："大司马之职，掌建邦国之九法，以佐王平邦国。……以九伐之法正邦国。"（见崔高维点校：《周礼》，辽宁教育出版社1997年版，第51页）

② 《春秋左传注》（修订本），第9页。

③ 《石龙集》卷十，第10页；《黄绾集》，第173页。

④ （春秋）榖梁赤撰，顾馨点校：《春秋榖梁传》，辽宁教育出版社1997年版，第1页。

⑤ 《石龙集》卷十，第10页；《黄绾集》，第173页。

⑥ 《春秋传》，第12页。

⑦ 《石龙集》卷十，第10—11页；《黄绾集》，第173页。

月”之证①。黄绾以为胡氏此证系谬见，因为《论语》所记“孔子答颜渊为邦之问”，系为邦、为后王立法，故举四代礼乐而酌其中；《春秋》即“当代（东周）之书”以治“当代之人”，“岂有孔子可私易之，以惑当时视听哉！”②为此，黄绾举《礼记·中庸》“子曰”之语：“吾说夏礼，杞不足征也。吾学殷礼，有宋存焉。吾学周礼，今用之，吾从周。”③《论语·八佾篇》：“夏礼，吾能言之，杞不足征也。殷礼，吾能言之，宋不足征也。文献不足故也。足，则吾能征之矣”④；“周监于二代，郁郁乎文哉！吾从周”⑤。据此，黄绾以为，孔子既曰“从周”，则“三代所欲损益者未尝自易，明矣”。总之，黄绾不同意胡安国“以夏时冠周月”之论。

此外，胡安国还以“春，王正月”为“孔子特笔”——“是仲尼削之也”⑥，黄绾亦予以质疑。按周制，周之颁朔，必从周正；而策书所载，皆无时月，符合周制。问题在于，鲁国自文公始而不视朔，有司犹供告朔之羊，故子贡欲去之，孔子以为不可。⑦朱熹《论语集注》：“告朔之礼：古者天子常以季冬，颁来岁十二月之朔于诸侯，诸侯受而藏之祖庙。月朔，则以特羊告庙，请而行之。饩，生牲也。鲁自文公始不视朔，而有司犹供此羊，故子贡欲去之。”⑧从朱子之说，自隐公始，传四世至文公，文公始不视朔则隐公犹视朔。显而易见：《春秋》加“王”于“正”，合乎时情。⑨易言之，胡安国以“春，王正月”为“孔子特笔”，则为画蛇添足之举。

（三）《春秋论》之解读

《石龙集》中还载有黄绾《春秋论》文献一种，主要对孔子为何作《春秋》一书予以检讨。兹据文意，阐述如下。

---

① 《春秋传》，第 12 页。《论语·卫灵公篇第十五》：“颜渊问为邦。子曰：‘行夏之时，乘殷之辂，服周之冕，乐则《韶》《舞》。放郑声，远佞人。郑声淫，佞人殆。’”

② 《石龙集》卷十，第 11 页；《黄绾集》，第 173 页。

③ 《礼记译注》，第 709 页。

④ 《论语译注》，第 26 页。

⑤ 同上书，第 28 页。

⑥ 《春秋传》，第 12 页。

⑦ 《论语·八佾篇第三》：“子贡欲去告朔之饩羊。子曰：‘赐也，尔爱其羊，我爱其礼。’”

⑧ 《四书集注》，第 93 页。

⑨ 《石龙集》卷十，第 11 页；《黄绾集》，第 173 页。

1.《春秋》非无事而修，必不得已而后作

《孟子·滕文公下》："《春秋》，天子之事也。"① 胡安国对此予以解读："仲尼作《春秋》以寓王法。惇典、庸礼、命德、讨罪，其大要皆天子之事也。"② 黄绾《春秋论》同意孟子、胡安国的看法，对时人关于"《春秋》，何书也"之问，即予以正面回答："天子书也。"

而黄绾《春秋论》对"《春秋》何为而作也"之问，则笔锋一转，答曰："为小人也，为君子而不知义也。苟时皆君子而知义焉，虽有赏罚，将执何人而加之？将指何人而断其是非？必有小人而后有是非，有是非而后有赏罚。"③ 这里，我们可以得出这么一个事实判断：君子蒙尘、小人当道，就是孔子作《春秋》的直接动机。平王南迁、王室衰微的事实也正是如此："天下无道""礼坏乐崩"，"王法不行，纲纪废坏"，虽幸有齐桓、晋文二公出，实假王道之名以行功利之实，皆自为己济其私利，岂为天下也哉！黄绾《春秋原古·序》文对此段春秋中后期历史有描述：

> 迨至春秋，周室已东，文、武、成、康之泽日微，天下贸贸。百余年来幸有齐桓、晋文者出，佐以管仲之辈，虽志在功利，犹能假王道之名以行，而谓之霸，虽成周之盛不可复，而天下生民亦赖之以少康矣。不久二霸没而复乱，后虽有宋襄、秦穆诸君者欲效之，而不足霸。惟晋悼欲继祖业，不久而殁，天下之乱，迄无已时。④

直面此等"无道"之社会秩序，孔子"惧其不已"，据鲁史而作《春秋》。孟子曰："王者之熄而《诗》亡，《诗》亡然后《春秋》作。"《公羊传》末了对孔子作《春秋》之志发出如下感慨："君子曷为为《春秋》？拨乱世，反诸正，莫近诸《春秋》。则未知其为是与？其诸君子乐道尧舜之道与？末不亦乐乎尧舜之知君子也？制《春秋》之义，以俟后圣，以君子之为，亦有乐乎此也。"⑤ 故而黄绾也有"《春秋》之作，岂夫子之得

① 《四书集注》，第403页。

② 转引自《四书集注》，第404页。

③ 《石龙集》卷八，第6页；《黄绾集》，第141页。

④ 《明儒学案》卷十三《浙中王门学案三》，载《黄宗羲全集》第7册，第325页。

⑤ 《春秋公羊传》，第144页。

已哉？忧王道之不行也"① 的感叹，并在《春秋论》中得出《春秋》"非无事而修，必不得已而后作"② 的结论。

2. 《春秋》之作，非僭天子之权

《春秋》既然作为记载"天子之事"的"天子之书"，那么，作《春秋》无疑则属"天子之权"。然而，事实却是"布衣之身"的孔子作《春秋》，这是否属于僭越了"天子之权"呢？

黄绾《春秋论》的回答是，孔子《春秋》之作，非僭越天子之权，而是"以天子之权假之于我夫子"。这是因为"天下无道也"造成的"天子之事"的混乱：一方面，王室衰微，周天子已无力挽回并更改"子弑父、臣弑君"的时况，并且在一定程度还纵容了诸侯、士大夫群体对周礼的僭越，加重了"礼坏乐崩"的局面；另一方面，诸侯、士大夫对周礼的僭越，又加深了"天下无道"的时局。正如论者所言："在周王、诸侯、士大夫、陪臣等不同阶层的博弈中酝酿着新的社会秩序，又使像孔子这样的'士人'思考维护社会秩序的'惇典、庸礼、命德、讨罪'等'天子之事'。"③

王室衰微，也使记录国家"中、失之事"的史官职掌失去了制度保障，史官"秉笔直书"的传统亦逐渐丧失，而以"克己复礼""明王道"为毕生志业的孔子，则以"布衣之身"接替了史官之职，并有《春秋》之作。黄绾《春秋论》有言："其所赏罚者，因鲁史也；鲁史者，空言也。以空言而托天子之权者，道在我也。道在我而权不在我，虽有赏罚，以道不以权，庸为僭乎？"④ 简言之，孔子作《春秋》，是"以道不以权"，并不属于"僭天子之权"。

值得注意的是，宋代学者苏洵有与黄绾同名的《春秋论》之作，且与黄绾所论，不谋而合："赏罚者，天下之公也。是非者，一人之私也。位之所在，则圣人以其权为天下之公，而天下以惩以劝。道之所在，则圣人以其位为一人之私，而天下以荣以辱。周之衰也，位不在夫子，而道在

---

① 《明儒学案》卷十三《浙中王门学案三》，载《黄宗羲全集》第 7 册，第 325 页。

② 《石龙集》卷八，第 6 页；《黄绾集》，第 141 页。

③ 魏衍华：《〈春秋〉"天子之事"发微》，载《史学史研究》2010 年第 1 期。

④ 《石龙集》卷八，第 6 页；《黄绾集》，第 141 页。

焉。夫子以其权是非天下，可也。"①

3.《春秋》之作，系行周公之道

既然孔子作《春秋》，是"以道不以权"，非"僭天子之权"；那么，还会有学者这样发问："因鲁史以寓赏罚，则以其权与鲁矣，鲁可受乎？鲁而可受，齐、晋何不预也？"

对此，黄绾《春秋论》从孔子"从周"、师承周公的"道统论"角度，予以答复：

> 子曰："夏礼，吾能言之，杞不足征也。殷礼，吾能言之，宋不足征也。文献不足故也，足则吾能征之矣。"鲁，周公之国也，周公以圣人之德、任辅相之职，制礼作乐，正名定分，成一代之典，为百王之法，则鲁之文献足征矣。故以与鲁无疑也，亦以见周公之道传于夫子而夫子受之也。夫子必曰："周公，我师也，我以师之道而行我之志于天下，天下之人必不曰我僭天子之权也，必曰我行周公之道也。使周公而存，见诸侯之强盛、伦理之不明，必请征伐而讨之，而《春秋》之赏罚者亦无事于措矣。"②

而对于类似"因鲁史以寓赏罚，则以其权与鲁矣，鲁可受乎？鲁而可受，齐、晋何不预也"的同一个问题，苏洵《春秋论》也有着与黄绾同样的答复，并且苏洵的解答更为翔实：

> 天子之权在周，夫子不得已而以与鲁也。武王之崩也，天子之位当在成王，而成王幼，周公以为天下不可以无赏罚，故不得已而摄天子之位以赏罚天下，以存周室。周之东迁也，天子之权当在平王，而平王昏，故夫子亦曰：天下不可以无赏罚。而鲁，周公之国也，居鲁之地者，宜如周公不得已而假天子之权以赏罚天下，以尊周室，故以天子之权与之也。然则，假天子之权宜如何？曰：如齐桓、晋文可也。夫子欲鲁如齐桓、晋文，而不遂以天子之权与齐、晋者，何也？

① （宋）苏洵：《春秋论》，转引自（明）茅坤：《唐宋八大家文钞》卷一百一十，《文渊阁四库全书》本。

② 《石龙集》卷八，第6—7页；《黄绾集》，第142页。

齐桓、晋文阳为尊周，而实欲富强其国。故夫子与其事而不与其心。周公心存王室，虽其子孙不能继，而夫子思周公而许其假天子之权以赏罚天下。①

行文至此，我们总结一下黄绾《春秋论》的行文意图：《春秋》非无事而修，小人当道、君子蒙尘是《春秋》之作的直接原因，尽管如此，孔子还是"不得已而后作"。《春秋》作为"天子之事""天子之书"，作《春秋》本是"天子之权"；而孔子以"道在我而权不在我，虽有赏罚，以道不以权"为根据"作《春秋》"，这是"以天子之权假之于我夫子"，而非"僭天子之权"。再有，鲁系周公之国，故孔子据鲁史作《春秋》，并以赏罚之权与鲁，这就是"行周公之道于天下"。

总之，孔子作《春秋》系因面对东周（春秋）之时天下无道、无君子、无周公的"三无"实况，不得已而作之。孔子亦曰："知我者其惟《春秋》乎！罪我者其惟《春秋》乎！"

（四）《春秋》与"大礼议"

嘉靖三年，黄绾作为"议礼派"成员，在南都与张璁、桂萼、席书、黄宗明等一起参与了"因明世宗生父称号问题引起的政治纷争"，史称"大礼议"。② 黄绾等"议礼派"成员支持世宗"继统不必继嗣"的法理学依据，就是《春秋·文公二年》"秋八月丁卯，大事于太庙，跻僖公"云云③。对于此句经文之解，《三传》皆站在孔子"讥"僖公逆祀之立场上阐发《春秋》大统之义。比如，《左传》：

秋，八月丁卯，大事于太庙，跻僖公，逆祀也。于是夏父弗忌为宗伯，尊僖公，且明见曰："吾见新鬼大，故鬼小。先大后小，顺也。

---

① （宋）苏洵：《春秋论》，转引自（明）茅坤：《唐宋八大家文钞》卷一百一十，《文渊阁四库全书》本。

② 关于"大礼议"事件，拙著限于主题不可能全盘复述，建议读者参阅田澍：《嘉靖革新研究》，中国社会科学出版社2002年版；胡吉勋：《"大礼议"与明廷人事变局》，社会科学文献出版社2007年版；尤淑君：《名分礼秩与皇权重塑：大礼议与嘉靖政治文化》，台湾"国立"政治大学2006年版。此外，拙著《黄绾生平学术编年》"正德十六年"（第101—102页）、"嘉靖三年"（第129—143页）条目下有黄绾与"议大礼"相关文献，可供检录，兹不赘述。

③ 《春秋左传注》（修订本），第518、523页。

跻圣贤，明也。明、顺，礼也。"君子以为失礼。礼无不顺。祀，国之大事也，而逆之，可谓礼乎？子虽齐圣，不先父食久矣。故禹不先鲧，汤不先契，文、武不先不窋。宋祖帝乙，郑祖厉王，犹上祖也。是以《鲁颂》曰："春秋匪解，享祀不忒，皇皇后帝，皇祖后稷。"君子曰："礼，谓其后稷亲而先帝也。"《诗》曰："问我诸姑，遂及伯姊。"君子曰"礼"，谓其姊亲而先姑也。仲尼曰："臧文仲其不仁者三，不知者三。下展禽，废六关，妾织蒲，三不仁也。作虚器，纵逆祀，祀爰居，三不知也。"①

再比如《公羊传》：

大事者何？大袷也。大袷者何？合祭也。其合祭奈何？毁庙之主，陈于太祖；未毁庙之主皆升，合食于太祖，五年而再殷祭。跻者何？升也。何言乎升僖公？讥。何讥尔？逆祀也。其逆祀奈何？先祢而后祖也。②

再见《穀梁传》：

大事者何？大是事也，著袷尝。袷祭者，毁庙之主。陈于太祖，未毁庙之主，皆升合祭于太祖。跻，升也，先亲而后祖也，逆祀也。逆祀，则是无昭穆也。无昭穆，则是无祖也。无祖，则无天也。故曰："文无天。"无天者，是无天而行也。君子不以亲亲害尊尊，此《春秋》之义也。③

下面，我们主要结合黄绾在嘉靖三年所成与友人书、所上"议礼"疏及《大礼私议》文，来检讨一下黄绾对《春秋》大统之义的理解与运用。

---

① 《春秋左传注》（修订本），第523—526页。
② 《春秋公羊传》，第58页。
③ 《春秋穀梁传注疏》卷十，《文渊阁四库全书》本。

1. 《一上大礼疏》

黄绾先是在嘉靖三年二月所成《一上大礼疏》①中指出，如以孔子《春秋》所"讥""鲁跻僖公"即"失统绪相传之义"来对比孝宗、武宗、世宗三者之间的君臣、兄弟关系；杨廷和等"护礼派"所主世宗考孝宗而不有武宗之论则有悖《春秋》大义，亦当"讥"之："昔鲁跻僖公，孔子书于《春秋》，以其失统绪相传之义，故讥以示戒。今以陛下考孝宗而不有武宗，其视《春秋》所讥，何如？夫前此武宗、君也，陛下、臣也，今陛下孰传而孰受之？乃弗继其统哉！遂致陛下父子、兄弟之间皆失其道，不几于三纲沦、九法斁哉！"② 这里，黄绾通过拜疏的方式，支持世宗"继统而不继嗣"。

2. 《二上大礼疏》

嗣后，黄绾在《二上大礼疏》③ 中，为"明大义以正大礼"而再次申述前说："《春秋》大义莫先于人伦，而君人之大莫严于统绪。故嗣君必即时定位，逾年改元，其义间不容发，舍此则为逆矣。故在陛下，当称孝宗皇帝为皇伯考，称兴献帝为皇考，称武宗皇帝为皇兄，以继其统，昭然不可少紊者。"④ 此《疏》之中，黄绾建议世宗参照"莫先于人伦""莫严于统绪"的《春秋》大义，以"继统"为重，而称孝宗皇帝为皇伯考、称兴献帝为皇考、称武宗皇帝为皇兄。世宗见此《疏》之文，自然欣喜。

3. 《三上大礼疏》

嘉靖三年三月二十九日，时在南都的黄绾俄闻世宗下诏称兴献帝为"本生皇考"而非"皇考"，复抗疏极辩⑤，成《大礼第三疏》⑥，亦称《三上大礼疏》⑦。为了劝谏世宗去掉"本生"二字，在《三上大礼疏》中，黄绾再次强调世宗当以"继统"为重，并援引了《春秋》及《礼记》《左传》等文本的"孔子之言"：

---

① 《黄绾生平学术编年》，第 130 页。

② （明）黄绾：《知罪录》卷一，上海图书馆古籍部藏明嘉靖三年黄绾自序刻本，第 2 页；《黄绾集》，第 578 页。

③ 《黄绾生平学术编年》，第 130 页。

④ 《知罪录》卷一，第 3 页；《黄绾集》，第 580 页。

⑤ 《明史》（简体字本），第 3479 页。

⑥ 《久庵先生文选》卷十三，第 6—10 页；《黄绾集》，第 581—585 页。

⑦ 《知罪录》卷一，第 4—8 页。

《春秋·鲁文公二年》二月丁丑，书作"僖公主"，八月丁卯书
"大事于太庙，跻僖公"。《礼记》记孔子之言曰："臧文仲安知礼？
夏父弗綦逆祀而弗止也。"又左氏述孔子之言曰："臧文仲不知者三，
纵逆祀其一也。"其意谓何？重继统也。苟不重继统，则僖公兄也、
闵公弟也，天伦之序恶可以紊？夏父弗綦之跻、臧文仲之弗止，皆是
矣。何以谓之"不知礼"？何以谓之"逆祀"？且作主亦常事耳，孔
子何迭书屡言而深讥哉？①

这里，黄绾抬出了作为"万世仁义之宗"的孔子，并引用"圣人
（孔子）之言"来为"继统"说张目。随着"大礼议"论辩的深入，世
宗在数月之后再次下诏，去"本生"之称，"大礼"乃定："（黄）绾自
是，大受帝知。"②

4.《大礼私议》

《大礼私议》系黄绾以"他人问"（站在"护礼派""继嗣以继统"
一方）、"自己答"（站在"议礼派""继统不必继嗣"一方）的叙述方
式，系统阐述自己对"大礼议"看法的一篇杂文。其中对孔子"大事于
太庙，跻僖公，逆祀也"之《春秋》"大义"，又多有引用与阐发，兹举
二例：

论者曰："考孝宗岂得已哉！以今上（世宗）与武宗兄弟，不可称为
父子故也。"《大礼私议》曰："殊不知父子、兄弟之称，本于天性，不可
强也。宗庙之礼，但当以世次承其祭祀，不可失也。今既不得为父子，自
以兄弟承其祭祀，无不可者。历考三代以来，弟继兄、兄继弟、叔继侄、
侄孙继叔祖，若此多矣，皆因世次承其宗祀，而未尝以伦属之名乱其世次
祭祀，则称为及王，此固万世之所当法也。故闵公虽弟，不失为君；僖公
虽兄，不害为继统，文公听夏父弗忌之言而跻僖公于闵公之上，《春秋》
讥之，书曰'大事于太庙，跻僖公'。及定公追正其序，《春秋》则善之，
书曰'从祀先公'，所以重继统也。"③

再比如论者发问："继统本于《春秋》，在《春秋》亦未定欤！以

---

① 《知罪录》卷一，第5页；《黄绾集》，第582—583页。

② 《明史》（简体字本），第3479页。

③ 《知罪录》卷二，第2页；《黄绾集》，第586页。

'跻僖公'之义观之，则继统是矣。若以仲婴齐之义观之，则继统亦不然欤？"黄绾《大礼私议》答曰："此天子诸侯、大夫士庶人之不同也。天子诸侯有统而无宗，大夫士庶人有宗而无统，有统者与之以继统，僖之不可以跻于闵者，明其继统也。无统者不与之以继统，婴齐之书为仲者，不与其为统也。"①

5. 《寄王定斋书》与《寄应元忠书》中所涉"议礼"事

嘉靖三年底，黄绾与时在京城任职的好友王应鹏②有书函，即《寄王定斋书》（二首之一）。书中称："'大礼'虽云改定，揆之天经，终属不明，只若欺罔之为，只以臣子事君之道论之，岂能自安！恐终必有变，不知如何。"③继而，黄绾援引了《春秋》"讥僖公之跻圣祖（闵公）"之论，并重申了朱元璋《皇明祖训》"兄终弟及"之训，从而得出"统绪之说甚明，其义甚深，恶可忽也"的结论④。

是年（嘉靖三年），黄绾在给时任翰林院编修、好友应良的一封书函即《寄应元忠书》之中，也引证了孔子"书'跻僖公'"以"讥之"之文；希望站在"护礼派"一方的应良改变自己的立场（"继嗣以继统"），转而支持张璁等"议礼派"："罗峰（张璁）诸公所论大礼，仆诚以为是，更无可疑。然今日纷纷之说，只缘不知人君之职、《春秋》大统之义耳！孔子书'跻僖公'，其意谓何？不然，则兄弟名分正所当正，何故讥之？"⑤结果，应良没有接受黄绾的建议，还参与"左顺门事件"，致使虽系同乡、同系阳明门生的黄、应二人"有隙"，交往关系亦逐渐恶化。

值得关注的是，黄绾还深受孔子作《春秋》"知我者其惟《春秋》乎！罪我者其惟《春秋》乎"之影响，在汇辑自己所上议"大礼"诸疏而成册，在为之定名之时，即借用了孔子所云"知""罪"二字，以"知罪录"为之命名。《知罪录》卷首载黄绾撰《〈知罪录〉引》文，有云："当今继统之义不合于当路者，遂指目为邪说、为希宠。予故知而犹犯之，此予之罪也，岂予之得已哉！故录之以著其罪、以竢天下后世之知予

---

① 《知罪录》卷二，第4页；《黄绾集》，第588页。

② （明）焦竑《国朝献征录》卷五十五有《都察院右副都御史定斋王公应鹏传》文，读者可参阅，以了解王应鹏的生平事迹。

③ 《石龙集》卷十八，第10页；《黄绾集》，第352页。

④ 《石龙集》卷十八，第10页；《黄绾集》，第352—353页。

⑤ 《石龙集》卷十八，第12页；《黄绾集》，第354页。

罪者。"① 这里，黄绾俨然把自己作《知罪录》的"不得已"，与孔子作
《春秋》的"不得已"相提并论。

五 《礼》：道君子节文

传统儒家经典文献的表述之中，一般以"礼""仪"并称，记载
"礼"的典籍称《议礼》，亦称《礼经》。至于《礼经》作者，有两种说
法，一说周公旦所作，一说孔子手定。拙著以为《礼经》系周公制作，
孔子删定而成。

"礼"之用有"仪"、有"义"："仪"以言其节文，即指礼节、仪
式；"义"以言其理意，即指道理、含义（"礼者，理也"）。而在拙著主
人公黄绾看来，"议礼"之"礼"即"经礼三百、曲礼三千"，就其目而
言，主要是士人君子在"冠、婚、丧、祭""吉、凶、军、宾、嘉"时所
行之礼节。黄绾早年即习"礼"研"礼"，其礼学著作有《礼经》《礼经
原古》，还有《庙制考议》等②。兹主要依据黄绾礼学著作之书目，对其
礼学思想略作检讨。

（一）《礼经》

卷数不明。《礼经》系黄绾青年时代所编订的礼学著作，约成书于弘
治十四至十六年（1501—1503）间；它系黄绾在放弃科举时文之后，用
功于圣贤之学的成果之一。至于青年黄绾编订《礼经》之缘由，其在
《与王东瀛论〈礼经〉书》中有说明。

儒家传世"五经"（亦曰"六经"）之中，以《礼经》缺讹最为严
重，"六经残缺，惟《礼》为甚"。东周王室衰微之时，"诸侯放恣，而
《礼》最为所恶，故未经秦火而《礼》已亡其七八"。而汉儒所成《仪
礼》《周礼》及《大、小戴记》皆掇拾傅会、干时进取之作，且多糜文失
义，已"非周公、孔子制作、删定之遗经"③。既便是朱熹《仪礼经传》、
吴澄《三礼考注》等礼学名作，在青年黄绾看来，皆不过是"据陈言于
尺素，因讹谬以踵袭"，而不足以反映周公制作、孔子删定《礼经》之原

---

① 《知罪录》卷首，第1页。
② 《庙制考议》（亦作《庙制考义》），二卷，《雍正浙江通志》《光绪黄岩县志》《民国台州
府志》《台州经籍志》《台学统》《台州艺文略》均录有书目，今佚而不存。
③ 《石龙集》卷十五，第4页；《黄绾集》，第301页。

貌。缘此，黄绾以"精求二圣（周、孔）经世作述之意"为目的，以《仪礼经传》《三礼考注》为蓝本，"存其同以去其异"，别为《礼经》一书。

成书之后，黄绾即呈请乡先贤王东瀛指教，即上引《与王东瀛论〈礼经〉书》。①

（二）《礼经原古》及其"序"文的解读

《礼经原古》，卷数不明，黄绾原著已佚失。《嘉庆太平县志》《台学统》录有书目。其中《台学统》记："（《礼经原古》）以身、事、世为三重，身者容貌之属、事者冠昏之属、世者朝聘之属。于经虽乱，甚资取用。见《学案》《太平志》。"② 黄宗羲《明儒学案》之中录有黄绾《礼经原古·序》文一种③。

黄绾早年即志于治《礼》（上文提道的《礼经》便是例证），"思学诸身者未有所得，故置其稿（《礼经》）于箧中以俟时。迨仕而或出或处，南北靡常，皆有未暇"。嘉靖十八年（1539），黄绾在去职投林之后，先是撰《四书原古》、而后著《五经原古》，其中《礼经原古》为最后完成。在此，我们还可以推断，黄绾晚年所成《礼经原古》就是在其青年时期所成《礼经》基础上增订而成。兹据《礼经原古·序》，对黄绾的礼学思想略作阐发。

1. "三重之礼原于天地、始于人伦"

对于"礼"之来源、制"礼"之依据，黄绾在《礼经原古·序》文中指出：《礼》之作原于天地，《礼》之制始于人伦。对此，黄绾作如是解读：

> 夫《礼》之作，自天地来矣。有天地然后有男女，有男女然后有夫妇，有夫妇然后有父子，有父子然后有君臣，有君臣然后有上下、

---

① 《石龙集》卷十五，第4—5页；《黄绾集》，第301页。

② （民国）王棻：《台学统》卷四十四《性理之学》三十二，民国七年吴兴刘氏嘉业堂刻本，第14页。参阅笔者下段行文之中关于黄宗羲对《礼经原古》的概述，可知王棻之评论转自《明儒学案》，但是"于经虽乱，甚资取用"云云，则系王棻本人检阅黄绾《礼经原古·序》文之后的评论。

③ 《明儒学案》卷十三《浙中王门学案三》，载《黄宗羲全集》第7册，第326—328页。

亲疏、长幼、朋友，而礼有所错，则礼之制自人伦始矣。①

不难发现，黄绾关于礼制源自人伦的解读范式，借用了孔子《易传·序卦传》的说法："有天地，然后有万物；有万物，然后有男女；有男女，然后有夫妇；有夫妇，然后有父子；有父子，然后有君臣；有君臣，然后有上下；有上下，然后礼义有所错。"②《礼经原古·序》进而以为：天地之贵在人，人之贵在性，人性即仁、义、礼、智、信；儒家圣人（周公）在制礼之时即考虑因人性而为之"礼"，"礼"错之于上下、亲疏、长幼、朋友诸人伦而为之"条理"，必合乎仁、义、智、信而出之，然后行乎天地而成乎人伦，即《孟子》文本所引"父子有亲、君臣有义，夫妇有别，长幼有叙，朋友有信"云云。③

在黄绾看来，《礼经》所述君子所行之礼，共有"三重"即身、事、世，且有"纲"、有"目"："总三者之纲言之，曰经礼三百，曲礼三千④。总三者之目言之，曰冠、婚、丧、祭，曰吉、凶、军、宾、嘉。"分而言之，身之礼指容貌之类，事之礼系冠婚之类，世之礼为朝聘之类。这是黄绾对"礼"的"三重"分类法。作为君子，其立身处世、言行举止必须以"三重"之礼为行为规范，"斯须不可去，造次颠沛不可违，在身所以周身，在事所以周事，在世所以周世，谓之周旋中礼"⑤。西周盛世，君子周行"三重"之礼，施之于家国天下，而臻天下雍熙太和之景象。

2. 孔子定礼与古《礼》之流传

关于圣人所制之礼，孔子以为，夏商周三代相因，损益可知："殷因于夏礼，所损益，可知也；周因于殷礼，所损益，可知也；其或继周者，虽百世可知也。"⑥ 在黄绾看来，三代之礼尽管损益不断，但是身、事、世"三重"之礼"原于天地、始于人伦者，则未尝一日有间"。周公集诸"礼"之大成，使周礼甚盛；周王室衰微，"礼坏乐崩""天下无道"，

① 《明儒学案》卷十三《浙中王门学案三》，载《黄宗羲全集》第7册，第326—327页。
② 《周易本义》，第269页。
③ 《四书集注》，第385—386页。
④ 《礼记·礼器》云："经礼三百，曲礼三千。"
⑤ 《明儒学案》卷十三《浙中王门学案三》，载《黄宗羲全集》第7册，第327页。
⑥ （宋）朱熹：《四书章句集注》，中华书局1983年版，第59页。

"礼乐征伐自诸侯出"①，因记载"礼经"的典籍给诸侯僭越礼制法度制造了障碍，故"恶其害己，皆去其籍"。至孔子之时，载礼之典籍已损失殆尽，孔子有言："夏礼吾能言之，杞不足徵也；殷礼吾能言之，宋不足徵也。"②"周监于二代，郁郁乎文哉，吾从周。"③因鲁国系周公封地，故时曰"周礼尽在于鲁"。孔子任职鲁国之时，曾看到过记载"周礼"的典籍；晚年自卫返鲁，即开始"定礼"，并"定此籍为经也"，是谓《礼经》。这就是，周公制作、孔子删定《礼经》之由来。

孔子定《礼》，但其非在位之君王，《礼》只能私藏并私传于门生弟子，《礼》亦未能大行于世。孔子没而微言绝，七十子丧而大义乖。黄绾《礼经原古·序》文依据《汉书》卷三十《艺文志第十》所记"及周之衰，诸侯将逾法度，恶其害己，皆灭去其籍，自孔子时而不具，至秦大坏。汉兴，鲁高堂生传《士礼》十七篇"，对《礼》自东周（战国）→秦→汉的流传经过予以盘点：战国之世，诸侯恣横，《礼》最为所恶，故而周、孔所制作、删定之《礼》，"不待秦火秦禁先已散亡"（"未经秦火而《礼》已亡其七八"）；直至汉武帝之世，"弛挟书之禁，建收书之策"，先前藏于孔壁、散于山泽之《礼》渐出，如高堂生所传、二戴所《记》《艺文志》所载；世历唐、宋至明代中叶，云"古《礼》或存者，惟此而已，此外更无所谓《礼》者"④。

总之，《六经》残缺，惟《礼》为甚，是一个不争的历史事实。

3.《礼经原古》的编订体例

至明代中叶，古《礼》散亡日久，虽有高堂生、二戴、《艺文志》所存遗简，然已茫无头绪，"孰为先王之作？孰为后世之为？孰为洙、泗之传？孰为汉儒之附会？孰为天子、诸侯、卿、大夫、士、庶人之礼？"无从辨之。纵或辨之，亦不能全。

作为经学家的黄绾，为了尽可能地恢复孔子所定古《礼》之原貌，在晚年隐居著述之时，即以上文所及"礼"之"三重"分类法，重新订定、辑校古《礼》："凡言身者，以身为类；凡言事者，以事为类；凡言

---

① 《四书章句集注》，第 171 页。

② 同上书，第 63 页。

③ 同上书，第 65 页。

④ 转引自《明儒学案》卷十三《浙中王门学案三》，《黄宗羲全集》第 7 册，第 327 页。

世者，以世为类。所谓纲与目者，亦次第其间。又取朱子《仪礼经传》数篇益之，以成一经之纲领，总谓之曰《礼经原古》。"①

黄宗羲在《明儒学案·黄绾传》中对黄绾《礼经原古》编辑思路有说明："以身、事、世为三重，凡言身者以身为类（容貌之类），凡言事者以事为类（冠婚之类），凡言世者以世为类（朝聘之类）。"② 这也就是黄绾《礼经原古》的编纂体例。黄绾对自己订定而成的《礼经原古》是充满自信的，有"俾学《礼》者知其源委，寻其脉络；以为三重之条理，以立大本、以经大经、以赞化育，庶几或少补于明时"云云③。

客观地讲，作为明代中期政治家的黄绾，其礼学理论水平与实际应用能力，在明代中期嘉靖一朝的儒家士大夫群体之中，也是有一定的社会地位与影响力的。比如他在嘉靖三年参与了"大礼议"的政治活动，嘉靖五年至七年间参与编修了《明伦大典》；嘉靖七年至十二年间，曾任南京礼部右侍郎；嘉靖十二年至嘉靖十四年升任礼部左侍郎，嘉靖十八年一度出任礼部尚书等职。凡此种种，足以说明黄绾的"礼学"理论功底与实践运用能力。

行文至此，我们对本章关于"黄绾经学思想"的检讨，略作小结：

黄绾《四书原古》《五经原古》文本已不可寻，但是从《明儒学案》存录的由黄绾本人撰写的《五经原古》诸"序"文中，我们还是可以较为清晰地把握黄绾之于《五经原古》的创作期望。

通过对诸"序"文中"历数十年，以生平所得之艰难者释其义""学之白首""一皆以圣经明文为据。虽云经传，或由汉儒附会，后儒曲说，皆不敢信，必质诸真圣人之经而后敢安""以明夫子之志"云云，我们可以知道黄绾"白首穷经"而"原古"五经努力的真实意图是：使《五经》（包括《四书》）文本最大限度地"复原""回归"至"真圣人"孔子时代的篇什、内容，尽量剔除后世儒者的附会、曲说，意即引导后世儒者"走近周孔时代""回归原始儒家""回到四书五经本身"，以期重构儒家经典诠释学之知识系统（"考据学"）与价值系统（"经学信仰"）的

① 《明儒学案》卷十三《浙中王门学案三》，《黄宗羲全集》第7册，第328页。
② 同上书，第319页。
③ 同上书，第328页。

统一。

简言之，明代中叶道学家黄绾的努力尝试，这对明清之际儒学的转型即"回归古学"（"原始儒家"），或许可以提供更多的方法论意义，因为"明末清初儒者批评理学的最终成果，就是'回到六经'"①。

---

① 李申：《道与气的哲学》，中华书局 2012 年版，第 465 页。

第五章

"明代学术思想演变历程的缩影"
——黄绾道学思想进展之意义

在对黄绾学术思想的形成过程及其在青年、中年、晚年时期的不同"面向"及其基本内涵，进行"历史的"梳理和"逻辑的"论证之后，我们有必要对结合宋明清三代儒学演变的历史轨迹、发展脉络来对黄绾思想的学术定位、理论特色、历史地位，进行一番归纳性的总结。

第一节　黄绾思想的道学定位

对于黄绾学术思想的定位，目前学界存有较大争议与分歧。有论者以黄绾为阳明门人（后学），故而称黄绾的思想系阳明一系的心学（以容肇祖先生《王守仁的门人黄绾》①、钱明先生《浙中王学研究》② 为代表）；有人总结黄绾的思想主旨为"反道学"③；有人称黄绾为"理学家"，故其学术思想为理学（以侯外庐先生等主编《宋明理学史》④、王宝汉先生的硕士学位论文《黄绾理学思想研究》⑤ 为代表）；有人称黄绾为实学家，

---

① 容肇祖：《王守仁的门人黄绾》，《燕京学报》第 27 期，1940 年，第 53—113 页；《明代思想史·黄绾》，开明书店 1941 年版，第 158—182 页；《容肇祖集》，齐鲁书社 1989 年版，第 247—316 页。

② 钱明：《浙中王学研究·黄绾》，中国人民大学出版社 2009 年版，第 89—100 页。

③ 侯外庐主编：《中国思想通史（第四卷下）·黄绾的哲学思想》，人民出版社 1960 年版，第 929—941 页。

④ 侯外庐等主编、唐宇元撰文：《宋明理学史·黄绾的学行与"艮止"说》，人民出版社 1987 年版，第 383—402 页。

⑤ 王宝汉：《黄绾理学思想研究》，硕士学位论文，台湾逢甲大学，1999 年。

　　黄绾的思想则为实学思想（以葛荣晋先生为代表）①。在拙著看来，以上看法各具"一偏之见"，而黄绾思想的合理定位当以"道学"称之，即作为明代学者的黄绾是一位道学家。此外，称黄绾是一位心学家、经学家、儒学家，也未尝不可。

　　宋明"道学"范畴的内涵，拙著在"引言"部分（三、黄绾学术称谓之楷定）已有详细列举与解读。"道学"范畴的外延，既有居于主体地位的程朱理学、陆王心学，还有中国哲学史（包括中国思想史）教材中所涉张载、王廷相、王夫之的"气学"。

　　拙著主人公黄绾在青少年之时即"志于道"，并立志承续方孝孺、谢铎等为代表的台州朱子学之"统绪"即程朱道学。中年结识王阳明，以其"致良知"之教为孔孟圣学之"正传"②"儒学正脉"③，故而服膺、师从之；与此同时，黄绾以为王阳明心学所揭示的"良知""亲民""知行合一"即是昔贤往圣亘古相传之"道"。其《祭阳明先生文》有云："於乎！斯道原于民彝，本诸物则，无人不全，无物不得，亘古长存，无时或息。惟人有情，情有公私，故心有邪正而道有通塞。斯道既塞，此政教所以多讹，生人所以不蒙至治之泽也。惟我先生，负绝人之识，挺豪杰之资，哀斯道之溺，忧斯道之疵。指良知，以阐人心之要；揭亲民，以启大道之方；笃躬允蹈，信知行之合一。"④《祭阳明先生墓文》云："道丧既久，圣远言微，千载有作，聿开其迷，指良知为下手之方，即亲民为用力之地，合知行为进德之实。"⑤ 显而易见，黄绾在中年时期即以阳明先生为圣学"道统"承续者。易言之，在中年黄绾看来，阳明的"良知学"

---

　　① 葛荣晋：《黄绾实学思想简论》，《浙江学刊》1989 年第 2 期，第 86—92 页；《王廷相和明代气学·王廷相和黄绾》，中华书局 1990 年版，第 278—289 页；陈鼓应、辛冠洁、葛荣晋主编：《明清实学简史·黄绾的王道政治及其对理学的批判》，社会科学文献出版社 1994 年版，第 36—50 页。

　　② 黄绾《明是非定赏罚疏》（亦称"辨王守仁理学疏"）即称王学为"弗诡于圣、弗畔于道"的"孔门正传"（《久庵先生文选》卷十五，第 3—5 页）。

　　③ 当代新儒家学者熊十力先生推崇王阳明儒学，称"阳明之学，确是儒家正脉"（《十力语要》卷三）。浙江阳明学研究专家钱明先生受熊十力此语启发，而命名其所撰著的王阳明传记曰——《儒学正脉：王守仁传》（浙江人民出版社 2006 年版）。

　　④ 《石龙集》卷二十八，第 3 页；《黄绾集》，第 563 页。按，此处包括本章行文之中的所有着重号均系笔者所添加。

　　⑤ 《石龙集》卷二十八，第 3—4 页；《黄绾集》，第 564 页。

即是"道学"的代名词。

作为儒学家即道学家的黄绾坚信：研习儒家经典，即是通向"真理"之门；道学家从不认为儒家经典与"道"是相互隔绝的，"许多时候，正是儒家经典的某些字词激发了他们的灵感和彻悟"①。黄绾在晚年赋闲家居之后，返归《四书五经》等儒家元典，扬弃"六经注我、我注六经"的经典诠释范式，而以"以经解经""经经互注"的范式，重塑儒家道统学脉之谱系，辅之以对《大学》"致知在格物"的新解，尤其是《易》之"艮止"、《书》之"执中"这两组"字词激发了"他的"灵感和彻悟"，从而坚信"艮止、执中之旨"系"圣门开示切要之诀，学者的确功夫，端在是矣"②。因为"艮止""执中"二语出自于"五经"，我们还可以称黄绾所云"圣学"（"圣人传心之学"）为"经学"。

道学家是把"道统"与"道学"（包括"道体"）作为"表、里一体"之关系来看待的，晚年黄绾在《明道编》中就清晰地勾勒出一条"道统"传承谱系，即（1）艮止之学：伏羲→文王→孔子→曾子→子思→孟子，（2）执中之学：尧→舜→禹→汤→文→武王→皋、夔、稷、契→伊、傅、周、召→孔子→曾子→子思→孟子，此即晚年黄绾的"道统"新说（拙著第三章第二节已论述）。这里，黄绾自信地以为自己的"艮止、执中之学"即代表了上古以降的学脉正统（现代学术术语之"学术真理"云云）。这也是拙著极力主张称黄绾学术思想为"道学"的一条"铁证"。

此外，黄绾《明道编》文有如下一段记载："昔以道学致人非笑者，由以禅学为宗，别立一种言行，人见其迂阔不近人情，故皆非笑之。此岂人之过哉？皆在我有以致之。惟实明圣人之学，则言行无迂阔、皆近人情，真有所谓'言满天下无口过，行满天下无怨恶'矣。"③这里，黄绾已为"道学"正名，"道学"即是"圣人之学"的代称，而非"伪学"云云。

黄绾高足吴国鼎在《明道编·跋》文中对其师尊所著"久庵日录"

---

① 姜广辉：《论宋明理学与经学的关系》，载氏著《义理与考据：思想史研究中的价值关怀与实证方法》，第464页。

② （明）吴国鼎：《明道编·跋》，载《明道编》，第75页。

③ 《明道编》，第40页。

的编纂意图进行说明时，言及"正学术以明道"乃系其师黄绾毕生为学著述之志业："斯集，久翁先生为明道而编也。何明乎道尔？病学术之偏晦之也，学术正而后斯道可明焉，前乎千百世者可见，后乎千百世者可知也。……先生著述六经，研核百氏，折衷群言，指摘正救，不遗余力，岂为千古圣贤争名哉？推其志，期于道之明焉耳！使今日之道明，则濂洛诸儒之道明；濂洛诸儒之道明，则千载以前圣贤之道明，庸讵至昔日之有诸儒、今日之有我耶？不得其意而徒区区绳墨是守焉，其亦未知先生忧道之意矣乎？"① 进而认为，黄绾所论、所证之"道"："愈简易愈广大，愈切实愈高明，是故高明配日月，广大配天地，其唯圣人乎！尧舜周孔，圣之至也，而今有以寻其坠绪焉，谓非天启斯文乎？"②

黄绾哲嗣黄承德也有文，对其父黄绾毕生志于"道"的学术历程予以揭示："家君（黄绾）自弱冠即志圣贤之学，六经孔孟之言，无不精蕴于心，为志道、据德之实；既而发诸言语，皆先贤之所未发，为千载绝学之宗旨。"③ 质言之，黄绾的"道学"实系"圣学""圣人之学"，进而言之即是《明道编》中多次出现的"尧舜之学""文王之学""孔孟之学""圣人传心之学"等。

黄绾道学思想体系对宋明道学所关注的核心范畴诸如"理""气""性""命""情""人心""道心""天理""人欲""知行""体用""格物致知"等皆有涉及。但与程朱、陆王有别，黄绾以"四书五经"为经典依据而对上述诸范畴做出了自己的诠释。冯友兰先生在对"道学"的性质进行论证之时，明确指出："道学的目的是'穷理尽性'。"④ 而据黄绾本人的《易经原古序》文自述，其开创"艮止之学"的动机即是"穷理尽性以求乐天知命"："中涉世故，见不诚非理之异，欲用其诚，行其理，而反羞之。既不羞而任诸己，则愤世疾邪，有轻世肆志之意。于是当毁誉机穽之交作，郁郁困心，无所自容，乃始穷理尽性以求乐天知命，庶几可安矣。久之自相凑泊，则见理、性、天、命皆在于我，无所容其穷尽

---

① 载《明道编》，第75—76页。

② 同上书，第75页。

③ （明）黄承德：《明道编·跋》，载《明道编》，第77页。

④ 冯友兰：《略论道学的特点、名称和性质》，载《社会科学战线》1982年第3期。

乐知也，此之谓'艮止'①。"黄绾正是通过"道问学"（诸如撰著《四书五经原古》）与"尊德性"（诸如其"修道"哲学所倡各种道德实践）的功夫实践，最终"体知""默会"出"理、性、天、命皆在于我"。而"艮止""执中"则是黄绾道学体系的"本体论"（"道体"）范畴。

总之，早年黄绾是一位朱子学传人，中年黄绾是一个阳明学信徒，晚年黄绾则是一位不折不扣的经学家与道学家。进而言之，黄绾是一位古典的道学家，一位主张"学以致用"的思想家。确切地说，黄绾是一位具有"卫道"情怀且主张"儒学经世"的儒学家。

第二节 黄绾之于中晚明时期阳明学进展的意义

黄绾作为明代著名的思想家、哲学家、文学家、教育家、军事家——阳明先生的入室门人，毫无疑问，黄绾是一位阳明学者。单凭《姚江渊源录》为其立传、黄宗羲《明儒学案》为其立学案于《浙中王门学案》之中，清季民初台州学者王棻在编纂《台学统》之时把黄绾的"性理之学"归属于"姚江王氏学派"之中②，就足以说明一切。此外，清代学者张恒汇辑有明一代两浙诸儒言行集，成《明儒林录》③，在为黄绾立"传"之时，将黄绾定位为明代浙江籍的一位儒学大家。下面，我们主要从以下两个维度——中年黄绾、晚年黄绾，来探究黄绾之于中晚明时期阳明学进展的意义。

一 中年黄绾：王学之"信徒"

中年黄绾之于阳明良知心学的意义，主要在于黄绾本人经过十年（正德八年至嘉靖元年，1513—1522）隐居黄岩紫霄山的"修道"实践之后，在嘉靖元年秋，与已发明"致良知"之教的阳明先生在越中会面。阳明即授以从百死千难中得来的"圣门正法眼藏"——"致良知"之教，黄

① 《明儒学案》卷十三《浙中王门学案三·尚书黄久庵先生绾》，载《黄宗羲全集》第7册，第318—319页。

② （清）王棻撰：《台学统》（《台州文献丛书》本），上海古籍出版社2016年版，第2643—2736页。

③ 《明儒林录》计十九卷，由清代松江学者张恒撰。张恒系朱彝尊之中表，而朱彝尊志在稽古、张恒则志在讲学，所见颇歧。《明儒林录》主要记录了明代两浙诸儒之言行。

绾闻后，大为叹服，当下即认定"致良知"之教"简易直截，圣学无疑"，遂执贽称门弟子。黄绾《明是非定赏罚疏》有"臣（黄绾）曩与守仁为友，几二十年。一日自愤寡过之不能，守仁乃语以所自得，时若有省，遂如沉痾之去体，故复拜之为师。则臣于守仁，实非苟然以相信，如世俗师友之比也"云云。① 在阳明先生谢世之后的一段时间里（嘉靖八年至嘉靖十三年左右），黄绾多次在不同的场合中，重申、弘扬、发展阳明先生生前所主张的"慎独以致良知"的思想。

如所周知，在晚明之际，浙江绍兴籍的阳明学者刘宗周曾对阳明良知学进行了批判性的"修正"，发展阳明的"致良知"之教为"慎独""诚意"之教。诸如刘宗周曾经提出"独体，即天体""独外无理""独外无身"的"独"学命题："慎独是学问的第一义。言慎独而身、心、意、知、家、国、天下，一齐俱到。故在《大学》为格物下手处，在《中庸》为上达天德统宗、彻上彻下之道也。"又说："《大学》之道，一言以蔽之，曰慎独而已矣。《大学》言慎独，《中庸》亦言慎独。慎独之外，别无学也。"② 梁启超以"王学自身的反动"来指称刘宗周于晚明之际对于王学末流的"修正"："刘蕺山一派特标'证人'主义，以'慎独'为入手，对于龙溪、近溪、心斋诸人所述的王学，痛加针砭，总算是舍空谈而趋实践，把王学中玄谈的成分减了好些。"③

其实，拙著主人公黄绾在阳明先生去世之后不久，即以"慎独以致良知"为基调，发展了阳明良知心学。比如在《劝子侄为学文》中，黄绾以圣人之学劝勉子侄后辈，尤其强调、重申了"慎独以致良知"的良知学命题："夫所谓学者无他，致吾良知、慎其独而已。苟知于此而笃志焉，则凡气习沉痾之私皆可决去，毫发无以自容。天地间只有此学、此理、此道而已。明此则为明善，至此则为至善。"④ 可见，中年时期的黄绾不仅自己称"致良知""慎独"为圣学的全部，还希望自己的子孙后人以此"学"、此"道"作为"家传之宝"而代代相传。也无怪乎，黄绾在

---

① 《久庵先生文选》卷十五，第 6 页；《黄绾集》，第 628 页。

② 《明儒学案·蕺山学案》，《黄宗羲全集》第 8 册，第 944 页。

③ 梁启超：《中国近三百年学术史》，天津古籍出版社 2003 年版，第 7—8 页。

④ 《石龙集》卷九，第 6—7 页；《黄绾集》，第 158 页。

嘉靖三年左右曾告诫并敦促时习举业的女婿高洵与自己儿子黄承文①一道，前往越中师从阳明先生、研习致良知之教，② 因为"圣学""举业"二者本不相冲突，且还可相互补充。

黄绾在《赠应仁卿序》文中，着重阐述了行"慎独"功夫以"致良知"的基本要求："人之生也，惟性为贵。性无不善，故知无不良，不以尧舜而增，不以众人而损，化于俗而后私意汩之。私意之在今日，虽贤智不免，慎独所以辩私、克己，乃以作圣。慎之于独知之中，克之于方萌之际，夙兴夜寐，念兹在兹，造次颠沛，无时而离，由仁义行，良知不息，此谓格致之工、天德之学，所以拔乎流俗而异于伯术、乡原者也。"③ 借此，黄绾又反对了视"情欲意念"为"良知"的偏见之论："夫所谓良知者，乃天命本然之良心，四端固有之至善，不涉私邪，不堕意见，循之则圣，悖之则狂。若以任情自恣之心揣量模拟之，似皆曰良知，是又与于不仁之甚者也。"④ 应该指出，黄绾之所以屡屡反对当时（明嘉靖中后期）之学者以"情欲意念""溺志忘情、任其私意"为"良知"的提法，主要是针对泰州学派的主张而有。

此外，黄绾还在《赠王汝中序》（成文于嘉靖十三年）⑤ 文中，以"有（圣学）无（禅学）之辨"的形式，对王畿"良知现成"说所可能导致的佛禅"虚无主义"倾向，予以规劝。我们还知道，刘宗周曾对以王畿为代表的"左派王学"之"玄妙""近禅"倾向予以批驳："（阳明）先生之言曰：'良知只是独知时。'本非玄妙，后人强作玄妙观，故近禅，殊非先生本旨。"⑥ 黄绾（1480—1554）系明代中期学者、刘宗周（1578—1645）则系明代末期学人，而黄绾对王畿一派的批评则比刘宗周提早了近百年。

---

① 关于黄承文与阳明学之关联，详参笔者与宫云维教授合作发表的论文——《王畿佚文〈石洞黄公墓志铭〉考释》，载《文献》2016 年第 6 期，第 115—122 页。

② 《石龙集》卷十八，第 7 页；《黄绾集》，第 349 页。

③ 《石龙集》卷十二，第 12—13 页；《黄绾集》，第 209 页。

④ 《石龙集》卷十二，第 13 页；《黄绾集》，第 209 页。

⑤ 《石龙集》卷十三，第 17—19 页；《黄绾集》，第 230—232 页。

⑥ （明清之际）黄宗羲：《明儒学案·师说》，《黄宗羲全集》第 7 册，第 15 页。

　　黄绾在阳明先生谢世之后所倡导的"慎独而致吾之良知"之论[1]，对于中晚明时期阳明学发展的意义，即体现为对阳明良知学的批判性传承。详而言之，一方面，黄绾系"王学"内部较早对王畿等"左派王学"展开批评的学者之一；另一方面，"慎独而致吾之良知"之论，较之于黄绾自身道学思想体系的发展，则表现为晚年时期的黄绾对"良知慎独、独知"义进行了批判性地"解构"，促成并最终完成了向"知止""艮止之学"的转变，最终也提出了自己的道学传承谱系（"道统"）与以"艮止执中"为纲的经学（"道学"）新论。这里，我们称中年黄绾为阳明后学之"慎独—独知"派，称晚年时期的黄绾为"王学内部修正运动的先驱"，亦不为过。

二　晚年黄绾：王学之"反动"

　　正如拙著第三章第四节所云，晚年时期的黄绾，因"回归经典"而对"圣人传心之学"又有所契悟（"艮止、执中之学"），故而对阳明（包括湛若水）心学予以批评："予尝与阳明、甘泉日相砥砺，同升中行。然二公之学，一主于致良知，一主于体认天理，于予心尤有未莹，乃揭艮止、执中之旨，昭示同志，以为圣门开示切要之诀，学者的确功大，端在是矣。外是更无别玄关可入也。"[2]黄绾对于"王学"的批评，一方面，体现了其重树"道统"、为"往圣继绝学"的"卫道"情怀；另一方面，还有对阳明良知心学持续、健康发展的关注。易言之，即是出于对儒家圣人之"道"（"学术真理"）得以赓续的"焦虑"与"担忧"。

　　1. 黄绾《明道编》对"王学"的批判

　　上文（第二章第二节、第三章第四节）已论，在阳明先生病逝之后的一年里（嘉靖八年），黄绾曾多次在奏疏、祭文之中对阳明心学（"道学"）的三大核心命题——"良知""亲民""知行合一"进行解读。其《祭阳明先生墓文》有云："道丧既久，圣远言微，千载有作，聿开其迷，（阳明先生）指良知为下手之方，即亲民为用力之地，合知行为进德之

---

　　[1]　见拙文：《慎独而致吾之良知：中年黄绾对王阳明良知学的一种阐释》，载《贵州大学学报》（社会科学版），2016年第1期，第33—39页。

　　[2]　《明道编》，第75页。

实。"①《明是非定赏罚疏》称："守仁之学，其要有三：其一曰'致良知'，……其二曰'亲民'，……其三曰'知行合一'。"②

而晚年黄绾在赋闲家居之后，以读书、著述终老，成《四书五经原古》，进而发掘"艮止执中之学"为"道学"真血脉。故而在《明道编》中，对中年时期所服膺的阳明良知学予以系统的批判，并对其核心命题"（致）良知""亲民""知行合一"等展开了解构性的批判。

据笔者推断，晚年黄绾所成《明道编》对于"今日君子"王阳明"致良知"之教的解构性批判，主要是基于其《孟子原古》《大学原古》对"良知良能""格物致知"的重新疏读而有："孟子言'良知、良能'，专明性善之本如此，非论学问止如此也。"此时的黄绾，已经走出中年时代对王阳明"致良知"之教的个人崇拜，严"儒佛之辨"，以为"致良知"之说已失"圣人之旨"，即废"学"与"思"以合释氏"不思善、不思恶"、杨慈湖"不起意"之旨，必然会流向"以任情为良能，私智为良知"的弊端，必将为害"圣学""误人非细"，故而需要警惕！

王阳明对《大学》"致知格物"的解读是："致吾心之良知于事事物物。"晚年的黄绾以"艮止执中之学"为道学之本义，以为"致知乃格物功夫，格物乃致知功效"③，进而对作为"今日君子"王阳明的"致知格物"论予以批评："今日君子，又不能明之，亦以格物为致知功夫，故以格物为格其非心，谓格其不正以归于正，又谓夫子教颜子克己，功夫皆在'格'字上用，亦不知'有典有则'之为格物，所以求之于心，失之于内，空虚放旷，而非圣人之学矣。"④

王阳明的《大学问》提出了"大人者以天地万物为一体""亲民者达其天地万物一体之用"的论断，黄绾《明道编》则以为："大人之学，皆由其真者，因其差等，处之各不失其道，此所谓仁，此所谓大人之道也。"申而言之，王阳明《大学问》所阐"大学之道之学"以"心即理"作为立论前提、非由孔子提倡的"情有亲疏，爱有差等"的"天性人情之真"做基石，故而非"圣学"之本义。在晚年黄绾看来，阳明学话语

---

① 《石龙集》卷二十八，第3—4页；《黄绾集》，第564页。

② 《久庵先生文选》卷十五，第1—7页；《黄绾集》，第626—627页。

③ 《明道编》，第21页。

④ 同上。

中"以天地万物为一体"云云，实则已经堕于墨氏"兼爱"这一"异端"中，进而必然导致"流于空虚，荡无涯涘"之弊①。

王阳明的良知心学提倡"知行合一"的"修道"功夫论。黄绾从结识阳明先生，直至阳明先生病逝之后的一段时间内，对"知行合一"的修道实践之路径，是深信不疑的。比如其《明是非定赏罚疏》还曾为阳明先生的"知行合一"非"放言自肆，诋毁先儒"之论进行辩解，有"'知行合一'亦本诸先圣先贤之言"云云。② 晚年的黄绾，在《明道编》中，笔锋一转，对阳明"知行合一"的"修道"功夫论提出了批评："'乾以易知，坤以简能。'象山常与门人言曰：'吾知此理即乾，行此理即坤。知之在先，故曰"乾知大始"；行之在后，故曰"坤作成物"。'今日朋友（王阳明）有为象山之言者，以为知即是行，行即是知，以知行合为一事而无先后，则失象山宗旨矣。"③

此外，《明道编》还对王阳明关于"仙、释与圣学同"之说进行了毫不客气地批评："今之君子，有谓仙、释与圣学同者，传于人则多放肆而无拘检。"④ 此处"今之君子"，无疑是指向王阳明的；"传于人则多放肆而无拘检"，主要指阳明以"仙、释与圣学同"说传授于及门弟子（尤其是以王畿、王艮等为代表的"左派王学"）之后，多"放肆而无拘检"，致使真正的"圣人之学之道"不传，岂不谬哉！

总之，拙著以为：黄绾晚年"背离"阳明先生的"良知之教"而"返归经典"并开创、演绎"艮止执中"之道学，确实是从王学的"信徒"走向了王学的"反动"。尽管如此，对于晚年黄绾之于阳明先生的关系，可用古希腊哲学家亚里士多德回敬其业师柏拉图的一句名言——"吾爱吾师，但吾更爱真理"来表述。

2. 黄绾"批评"王学的意义

晚年黄绾藉批判宋儒之学、"今日君子"（王阳明、湛若水）之学，而于儒家经典中所发明的"艮止之学"，从本质上讲，仍是广义上的"心学"，即"圣人传心之学"⑤。黄绾"艮止之学"所论之"心"，其根源系

---

① 《明道编》，第11—12页。

② 《久庵先生文选》卷十五，第1—7页；《黄绾集》，第627页。

③ 《明道编》，第18页。

④ 同上书，第17页。

⑤ 同上书，第3页。

《易·艮》，即☷☶之内艮之"止"；具体表征为"艮"象之"九三"这一阳爻，即"内艮之一阳"①。

王阳明心学之"本体"是"良知"，而黄绾心学之"道体"则是"艮止"。其实是一个"心"，即"圣人为经，以心传心"之"心"，皆可谓"万古圣贤相传之心"，皆可谓"千古圣圣相传的一点真骨血"。王阳明《象山文集序》有言："圣人之学，心学也。尧、舜、禹之相授受曰：'人心惟危，道心惟微，惟精惟一，允执厥中。'此心学之源也。中也者，道心之谓也；道心精一之谓仁，所谓中也。孔、孟之学，惟务求仁，盖精一之传也。"② 这里，王阳明亦以《书经》"十六字心传"作为"圣人之学"即"心学"的活水源头，并以"执中"之"中"作为"道心"之本。这和黄绾以"艮止"作为"心学"之源、"精一而执中"作为"圣人之道"③，则是"殊途而同归"的。易言之，我们在这里以"心学家"并称黄绾、王阳明，则是有学理之依据的。

再有，《明道编》文所涉"独知"一词云云，也是由中年黄绾所宣称的"慎独以致吾之良知"之论，演变、引申而有。黄绾关于"独知"之论见：比如"天下之理只在独知之中"④，"夫独知者，人心本体也"⑤，"圣人之学，以诚为本，诚之为工，以毋自欺为要，毋自欺之实，皆在独知之中致力"⑥，"圣功之本，只在于独知，故功夫皆在知字上用"⑦，"人心之本，独知而已。仁、义、礼、智、信者，人心独知之秉彝也"⑧，"（《诗经》）所谓'有物有则'也。则非外铄，皆在人心独知之中，所云'至善'者在是"⑨，如此等等。晚年黄绾对"独知"意义的解读，实则与王阳明《答人问良知》（二首之一）"良知即是独知时，此知之外更无

---

① 《明道编》，第3页。

② 《王阳明全集》（新编本），第260—261页。

③ 《久庵先生文选》卷八，第10页；《黄绾集》，第293页。

④ 《明道编》，第57页。

⑤ 《石龙集》卷二十，第19页；《黄绾集》，第394页。

⑥ 《明道编》，第23页。

⑦ 同上书，第21页。

⑧ 同上书，第55页。

⑨ 同上书，第56页。

知"① 之句所阐发的道理，是一脉相承的。

其实，对于道学家（心学家）所关注的如何证悟而得"人心"独知之"知"这一功夫论问题，无论是王阳明还是黄绾，他们的经典文本出处皆是《大学》《中庸》的"慎独"之说。黄绾就以为："夫所谓'慎独以致其知'者，即《中庸》所谓'博学、审问、慎思、明辨、笃行'，《论语》所谓'克己'是也。"②

黄绾作为一位"广义上"的心学家，其《四书五经原古》所揭橥之"艮止执中之学"，确系"一家之言"。申言之，"艮止执中之学"亦系有"体"有"用"之学，其创设理论的一大动机即是纠正阳明良知心学的弊端，进而对阳明后学的"禅学化倾向"，尤其对王龙溪的虚无化之偏执，批评颇多。这也源于"阳明在军日久，享年不永，其所提良知宗旨，犹多未及深究。其平常言教，颇杂老释与宋贤陈言，与其良知之说多有错差。而阳明包和混会，不及剖析。故其身后，门人后学即多分歧。"③

前文也提道：晚明阳明学者刘宗周对阳明良知学的弊端（主要针对"阳明后学"）有过尖锐的批评，并为当今学人竞相引用："今天下争言良知矣，及其弊也，猖狂者参之以情识，而一是皆良；超洁者荡之以玄虚，而夷良于贼，亦用知者之过也。"④"超洁者荡之以玄虚"就是对以王龙溪为代表的"虚无派"的评判，因为王龙溪"借以通佛氏之玄览，使阳明之旨复晦"；"猖狂者参之以情识"则是对泰州学派的批评。其实，在刘宗周之前，黄绾《明道编》就对王门后学（特指"左派王学"）"共谈清虚"之举，发出过"恐将来为患不细"即可能引发"学禁"的警告："今日朋友（按：指阳明门人）专事党护勾引，以立门户，自相标榜，自为尊大，……且勾引日众，类多浮欺，至有恶少，亦不知择，皆谓'一体之仁'如此。共谈清虚，遗弃人道，切恐将来为患不细，或致伪学之禁，以为衣冠之忧，吾党可不戒哉！"进而批评王阳明的"良知之说"废"学"与"思"，以强合释氏"不思善、不思恶"、杨慈湖"不起意"之旨，最

---

① 《王阳明全集》（新编本），第 827 页。

② 《明道编》，第 56 页。

③ 钱穆：《中国学术思想史论丛》第七卷，生活·读书·新知三联书店 2009 年版，第135 页。

④ （明）刘宗周著，吴光主编：《刘宗周全集》第 2 册，浙江古籍出版社 2007 年版，第278 页。

终必然导致阳明心学流向"以任情为良能","私智为良知"之弊①。

黄绾离世（嘉靖三十三年，1554）若干年之后，浙中王门另一主将——钱德洪在隆庆六年（1572）所成《大学问·跋》文中，对阳明后学同门"以己见立说"而致师传"纷错若此"的场面进行了一番"善意"的批评："（阳明）师既没，音容日远，吾党各以己见立说。学者稍见本体，即好为径超顿悟之说，无复有省身克己之功。谓'一见本体，超圣可以跂足'，视师门诚意格物、为善去恶之旨，皆相鄙以为第二义。简略事为，言行无顾，甚者荡灭礼教，犹自以为得圣门之最上乘。噫！亦已过矣。自便径约，而不知已沦入佛氏寂灭之教，莫之觉也。"② 不难看出，钱德洪关于"学者稍见本体，即好为径超顿悟之说，无复有省身克己之功"的批评主要针对王畿而有，"简略事为，言行无顾，甚者荡灭礼教"的批判主要针对王艮（泰州学派）而发。

黄宗羲成书于清康熙十七至十八年间的《明儒学案》一书③以为："阳明先生之学，有泰州、龙溪而风行天下，亦因泰州、龙溪而渐失其传。泰州、龙溪时时不满其师说，益启瞿昙之秘而归之师，盖跻阳明而为禅矣。然龙溪之后，力量无过于龙溪者；又得江右为之救正，故不至十分决裂。泰州之后，其人多能赤手以搏龙蛇，传至颜山农、何心隐一派，遂复非名教之所能羁络矣。"④ 可以说，中晚明时期阳明学发展的历史事实，也证实了黄绾、钱德洪等王学内部的"批评家"（"修正派"）对"左派王学"的规劝、警告是"持之有故，言之成理"的。这也许就是晚年黄绾"批评"王学的意义之所在吧！

第三节　黄绾道学思想进展之于明清学术转型的启示

中国经学思想史研究专家姜广辉先生以为："从中国经学思想史来看，

---

① 《明道编》，第10页。

② （明）钱德洪：《大学问·跋》，转引自《王阳明全集》（新编本），第1020—1021页。

③ 关于黄宗羲《明儒学案》成书时间，学界有争议，有康熙十五年（1676）说（黄炳垕撰《黄梨洲先生年谱》）、康熙二十四年（1685）说（陈祖武《黄宗羲生平事迹考》文）；拙著主要参照当代黄宗羲研究大家吴光教授之说，详见氏著《黄宗羲著作汇考》（台湾学生书局1990年版），第17—19页。

④ 《〈明儒学案〉〈宋元学案〉黄宗羲案语汇辑》，第113页。

每一次新的思潮都表现为对先前思潮的一种矫正，表现为一种向原典的回归。……回归原典、返本开新，这是古代思想文化发展的一个带有普遍性的规律。"① 当代历史学家余英时先生对明清之际学术转型的学术研究，提出并采用了一种"内在理路"的研究范式，以为"从理学转入经典考证是 16、17 世纪儒学内部的共同要求"。

其实，经学史研究专家林庆彰先生在 1988 年就明确提出了"回归原典运动"这一观念，现在已经变成研究经学史的最重要的观念。"回归原典"的意思，就是说让原典发挥它最高的指导原则，原典可以解决经学上的一些纠纷。比如明末清初有一种"回归原典"的现象②，即"一种回归经典的运动"③。林庆彰指出：明末清初之所以要整顿经书研究，"一个更主要的原因就是程朱、陆王之争很厉害，有不少学者要求回归原典，即回归孔孟，看看是程朱讲得比较对，还是陆王讲得比较对。……所以为了要解决程朱、陆王的纠纷，必须要回归孔孟，来看看孔子怎么讲的，孟子怎么讲的。……必须要先回到经典本身，（以经典作为衡量是非的标准）看看经典是怎么说的"④。

中国思想史著名研究者嵇文甫先生著《左派王学》，论及："十七世纪后的中国思想界——或者说清代思想界——有两个显著特征，一是务实，一是好古。这两个特征，在阳明学派中都已经孕育着了。"⑤ 明清史研究专家陈祖武先生著《清代学术源流》，提道："清初学术，即有别于先前的宋明学术，又不同于尔后的乾嘉汉学，它以博大恢弘、经世致用、批判理学、倡导经学为基本特征。"⑥

本章以为，拙著主人公黄绾在晚年时期（16 世纪 40 年代左右）主动跳出（程朱）理学、（陆王）心学二家相互对立的学术阵营，并对宋明儒学予以批判，进而主张"回归经典"（"回向原典"）、"倡导经学"；其以

① 姜广辉：《传统的诠释与诠释学的传统》，载《中国哲学》（第二十二辑），中国社会科学出版社 2000 年版，第 20 页。

② 林庆彰：《中国经学史上的几个重要问题》，《哲学与宗教》（第七辑），上海人民出版社 2014 年版，第 7—8 页。

③ 林庆彰：《中国经学史上的回归原典运动》，载《中国文化》2009 年第 2 期，第 1—9 页。

④ 林庆彰：《中国经学史上的几个重要问题》，《哲学与宗教》（第七辑），第 7—9 页。

⑤ 嵇文甫：《左派王学》，开明书店 1934 年版，第 105 页。

⑥ 陈祖武：《清代学术源流·前言》，北京师范大学出版社 2012 年版，第 3 页。

"明学术、正心术"（"学术救世"）为志业的道学之"转型"，则完全符合嵇文甫、余英时、姜广辉、林庆彰、陈祖武诸位前辈学人所论中晚明至清初时期中国思想史发展历程的学术走向。申而言之，黄绾一生道学思想发展、衍变的学术轨迹，即早年心仪程朱理学、中年归依阳明心学（良知学）、晚年转向经典（经学）诠释学，颇似余英时先生关于清学研究"内在理路"（Inner logic）路径中"回向原典"（retuen to sources）之论。

一 "回归经典"

1. "从理学转入经典考证是 16、17 世纪儒学内部的共同要求"

余英时先生关于清学研究"内在理路"路径中"回向原典"之论[①]——"从理学转入经典考证是 16、17 世纪儒学内部的共同要求"，其立论依据是从明儒罗钦顺《困知记》中检录到的一种文献：

> 程子言："性即理也"，象山言："心即理也"。至当归一，精义无二。此是则彼非，彼是则此非，安可不明辨之！昔吾夫子赞《易》，言性屡矣，曰"乾道变化，各正性命"，曰"成之者性"，曰"圣人作《易》，以顺性命之理"，曰"穷理尽性，以至于命"。但详味此数言，"性即理也"明矣！于心亦屡言之，曰"圣人以此洗心"，曰"易其心而后语"，曰"能说诸心"。夫心而曰"洗"、曰"易"、曰"说"；洗心而曰"以此"。试详味此数语，谓"心即理也"，其可通乎？且孟子尝言："理义之悦我心，犹刍豢之悦我口。"犹为明白易见。故学而不取证于经书，一切师心自用，未有不自误者也。自误已不可，况误人乎？[②]

余英时在《清代学术思想史重要观念通释》一文中，对罗氏之论做如下解读："阳明以来儒学内部'性即理'（程、朱理学）与'心即理'

---

① 余英时：《清代学术思想史重要观念通释》，载氏著《中国思想传统的现代诠释》，江苏人民出版社 2003 年版，第 183 页。

② （明）罗钦顺：《困知记》卷二。拙著征引于阎韬译注：《困知记全译》，巴蜀书社 2000 年版，第 275 页。罗氏文中着重号，系笔者所添加。

（陆、王心学）的争论日趋激烈，尽管争论的两造都理直气壮，充满自信，但毕竟谁也不能说服谁。所以这场官司是不可能在哲学层次上得到结果的，……心性官司的两造最后只剩下惟一的最高法院可以上诉，那便是儒学的原始经典。……理学争论必须'取证于经书'，便是'经学即理学'的真源所在。这是思想史所谓'回向原典'（retuen to sources）的普遍现象。"① 余英时在《余英时作品系列·总序》文中对《论戴震与章学诚》一书之写作动机进行说明时，又有同样的解读："性即理"（程朱）和"心即理"（陆王）的争辩已到各执一词、互不相下的境地，如果要真正解决谁是谁非，最后只有"取证于经书"；程朱、陆王在形而上学层面的争论，至此已山穷水尽，不能不回到双方都据以立说的原始经典；王阳明为了和朱熹争论"格物""致知"的问题，最后必须诉诸《大学古本》，踏进了文本考订的领域。②

罗钦顺（1465—1547）与黄绾（1480—1554）系同时代的思想家，前者一生的学术立场，为程朱理（道）学。拙著主人公黄绾与罗钦顺是否有直接交往，笔者无法考证。但是，罗钦顺认识王阳明，并与之多有学术争鸣③。中晚年时期的黄绾，受好友王廷相的学术影响，转而跳出"朱陆之辩"的学术纷争，又进而从"王学"阵营中走出来，转入对"经学元典"的考证与疏读，以为：圣人之"道"即载于孔子《六经》中，先秦儒家经典尤其是周孔时代"原"汁"原"味的"经学"（类似于汉儒的"古文经"提法）才是"道学"之载体。借此，黄绾以"原古"为路径，通过"四书五经"经文之间互相诠释的范式（"以经解经""经经互诠"），撰著而成《四书五经原古》，并扬弃汉唐、宋明诸儒的"道统"范

---

① 余英时：《中国思想传统的现代诠释》，第183页。

② 余英时：《论戴震与章学诚》（增订本），生活·读书·新知三联书店2004年版，第2页。

③ 罗钦顺于弘治五年（1492）举江西乡试第一、第二年会试第七，殿试第三；王阳明于弘治五年举浙江乡试，翌年赴京会试落第，湛若水亦在弘治六年会试中落第。罗钦顺《困知记》有"王（阳明）、湛（若水）二子，皆与余相知。于王，盖尝相与论文，而未及细，忽焉长逝，殊可惜也"云云（阎韬译注《困知记全译》，第338页）。罗钦顺有《与王阳明书（庚辰夏、戊子冬）》，王阳明作《答罗整庵书》（载《传习录》）。关于罗、王之学术辩论经过，可参阅蔡家和近著《罗整庵哲学思想研究》第四章《罗整庵与王阳明的论辩——心学与理学之比较》（台北花木兰文化出版社2010年版，第145—180页）的相关论述。

式，重建自孟子以来中断的道学传承谱系，从而在自己的道学思想进展历程之中，最终完成了从"心学"（"良知学"）到"经学"的学术转型。值得一提的是，黄绾为了论述自己的道学体系，也"踏进了文本考订的领域"，对程朱、陆王关于"格物""致知"命题的争论，作出了别具特色的解读——"致知是格物功夫，格物是致知功效"。毋庸置疑，黄氏这一提法已经"扬弃性"地否定了程朱的"格物穷理"与王阳明的"格物正心"说（上章第二节已论）。

回过头来，如果我们对照余英时先生所倡"内在理路"之研究范式，去关照中年黄绾在"受用"阳明先生"致良知"之教而发明的"慎独以致吾之良知"（本书第二章章题），其学术旨趣实系"尊德性"之境，即属于儒学的"反智识主义"之论；与之相对，黄绾晚年所成《四书五经原古》对于儒家经典的诠释路径与疏读范式，颇似"道问学"一路，即儒学的"智识主义"传统。[①] 余英时认为："根据智识主义的观点发展下去，最后必然会导致义理的是非取决于经典的结论，看看谁的话是真正合乎圣贤的本意。"正是因为湛若水的"随处体认天理"说、王阳明的"致良知"之教"于予（黄绾）心尤有未莹"，晚年黄绾之于"义理的是非"唯有取决于以孔子六经为代表的"经典的结论"，"看看"程朱、湛若水、王阳明"谁的话是真正合乎圣贤的本意"。最终，在黄绾看来，《易经》之"艮止"、《书经》之"执中"才"真正合乎圣贤的本意"——"圣学之的"，故而以为自己就是孔孟道统的"代言人"。所以，我们称黄绾晚年的学术思想（以《明道编》为代表）为以"艮止执中"为纲之"新经学"，是合情合理的。

附带补充一句，黄绾晚年由"王学"到"经学"的学术转型，套用余英时先生的"话语"，黄绾可以归入"'道问学'一派中人"，"从思想史角度看，它是明代儒学在反智识主义发展到最高峰时开始向智识主义转变的一种表示"[②]。由此看来，晚年"回归原典"继而开展经学考证研究的黄绾，还称得上是明代中叶考据学（"智识主义"）的一位先驱者。

---

① 关于余英时"内在理路"所阐发的儒学内部的"尊德性"（反智识主义）、"道问学"（智识主义）互相"让位""转换"的见解，详参氏著《中国思想传统的现代诠释》之《从宋明儒学的发展论清代思想史》《清代思想史的一个新解释》《清代学术思想史重要观念通释》，江苏人民出版社 2003 年版，第 134—237 页。

② 余英时：《中国思想传统的现代诠释》，第 149 页。

2. 黄绾对于"道学回归经典运动"的努力

晚年黄绾对于《四书五经》的"原古",其实就是汉古文经学家倡导的以"实事求是"① 为研究范式的考证、考据学路数,进而在经学研究的范式上,主张以考证、考据学的方法取代宋儒(程、朱)、明儒(王、湛)之学的形上本体之学。

黄绾在《明道编》中论述自家的"艮止执中"之学与杨简的"不起意"之学的区分之时,有"我有典要"云云②,"典要"即是经典依据。据《五经原古·序》文,完全可以坐实,生当明代中后期的黄绾为"道学回归经典运动"而付出的心力。"序"文中有"(黄绾)历数十年,以生平所得之艰难者释其义""学之白首""一皆以圣经明文为据。虽云经传,或由汉儒附会,后儒曲说,皆不敢信,必质诸真圣人之经而后敢安""以明夫子之志"云云③,由此可以得出黄绾"白首穷经"而"原古"五经的真实意图是:使《五经》(包括《四书》)文本最大限度地"复原""回归"至周孔时代的篇什、内容,尽量剔除后世儒者(汉儒、宋明诸儒)传注疏笺中附会、曲说之成分,意即"走近周孔时代"从而最大限度地"回归原始儒家"。

有学者以"尊经复古"来指称明清之际学人的学术宗旨④。申而言之,生当明代中后期的儒者黄绾,对于经学的"返归"、高扬经学信仰之"基调",实则类似于清初儒者顾炎武"所谓经学,理学也"主张。顾炎武在《与施愚山书》中楷定"理学之名,自宋人始有之"之后,明确提出:"古之所谓理学,经学也,非数十年不能通也。故曰:'君子之于《春秋》,没身而已矣。'今之所谓理学,禅学也,不取之五经而但资之语录,校诸帖括之文而尤易也。又曰:'《论语》,圣人之语录也。'舍圣人

① 东汉史学家班固在《汉书》中为河间献王刘德作"传",称赞他:"修学好古,实事求是。"(《汉书》,中华书局1962年版,第2410页)

② 《明道编》,第16页。

③ 《明儒学案》卷十三《浙中王门学案三》,《黄宗羲全集》第7册,第320—328页。

④ 陈居渊:《汉学更新运动:清代学术新论》,凤凰出版社2013年版,第32—38页。值得注意的是,明清之际的思想家黄宗羲之政论代表作《明夷待访录》,通过对上古三代之时君道、臣道、法典的追溯而成《原君》《原臣》《原法》(文载《黄宗羲全集》第1册,第2—7页)。其实,黄绾《四书五经原古》之"原"与黄宗羲"原君""原臣""原法"之"原",其出发点与动机是一致的,即"尊经复古""回归经典"。

之语录，而从事于后儒，此之谓不知本矣。"① 全祖望在《亭林先生神道表》中对顾炎武"经学即理学"之论有阐述："（顾炎武）晚益笃志《六经》，谓古今安得别有所谓理学者，经学即理学也。自有舍经学以言理学者，而邪说以起，不知舍经学则其所谓理学者，禅学也。"② 顾炎武之所以提出"经学即理学"的学术纲领，以"经学"取代"理学"、以"经学"济"理学"之穷的最终目的，在于把"经学"引到"经世致用"的"实学"道路上来。此外，清初学者方以智在《青原志略·发凡》中有"藏理学于经学"云云③，也可以用来解释黄绾晚年学术之转型，的确印证了余英时先生倡导的"内在理路"之论。

在此，我们回顾一下黄绾历经数十年（由程朱理学、阳明心学到转向信仰经学）的学"道"历程，晚年最终通过对"四书五经"的"原古"式"解读"，成功地构建了自己的"意义世界"。顾炎武"今之所谓理学，禅学也"之论，也恰好印证了黄绾《明道编》"宋儒之学，其入门皆由于禅""今日朋友禅学之弊"之论断，决非无中生有、空穴来风，而是中晚明直至清初（包括清代）学术思想发展的"内在理路"。顾炎武"古之所谓理学，经学也"、全祖望的解读"经学即理学也"，包括方以智氏"藏理学于经学"之论，无疑与黄绾晚年所提倡的于"经学""经典"中溯源"圣人之学""圣人传心之要"的做法是一致的。尽管顾炎武、全祖望、方以智很可能不晓得在明代中后期之时、从"王学"内部主动"走出来"的批评家黄绾及其对宋明诸儒"禅学化倾向"的批判，但是从"理学"（程朱、陆王）走向"经学"，的确是明清学术转型的一大趋势。而晚年黄绾在16世纪40年代左右即已从"理学"转入"经学"，这无疑是顺应了"16、17世纪儒学内部的共同要求"。

此外，黄绾道学思想进展历程之于清代经学（考据学）的意义，以梁启超所倡导的"清学"研究范式亦可关照。梁启超《清代学术概论》明言："清学之出发点，在对于宋明理学的一大反动"④，"'清代思潮'

---

①　（清）顾炎武著，张兵选注评点：《顾炎武文选》，苏州大学出版社2001年版，第107页。

②　（清）全祖望著，朱铸禹汇校集注：《全祖望集汇校集注》，上海古籍出版社2000年版，第227页。

③　（明）方以智编：《青原志略》，华夏出版社2012年版，第13页。

④　梁启超：《清代学术概论》，天津古籍出版社2003年版，第14页。

果何物耶？简单言之，则对于宋明理学之一大反动，而以‘复古’为其职志者也”①。梁启超并许顾炎武为“当此反动期而从事于‘黎明运动’者”之第一人，因为炎武对于晚明学风首施猛烈之攻击，而归罪于王守仁②；炎武虽未尝直攻程朱，根本不承认理学之能独立，主张“以经学代理学”③。简言之，“清学自当以经学为中坚”④。明清之际的经史学大家黄宗羲也有“六经皆载道之书”“受业者必先穷经，经术所以经世”的论断⑤。据此可以推论：晚年黄绾在“明道以稽政”“明学术、正心术以救世”的动机指引下，编著《四书五经原古》，客观上讲，已经具有了“清学”（“经学”）的“典范”“先导”意义。

当下，有论者以“经道合一”来总结清初儒学的基本特征⑥，可谓持之有故、言之成理。其实，儒者黄绾在明代中后期之时已有“经道合一”之论，比如其《祭张东白先生文》云：“圣人之道，莫备于经，经存，圣人之心存。”⑦《明道编》有言：“经存圣人之心，于此求圣人之心，以求圣人之道”⑧，“典籍所载，乃天地万物之理，及圣贤君子言行，恶可不讲求？”⑨ 毋庸置疑，黄绾的这些论见就是“经道合一”的理念。因此之故，我们还可以说黄绾就是明代中后期儒学内部“经道合一”的理论家、实践家与先行者。

姜广辉先生有“忧患产生经典信仰”的论断，其实晚年黄绾“回归经典”正是基于“异端”之学即功利之学、禅定之说对圣人之学的冲击即“忧患”云云而做出的回应，其《答应石门书》有云：“圣人之学不明

---

① 梁启超：《清代学术概论》，天津古籍出版社 2003 年版，第 10 页。

② 顾炎武：《日知录》卷十八《朱子晚年定论》：“以一人而易天下，其流风至于百余年之久者，古有之矣，王夷甫之清谈，王介甫之新说，其在于今，则王伯安之良知是矣。”

③ 梁启超：《清代学术概论》，第 15—16 页。

④ 同上书，第 46 页。

⑤ 转引自全祖望：《梨洲先生神道碑文》，《鲒埼亭文集选注》，齐鲁书社 1982 年版，第 105 页。

⑥ 汪学群：《清初儒学的“经道合一”论》，《光明日报》，2001 年 10 月 9 日。

⑦ 《石龙集》卷二十七，第 1 页；《黄绾集》，第 550 页。

⑧ 《明道编》，第 36 页。

⑨ 同上书，第 55 页。

久矣，论心性则必入于释老，论经世则必流于功利。"① "恐圣人之道日晦"② 的黄绾，为了"明学术、正心术"、使"圣学"之道统得以赓续，即以撰著《四书五经原古》的方式，重揭"尧舜执中之学""伏羲艮止之学"，并视之为道学的"真精神""真血脉"。

总之，晚年的黄绾，已经扬弃了宋明理学家们所宣称的"性即理""心即理"的形上本体之争，而去重估"儒家经典"（Confucian classics）的意义价值③，并提出了以"艮止、执中"为核心范畴的道学理论体系，借此重构了以"经学信仰"为旨趣的儒家意义世界。

二 "经世致用"

自 20 世纪 90 年代以降，中国思想史、哲学史界有一种学术研究范式，即以"实学"来指称"清学"（还包括"明清之际"的学术思潮），有所谓"清代实学"云云。笔者窃以为，"实学"这种称谓，未必完全符合清代学术（包括"明清之际"）思想发展史的"原貌"。

1. 明清之际"经世致用"的学术取向

姜广辉先生有《"实学"考辨》文，指出："实学"概念最早由唐代宗时期的学者杨绾提出，它主要针对唐代以诗赋取士所形成的"浮竞"风气而言的；"实学"概念的完整意义包括"通经""修德""用世"三项，检视历史上大量关于"实学"的资料，可知后世学者关于"实学"概念的认知，大体不出此一范围。④

周孔开创儒家学派，本来就具有"经世致用"的学风、倾向，所以说把王夫之、黄宗羲、顾炎武、颜元等清初儒者之学以"实学学派"范围之，则不大符合儒学史的"本然""实然"状态。梁启超《清代学术概论》就以为"所谓'经世致用'之一学派，其根本观念，传自孔孟。历

---

① 《石龙集》卷二十，第 22 页；《黄绾集》，第 396 页。

② 《明道编》，第 1 页。

③ 姜广辉在《新思想史：整合经学与子学》一文中提出了"儒家经学的本质是'意义的信仰'"的命题（载氏著《义理与考据：思想史研究中价值关怀与实证方法》，第 303—308 页）。拙著从之。

④ 《"实学"考辨》一文载《国故新知：中国传统文化的再诠释》，北京大学出版社 1993 年版，第 313—325 页。

代多倡导之，而清代之启蒙派、晚出派，益扩张其范围"①。熊十力《读经示要》有云："'实学'一词，约言以二：一指经世有用之学言；二指心性之学，为人极之所由立，尤为实学之大者。"故而，"实学"一词所指称的是一种"经世致用"的学术取向，而"儒学"本来就具有"经世"的特征；"实学"一词，不能用来称谓一个学术流派或学术形态、思想体系。

易言之，我们可以称：明清之际的"儒者之学"有一种"经世致用"的学术取向，抑或说有一股强调"通经致用"的学术思潮。比如，晚明东林学者多以"儒学经世"论批评王学末流"空谈心性"的"讲学"之举，黄宗羲《明儒学案》品论东林领袖顾宪成之论学即"与世为体"："尝言官辇毂，念头不在君父上；官封疆，念头不在百姓上；至于水间林下，三三两两，相与讲求性命，切磨德义，念头不在世道上，即有他美，君子不齿也。"②顾允成在与乃兄顾宪成交谈时，有"吾叹夫今之讲学者，恁是天崩地陷，他也不管，只管讲学耳"云云③。对于清初的"致用之学"，梁启超有"自亭林以迄颜李，当时几成学者风尚"云云④。清初反宋儒最激烈的思想家颜元《存学编》有论："宋元来儒者却习成妇女态，甚可羞。无事袖手谈心性，临危一死报君王，即为上品矣。"⑤颜元还有"救弊之道，在实学，不在空言"云云。顾炎武《与人书》明言："君子之为学，以明道也，以救世也。徒以诗文而已，所谓雕虫篆刻，亦何益哉？"⑥其《与人书》（三）有"凡文之不关于六经之指、当世之务者，一切不为"的文论主张⑦。如此云云，皆足以说明，明清之际的思想界存有着一股批判"空谈心性"之论而主张"经世致用"的学术思潮。

晚明学者陈子龙、宋征璧、徐孚远等选辑《皇朝经世文编》，则意味

①　梁启超：《清代学术概论》，天津古籍出版社2003年版，第94页。

②　《〈明儒学案〉〈宋元学案〉黄宗羲案语汇辑》，第189页。

③　同上书，第198—199页。黄宗羲原文："一日，喟然而叹，泾阳曰：'何叹也？'曰：'吾叹夫今之讲学者，恁是天崩地陷，他也不管，只管讲学耳。'泾阳曰：'然则所讲何事？'曰：'在缙绅只明哲保身一句，在布衣只传食诸侯一句。'泾阳为之慨然。"

④　梁启超：《清代学术概论》，第3页。

⑤　（清）颜元著，王星贤等点校：《颜元集》，中华书局1987年版，第51页。

⑥　《顾炎武文选》，第247页。

⑦　同上书，第133页。

着"经世"思想乃是明末思想界的一种"共识"。明清之际思想家黄宗羲《赠编修弁玉吴君墓志铭》一文有"儒者之学，经纬天地"的论断："儒者之学，经纬天地。而后世乃以语录为究竟，仅附答问一二条于伊、洛门下，便侧儒者之列，假其名以欺世。治财赋者则目为聚敛，开阃捍边者则目为粗材，读书作文者则目为玩物丧志，留心政事者则目为俗吏，徒以'生民立极，天地立心，万世开太平'之阔论钤束天下。一旦有大夫之忧，当报国之日，则蒙然张口，如坐云雾，世道以是潦倒泥腐，遂使尚论者以为建功立业别是法门，而非儒者之所与也。"① 在此，称黄宗羲为经世型的思想家（"真儒"）则是可以的，但是称黄宗羲是一位"实学家"则是不科学的。

毋庸讳言，"经世致用"是弥漫在明清之际思想界的一种共同精神。② 只要我们检录、比较一下黄绾、陈子龙、顾炎武、黄宗羲、颜元等明清儒者的生活时代及其"经世"思想主张，不难发现：黄绾道学思想的发展历程，之于明清学术转型确实具有"典范意义"。

2. 黄绾道学之本质就是"经世之学"

上揭陈子龙等选辑的《皇明经世文编》，即为拙著主人公黄绾设有《黄宗伯文集（疏）》，主要依据《久庵先生文选》卷十二至卷十五"奏疏"之文献，辑录有黄绾向嘉靖帝所拜的四道奏疏即《大礼第三疏》《论治河理漕疏》《上明罚安边疏》《遵圣谕敷王道以永定人心疏》。③ 据此而言，黄绾的道学思想即是"经世之学"。

进而言之，黄绾晚年之时所形成的成熟的道学思想——"艮止执中之学"即是追求"功效"的"有用之学"（意即"经世致用"之学）。黄绾《复王汝中书》（约成文于嘉靖十五年左右）对"圣学经世"论有过阐述："夫圣学者所以经世，故有体则必有用，有功夫则必有功效，此所以齐家而治国平天下也。……圣学功夫则在体上做，事业则在用与功效上见。"④ 在《寄吴行斋书》（成文于弘治十八年左右）中，黄绾以为"六经"之《春秋》，记有圣人经世之心法："夫《春秋》，载圣人经世心法，于此有

---

① 《黄宗羲全集》第 10 册，第 433 页。

② 余英时：《中国思想传统的现代诠释》，第 195 页。

③ （明）陈子龙等编：《皇明经世文编》卷一百五十六，中华书局 1962 年影印明刻本。

④ 《石龙集》卷二十，第 27 页；《黄绾集》，第 401 页。

得，则圣人之学过半矣。"①

黄绾《明道编》又有言："盖学固不可无功夫，亦不可无功效，若不知有功效，则必不知所抵极矣。"②"盖以圣人之学，不为则已，为之必要其成；学而不成，不如无学。故曰'五谷不熟，不如荑稗'。若无功效，更说何学？此功效所以决不可无，功夫所以决不可错用。若错用而不求功效，此所谓'毫厘之差，千里之谬'，所以必堕于支离空虚而无归也。"③"功效"即讲求实效、实功、实用。"圣人之学，不为则已，为之必要其成；学而不成，不如无学"云云，也突出强调了孔子儒家一直强调的"力行近乎仁"的实践性格。

《明道编》还提及后世儒者研读儒家经典，当在"人事上理会"："今之经典，古之人事也，不在人事上理会到极致处，则性终不明，道何由著？"④陆九渊云："《孝经》十八章，孔子于践履实地上说出来，非虚言也。"⑤黄绾通读《孝经》并"实地践履"之后，即"信乎象山之知学、知道也，人若不实践，岂知《孝经》之切于身而为圣学之的也"！从而得出结论：《孝经》一书真不在《大学》《中庸》之下。⑥这就是一种"经学经世"的主张。

黄绾《春秋原古·序》开篇即曰："《春秋》者，夫子经世之志，处变之书也。"⑦进而还针对时人对"《春秋》史也，而可为夫子经世处变欤"的疑惑，予以解答："史载当时天下之事，夫子观史而见其义，因义而见其所载之当否。其义有关于天下之故者，则书而存之，所谓夫子笔之也。其义无关于天下之故者，则削而去之，所谓夫子削之也。或笔或削，皆观其义，因其义，设以身处之，以权其轻重，定其是非，则当时天下之事，皆夫子所以经纶裁制之宜也，故曰'其文则史，其义则丘窃取之

---

① 《石龙集》卷十五，第11页；《黄绾集》，第307页。

② 《明道编》，第22页。

③ 同上书，第22页。

④ 同上书，第68页。

⑤ 《陆九渊集》卷三十四《语录上》，第432页。

⑥ 《明道编》，第36页。

⑦ （明）黄绾：《春秋原古序》，转引自《明儒学案》卷十三《尚书黄久庵先生绾》，《黄宗羲全集》第7册，第324—325页。

矣'。"① 在此，黄绾通过对孔子"笔削《春秋》"诸事的解读，不仅有《春秋》作为一部经书的"经学经世"主张，而且还包含了《春秋》作为一部史书所具有的"史学经世"理念。由此可见，黄绾阐释经学、史学的"经世"学风。

我们也知道，儒家圣人之学"合内外之道"，其学理体系"成己"与"成物""内圣成德"与"开物成务"的统一。在《明道编》中，黄绾多次强调了"儒学"乃"经世之学"的观念："有为，正圣人所以经世"，"儒则经世之学也"。② 而王廷相在《石龙书院学辩》文中即以"志于圣贤经世之学者"赞许黄绾，指出黄绾之学"非世儒空寂寡实之学"③。一言以蔽之，黄绾主张学术为社会现实服务即"为学"与"为政"的统一，这一学术取向与明清之际颜元、顾炎武、黄宗羲等思想家所倡导的"经世致用"的学风是颇为吻合的。

需要补充的是，依照姜广辉先生对"实学"三义（"通经""修德""用世"）的厘定，其实阳明心学也有"经世""务实""好古"的理念与主张。王阳明《与陆原静书》有论："使在我果无功利之心，虽钱谷兵甲，搬柴运水，何往而非实学？何事而非天理？"④《传习录》还有"人须在事上磨，方能立得住；方能静亦定、动亦定"之论。⑤ 根据"实学即儒学""只用真儒之学方可称'实学'"（姜广辉语）的判定，我们可以称"真儒"王阳明之心学为名副其实的"实学"。

当代著名学者龚鹏程先生有专文以罗近溪与晚明王学发展为例，指出由王学内部是可以也确实已发展出了所谓"经世"即"转向客观世界的安顿"的趋向，比如罗近溪主张博文、崇礼，以明明德于天下，确为阳明学值得注意的发展，这在儒学内部具有重大的意义，由此提出了"王学经世"的论见⑥。嵇文甫著《左派王学》亦有言："十七世纪后的中国思想界——或者说清代思想界——有两个显著特征：一是务实，一是好古。这

---

① 《明儒学案》卷十三《浙中王门学案三》，《黄宗羲全集》第 7 册，第 324—326 页。

② 《明道编》，第 37 页。

③ 转引自方克立、李兰芝编著：《中国哲学名著选读》，南开大学出版社 1996 年版，第 397 页。

④ 《王阳明全集》（新编本），第 179 页。

⑤ 同上书，第 14 页。

⑥ 龚鹏程：《晚明思潮》，商务印书馆 2005 年版，第 65—70 页。

两个特征，在阳明学派中都已经孕育着了。"① 从王学"信徒"走向王学"反动"的儒者黄绾，其道学思想的演变历程，也正好符合"十七世纪后的中国思想界"的"两个显著特征，一是务实，一是好古"。

　　在拙著行文之末了，笔者想借用当代著名历史学家余英时先生、中国哲学史研究专家葛荣晋先生的两句话作为全书结语，对有明一代道学家——久庵先生黄绾，以毕生功夫"穷经"以"求道"的心路历程再次予以揭橥：

> 　　明末以来，由于儒者痛感水间林下空谈心性之无补于世道，这才觉悟到儒学之体决不能限于"良知之独体"，而必须回向经典，重求内圣外王之整体。②
>
> 　　黄绾一生，治学三变，早年初师谢铎，学宗程朱；后转师王阳明，笃信王学；晚年，偏离王学，又转向（实）[经] 学。他的思想的变化，是明代学术思想演变过程的一个缩影。③

---

　　① 嵇文甫：《左派王学》，第 105 页。

　　② 余英时：《中国思想传统的现代诠释》，第 190 页。

　　③ 陈鼓应、辛冠洁、葛荣晋主编：《明清实学简史》，社会科学文献出版社 1994 年版，第 50 页。在这里，笔者需要向葛先生致歉的是：拙文为了切合对黄绾道学思想进展尤其是其晚年学术转型之"回归经典"的动态性把握，未经葛先生同意，径把其原文"又转向实学"之"实学"一词改作"经学"。此外，笔者对于葛先生此处"实学"概念内涵的指称亦持保留意见，窃以为改作"经世致用之学"或曰"经世致用思潮"更为妥帖（上文已有论证）。对此，姜广辉先生也有《"实学"考辨》文予以回应与论证，兹不赘述。

参 考 文 献

（一）黄绾原著

（明）黄绾：《知罪录》三卷，明嘉靖四年黄绾自序刻本，藏上海图书馆古籍善本室。

（明）黄绾：《石龙集》二十八卷，明嘉靖十二年王廷相序刻本，分藏台湾"国家"图书馆、"中研院"历史语言研究所傅斯年图书馆。

（明）黄绾：《石龙集》二十八卷，民国十年（1921）抄本，藏浙江省图书馆古籍部善本室。

（明）黄绾：《阳明先生行状》一卷，载《王阳明全集》（新编本），浙江古籍出版社2010年版。

（明）黄绾：《五经原古序》一卷，载《黄宗羲全集·明儒学案》，浙江古籍出版社2005年版。

（明）黄绾著，刘厚祜、张岂之标点：《明道编》（《久庵日录》）六卷，中华书局1959年版。

（明）黄绾：《家训》一卷，载《洞黄黄氏宗谱》民国四年（1915）修订本，藏浙江台州玉环路上村黄氏后裔家。

（明）黄绾：《久庵先生文选》十六卷，明万历十三年汤聘尹序刻本，藏日本尊经阁文库。

（明）黄绾著，张宏敏编校整理：《黄绾集》四十卷（《阳明后学文献丛书》本），上海古籍出版社2014年版。

（二）古典文献

（汉）王弼著，（唐）孔颖达疏，《十三经注疏》整理委员会整理：《周易正义》，北京大学出版社2000年版。

（宋）朱熹著，廖名春点校：《周易本义》，中华书局2009年版。

唐明邦主编：《周易评注》，中华书局1995年版。

金景芳、吕绍刚：《周易全解》，上海古籍出版社2005年版。

李民、王健：《尚书译注》，上海古籍出版社2000年版。

黄怀信整理：《尚书正义》，上海古籍出版社 2007 年版。

《十三经注疏》整理委员会整理：《毛诗正义》，北京大学出版社 2000 年版。

（宋）朱熹著，赵长征点校：《诗集传》，中华书局 2011 年版。

周振甫译注：《诗经译注》，中华书局 2002 年版。

杨伯峻：《春秋左传注》（修订本），中华书局 1990 年版。

顾馨、徐明点校：《春秋公羊传》，辽宁教育出版社 1997 年版。

顾馨点校：《春秋穀梁传》，辽宁教育出版社 1997 年版。

（宋）胡安国：《春秋传》，岳麓书社 2011 年版。

崔高维点校：《周礼》，辽宁教育出版社 1997 年版。

崔高维点校：《仪礼》，辽宁教育出版社 1997 年版。

杨天宇：《礼记译注》，上海古籍出版社 2004 年版。

杨伯峻译著：《论语译注》，中华书局 1980 年版。

杨伯峻译著：《孟子译注》，中华书局 1960 年版。

（宋）朱熹撰，张茂泽整理：《四书集注》，三秦出版社 1998 年版。

（宋）朱熹：《四书章句集注》，中华书局 1983 年版。

（清）王先谦撰，沈啸寰、王星贤点校：《荀子集解》，中华书局 1988 年版。

安继民注译：《荀子》，《国学经典》本，中州古籍出版社 2010 年版。

（汉）董仲舒著，袁长江主编：《董仲舒集》，学苑出版社 2003 年版。

（汉）司马迁撰：《史记》，中华书局 1982 年第 2 版，2003 年重印本。

（汉）班固撰，（唐）颜师古注：《汉书》，中华书局 1962 年版。

（汉）王充撰，（民国）黄晖校释：《论衡校释》，中华书局 1990 年版。

（宋）周敦颐著，谭松林、尹红整理：《周敦颐集》，岳麓书社 2002 年版。

（宋）程颢、程颐著，王孝鱼点校：《二程集》，中华书局 1981 年版。

（宋）张载著，章锡琛点校：《张载集》，中华书局 1978 年版。

（宋）邵雍著，郭彧整理：《邵雍集》，中华书局 2010 年版。

（宋）陆九渊著，钟哲点校：《陆九渊集》，中华书局 1980 年版。

（宋）朱熹撰，朱杰人等主编：《朱子全书》，上海古籍出版社、安徽古籍出版社 2003 年版。

（宋）黎靖德编，王星贤点校、邓艾民审阅：《朱子语类》，中华书局 1986 年版。

（宋）朱熹、吕祖谦编订，陈永革注评：《近思录》，江苏古籍出版社 2001 年版。

（宋）杨简：《慈湖遗书》，《文渊阁四库全书》本。

（宋）叶适著，刘公纯、王孝鱼、李哲夫点校：《叶适集》，中华书局 1961 年版。

（宋）范晔：《后汉书》，中华书局 1965 年版。

（元）陶宗仪著，徐永明、杨光辉整理：《陶宗仪集》，浙江人民出版社 2005 年版。

（元）赵汸：《春秋师说》，《文渊阁四库全书》本。

（元）脱脱等撰：《宋史》（简体字本），中华书局 2000 年版。

（明）宋濂等撰：《元史》（简体字本），中华书局 2000 年版。

（明）方孝孺撰，徐光大整理：《方孝孺集》，浙江古籍出版社 2013 年版。

（明）王守仁著，吴光、钱明、董平、姚延福编校：《王阳明全集》，上海古籍出版社 1992 年版，2011 年修订版（简体字本）。

（明）王守仁著，吴光、钱明、董平、姚延福编校：《王阳明全集》（新编本），浙江古籍出版社 2010 年版。

陈荣捷：《王阳明传习录详注集评》，华东师范大学出版社 2009 年版。

（明）王阳明撰，邓艾民注：《传习录注疏》，上海古籍出版社 2012 年版。

（明）王守仁原著，（明）施邦曜辑评：《阳明先生集要》，中华书局 2008 年版。

（明）徐爱等著，钱明编校整理：《徐爱·钱德洪·董澐集》，凤凰出版社 2007 年版。

（明）邹守益著，董平编校整理：《邹守益集》，凤凰出版社 2007 年版。

（明）欧阳德著，陈永革编校整理：《欧阳德集》，凤凰出版社 2007 年版。

（明）王畿著，吴震编校整理：《王畿集》，凤凰出版社 2007 年版。

（明）聂豹著，吴可为编校整理：《聂豹集》，凤凰出版社 2007 年版。

（明）罗洪先著，徐儒宗编校整理：《罗洪先集》，凤凰出版社 2007 年版。

（明）罗汝芳著，方祖猷等编校整理：《罗汝芳集》，凤凰出版社 2007 年版。

（明）季本：《说理会编》，《四库全书存目丛书》子部第 9 册，齐鲁书社 1997 年版。

（明）季本：《季彭山先生文集》，《北京图书馆古籍珍本丛刊》集部第 106 册，书目文献出版社 1998 年版。

（明）程文德著，程朱昌等编校：《程文德集》，上海古籍出版社 2012 年版。

（明）徐渭：《徐渭集》，中华书局 1983 年版，2003 年重印版。

（明）陈献章著，孙通海点校：《陈献章集》，中华书局 1987 年版。

（明）边贡：《边华泉集》，《文渊阁四库全书》本。

（明）何瑭：《柏斋集》，《文渊阁四库全书》本。

（明）王廷相著，王孝鱼点校：《王廷相集》，中华书局 1989 年版。

（明）吕楠著，赵瑞民点校：《泾野子内篇》，中华书局 1992 年版。

（明）杨一清著，唐景绅、谢玉杰点校：《杨一清集》，中华书局 2001 年版。

（明）夏镍：《夏赤城先生文集》，映南轩刊本。

（明）黄孔昭著，徐三见点校：《定轩存稿》，《赤城遗书汇刊》本，巴蜀书社 2011 年版。

（明）林光撰，罗邦柱点校：《南川冰蘗全集》，《岭南丛书》本，中国文史出版社

2004 年版。

（明）魏校：《庄渠遗书》，《文渊阁四库全书》本。

（明）郑善夫：《少谷集》，《文渊阁四库全书》本。

（明）严嵩：《钤山堂集》，明嘉靖二十四年刻增修本，《续修四库全书》第 1336 册，上海古籍出版社 2002 年版。

（明）李东阳：《李东阳集》，岳麓书社 1984 年版。

（明）李东阳著，钱振民辑校：《李东阳续集》，岳麓书社 1997 年版。

（明）储巏：《柴墟文集》，明嘉靖四年刻本，《四库全书存目丛书》集部第 42 册，齐鲁书社 1997 年版。

（明）谢铎著，林家骊点校：《谢铎集》，中华书局 2002 年版。

（明）张璁著，张宪文校注：《张璁集》，上海社会科学出版社 2008 年版。

（明）叶良佩：《叶海峰遗集》，首都师范大学图书馆藏清光绪二十七年刻本。

（明）叶良佩：《海峰堂前稿》，日本内阁文库藏明嘉靖刻本。

（明）叶良佩撰，张宏敏等点校：《叶良佩集》，浙江大学出版社 2016 年版。

（明）侯一元著，陈瑞赞编校：《侯一元集》，黄山书社 2011 年版。

（明）钱薇著：《海石先生文集》，《四库全书存目丛书》集部第 97 册，齐鲁书社 1997 年版。

（明）方献夫：《西樵遗稿》，清康熙三十五年方林鹤刻本，《四库全书存目丛书》集部第 59 册，齐鲁书社 1997 年版。

（明）湛若水著，钟彩钧编校整理：《泉翁大全集》，台湾“中研院”中国文哲研究所 2017 年版。

（明）湛若水著，钟彩钧编校整理：《甘泉先生续编大全》，台湾“中研院”中国文哲研究所 2017 年版。

（明）湛若水编著：《春秋正传》，广西师范大学出版社 2015 年版。

（明）陈九川：《明水陈先生文集》，《四库全书存目丛书》集部第 72 册，齐鲁书社 1997 年版。

（明）顾应祥：《静虚斋惜阴录》，《四库全书存目丛书》子部第 84 册，齐鲁书社 1997 年版。

（明）王宗沐：《敬所王先生文集》，《四库全书存目丛书》集部第 111 册，齐鲁书社 1997 年版。

（明）王道：《顺渠先生文录》，浙江省温州市图书馆藏明嘉靖刻本。

（明）薛侃著，陈椰编校：《薛侃集》，上海古籍出版社 2013 年版。

（明）唐顺之：《荆川集》，《文渊阁四库全书》本。

（明）张溪、张居正等撰：《明世宗实录》，台湾“中研院”历史语言所校 1962 年版。

（明）杨一清、熊浃等纂修：《明伦大典》，上海图书馆藏嘉靖七年刻本。

（明）施沛：《南京都察院志》，日本内阁文库藏明天启刻本。

（明）何乔远：《名山藏》，《续修四库全书》第 427 册，上海古籍出版社 2002 年版。

（明）雷礼：《国朝列卿记》，明万历年间徐鉴刻本。

（明）谈迁：《国榷》，中华书局 1988 年版。

（明）高岱著，孙正荣、单锦珩点校：《鸿猷录》，上海古籍出版社 1992 年版。

（明）焦竑辑编：《国朝献徵录》，《四库全书存目丛书》本，齐鲁书社 1997 年版。

（明）刘宗周著，吴光主编：《刘宗周全集》，浙江古籍出版社 2007 年版。

（明清之际）黄宗羲著，沈善洪主编、吴光执行主编：《黄宗羲全集》（增订版），浙江古籍出版社 2005 年版。

（清明之际）黄宗羲编：《明文海》，《文渊阁四库全书》第 1453—1458 册，上海古籍出版社 1987 年版。

（明清之际）黄宗羲著，王维和、张宏敏编校：《〈明儒学案〉〈宋元学案〉黄宗羲案语汇辑》，杭州出版社 2012 年版。

（清）顾炎武撰，华忱之点校：《顾亭林诗文集》，中华书局 1959 年版。

（清）顾炎武著，张兵选注评点：《顾炎武文选》，苏州大学出版社 2001 年版。

（清）顾炎武著，黄汝成集释，栾保群、吕宗力点校：《日知录集释》，上海古籍出版社 2014 年版。

（清）孙奇逢著，朱茂汉点校：《夏峰先生集》，中华书局 2004 年版。

（清）孙奇逢：《理学宗传》，清康熙六年张沐、程启朱刻本，《续修四库全书》第 514 册，上海古籍出版社 2002 年版。

（清）颜元著，王星贤等点校：《颜元集》，中华书局 1987 年版。

（清）李颙著，陈俊民点校：《二曲集》，中华书局 1996 年版。

（清）邵廷采著，祝鸿杰点校：《思复堂文集》，浙江古籍出版社 2010 年版。

（清）张廷玉等撰：《明史》（简体字本），中华书局 2000 年版。

（清）夏燮：《明通鉴》，中华书局 1959 年版。

（清）谷应泰：《明史记事本末》，中华书局 1977 年版。

（清）王鸿绪纂：《明史稿》，敬慎堂刊本，台北文海出版社 1962 年版。

（清）全祖望原著、黄云眉选注：《鲒埼亭文集选注》，齐鲁书社 1982 年版。

（清）全祖望著，朱铸禹汇校集注：《全祖望集汇校集注》，上海古籍出版社 2000 年版。

（三）方志史料

（宋）陈耆卿撰：《赤城志》，《文渊阁四库全书》本。

（明）袁应祺修纂：《万历黄岩县志》，上海古籍书店 1963 年影印本。

（明）释傅灯撰，（清）释敏曦重刻：《天台山方外志》，光绪二十年佛陇真觉寺刻本。

（明）曾才汉、叶良佩修纂：《嘉靖太平县志》，宁波天一阁藏明嘉靖刻本。

（明）潘珹编，胡正武点校：《天台胜迹录》，浙江大学出版社 2010 年版。

（清）曾元澄、陈宝善等修纂：《同治黄岩县志》，清同治七年刻本。

（清）陈宝善等修纂：《光绪黄岩县志》，《中国地方志集成》本，上海书店 1993 年版。

（清）洪若皋纂：《康熙临海县志》，清康熙十二年重刻本。

（清）李德耀修：《康熙天台县志》，清康熙二十二年刻本。

（清）嵇曾筠、李卫等修纂：《雍正浙江通志》，《文渊阁四库全书》本，上海古籍出版社 1991 年版。

（清）庆霖等修：《嘉庆太平县志》，清嘉庆十六年刻本。

（清）顾震宇纂修：《道光仙居县志》，清道光十八年重刻本。

（清）陈汝霖等修：《光绪太平县续志》，清光绪二十二年刻本。

（清）王寿颐等修：《光绪仙居县志》，清光绪二十年刻本。

（清）王瑞成等修纂：《光绪宁海县志》，光绪二十八年刻本。

（清）李登云等修撰：《光绪乐清县志》，1912 年高谊校印本。

（清）王棻撰：《台学统》，1918 年吴兴刘氏嘉业堂刻本。

孙熙鼎修：《民国临海县志》，1935 年铅印本。

喻长霖、柯骅威等纂修：《民国台州府志》，1936 年排印本。

杨晨编：《台州艺文略》，黄岩友成局 1936 年印。

项元勋编：《台州经籍志》，台北广文书局 1969 年版。

金渭迪编著：《黄岩金石志》（增订本），中国文史出版社 2013 年版。

（四）今人著作

1. 哲学、思想史专题

梁启超：《清代学术概论》，商务印书馆 1921 年版；天津古籍出版社 2003 年版。

容肇祖：《明代思想史》，开明书店 1941 年版。

嵇文甫：《晚明思想史论》，商务印书馆 1944 年版。

萧萐父、李锦全主编：《中国哲学史》，人民出版社 1983 年版。

冯契：《中国古代哲学的逻辑发展》，上海人民出版社 1985 年版。

陈鼓应、辛冠洁、葛荣晋主编：《明清实学简史》，社会科学文献出版社 1994 年版。

龚鹏程：《晚明思潮》，台北里仁书局 1994 年版。

方克立、李兰芝编著：《中国哲学名著选读》，南开大学出版社 1996 年版。

侯外庐等主编：《宋明理学史》（上、下册），人民出版社 1997 年重印版。

萧公权：《中国政治思想史》，辽宁教育出版社 1998 年版。

冯友兰：《中国哲学史新编》，《三松堂全集》本，河南人民出版社 2000 年版。

张学智：《明代哲学史》，北京大学出版社 2000 年版。

刘文英主编：《中国哲学史》，南开大学出版社 2002 年版。

韦政通：《中国思想史》，上海书店出版社 2003 年版。

蔡方鹿：《中华道统思想发展史》，四川人民出版社 2003 年版。

冯达文、郭齐勇主编：《新编中国哲学史》，人民出版社 2004 年版。

张君劢：《新儒学思想史》，中国人民大学出版社 2006 年版。

陈卫平、郭美华：《中国哲学十二讲》，重庆出版社 2008 年版。

李存山：《中国传统哲学纲要》，中国社会科学出版社 2008 年版。

吴光：《儒学问答录》，杭州出版社 2011 年版。

编写组编：《中国哲学史》，人民出版社、高等教育出版社 2012 年版。

李申：《道与气的哲学：中国哲学的内容提纯和逻辑进程》，中华书局 2012 年版。

冯契著，陈卫平缩编：《中国哲学通史简编》，生活·读书·新知三联书店 2013
年版。

冯契主编，陈卫平校订：《中国近现代哲学史》（修订版），生活·读书·新知三
联书店 2014 年版。

2. 阳明学研究专题

钱穆：《王守仁》，《万有文库》本，上海商务印书馆 1930 年版。

嵇文甫：《左派王学》，开明书店 1934 年版。

杨天石：《泰州学派》，中华书局 1980 年版。

陈来：《有无之境：王阳明哲学的精神》，人民出版社 1991 年版。

东方朔：《刘蕺山哲学研究》，上海人民出版社 1995 年版。

张祥浩：《王阳明评传》，南京大学出版社 1997 年版。

东方朔：《刘宗周评传》，南京大学出版社 1998 年版。

［日］冈田武彦著，吴光、钱明、屠承先合译：《王阳明与明末儒学》，上海古籍
出版社 2000 年版；重庆出版社 2016 年版。

吴光主编：《阳明学研究》，上海古籍出版社 2000 年版。

左东岭：《王学与中晚明士人心态》，人民文学出版社 2000 年版。

杜维明、东方朔：《杜维明学术专题访谈录：宗周哲学之精神与儒家文化之未
来》，复旦大学出版社 2001 年版。

钱明：《阳明学的形成与发展》，江苏古籍出版社 2002 年版。

钱明主编：《良知学新探》，江苏古籍出版社 2002 年版。

吴震：《阳明后学研究》，上海人民出版社 2003 年版。

吴震：《明代知识界讲学活动系年：1522—1602》，学林出版社 2003 年版。

陈来：《中国近世思想史研究》，商务印书馆 2003 年版。

杨国荣：《王学通论：从王阳明到熊十力》，华东师范大学出版社 2003 年版。

吴震：《王阳明著述选评》，上海古籍出版社 2004 年版。

张新民主编：《阳明学刊》（第一辑），贵州人民出版社 2004 年版。

鲍世斌：《明代王学研究》，巴蜀书社 2004 年版。

彭国翔：《良知学的展开：王龙溪与中晚明的阳明学》，生活·读书·新知三联书店 2005 年版。

蔡仁厚：《王学流衍：江右王门思想研究》，人民出版社 2006 年版。

吕妙芬：《阳明学士人社群：历史、思想与实践》，新星出版社 2006 年版。

钱明：《儒学正脉：王守仁传》，浙江人民出版社 2006 年版。

胡永中：《致良知论：王阳明去恶思想研究》，巴蜀书社 2007 年版。

朱承：《治心与治世：王阳明哲学的政治向度》，上海人民出版社 2008 年版。

钱明、叶树望主编：《王阳明的世界：王阳明故居开放典礼暨国际学术研讨会论文集》，浙江古籍出版社 2008 年版。

张新民主编：《阳明学刊》（第三辑），巴蜀书社 2008 年版。

张新民主编：《阳明学刊》（第四辑），巴蜀书社 2009 年版。

董平：《王阳明的生活世界》，中国人民大学出版社 2009 年版。

钱明：《浙中王学研究》，中国人民大学出版社 2009 年版。

吴震：《泰州学派研究》，中国人民大学出版社 2009 年版。

何俊、尹晓宁：《刘宗周与蕺山学派》，中国人民大学出版社 2009 年版。

吴光：《黄宗羲与浙东学派》，中国人民大学出版社 2009 年版。

朱晓鹏：《王阳明与道家道教》，中国人民大学出版社 2009 年版。

陈永革：《阳明学派与晚明佛学》，中国人民大学出版社 2009 年版。

刘宗贤、蔡德贵：《阳明学与当代新儒学》，中国人民大学出版社 2009 年版。

崔在穆：《东亚阳明学》，中国人民大学出版社 2009 年版。

吴光主编：《阳明学综论》，中国人民大学出版社 2009 年版。

钱明：《王阳明及其学派考论》，人民出版社 2009 年版。

张卫红：《罗念庵的生命历程与思想世界》，生活·读书·新知三联书店 2009 年版。

刘聪：《阳明学与佛道关系研究》，巴蜀书社 2009 年版。

姚才刚：《儒家道德理性精神的重建：明中叶至清初的王学修正运动研究》，中国社会科学出版社 2009 年版。

俞樟华：《王学编年》，吉林大学出版社 2010 年版。

陈多旭：《教化与功夫：功夫论视域中的阳明心学系统》，巴蜀书社 2010 年版。

钱明主编：《阳明学派研究：阳明学派国际学术研讨会论文集》，杭州出版社 2011

年版。

　　吴震：《〈传习录〉精读》，复旦大学出版社 2011 年版。

　　张新民主编：《阳明学刊》（第五辑），巴蜀书社 2011 年版。

　　秦家懿：《王阳明》，生活·读书·新知三联书店 2011 年版。

　　张海晏、熊培军主编：《国际阳明学研究》（第一卷），国际阳明学研究中心主办，中国社会科学出版社 2011 年版。

　　张海晏、熊培军主编：《国际阳明学研究》（第二卷），国际阳明学研究中心主办，上海古籍出版社 2012 年版。

　　束景南：《阳明佚文辑考编年》，上海古籍出版社 2012 年版。

　　张海晏、熊培军主编：《国际阳明学研究》（第三卷），国际阳明学研究中心主办，上海古籍出版社 2013 年版。

　　张艺曦：《阳明学的乡里实践：以明中晚期江西吉水、安福两县为例》，北京师范大学出版社 2013 年版。

　　张卫红：《邹东廓年谱》，北京大学出版社 2013 年版。

　　张昭炜编：《皇明大儒王阳明》，九州出版社 2013 年版。

　　张宏敏：《黄绾生平学术编年》，浙江大学出版社 2013 年版。

　　张新民：《阳明精粹·哲思探微》，孔学堂书局、贵州人民出版社 2014 年版。

　　［日］冈田武彦著，钱明审校：《王阳明大传》（中译本），重庆出版社 2015 年版。

　　王传龙：《阳明心学流衍考》，厦门大学出版社 2015 年版。

　　张宏敏：《黄绾年谱简编》，上海古籍出版社 2017 年版。

3．其他专题

　　葛荣晋：《王廷相生平学术编年》，河南人民出版社 1987 年版。

　　柳存仁：《和风堂文集》，上海古籍出版社 1991 年版。

　　束景南：《朱子大传》，福建人民出版社 1992 年版。

　　姜广辉：《理学与中国文化》，上海人民出版社 1994 年版。

　　廖可斌：《明代文学复古运动》，上海古籍出版社 1994 年版。

　　黄明同：《陈献章评传》，南京大学出版社 1998 年版。

　　张宪文、张卫中：《张璁年谱》，上海古籍出版社 1999 年版。

　　李一、周琦主编：《台州文化概论》，中国文联出版社 2000 年版。

　　束景南：《朱熹年谱长编》，华东师范大学出版社 2001 年版。

　　严振非主编：《黄岩道教志》，香港天马图书有限公司出版社 2002 年版。

　　田澍：《嘉靖革新研究》，中国社会科学出版社 2002 年版。

　　余英时：《中国思想传统的现代诠释》，江苏人民出版社 2003 年版。

　　黄仁生：《日本现藏稀见元明文集考证与提要》，岳麓书社 2004 年版。

　　多洛肯：《明代浙江进士研究》，上海古籍出版社 2004 年版。

陈祖武主编：《明清浙东学术文化研究》，中国社会科学出版社2004年版。

陈卫平、李春勇：《徐光启评传》，南京大学出版社2006年版。

叶哲明：《台州文化发展史》，云南民族出版社2006年版。

胡吉勋：《"大礼议"与明廷人事变局》，社会科学文献出版社2007年版。

余英时：《宋明理学与政治文化》，吉林出版社2008年版。

梁涛：《郭店竹简与思孟学派》，中国人民大学出版2008年版。

林家骊：《谢铎与茶陵诗派》，中华书局2008年版。

任林豪、马曙明：《台州道教考》，中国社会科学出版社2009年版。

黎业明撰：《湛若水年谱》，上海古籍出版社2009年版。

洪振宁编著：《宋元明清温州文化编年纪事》，浙江人民出版社2009年版。

姜广辉：《义理与考据：思想史研究中的价值关怀与实证方法》，中华书局2010年版。

吴震、［日］吾妻重二主编：《思想与文献：日本学者宋明儒学研究》，华东师范大学出版社2010年版。

［日］土田健次郎著，朱刚译：《道学之形成》，上海古籍出版社2010年版。

余英时著，何俊编：《余英时学术思想文选》，上海古籍出版社2010年版。

余英时：《朱熹的历史世界：宋代士大夫政治文化的研究》，生活·读书·新知三联书店2011年版。

余英时：《论戴震与章学诚：清代中期学术思想史研究》，生活·读书·新知三联书店2012年版。

陈祖武：《清代学术源流》，北京师范大学出版社2012年版。

陈居渊：《汉学更新运动：清代学术新论》，凤凰出版社2013年版。

陈卫平：《第一页与胚胎：明清之际的中西文化比较》，广西师范大学出版社2015年版。

（五）工具书类

韦政通主编：《中国哲学辞典大全》，台北水牛出版社1983年版。

商务印书馆编辑部编：《辞源》（修订本），商务印书馆1988年版。

四库全书研究所整理：《钦定四库全书总目》，中华书局1997年版。

夏征农主编：《辞海》（缩印本），上海辞书出版社1999年版。

文物出版社编：《中国历史年代简表》，文物出版社2001年版。

冯契主编：《哲学大辞典》（修订本），上海辞书出版社2001年版。

编写组编：《古代汉语辞典》，商务印书馆2003年版。

方诗铭、方小芬编著：《中国史历日和中西历日对照表》，上海人民出版社2007年版。

张岱年主编、陈卫平等副主编：《中国哲学大辞典》，上海辞书出版社2010年版。

后　记

　　拿在读者朋友手中的这部书稿——《黄绾道学思想研究》，是在我攻读中国哲学史专业（宋明儒学研究方向）博士学位论文——《从理学、心学到经学：黄绾道学思想之进展》——原稿基础上稍作文字润色与文献校订工作而成。论文原稿 50 多万字，正文 30 多万字，附录 20 多万字。因考虑到一部书稿的出版字数，正文主体部分由中国社会科学出版社出版，并与读者朋友见面；附录部分《黄绾年谱简编（附录五种）》，则交由上海古籍出版社出版。

　　由于我是在职读书，博士论文的写作过程相对仓促，原本打算让论文再"睡上"几年，并按照论文匿名评审专家、答辩委员会诸位评委的修改意见，作大幅度改动之后，再正式出版。但受困于治学路径的局限，再加上工作的调动、科研环境的转变，尤其是职称评定条件的变更，"逼"得我不得不仓促出手，通过申报后期出版资助的方式并按照"协议书"规定期限提供书稿的修订版。把自认为不成熟的书稿出版，内心显然是"战战兢兢、如临深渊、如履薄冰"，忐忑不安的心情也正如我在博士论文《后记》中所说的"一点儿兴奋劲儿也提不起来"。但是回过头来想一想，如果拙稿能给从事阳明学研究的同行提供一个学术批评的"靶子"，希望更多同行与读者朋友关注阳明后学的专案研究，也许是一件庆幸的事情吧！

　　按照惯例，一部书稿"后记"的内容主要是交代选题由来、成文过程，并向对书稿写作有直接帮助的师长好友致谢。因为我的书稿就是博士学位论文的修订稿，论文最后一项内容就是"后记"，干脆迻录过来，再略作技术处理，自以为也是可行的。以下所述内容，基本上来自学位论文的"后记"。

　　博士学位论文（拙稿）完成了，按照常理，应该感到放松、高兴才是；然而，对我而言，一点儿兴奋劲儿也提不起来。原因就在于，目前读者朋友所看到的文稿远未达到我原初的设想，总是觉得还有很多事情要去做。在"后记"中，对拙稿之原初设想及其"一波三折"的写作经过详作说明，是有必要的。

因在 2009 年便参与了浙江省社会科学院国际阳明学研究中心组织的《阳明后学文献丛书续编》之《黄绾集》的编校整理工作，同年 9 月，我考入上海师范大学哲学学院攻读博士研究生之初，即拟定以"黄绾的生命历程与学术思想"为博士论文选题并展开相关研究工作。原拟写作提纲分作上下两篇，凡十二章："上篇"系黄绾生平的"历史性"介绍，章题设计依次是：一、书香门第、矢志求学（1480—1509），二、初涉官场、授后军都事（1510—1512），三、居家十载、弘道浙南（1513—1522），四、两度出仕、参与"大礼议"（1523—1533），五、抚赈大同、抚谕安南未行（1533—1535），六、赋闲隐居、著书终老（1540—1554）。"下篇"是黄绾思想的"逻辑性"论证，章题设计依次是：七、黄绾思想的演变，八、黄绾的经学思想，九、黄绾的政治思想，十、黄绾的教育思想，十一、黄绾的文学思想，十二、黄绾思想的定位。是为拙稿写作"第一折"。

因为我是在职念书，第一学年在上海读书，修满了学分；第二学年即返回原工作单位——浙江工贸职业技术学院（位于温州）教书、工作。在恪尽师道、完成繁重的公共课教学及行政任务之余，尽管精力、时间有限，我还是在 2013 年暮春完成了《黄绾集》（50 余万字）的编校整理与文字录入工作；随后即匆匆投入到《黄绾生平学术编年》的编撰中，并在仲夏之月由浙江省江夏文化研究会资助、浙江大学出版社出版。按照当时的写作设想，是在"学术编年"基础上用两三个月时间完成"黄绾生平"的写作，但因承诺为"学术编年"出版资助方筹备召开"浙江江夏文化高峰论坛"，再加上 2013 年夏秋之时又去主持点校了《温岭丛书》之《叶良佩集》（约 100 万字）。会议结束、《叶良佩集》完成之时，已是 2013 年的暮秋。约在是年的 11 月初，突然接到了上师大哲学学院教学秘书通知，要求 2011 级博士生务必在 2013 年年底之前完成论文预答辩。这时，我突然意识到时间的紧迫性，随即调整论文大纲设计，"战略性"放弃了对"上篇"即"黄绾生平"的写作。与此同时，调整了文题与写作提纲，题曰《黄绾道学思想研究》，仍分上下两篇凡八章："上篇"题曰

"黄绾道学思想的形成"，章题依次是：引言、黄绾和他的时代，一、早年崇奉程朱理学，二、中年归依阳明心学，三、晚年开创艮止之学，四、黄绾经学思想创获。下篇题曰"黄绾道学思想的展开"，章题依次是：五、黄绾与佛道二教，六、黄绾的政治思想，七、黄绾的教育思想，八、黄绾的文学思想，结语、黄绾思想的定位。文末"附录"三种，黄绾年谱简编、黄绾著作汇考、黄绾研究述要。是为拙稿写作调整的"第二折"。

按照第二次的写作计划，随即展开了对《黄绾道学思想研究》的写作，时间已经是 2013 年 11 月中旬。因为在编撰《黄绾生平学术编年》时，写作素材已经归类、整理，这为下一步的书稿写作也做好了铺垫。第一章的写作很顺利，大约用了两周的时间；但是在撰写第二章（黄绾"中年归依阳明心学"）第三节，详细考述"黄绾与阳明后学交游、论道"之时，我犯了"跑题"的行文"忌讳"：用了将近一个月时间，以《明儒学案》胪列的阳明后学群体为参照，爬梳了不少阳明后学文献，撰写了黄绾与浙中、江右、南中、北方、粤闽、泰州、黔中王门，近百位王门学者的交游、论道考，共有 22 万字。问题来了，第一章字数 2.5 万，第二章字数达 32 万，这一字数已经抵得上一部学术专著了；第三章刚刚动笔，而时间已经进入 2014 年。论文预答辩在元旦过后必须进行，只能"厚着脸皮"，拿着一篇"实在不像样"的论文资料集从工作单位所在地（浙江温州）仓促赶到上海参加了论文预答辩。预答辩结果，可想而知："资料搜集翔实，逻辑论证欠缺。有史料的深度，而没有哲学的高度。"我的导师陈卫平先生建议：尽快调整写作提纲，题目改作"黄绾道学思想的形成"即可，下篇所涉黄绾与佛道二教、黄绾政治、教育、文学思想干脆拿掉。故而我又第三次对文题与章目进行调整，易题曰《从理学、心学到经学：黄绾道学思想之进展》，下设五章，章题依次曰：一、"有志圣学，求之紫阳、濂、洛、象山之书"：早年崇奉宋儒之学，二、"慎独而致吾之良知"：中年归依阳明良知学，三、"以艮止存心，以执中为志"：晚年开创艮止执中之学，四、"圣人之道，莫备于经"：黄绾经学思想拾遗，五、"明代学术思想演变历程的缩影"：黄绾道学思想进展之意义。附录三种（黄绾年谱简编、黄绾著作汇考、黄绾研究述要）保留。同时，第二章所论"黄绾与阳明后学交游、论道"删去（另作处理）。是为拙稿写作过程"一波三折"云云之"第三折"。

在对论题、章节第三次调整完毕，已是 2014 年的春节；学校放寒假，我返回河北老家与父母、妻女团圆，论文写作也暂时搁置。正月十五"元宵节"过后，我即返回工作单位，在继续任教授课的同时，抽出尽可能多的时间进行论文撰写，约用了一个半月的时间即完成了初稿 50 多万字的写作。读者朋友不难发现：拙著定稿与原初设想的"黄绾的生平与学术"的构思框架全然不同。在我看来，只是完成了原定写作计划的三分之一。还有，实则我在 2008 年夏即启动了对浙中王门学者黄绾的著作整理与研究工作，有过编辑出版《黄绾研究论集》的设想，海内外学者所撰黄绾论著已收集齐全，惜资助方借故拖延、使我的原初计划中止，容俟日后机缘成熟再说吧！再有，2014 年系黄绾逝世 460 周年、2015 年系黄绾诞辰535 周年，作为黄绾著作、学术的整理者、研究者，后学小子也有心联系社会贤达筹资举办"黄绾思想研讨会"。总之，此时此刻的我，有"心有余而力不足"的感慨！这也就是本"后记"文首"论文（拙稿）完成了，按照常理，应该感到放松、高兴才是；然而，对我而言，一点儿兴奋劲儿也提不起来""觉得还有很多任务要去完成"的由来吧！

尽管如此，在我关于黄绾的著作、生平、思想研究的阶段性成果（拙稿）出版问世之时，感谢对拙稿完成有直接帮助的师长好友则是"必须的"。

首先，要感谢的是拙著的主人公——黄久庵先生！编校久庵先生的著作给了我一次裒辑文献、点读原著的历练机会，先生以"明道"为志业而献身学术、追求真理的淑世情怀值得后学景仰、学习！故而，后学发愿：为进一步地深入研究、挖掘久庵先生的著作及其学术宗旨，只要日后时间、精力充裕，定会按部就班地完成上文所提关于"黄绾的生平与学术"研究之原初设想，主要通过撰写"黄绾传""黄绾与阳明学""黄绾思想研究""台州阳明学"等书稿，编辑出版《黄绾研究论集》《久庵先生文选》《〈久庵日录〉注疏》等文献资料，以传承、广大、宏扬久庵先生的"明道"志业。

颇为殊胜的是，每每自浙南温州乘长途客车前去上海、走出上海汽车南站时，最令我难忘的是：迎面路标指示牌上那清晰醒目的"石龙路"三个字（上海汽车南站就在"石龙路"上），而久庵先生的别号就是"石龙"；出车站后再转乘"上朱线"公交车至"上师大站"，走进博士生公寓所在东部校区，迎面而来的即是上海师范大学的标志性景观——"学思湖"，亦令我驻足徘徊，因为久庵先生所倡为学、为道范式即是"以思为学"，"思得其中"（语见《明道编》）；神奇的是，我就读哲学系的会议室中堂之上，悬挂有当代著名哲学史家任继愈先生题贺上海师范大学哲学系成立的"学思"二字之书法作品。还有，我在裒辑久庵先生存世文献之时，在2008年年底即知道先生一部重要政论著作——《知罪录》存世，2009年至2011年间曾花费大量精力查阅此书下落，不知所在；恰巧的是，我在上海读书并前往上海图书馆古籍部查阅资料之时，终于发现了《知罪录》的"藏身之处"。

综上，上海汽车南站"石龙路"、上海师大"学思湖"、哲学系"学思"书法、《知罪录》所藏之上海图书馆古籍部，这一切因缘之巧合，或多或少都与本文主人公久庵先生有着关联。更为神奇的是：博士论文初稿完成时，恰值2014年3月31日的凌晨，适逢久庵先生冥诞534周年之日；而拙著第一次修订稿完成的时间是2015年9月30日，恰逢久庵先生辞世462周年日（阳历）；第二次修订完成于2016年10月4日（农历九月初四），值久庵先生辞世463周年日（阴历）。这也许就是我们通常所说的"一切都是天意"吧！

再次要感谢的是我的硕士生导师吴光先生、博士生导师陈卫平先生。我研究久庵先生黄绾，是吴先生在2008年仲夏之时布置的一项任务、一份作业，因台州路桥有人关注黄绾，故而需要有学人详细了解黄绾的存世著作与学术思想。而吴先生系《王阳明全集》《黄宗羲全集》的主编，王阳明系黄绾的师友、亲家，黄绾撰有《阳明先生行状》，黄宗羲《明儒学案》又在"浙中王门"之中为黄绾树传记、立学案；故而我在完成硕士学位论文（《黄宗羲哲学思想研究》）之后，即承师命，搜集黄绾存世文献以编校整理《黄绾集》，同时进行黄绾生平、学术之专案研究。

2011年上半年，我在工作四年之后，再次选择报考上海师范大学哲学学院一级学科哲学博士点奠基人——陈卫平先生的博士研究生。承蒙陈先生厚爱，给了学生再一次进入高校学习、深造的机会。陈先生是中国哲学史研究的著名学者，哲学造诣精深宏博。我虽号称大学本科、硕士研究生就读于南北两所高校的哲学系，但是西方哲学素养欠缺；陈先生对我博士论文之论题拟定、撰写方式采取了"包容理解"的态度，就像孔夫子教育门人所采取的"因材施教"法，鼓励学生根据自己的喜好、特长而进行自我发挥——"你就按你的思路写，不必勉强靠到我的路子上去。"

这，便就给了学生自由发挥的余地，故而按照文献整理、思想梳理的路数进行题目设定、章节写作等，而陈先生则时常予以耐心指导。

拙稿的顺利完成还得到了居住在浙江台州一带的洞黄黄氏后裔的大力支持。近十年（2008—2017）来，我前往在台州路桥、黄岩、温岭、临海一带进行了十多次的田野考察，实地调研了黄绾存世的摩岩石刻、石龙书院、黄绾墓地、洞黄古村落；其中多次得到了黄氏后人的热情接待与无私襄助，比如黄岩新宅村的黄绾嫡系后人黄有顺、黄仙花先生等，还有玉环县沙门镇路上村的黄氏后裔，他们无私地拿出视为传家宝的《民国洞黄黄氏宗谱》，供我复印。尤其要十分感谢的是乐清雁荡山黄宗羲纪念馆馆长、浙江省江夏文化研究会秘书长黄洪兴先生，在拙编《黄绾生平学术编年》公开出版遇到资金困难时，是黄先生代表浙江江夏文化研究会，无偿、慷慨地提供了出版资助，使得我花费五年心血而编成的"黄绾年谱"得以出版！谢谢淳朴、善良、好客的浙江黄氏后裔！

台湾资深中国思想史研究专家、年届九旬的韦政通先生，自 2004 年以来即无私提携、指导后学进行学术研究。印象至深的是，对于后学攻读博士学位一事，先生先后有四通书函与后学，鼓励、敦促我必须报考研究所的博士班，这样才有学术平台并进行专业的学术研究。近来，先生还时常从台海彼岸来电询问后学的学业、生活，并介绍阳明学研究青年才俊陈复博士与后学通信，相互鼓励问学。谢谢韦先生，衷心祝愿先生健康长寿！

浙江省社科院哲学所钱明、陈永革、王宇研究员，中国社科院中国思想史研究室张海燕、汪学群、吴锐、江向东研究员，宁波大学张伟、钱茂伟、何静教授，台湾中山大学吴孟谦博士、台湾师大朱湘钰博士，对我编校《黄绾集》、研究黄绾生平思想均有过帮助与指导。在上海师大读书期间，先后得到过哲学学院李申、方广锠、张允熠、马德邻、侯冲、王江武、张志平、石立善、郭美华、方旭东教授的学术提携，还有教辅人员陈松女士、王晟先生、郑晓天女士的热忱帮助。同时感谢浙江图书馆古籍部、上海师大图书馆古籍部、上海图书馆古籍部、温州市图书馆在提供古籍文献方面，对我予以的服务与帮助！

2014 年 1 月 7 日至 10 日，"纪念王阳明逝世 485 周年学术研讨会"在绍兴召开，我提交《黄绾与绍兴》一文与会，特向与会的阳明学研究专家报告了我的博士论文提纲，北京大学张学智教授、中山大学陈立胜教授、陕西师范大学丁为祥教授、台湾"中研院"文哲所林月惠研究员等对我关于黄绾思想的"道学"定位与黄绾晚年学术转型的原委，皆有过中肯的指导。

2014 年 1 月 3 日的博士论文预答辩、5 月 20 日的论文正式答辩之时，复旦大学陈居渊教授、刘康德教授，上海社科院余治平研究员，华东师大周瀚光教授、付长珍教授，上海师大张允熠教授、陈泽环教授，及我的导师陈卫平先生，对拙文的谋篇布局、行文论述，有过建设性的修改意见，尤其是对我论文的批评性意见——"该文虽史料详备，但是思辨性的论述与分析不足。若对论文做进一步润色，将更加完善"——将鞭策我在学术研究的征程上，不断精进，以不辜负师长的期待！

还要感谢我（2008 年 9 月至 2014 年 8 月）供职的服务机构——浙江工贸职业技术学院，学院两任党委书记何向荣、盖庆武教授及学院其他领导，还有区域文化研究中心主任王小明研究员、人文系主任尹清杰教授，他们对我的生活、工作都有提携与照顾，我定铭记！

这里，尤要特别感谢生我养我的父母！感谢内子青云女士，自 2007 年结婚以来，二人一直处于南（浙江）北（内蒙古）"两地分居"的状态；女儿自 2011 年出生后，一家三口更是"三地分居"：内子辞退包头师范学院教职，去天津读书；小女寄养于河北老家，由父母、岳父母代为抚养；我则奔波于浙江、上海两地，读书、工作。上天眷顾，2016 年 9 月，内子在博士毕业之后前来杭州某中学任教，小女也前来杭州读书：十年的家庭分居生活亦宣告结束。

最后，再次感谢自 2000 年以来，后学在哲学本科、硕士、博士研究生求学阶段的学术引路人——段景莲女士、吴光先生、韦政通先生和陈卫平先生。谢谢您，对于诸位的大恩大德，后生小子定当铭记终生！

燕赵后学　张宏敏　于甲午春日初识于浙南瓯江之畔；
甲午初夏修改于上师大学思湖畔；
丙申季秋再改于杭州西子湖畔。

又及：

博士学位论文答辩完成之后，蒙原工作单位——浙江工贸职业技术学院同意，我参加了浙江省社科院人事处于 2014 年 5、6 月份组织的公开招聘考试；9 月正式进入浙江省社科院哲学所（国际阳明学研究中心）工作，得以再次沐浴诸位师长在"浙学"尤其是阳明学研究学术制高点上闪耀着的无限荣光，感恩师长、感谢这个美好的时代！

近三年来（2015年至2017年），在黄绾学术思想的深层次"挖掘"工作中，我又先后得到了中国人民大学葛荣晋教授、贵州大学张新民教授、杭州师范大学何俊教授、浙江大学董平教授的点拨，在此表示感谢！

书稿进入课题申报、评审、出版环节，浙江省社科院科研处，浙江省社科规划办、后期资助课题匿名评审专家组，中国社会科学出版社的诸位编辑、校对人员，为拙稿出版的编辑、校对、印刷工作付出了诸多辛苦。在此，一并致以崇高的敬意！

丁酉夏日补记于杭州西子湖畔